Calla Henkel · Ruhm für eine Nacht

CALLA HENKEL

RUHM
FÜR
EINE
NACHT

ROMAN

Aus dem Amerikanischen von
Verena Kilchling

KEIN & ABER

Für Mom und Dad
+
Max und Mia

Die Originalausgabe erschien 2021 unter dem Titel
Other People's Clothes bei Spectre
An imprint of Hodder & Stoughton
An Hachette UK company

Deutsche Erstausgabe

Covergestaltung: Maurice Ettlin
Satz: Dörlemann Satz, Lemförde
Druck und Bindung: GGP Media GmbH, Pößneck
ISBN: 978-3-0369-5908-5
Auch als eBook erhältlich
www.keinundaber.ch

1

»Fangen Sie ganz von vorn an«, beharrte sie, und wenn es nicht verboten gewesen wäre, hätte ich mir eine Zigarette angezündet. Ich war noch nie gut im Geschichtenerzählen, und bei dieser Geschichte hatte ich immer das Gefühl, dass sie gar nicht wirklich meine war. *Damals war ich jung und dumm. Ich war naiv. Ich war zwanzig.* Vielleicht könnte ich die erste Folie meines Kunstgeschichtsseminars als Ausgangspunkt nehmen. Darauf zu sehen: eine schwarze Diorit-Stele, der Codex Hammurapi. Zweihundertzweiundachtzig babylonische Rechtssätze und nach Schwere der Tat gestaffelte Strafen aus dem achtzehnten Jahrhundert vor Christus. Einige klangen scheinbar logisch – Auge um Auge, die Hand des Chirurgen für eine verpfuschte Operation, das Leben des Bauunternehmers für ein eingestürztes Gebäude –, andere eher bizarr: Die Schuld von Ehebrüchigen wurde danach beurteilt, ob sie untergingen, wenn man sie ins Wasser warf. Und das alles in Keilschrift in eine über zwei Meter hohe Stele graviert. Doch auf dem kalten schwarzen Stein stand nichts, was mir hätte weiterhelfen können. Kein Gesetz, das einen Prozess für die Dinge vorsah, die mir im vergangenen Jahr passiert waren. Ich hatte keine Ahnung, wessen Hand abgehackt werden musste.

»Na gut. Wie wäre es mit ihren ersten Worten? Was hat sie gesagt, als Sie hier ankamen?«

Ich saß schweigend da, mit verschränkten Armen, unfähig, Frau Kleins hartnäckiges Interesse am Beginn der Geschichte zu verstehen.

Die Kurklinik war allein Frauen vorbehalten, die allesamt wegen verschiedener psychischer Störungen oder auch Krankheiten hier waren, von denen ich größtenteils noch nie gehört hatte. Doch alle hatten gehört, warum ich hier war. Ich war berühmt, und das barsche Getuschel der Schwestern und Patientinnen verfolgte mich durch das Betongebäude. Zumindest versuchten sie, dass ich nichts davon mitbekam, was mich ein wenig tröstete. Mir war nur allzu bewusst, dass es außerhalb der Klinikmauern keinen Grund dazu gab, die Stimme zu senken. Als der Berliner Sommer seinen gleißenden Höhepunkt erreichte, waren wir – Hailey Mader und ich, Zoe Beech – längst Gesprächsthema Nummer eins.

Die Kurklinik war weitläufig und alt, eine umgebaute Grundschule irgendwo im Norden Brandenburgs. Die Flure rochen noch immer nach Kreide, wie das Innere eines Ziegelsteins, und in den meisten Schlafräumen, einst Klassenzimmern, schliefen zwei bis drei Patientinnen. Nur ich war allein, untergebracht in einem Zimmerchen, das einmal eine äußerst großzügig bemessene Besenkammer gewesen sein musste. Darin gab es ein quadratisches Fenster, einen blau gestrichenen Stuhl, einen ebenfalls blauen Schreibtisch und ein Porzellanwaschbecken, das ein Heiligenschein aus dunkelbraunem Schimmel zierte. Ich stellte mir gern vor, der Schimmelring sei eine emsige, von winzigen Sporen bevölkerte Stadt voller gutherziger, friedlicher Schimmelbürger, unter denen vielleicht sogar ein paar Schimmelkünstlerinnen und Schimmelkuratorinnen waren, die in winzigen Schimmelklubs koksten.

Den Großteil meiner Zeit verbrachte ich mit dieser Art sinnlosen Tagträumen, die Ellbogen in das weiche Holz der Schreibtischplatte gebohrt, starrte hinaus auf das unerträglich reglose Ackerland, und dann – wie ein Blitzschlag – eine Unterbrechung der Stille in meinem Kopf: ein Körper, der sich in einer Blutlache wand, umherzuckende Lichtstrahlen, dröhnender Sound, wie in einem Musikvideo von Rihanna oder dem Trailer eines Horrorfilms. Und genauso schnell, wie diese Bilder eingeschlagen waren, war ich wieder bei dem öden Acker oder dem schimmligen Waschbecken oder der Anordnung der Muttermale an Frau Kleins Hals.

Frau Klein liebte das Wort *Pa-ra-noi-a* und ließ jede Silbe wie einen Tischtennisball aus ihrem feuchten Mund flutschen. Sie war Anfang vierzig, kleidete sich aber, als wollte sie sich schon auf den Ruhestand vorbereiten. Ihre Kleider glichen Kartoffelsäcken, und ihre Haare hatten die schmutzig braune Farbe toter Wildtiere am Straßenrand. Wir hatten inzwischen viele Stunden miteinander verbracht, und ich war mir sicher, dass sie nur durch mich lebte, dass sie die Leere ihrer eigenen Existenz mit meinen Antworten und Traumata füllte, dass sie mir Informationen entlockte, die sie irgendwann an die Boulevardpresse verkaufen oder in einem Enthüllungsbuch ausbreiten würde.

»Zoe, wie haben Sie sich gefühlt, wenn Sie Sex hatten?«

»War Hailey jemals Gegenstand Ihrer Fantasien?«

Was sie sagte, klang eingeübt, als würde sie ein Tonband für einen Sprachkurs aufnehmen.

»Welche Drogen haben Sie genommen?«

»Was hat Sie dazu getrieben?«

Mit desinteressiertem Ekel beobachtete ich, wie an den Rändern ihrer schmalen Lippen der Speichel erschien, wie sie geradezu nach meinen Antworten lechzte.

»Ich habe genommen, was gerade da war.«

Sie nickte. Noch mehr Fragen. Wann immer ich den Namen Beatrice erwähnte, flackerte ihr Blick, und sie griff nach ihrem stummeligen blauen Stift und zeichnete schweigend einen Umriss in ihr Notizbuch. Frau Klein zog meine Theorien durchaus in Erwägung, legte aber am Ende doch wieder den Kopf schief. »Und was macht Sie so sicher, dass Beatrice Sie beobachtet hat?«

»Sie hat meine E-Mails gelesen.«

»Und woher wollen Sie das wissen?«

»Ich habe Ihnen doch schon gesagt, dass …«

»Aber ist es nicht vielleicht möglich, dass Sie sich das nur eingebildet haben?«

»Nein.«

Frau Klein zeichnete noch einen Umriss in ihr Notizbuch und sah dann auf die Uhr. Die Edelstahllampe auf ihrem Schreibtisch warf einen orangefarbenen Lichtkreis auf ihre übermäßig eingecremte Wange. Ihre Haut hing schlaff herab wie bei der Maske des Agamemnon oder wie ein Klumpen halb durchgebackener Keksteig.

»Und in wessen Geschichte wähnen Sie sich jetzt gerade?«

»In Ihrer«, sagte ich und zeigte auf ihr Notizbuch.

Frau Klein nickte vielsagend. »Lassen Sie uns noch einmal zum Anfang zurückkehren. Was waren ihre ersten Worte an Sie, als Sie hier ankamen?«

2

»*Guten Tag,* Dumpster!«, schrie Hailey und wedelte aufgeregt mit ihrem sommersprossigen Arm durch den Hauptbahnhof. An ihrem sportlichen Körper war ein ockerfarbener Wanderrucksack festgeschnallt – sie schien bereit, ihr Lager jede Nacht woanders aufzuschlagen, was mir ein wenig Angst machte. Während wir unsere S-Bahn-Tickets kauften, erklärte sie fröhlich, dass das Hostel Star im Ostteil der Stadt liege, ein Bett dort zweiundzwanzig Euro pro Nacht koste und in jedes Zimmer vier Stockbetten für insgesamt acht Personen passten. Ich verstand die Unterschiede zwischen Ost und West noch nicht wirklich, aber offenbar waren diese beiden Himmelsrichtungen in Berlin von besonderer Bedeutung. Die Wirkung der Tablette gegen Reisekrankheit, die ich irgendwo über dem Atlantik genommen hatte, ließ nach, und ich fühlte mich hilflos, weil ich mich ganz auf Haileys Planung verlassen musste, weil ich ihr wie ein stummer Hund hinterhertrottete, während sie vor sich hin plapperte und mir durchs Waggonfenster Sehenswürdigkeiten zeigte: das Kunstmuseum zu unserer Linken, den Alexanderplatz, den Fernsehturm.

Ich zog meinen gebrauchten Koffer über den gepflasterten Gehweg und ließ Hailey voraushüpfen, bis sie abrupt unter einem Neonstern stehen blieb, der von einer bröckelnden Betonfassade herableuchtete. Ich folgte ihr in das Gebäude, wo uns der Geruch von Zitronenreiniger und Moder entgegenschlug.

»Mir hat der Name Hostel Star irgendwie gefallen«, rechtfertigte sie sich leicht verlegen und sah sich in der heruntergekommenen Lobby um. Nachdem wir endlich die Schlüssel in den Händen hielten, betraten wir unser Zimmer im zweiten Stock, in dem bereits drei Typen in unserem Alter herumhingen. Sie hatten sich über sämtliche Möbelstücke ausgebreitet und ihre Reisetaschen und ihr Zigarettenpapier auf dem dunkelblauen Linoleumboden verteilt. Als sie uns sahen, begrüßten sie uns mit starkem australischem Akzent.

»Wir bleiben nur hier, bis wir was Dauerhaftes gefunden haben«, raunte mir Hailey zu, nachdem wir ein paar höfliche Floskeln mit unseren Zimmergenossen ausgetauscht hatten. Sie streifte die Gore-Tex-Schulterriemen ihres Rucksacks ab und nahm einen Schluck aus ihrer Smart-Wasserflasche. Die Australier stellten sich vor, alle drei Namen klangen wie Aaron, Oron oder Erin. Widerwillig nannten wir ihnen im Gegenzug unsere. Ich war erleichtert, als Hailey gähnte. Sie war also doch nur ein Mensch. Wir legten uns auf unsere Stockbetten, und ich fiel in einen sirupartigen, zähen Schlaf. Als ich aus meinem Jetlag-Nickerchen erwachte, war es draußen bereits dunkel, und die Spiegelung des Neonsterns schien wie ein Sonnenuntergang mit Schluckauf durch unser Zimmerfenster. Die Aarons fragten, ob wir mit ihnen in einen Club wollten. Hailey und ich tauschten *Auf keinen Fall*-Blicke aus. Die Jungs zuckten mit den Schultern und fingen an, von der Kante des oberen Stockbetts Speed zu ziehen. In einem letzten Versuch, uns zum Mitkommen zu überreden, grölte der Lange: »Jede versäumte Nacht in Berlin, ist eine versäumte Nacht in Berlin!« Wir brachen in Gelächter aus, sobald die Tür hinter ihnen zugefallen war.

Der Spruch wurde unser Mantra, wenn entweder alles absolut trostlos oder absolut unglaublich war. *Jede versäumte Nacht in Berlin ist eine versäumte Nacht in Berlin*. Vom oberen Stockbett aus sah ich Hailey dabei zu, wie sie den Satz in ihr orangefarbenes Tagebuch kritzelte. Sie notierte ständig irgendetwas, unterbrach unsere Gespräche, um das broschierte Büchlein hervorzuziehen. Beim Schreiben hüpfte ihr roter Pferdeschwanz wie ein Pinsel durch die Luft.

»Alle großen Künstler haben Tagebuch geführt«, sagte sie an unserem zweiten gemeinsamen Nachmittag zu mir, während Croissantkrümel vom Amorbogen ihrer Oberlippe rieselten. »Ich nehme das hier sehr ernst.« Ich nickte, unsicher, was *ich* in Berlin ernst nehmen würde. Ich wusste ja noch nicht mal genau, warum ich hier war. Über meinen Chai Latte hinweg spähte ich zu Hailey hinüber. Sie war so unerschütterlich selbstsicher, so überzeugt von ihren Plänen für die nächsten Monate und wahrscheinlich sogar Jahre. In Gedanken formulierte ich eine E-Mail an meinen Freund Jesse, in der ich ankündigte, früher nach Hause zu kommen. Berlin sei ein gewaltiger Fehler gewesen, ich hätte keine Ahnung, was ich hier täte.

Hailey hatte ich im Kunstgeschichtsseminar an der Uni in New York kennengelernt. Sie stammte aus Rhode Island und irgendwie auch aus Kentucky, Nebraska und Colorado. Ihrem Vater gehörte eine erfolgreiche Supermarktkette, die aus unerfindlichen Gründen Biggles hieß. Hailey war eine Titelbild-Schönheit mit rotem Haar, durch das sie ständig die Finger gleiten ließ, als stünde sie vor laufender Kamera. In Kunstgeschichte ließ sie immer wieder ihre sommersprossigen Arme in die Luft schnellen, weil sie unbedingt eine Frage beantworten wollte. *Warum war Cimabue so bedeutsam?* WEIL ER DIE ALLERWICHTIGSTE ÜBERGANGSFIGUR ZWISCHEN MITTELALTERLICHER UND RENAISSANCE-MALEREI DARSTELLT! Ihre Antworten waren normalerweise richtig, und sie hatte eine schizophrene Art, den Akzent zu wechseln, passend zur jeweiligen Situation: ein schleppender Südstaaten-Singsang, um jemanden um einen Stift zu bitten, oder ein trockener r-loser Ostküstenakzent, um auf Dozentenfragen zu antworten.

Zum Kunstgeschichtsseminar um neun Uhr morgens erschien Hailey grundsätzlich mit knalligem Lippenstift, wozu sie entweder eine Victoria's Secret PINK Jogginghose oder enge Hüftjeans trug – dazwischen gab es für sie nichts. Hin und wieder setzte sie sogar eine Von-Dutch-Cap auf, was 2008 vermutlich schon als retro durchging, und war eine absolute Ausnahme an der Kunstfakultät, wo die gängige Uniform aus Carhartt-Hosen mit Farbflecken, übergroßen Band-T-Shirts und Doc Martens bestand. Genau wie ich war sie nicht gerade im Schoß der Avantgarde aufgewachsen, für sie war Popkultur die einzig wahre Kultur. Sie vergötterte Andy Warhol und marschierte, ohne zu zögern, in Kim's Video am St. Marks Place, dem Mekka für Filmkenner, um den Angestellten, der unverhohlen die Augen verdrehte, nach *Notting Hill* zu fragen.

Bei *meinem* einzigen Besuch im Kim's hatte ich mich dem Druck der »Mitarbeiter-Lieblinge« gebeugt und einen tschechischen New-Wave-Film ausgeliehen, für den ich nachzahlen musste, nachdem ich vier Abende in Folge vergeblich versucht hatte, ihn mir bis zum Ende anzusehen.

Freitags, nach unserer Kunstgeschichts-Arbeitsgruppe, gingen ein paar von uns oft noch in den Asian Pub, eine düstere Kneipe im East Village, in der sie billige Cocktails anboten und nicht allzu genau nachgeprüften, ob man schon einundzwanzig war. Eines Abends, als wir bereits ein paar Drinks intus hatten, ertappte mich Hailey dabei, wie ich ihre Nase anstarrte. Sie war zu perfekt, sanft geschwungen wie eine Skipiste für Kinder. Sie beugte sich vor und erzählte mir mit ihrem Erdbeer-Daiquiri-Atem, sie habe in der Highschool einen Lacrosse-Schläger ins Gesicht bekommen und ihren Vater anschließend überredet, ihr eine Nasen-OP zu spendieren. Sie trank noch einen Schluck von ihrem knallroten Getränk und sah mir in die Augen. Offenbar lag ihr daran, dass wir noch eine Weile bei diesem Thema blieben.

»Davor hatte ich bestimmt drei Castings für Neutrogena-Werbespots, aber nie habe ich den Job bekommen. Da wurde mir klar, dass es so nicht weitergehen konnte.«

»Oh«, sagte ich und wusste nicht, was ich sonst noch hinzufügen sollte.

»Also habe ich die Sache selbst in die Hand genommen«, gestand sie stolz und machte eine Schlagbewegung in Richtung ihres Kopfes.

»Willst du damit sagen, dass du dir absichtlich die Nase gebrochen hast?«, fragte ein Kommilitone, der neben uns saß.

»Ja.« Hailey schnalzte zufrieden mit der Zunge.

Ich entschuldigte mich und verschwand auf die Toilette, aber das Bild hatte sich bereits in mein Hirn eingebrannt: Hailey, wie sie sich innerlich wappnete, während der Aluminiumschläger auf ihr niedliches Teeniegesicht zuraste. Als das Semester schon einige Wochen lief, stattete ich ihr in ihrem Studentenwohnheim einen Besuch ab, um ein Handout über byzantinische Mosaike abzuholen, und bemerkte die Modelbilder, die über ihrem Bett an der Wand klebten: die junge Hailey mit kariertem Minirock in einem Katalog für Jugendmode, Hailey Capri-Sonne trinkend auf dem Fußballplatz, umringt von weiteren Rotschöpfen und einem Zwergbullterrier für eine Target-Reklame.

»Siehst du, das mit der Nase hat funktioniert«, sagte sie zufrieden und kramte auf ihrem Schreibtisch nach dem Handout. Ich nickte, gleichzeitig angewidert und fasziniert von ihrer pubertären Radikalität.

Gegen Ende des zweiten Studienjahrs wünschte ich mich verzweifelt weg von New York. Ich war deprimiert – die Wirtschaftskrise, überall nur Trübsinn. Unsere Studienberaterin Carol Gaynor, eine schlanke Frau mit makelloser Haut, die mit einem berühmten Dermatologen verheiratet war, erklärte sich bereit, mit mir zusammen einen Fluchtplan zu schmieden. In Carols Büro konnte man gemütlich die Füße hochlegen, während sie über die völlig irrelevanten Vorzüge weit entfernter Orte plapperte, die für einen Austausch zur Verfügung standen.

»In der Nähe der Uni gibt es ein Café in einer Orangerie, dort servieren sie spektakulär gute Scones.« Oder: »Nur ein Stück die Straße entlang ist eine tolle öffentliche Sauna direkt am Meer.«

Ich wollte nach Helsinki, zu der Kunstfakultät mit der Sauna.

»Einmal richtig schwitzen, und die Welt sieht gleich ganz anders aus«, schwärmte Carol mit einem Kaffeebecher in der Hand. Ich hatte sofort eine montessorihafte Vision von Massivholzböden und gebrochenem finnischem Licht, das auf einen Kreis gesitteter Kunststudenten fiel, die mit Schnüren hantierten. In meiner Vorstellung waren Europäer Menschen voller Würde, Geschichtsbewusstsein und Vernunft – das genaue Gegenteil meiner Uni, an der sich alles um die Bildhauerjungs drehte, die in der Holzwerkstatt riesige Kunstobjekte aus Kanthölzern zusammenzimmerten und sich während der Seminare mit Whiskey betranken, den sie zuvor in Pepsi-Flaschen umgefüllt hatten.

An unserer Fakultät herrschte ein großer Konkurrenzkampf, und die Runden zur Besprechung von Kunstwerken bildeten ein gebilligtes System des gegenseitigen Angriffs. Sämtliche Kränkungen fanden in einem Seminarraum im ersten Stock statt, der »Grube des Grauens«, wie die meisten Studenten ihn nannten. Freunde wurden dazu angespornt, sich gegenseitig mit persönlichen Details bloßzustellen: Eltern, die die Republikaner wählten, grundlegende Texte, die sie nicht gelesen hatten, pornografische Vorlieben. Man machte sich solcherlei Schwächen zunutze und erzählte Anekdoten, die für das zu besprechende Kunstwerk vollkommen belanglos waren – aus reinem Machtstreben. Um was für eine Macht es dabei genau ging, war mir immer noch völlig unklar. Teilweise lag diese Macht bei den Lehrkräften, die jungen Künstlern mit einer wohlwollenden Kritik den Weg in die nebelverhangene Welt der Galerien ebnen konnten. Aber die Bildhauerjungs waren unantastbar, sie belästigten Erstsemester lautstark mit Obszönitäten, zitierten Joseph Beuys falsch, klauten sich gegenseitig die Ideen, und trotzdem wollten alle mit ihnen ins Bett.

David Chris war der Anführer der Bildhauergang, er war der größte von ihnen, hatte ein breites Gesicht und sah aus, als wäre er gerade einer prähistorischen Höhle in Frankreich entstiegen, die Hände noch voll Farbe vom letzten Büffel-Wandgemälde. Meine Tante Caroline pflegte mit ihrer Zwei-Packungen-am-Tag-Stimme und ihrem Südstaatenakzent zu sagen: »Vertraue niemals jemandem mit zwei Vornamen.« Bei David Chris war dieses Misstrauen mehr als angebracht. Er war der Haupturheber eines mit spermabeschmiertem Filzstift erstellten Mehrgenerationen-Wandbilds von Studienanfängerinnen an der Decke des Trakts, in dem sich die Ateliers für die älteren Semester befanden. Unter jedes der Bilder kritzelten er und seine Kumpel die Spitznamen der Mädchen, hielten manchmal sogar fest, mit welchem sie geschlafen hatten, oder fügten andere wichtige Infos hinzu: *Muppy hat Herpes* oder *Ken-doll hat eine enge Muschi.*

Mein Spitzname hatte keinen sexuellen Ursprung. An Halloween war ich in einem American-Apparel-Jumpsuit mit Zebramuster eine enge Treppe in Chinatown hinuntergewankt und hatte acht Treppenabschnitte unfallfrei hinter mich gebracht, nur um auf der letzten Stufe zu stolpern. Ich landete auf einem Haufen Abfall, der es mir zum Glück nicht übelnahm. David Chris, der – wie eigentlich jeden Tag – als der legendäre Holzfäller Paul Bunyan verkleidet war, stand mit einem breiten Grinsen am Fuß der Treppe. Und jetzt war mein Spitzname *Dumpster* – Müllcontainer – mit fast ausgetrocknetem rotem Filzstift unter eine gar nicht mal so unschmeichelhafte Skizze von mir gekritzelt, wie ich aus einer Mülltonne auftauchte und dabei wie eine Mischung aus einer wahnsinnigen Venus von Botticelli und einem notgeilen Oscar aus der Sesamstraße aussah. Es war nicht der schlimmste Spitzname. Hailey hieß *Holey,* weil sie sich von einem Typ namens Moses auf dem Dach der Fakultät hatte fingern lassen.

Ich hatte endlich den Mut aufgebracht, eine meiner Assemblagen in der »Grube des Grauens« vorzustellen. Bei der Grundplatte handelte es sich um ein massiges vollgepinkeltes, vermutlich von Bettwanzen besiedeltes Stück Sperrholz, das ich auf der Bowery gefunden hatte. Ich hatte Hunderte Löcher in das verzogene Holz gebohrt und mit Silberdraht sorgfältig sämtliche Abfälle aufgefädelt, die ich im Laufe des Monats auf der Straße aufgelesen hatte und die in meine Taschen gepasst hatten: Schlüssel, Bonbonpapiere, kleine Ohrringe, Münzen, Haargummis, einen Babyschuh, Flyer für Tarot-Sitzungen, Kassenzettel, Plastikstrohhalme, Legosteine. Es war Dezember. In meiner Vorstellung war die Assemblage so etwas wie ein New-York-City-Adventskalender. David Chris war betrunken.

Sanftes Schweigen senkte sich über den Raum, als meine Mitstudenten meine Assemblage umkreisten. David schnipste gegen die splitternde Kante der Holzplatte. Ich wartete, und die Angst ließ meine Adern pulsieren. Mein Werk war das letzte an einem langen aufreibenden Abend der pseudointellektuellen Kunstkritik. Wir hatten gerade zwei Stunden damit verbracht, über die »inhärente Sentimentalität« eines noch feuchten eingegipsten Donuts zu debattieren.

David durchbrach schließlich die Stille und sprach zwischen zwei Schlucken in seinen Pappbecher hinein, wodurch sich seine Stimme leicht verzerrt anhörte: »Zoe, dir ist schon klar, dass das dekorativ ist, oder?«

»Inwiefern?«, fragte ich zaghafter als beabsichtigt.

»Es ist domestiziert … richtig *hübsch* …«

»Inwiefern ist es domestiziert?«, hakte ich nach, diesmal mit festerer Stimme.

»Das liegt doch auf der Hand.«

»Die Haargummis«, sagte Jeff schroff, der ein identisch zerschlissenes Flanellhemd trug wie David. »Und die Art, wie du den Draht befestigt hast, so anmutig. Als wolltest du an Gegenständen aus der Vergangenheit festhalten. Das Ding ist wie ein Traumfänger – oder ein Schmuckkästchen. Oder …«

»Außerdem finde ich, dass da noch mehr Zeug dranhängen sollte«, unterbrach ihn David. Er nahm einen weiteren Schluck aus seinem Becher und verabschiedete sich aus der Diskussion, um einem Mädchen mit einem nagelneuen, noch geschwollenen Spatzen-Tattoo am Hals nachzuschenken. Ein paar andere murmelten zustimmend.

»Es wirkt unfertig.«

»Mehr wie ein Vorschlag, ein Entwurf.«

»Ein verwässerter Rauschenberg.«

In der »Grube des Grauens« war die einfachste Art, weibliche Kunst geringzuschätzen, sie *domestiziert* zu nennen. Oder *dekorativ*.

Doppel-D. Oder, wie David Chris *domesticity* aussprach: *dumb-ass-titties*.

Als ich das ramponierte Stück Sperrholz an einem wolkenverhangenen Mittwoch gefunden hatte, hatte es hinter einem Fahrradständer geklemmt, aufgequollen von den Flüssigkeiten der Stadt – das komplette Gegenteil von Doppel-D. Ich hatte es ins Atelier geschleift und es dort genau unter die Lupe genommen, während meine Finger noch von seinem Gewicht geschmerzt hatten. Trotz seiner grobkörnigen Hässlichkeit war es glatt wie Schwemmholz, seine ursprünglich scharfen Kanten abgeschliffen vom

Strom der urbanen Gezeiten. Jeder Farbklecks und jede Kerbe erschienen mir wichtig, denn sie erzählten eine traumatische Geschichte, die nur ich vernahm. Für mich lag auf der Hand, dass dieses Brett die Heimat meiner anderen Fundstücke werden sollte, all der Schätze, die ich während des letzten Monats im täglichen Hin und Her der Menschen auf den Gehwegen und Treppenschächten gefunden hatte. Aber ich wusste nicht, wie ich all dies meinen Mitstudenten erklären sollte. Also ließ ich ihre Kommentare wehrlos über mich ergehen, aus Angst, dass ich – wenn ich ihnen meine Gedanken mitteilte, und sie mein Werk trotzdem abkanzelten – mit leeren Händen dastand.

Ich war neidisch auf alle Kommilitonen, die in Großstädten aufgewachsen waren. Sie schienen das nötige Rüstzeug zu besitzen, um in New York zurechtzukommen. Alle hatten interessante Eltern vorzuweisen: Kartografinnen, Romanautoren, Kostümschneiderinnen, Anwältinnen für Umweltrecht, Filmvorführer im MoMA. *Meine* Mutter arbeitete in einem unspektakulären Maklerbüro in Florida. Trotzdem versuchte ich krampfhaft, sämtliche New-York-City-Klischees zu erfüllen: Ich trug eine schwarze Lederjacke, wusch mir nur selten die braunen Haare, trank Kaffee, obwohl er mir nicht schmeckte, besaß einen gefälschten Ausweis und hatte kein Problem damit, vulgär zu fluchen. Doch ein heißer Windstoß aus den Lüftungsschächten der U-Bahn konnte mich vor Angst erstarren lassen. Die erdrückende Nähe der vielen Menschen, die mit mir an der Fourteenth Street an der roten Ampel warteten, konnte mich beinahe bewegungsunfähig machen. Bei Trader Joe's Lebensmittel einzukaufen, war einfach nur schrecklich, und Besuche beim Postamt überforderten mich völlig. Ich musste mir immer wieder in Erinnerung rufen, dass ich besser für ein selbständiges Leben gewappnet war als viele meiner Kommilitonen, von denen die meisten noch nie selbst Wäsche gewaschen hatten. Ich hatte bestimmt schon drei verschlafenen Studenten erklären müssen, wie man die großen weißen Maschinen im Keller des Wohnheims mit Waschpulver befüllte. Ich erhielt beinahe ein Vollstipendium, wusste, wie man ein Omelett briet und dass ich Künstlerin werden wollte. Das musste reichen, fand ich.

In der Grundschule waren meine Zeichenkünste das Einzige gewesen, was mich zumindest ansatzweise beliebt gemacht hatte. Ich hatte bunte Prinzessinnen abgeliefert, Delfine, die durch brennende Reifen sprangen – was auch immer meine Klassenkameradinnen von mir verlangt hatten. Es war, als hätte ich herausgefunden, wie man Geld druckt. In der fünften Klasse gewann meine in Kreuzschraffur angefertigte Zeichnung des Spielplatzes einen Wettbewerb und zierte das Titelbild des Schulkalenders von 2001. In der Middleschool konzentrierte ich mich auf Collagen und beklebte Heftmappen, Schließfächer und die Wände meines vorpubertären Zimmers mit ausgeschnittenen Fotos von Destiny's Child, Leo, Christina und Britney. Und in der achten Klasse beschloss meine beste Freundin Ivy Noble, die von klein auf Ballett tanzte, nach New York City zu ziehen und Tanz an der Juilliard School zu studieren. Da ich ständig mit ihr wetteiferte und bereit war, ihr überallhin zu folgen, beschloss daraufhin auch ich, der Kunst zuliebe in die große furchteinflößende, taschendiebverseuchte Metropole zu ziehen. Voller Elan warf ich mich in die Vorbereitungen. Sie hatte ihre Proben und ihr Training, ich hatte die Bibliothek. Ich entdeckte Man Ray, Basquiat und die jenseitig wirkenden

Collagen von Hannah Höch, die mich dazu inspirierten, Leo und Britney zu dramatischen Teenager-Abstraktionen zu verfremden.

Wenigstens weinte ich Jahre später nicht bei den Besprechungen in der »Grube des Grauens«. Ab und an rang ich nach vernichtenden Kritiken im Waschraum nach Luft, aber Tränen flossen nie. Und ich traf mich häufig mit Ivy, die es trotz der knallharten Aufnahmevoraussetzungen problemlos an die Juilliard geschafft hatte. Ich fand sogar ein paar neue Freunde, und ich lernte meinen damaligen Freund Nate Kai kennen. Er war ein Jahr älter als ich, ein zynischer Computerfreak mit dem starren Blick eines MacBooks. Wann immer er zum Sprechen ansetzte und nach den richtigen Worten suchte, war es, als würden seine schildkrötengrünen Augen heranzoomen wie ein Teleobjektiv, wie eine Hand, die lautlos in den Scrabble-Beutel gleitet und nach dem nächsten Vokal tastet. Nate, ehemals Debattierchampion an seinem Internat in Massachusetts, behielt auch in New York seine Tradition bei, jeden Tag ein Streitthema auszuwählen, über das er mit anderen diskutieren konnte: *Ist es moralisch verwerflich, die eigene Kunst in einer Galerie zu verkaufen? Zählt computergenerierte Malerei als Kunst? Ist in unserem Zeitalter der Massenherstellung von Künstlerbedarf alles nur noch Fertigware?*

Unsere Beziehung machte mir Angst, aber ich glaubte, Künstlerbeziehungen müssten so sein: unvorhersehbar, gequält, intensiv. Nate mit seiner Ostküstenart war das komplette Gegenteil der sonnenverbrannten, oberflächlichen Beachboys, mit denen ich aufgewachsen war. Ich hatte sogar kurz seine Eltern kennengelernt, im Four Seasons Hotel, vor einer Charity-Veranstaltung von UNICEF. Ihr

Verhalten mir gegenüber war bestenfalls frostig gewesen, sie hatten mich von oben herab behandelt. Nates Vater Ken Kai stammte aus Japan, hatte an der renommierten Wharton School studiert und war Banker. Und seine Mutter Barbra Kai, deren Haarfarbe an Zitronenbaiser erinnerte, war Erbin eines kleinen Chemievermögens.

Nate hatte die Angewohnheit, sich Orbit-Kaugummi kauend über meinen Skizzenblock zu beugen und mich zu kritisieren: »Zoe, wenn du mich fragst – *schmatz* –, ist da viel zu viel los, hab keine – *schmatz* – Angst, Papier zu vergeuden.«

Ich hatte ständig Angst, etwas zu vergeuden, schließlich war ich mit einem Stipendium in New York. Nate hingegen liebte Verschwendung. Seine Kreditkarte lief auf seine Eltern, und wenn er Streit mit seinem Vater hatte, was häufig vorkam, nahmen wir uns ein Taxi zum Carlyle Hotel und bestellten zweimal Seezunge, die neben dem Tisch auf einer Silberplatte entgrätet wurde. Nate wollte mir unbedingt einen Fetisch andichten. Ich hatte aber keinen. Er schon. Und er wollte ihn mir nicht verraten, bis er wirklich glaubte, dass ich ebenfalls einen hatte. Ich googelte *Fetisch.*

Erregung durch Insekten.

Erregung durch Steine und Kies.

Erregung durch Amputierte.

Ich hatte keine Ahnung, für was ich mich entscheiden sollte. Ich war mit Nate zusammen, weil er mir Zugang zu einer anderen Welt ermöglichte, nicht, weil ich mit hohen Absätzen auf seinem Gesicht herumtrampeln wollte. Aber ich hatte Angst, ihn zu verlieren, die Opernkarten, seine Anekdoten aus dem Internat. Eines Abends kamen wir nach dem Farbenlehre-Seminar an einem Lebensmittelgeschäft vorbei. Ich sagte ihm, er könne sich eine Zucchini aussuchen und mich damit vögeln. Gemüse würde mein Fetisch werden, warum nicht? Seine Augen leuchteten auf, und seine Hände fuhren aufgeregt durch seine schwarzschimmernden Haare, während er jede Zucchini genau inspizierte, zwischen Daumen und Zeigefinger maß, sie prüfend drückte und sich schließlich für ein leicht gebogenes Exemplar entschied. Später in seiner Wohnung hielt er mitten im Akt inne, blickte entsetzt auf die Zucchini hinab, plötzlich überzeugt, dass ich mich mit dem voluminösen Gemüse über die Größe seines vollkommen normalen Penis lustig machen wollte. Er brach in Tränen aus und sagte mir, ich solle gehen. Beschämt lief ich zurück zu meinem Wohnheim. Mit neuer Entschlossenheit googelte ich *Fetisch*. Rollenspiele, Tentakel, Füße, Toilettenpapier, Gummi, Arztkoffer, Teddybären.

Ein paar Tage später hatte sich die Lage beruhigt, die Zucchini wurde totgeschwiegen, und wir schauten einträchtig einen Kenneth-Anger-Film, den er schon gesehen hatte, mir jedoch unbedingt zeigen wollte. Er eilte davon, um mehr Bier zu kaufen, und ließ sein Handy auf dem Schreibtisch liegen. Kurz nachdem er weg war, fing es an zu vibrieren wie eine kreischende Hyäne. Ich versuchte es zu ignorieren und konzentrierte mich auf die Nazi-Motorradfahrer, die im blauen Highway versanken, aber das Handy begann erneut mit seinem elektronischen Gejaule. Und dann ein drittes Mal. Schließlich griff ich danach und wollte es gerade stummstellen, als mehrere SMS auf dem Display erschienen. Sie stammten von einem Mädchen, Samantha Cassady, das ihm einen Zeitpunkt für ein Treffen nannte und ihm mitteilte, was er dazu anziehen sollte: Lederhose und weißes Hemd. Als Nate die Treppe hochkam und mich mit dem Handy dastehen sah, fiel ihm die Kinnlade herunter. Seine Augen weiteten sich, das grüne Heranzoomen, er war vorübergehend sprachlos. Dann machte er mit mir Schluss.

Anhand der Anleitung, die Carol mir gemailt hatte, bereitete ich ein Portfolio für die Auslandsbewerbung vor. Ich schob jeden Ausdruck in seine kleine Klarsichthülle und sprach dabei ein lautloses Gebet, das sich schnell in lautlose *Fick dich*s verwandelte.

FICK DICH DAVID CHRIS FICK DICH NATE FICKT EUCH IHR DÄMLICHEN BILDHAUER-ARSCHLÖCHER.

Und noch mal von vorn. Ich würde Manhattan verlassen, die Insel der ekelhaften Männer.

Einige Monate später rief mich Carol Gaynor mit überschwänglicher Freude in ihr Büro, das genauso schmal war wie sie selbst, und teilte mir mit, dass ich für ein Auslandsjahr in Helsinki angenommen worden war. Ich würde in der Sauna am Meer schwitzen und mein Studium Seite an Seite mit Menschen fortsetzen, die sich zu benehmen wussten. Carol vollführte ein peinliches kleines Tänzchen, indem sie mit ihren Zeigefingern oberhalb ihres Kopfs in die Luft feuerte. Voller Euphorie über meinen bevorstehenden Abgang gönnte ich mir eine Sushi-Box und einen Bubble Tea. Während ich an den Tapioka-Perlen lutschte, rief ich meine Mutter an.

Als ich anschließend zurück zur Fakultät kam, saß Nate auf der Treppe. Weil ich so glücklich war, sagte ich hallo. Und er nahm mein Lächeln, mein kleines Entgegenkommen, nachdem wir uns drei Monate lang die kalte Schulter gezeigt hatten, zum Anlass, über sich und sein

Leben zu reden, ein sprudelnder Wasserhahn der Banalitäten. Ich genoss es, wie sich die Tapioka-Perlen in meinem Bauch ausbreiteten, und starrte in sein dumpfes Gesicht, zufrieden, weil er mir so gleichgültig war. Und dann –, als würde er einen Ziegelstein auf meinen in Sandalen steckenden Fuß fallen lassen – erwähnte er, er sei gerade in Helsinki angenommen worden. Ich erwiderte nichts, machte kehrt und ging geradewegs zurück in Carols Büro. In meinem Kopf dröhnte es. Nate hatte von meiner Bewerbung in Helsinki gewusst. Ich hatte ihm sogar auf Google Maps den Campus gezeigt, hatte die Sauna am Meer herangezoomt. Dieser manipulative Dreckskerl! Von Carol erfuhr ich, dass es noch einen freien Platz an der Universität der Künste in Berlin gab.

Ich kannte sie fast nur vom Sehen, und mir wäre nie in den Sinn gekommen, zusammen mit Hailey Mader ein Jahr im Ausland zu verbringen. Ich wusste, dass sie Chanel Mademoiselle trug, einen allgegenwärtigen, an Glasreiniger erinnernden Vanilleduft, der vor allem bei Zahnhygienikerinnen, Galerieassistentinnen und anderen Frauen beliebt war, die harmlose Energie ausstrahlten. Andererseits besaß sie die beängstigende innere Stärke, sich selbst die Nase zu brechen. Ich wusste, dass sie Dentyne-Ice-Kaugummi kaute und ihr Wohnheimzimmer mit italienischer Alkoholwerbung aus den Dreißigern dekoriert hatte, aber ich hatte nicht die geringste Ahnung, wie ihre Kunst aussah. In der »Grube des Grauens« war ich ihr noch nie begegnet. Sie hatte mir einmal mit großer Ernsthaftigkeit erzählt, sie mache »Konzeptkunst«, als ob damit alles erklärt sei. An der Uni war sie mir bisher immer wie eine Figur aus einer schlecht gespielten Fernsehserie vorgekommen, mit einer lediglich schemenhaft erkennbaren Identität.

Offenbar sprach Hailey Deutsch, eine Tatsache, die Carol mir aufgeregt mitteilte, während sie mir einen Stapel Broschüren in die Hand drückte. Ich war erleichtert, dass ich nicht ganz allein sein würde. Dass es da jemanden gab, der vielleicht einen Plan hatte. Ich besaß Haileys Nummer noch von einer gemeinsamen Arbeitsgruppe und rief sie an. Sie klang aufrichtig erfreut und rasselte sofort Informationen herunter – dass ihr Flugticket gebucht sei, sie bereits ein Hostel gefunden habe und sich vor Ort eine neue SIM-Karte zulegen werde. Gegen Ende des Gesprächs wurde ihre Stimme stockender, ihr Tonfall veränderte sich kaum merklich, als sei ihr gerade bewusst geworden, dass sie nicht mehr die einzige Austauschstudentin unserer Uni in Berlin sein würde. Vielleicht hatte sie vorgehabt, sich dort neu zu erfinden. Vielleicht hatte sie den Film *Cabaret* mit Liza Minnelli zu oft gesehen. Oder sie plante, sich einen raspelkurzen Pony schneiden zu lassen und Techno zu produzieren. Möglicherweise hasste sie die Bildhauer-idioten aber auch nur genauso sehr wie ich. Was auch immer der Grund für ihr Auslandsjahr war, am Ende meines Anrufs wusste sie jedenfalls, dass sie mich dabei mit an Bord haben würde.

Unsere erste Mahlzeit in einem richtigen Berliner Restaurant war ein Fondue in einem Laden nahe des Hostels, einer dunklen Hobbit-Höhle mit knorrigen Holzstühlen, dicken Speisekarten und flackernden Kerzen. Der Kellner war ganz süß, auf eine Teenie-Schwarm-Art, und kam immer wieder an unseren Tisch, um sich überschwänglich zu erkundigen, ob wir alles hätten, was wir bräuchten, bevor er sich mit einem Zwinkern wieder zurückzog. Ich fragte Hailey, warum er so nett zu uns war.

»Weil wir heiß sind, keine zwanzig Jahre alt und Ausländerinnen.« Sie fixierte den Kellner mit einem *Fick mich*-Lächeln, während sie ein Stück Brot in den zähen, blubbernden Käse tunkte. Er revanchierte sich mit einem vielsagenden Nicken, als wollte er sich gleich im Hinterzimmer einen runterholen.

»Also, wie ist das mit Ivy passiert?«

Ich war wie vor den Kopf gestoßen. Mir war nicht klar gewesen, dass Hailey von Ivy wusste. Wegen der Beerdigung hatte ich meine Abschlussbeurteilung am Semesterende versäumt, daher wussten wahrscheinlich alle aus meinen Atelierseminaren Bescheid, aber ich hatte irgendwie gehofft, Ivy hier in Berlin für mich behalten zu können. Bis kurz vor meiner Abreise hatte ich immer wieder vergessen, dass sie tot war, hatte an Dinge gedacht, die ich ihr erzählen wollte, mein Handy hervorgezogen und erst nach den ersten getippten Worten realisiert, dass sie für immer fort war.

»Sie wurde ermordet«, antwortete ich schließlich so nüchtern, dass es mir selbst einen Schrecken einjagte.

»Ich weiß«, sagte Hailey und hob ihr Messer subtil Richtung Hals. »Weißt du, wer's war? Hast du irgendeine Theorie?«

»Die Polizei glaubt, dass sie ein Zufallsopfer war.« Ich zermatschte die Essensreste auf meinem Teller. Mein Vertrauen in Hailey war noch nicht groß genug, als dass ich mit ihr über Ivy hätte reden wollen.

Sie hielt meinem Blick stand, wollte mehr wissen, spießte noch ein Brotstück auf. »Zufälle gibt es nicht.«

Ich richtete meine Aufmerksamkeit auf das Summen

der gekühlten Glasvitrine, in der Schokotorten ausgestellt waren. Die Glasur sah aus wie steifgeschlagener Beton.

»Hast du dir die Haare gefärbt, um wie sie auszusehen?«

»Woher weißt du, dass sie auch blond war?«, fragte ich überrascht.

»Weil ich auf Facebook nach ihr gesucht habe.« Sie hielt inne. »Tote Mädchen sind doch immer interessant.«

Ich erstickte fast an meinem letzten Bissen, und Hailey fuhr fort: »Außerdem können *wir* ja jetzt beste Freundinnen werden. Ich hatte nie wirklich eine beste Freundin, weil wir ständig umgezogen sind.«

Ich war erleichtert, als der Kellner an unseren Tisch kam und mein Schweigen unterbrach. Hailey begann übertrieben begeistert, mit ihm Deutsch zu reden. Diese Sprache machte mir Angst, jeder Satz kam mir vor wie ein in Würfelform gepresstes Auto. Flirten erschien mir unter diesen Umständen unmöglich, aber der Kellner lachte, und Hailey strich sich kokett übers Schlüsselbein. Die Situation machte mich verlegen. Ich starrte aus dem urigen Buntglasfenster, bis er gegangen war. Wir zählten unser neues deutsches Geld wie ängstliche Kobolde. Hailey flüsterte mir zu, dass wir hier in Deutschland nicht allzu viel Trinkgeld geben müssten, aber es fühlte sich seltsam an, so wenig dazulassen. Also waren wir spendabel wie Amerikanerinnen und bereuten es, als wir zurück zum Hostel Star trotteten.

Zwei Tage später erhielten wir eine Antwort bezüglich einer Wohnung, die wir auf Craigslist entdeckt hatten und die von Herbst bis Frühjahr untervermietet wurde. Die Australier wurden zunehmend aggressiv, einer von ihnen war nach Zigaretten und Urin stinkend zu mir ins Bett gesprungen. Hailey hatte die Vermieterin angeschrieben und erklärt, dass wir Studentinnen seien, sauber und anständig und so weiter. Leider enthielt die Anzeige keine Fotos, aber wir erfuhren, dass die Vermieterin ebenfalls Amerikanerin war, sie fragte, ob wir noch heute Abend vorbeikommen könnten. Wir nahmen die senfgelbe U-Bahn quer durch die Stadt nach Schöneberg. Das Gebäude befand sich am Ende der Bülowstraße, die erhöhte Trasse der hier oberirdisch verlaufenden U-Bahn führte direkt daran vorbei. Gegenüber schmiegte sich eine rundliche Backsteinkirche in einen hübschen kleinen Park mit Bäumen. Genau so hatte ich mir Europa immer vorgestellt.

»Siehst du diese Frauen?«, riss mich Hailey aus meiner Tagträumerei und zeigte auf eine Gruppe Damen in Neonstrumpfhosen und engen, über bauschigen Jacken geschnürten Korsetts. »Das sind Prostituierte. Ist hier legal. Die zahlen sogar Steuern.«

Ich nickte und überlegte, ob das nun hieß, dass dies eine gute oder eine schlechte Gegend war. Hailey steckte voller Informationen, wofür ich sehr dankbar war. Ich selbst wusste gar nichts. Am Morgen hatte sie mir, ohne mit der Wimper zu zucken, mitgeteilt, der Grund dafür, dass die meisten Toiletten hier einen kleinen Vorsprung hätten statt einer wassergefüllten Schüssel, sei der, dass die Deutschen gern ihre eigene Scheiße betrachteten.

»Das wäre doch die perfekte Kulisse für unser Auslandsjahr«, sagte sie und machte eine Handbewegung in Richtung der Straße und der steinernen Fassade, zu der wir aufblickten. Ich nickte wieder. Wir traten unsere Schuhe vor der Haustür ab und stapften dann hinauf in den zweiten Stock. Als sich die Wohnungstür knarzend öffnete, wurden wir geradezu erschlagen von einem intensiven

Blumengeruch, wie auf einer Beerdigung, stechend und endgültig. Eine Frau mit pechschwarzem Haar streckte uns ihre Hand entgegen, an der fünf blutrote Fingernägel leuchteten. Sie stellte sich als Beatrice Becks vor, und die *B*s ploppten aus ihrem Mund: »Beee-atrice Beee-cks.«

Ich lächelte verhalten und warf den Namen gedanklich in die Luft wie eine Münze.

Groß und elegant, in einem wallenden weißen Herrenhemd, führte uns Beatrice in den Eingangsbereich, und ihr blumiger Duft wurde noch intensiver, als sie den Arm ausstreckte, um uns die Garderobe zu zeigen. Ich konnte ihn nicht einordnen, trotz meiner zahlreichen Stunden in der Parfümabteilung der Shoppingmall – vielleicht Diorissimo von Dior, aber das war eigentlich zu pudrig, während dieser Duft scharf war, fast pfeffrig. Sie beobachtete uns aufmerksam, während wir uns aus unseren Jacken schälten.

Als wir uns hinknieten, um unsere Schuhe auszuziehen, beugte sich Hailey zu mir herüber. »Sie sieht aus wie Uma Thurman in *Pulp Fiction*, oder?«

Ich verkniff mir ein Lachen. Den Film hatte ich nie gesehen, aber ich kannte das Plakat aus Kim's Video – der Haarschnitt und der rote Lippenstift stimmten exakt überein. Ich schaute verstohlen zu Beatrice und sah, dass sie mit verschränkten Armen auf uns wartete. Sie warf sich selbst einen prüfenden Blick im Flurspiegel zu, hob eine Hand, um sich den Pony glattzustreichen, entspannte ihre Kiefermuskeln und neigte den Kopf zur Seite. Offenbar kannte sie ihre Schokoladenseite.

Hailey richtete sich auf, und ich folgte ihr und Beatrice auf Sockenfüßen, spähte nach rechts und erblickte eine Küche mit grünem Bodenbelag. Beatrice bog nach links ab und betrat das Wohnzimmer, das vom warmen Licht eines Kronleuchters mit kerzenähnlichen Glühbirnen erhellt wurde. Hailey schnappte beim Anblick des wunderschönen Raums nach Luft. Die Decke war mindestens dreimal so hoch wie ich, und die Stuckleiste erinnerte an mit einem Löffel modellierte kalte Butter. Ich hatte genügend Fotos auf Craigslist gesehen, um zu wissen, dass so etwas hier kein Normalfall war.

Hailey und ich fuhren erschrocken herum, denn in dem Zimmer saß eine zweite Frau, die ein weißes Hemd im selben Stil sowie die gleiche Bobfrisur mit Pony trug, nur dass ihre Haare von einem stumpfen Grau waren. Nervös machte Hailey eine kleine Verbeugung. Die grauhaarige Dame erwiderte ihre Begrüßung mit einem Nicken. Ich ließ meinen Blick zu dem Sofa hinuntergleiten, auf dem sie saß: Es war knallrot und hatte die Form von Lippen, ein praller surrealistischer Schmollmund. Beatrice, die uns an der Tür so groß vorgekommen war, wirkte plötzlich sehr klein, als sie ebenfalls auf dem Sofa Platz genommen hatte. Sie stellte uns die zweite Frau als ihre Mutter Janet vor. Ich stand wie angewurzelt da, fasziniert von dem Lippensofa, dessen einer Mundwinkel Richtung Decke wies, als wäre es mitten in einem gekünstelten Lächeln erstarrt.

Mutter und Tochter sahen uns mit dem intensiven Blick zweier Figuren aus einem Renaissance-Gemälde an. Ich fröstelte und bemerkte, dass die Fenster offen standen, doch die beiden perfekten Wachsfiguren auf dem Sofa schienen die Kälte nicht zu bemerken.

Beatrice durchbrach die Stille: »Ich bin Schriftstellerin.« Sie sagte es so, als sei dies eine Information, die uns längst bekannt war. »Und ich verlasse meine Wohnung, um vor dem Berliner Winter ins wärmere Klima Wiens zu flüchten.«

Ich starrte sie ausdruckslos an. Hailey gluckste, es handelte sich offenbar um einen Witz. Ich folgte ihrem Vorbild und stimmte gezwungen in ihr Lachen ein. Beatrice übernahm wieder die Kontrolle über das Gespräch. »Ursprünglich sind wir aus Kalifornien.«

Sie sprach dieses Wort mit einer altmodisch anmutenden Eleganz aus – »Kali-fooor-nien« –, in der das Röhren teurer Autos auf Kieszufahrten mitschwang, das Rascheln von Weinreben im Wind. Ich schätzte sie auf Anfang vierzig.

»Ich werde mich in ein Schloss für Autorinnen und Autoren zurückziehen, im Rahmen eines Arbeitsstipendiums des Bundeskanzleramts Österreich. Klingt etwas hochtrabend, ist aber ein wunderbarer Ort, um sich ganz aufs Schreiben zu konzentrieren.« Beatrice sah fragend zu ihrer Mutter. Janet senkte zustimmend ihr spitzes Kinn, Beatrice entspannte sich sichtlich und fuhr mit dem Zeigefinger die Konturen ihrer roten Lippen nach. Mir fiel auf, dass Janet trotz ihrer grauen Haare nicht viel älter wirkte als Beatrice. Die beiden ähnelten einander sehr – die gleiche kräftige Nase und fast schwarze Augen –, aber Janets Züge waren markanter, beinahe eckig.

Wir sprachen über New York, wir sprachen über Kunst. Ja, wir würden beide hier in Berlin studieren. Ja, für uns sei alles noch neu. Als Beatrice und ihre Mutter einmal nicht hinsahen, warf mir Hailey einen vielsagenden Blick aus großen Mondaugen zu – sie wollte die Wohnung. Sie verfiel in ihren gesprächigen Südstaatenmodus und unterhielt die beiden mit Horrorgeschichten über das Hostel Star und die australischen Aarons: *Jede versäumte Nacht in Berlin ist eine versäumte Nacht in Berlin.* Das Mutter-Tochter-Duo brach simultan in Gelächter aus, ihre vibrierenden Hälse bewegten sich voneinander weg und dann wieder uns zu. Das Eis war gebrochen. Beatrice schien sich zunehmend in uns wiederzuerkennen, den beiden jungen staunenden Amerikanerinnen im Ausland. Ihre Fragen folgten nun rasch aufeinander, als laufe ihr bei einer Partie Scharade die Zeit davon.

»Warum Berlin?«

»Welche Art von Kunst gefällt euch?«

Hailey schwärmte von Warhol.

»Wart ihr vorher schon mal im Ausland?«

Hailey stupste mich an, und ich erzählte von meinem Highschool-Trip nach Mexico City, zweiundzwanzig Mädchen und ein Junge.

»Was machen eure Eltern beruflich?«

Hailey schilderte langatmig, wie Biggles, die Supermarktkette ihrer Familie, das amerikanische Konsumverhalten revolutionierte.

Beatrice ignorierte Haileys Monolog über verderbliche Lebensmittel und fragte: »Seid ihr gebunden?« Es dauerte einen Moment, bis wir verstanden, was sie meinte. Hailey berichtete freudig von ihrem Freund Zander, »dem Genie«, von ihrer offenen Beziehung und seinen Erfolgen in der Robotertechnologie. Beatrice betrachtete ihre Fingernägel, Janet gähnte und warf ihrer Tochter einen Blick zu. Hailey schnalzte panisch mit der Zunge. »Und Zoe ist mit dem Exfreund ihrer ermordeten besten Freundin zusammen.«

Ich lief rot an. Wie hatte Hailey das herausgefunden? Ich hatte ihr nur erzählt, dass mein Freund Jesse hieß. Wahrscheinlich war sie bei Facebook auf ihn gestoßen und hatte eins und eins zusammengezählt. Beatrice' Augen leuchteten auf, sie sah mich mit einem angespannten Lächeln an, und auch in Janet schien endlich Leben zu kommen.

»Oh, das tut mir aber leid! Wie ist das passiert?«, fragte sie.

»Erstochen«, sagte Hailey so lapidar, als beschreibe sie die gewünschte Garstufe ihres Steaks. Beatrice und Janet hoben die Augenbrauen, sie wollten ganz offensichtlich mehr erfahren.

»Wo?«

»In Hals und Brust, vierzehnmal«, antwortete Hailey.

»Meine Frage war geografisch gemeint.«

»In Florida. Sie war Balletttänzerin.« Hailey bedeutete mir mit einem Blick, dass ich fortfahren sollte. Ich starrte zu Boden, betretenes Schweigen senkte sich über den Raum. Nichts von alldem hatte ich Hailey erzählt. Warum tat sie das? Am liebsten hätte ich laut geschrien. Beatrice legte leicht belustigt den Kopf schräg. Alle sahen mich an. Eine U-Bahn rumpelte vorbei und warf einen gelblichen Lichtschein ins Zimmer. Sie war gerade nah genug, dass man schemenhaft die Fahrgäste erahnen konnte, die ins trübe Abendlicht hinausstarrten. Ich fragte mich, ob sie uns wohl sehen konnten, ob sie erkennen konnten, dass der ganze Raum darauf wartete, dass ich etwas sagte.

»Warum leben Sie in Berlin?«, fragte Hailey an Beatrice gewandt und beendete endlich die Leere, die die davonrauschende U-Bahn hinterlassen hatte.

Beatrice setzte sich aufrechter hin und drehte nachdenklich den Kopf, doch noch bevor sie antworten konnte, kam ihr Janet zuvor: »Berlin eignet sich wunderbar zum Schreiben, hier kann man sich noch ganz und gar der Dunkelheit hingeben. Aber unser Hauptwohnort ist nach wie vor *Kali-fooor-nien*, obwohl mein Lieblingswohnsitz die Friesenkate auf Sylt ist.«

Hailey lächelte, als wüsste sie genau, was gemeint war.

»Was ist eine Friesenkate?«, fragte ich leise, um mein vorheriges Schweigen zu kompensieren. Hailey funkelte mich an, als wäre ich geistig minderbemittelt.

»Eine Friesenkate ist ein kleines Landhaus mit Reetdach. Auf Sylt, einer Nordseeinsel, gibt es sie überall«, erklärte Janet.

»Ich liebe diese Häuser!«, schwärmte Hailey.

»Sie sind reizend, aber sehr wartungsintensiv.«

»Also dann«, schnitt ihr Beatrice das Wort ab, offenbar verärgert über die Redseligkeit ihrer Mutter. Sie stemmte ihren knochigen Körper vom Sofa und winkte uns, ihr zu folgen. Ihre knallroten Fingernägel flogen umher, während sie uns alles zeigte – die brandneue Waschmaschine, ein fensterloses Badezimmer, eine hübsche Leseecke. Die Küche war mit einer verblichenen Siebziger-Jahre-Blümchentapete versehen und mit deckenhohen Bücherregalen vollgestellt. Ich verharrte einen Moment und spähte aus dem Fenster über der Spüle in einen leeren Innenhof.

»Und hier stehen meine eigenen Werke«, verkündete Beatrice und zeigte auf ein großes Bücherregal im Eingangsbereich, in dem die Buchrücken nach Farben sortiert waren. Als ich aus der Küche kam, verharrte sie gerade vor dem Regal, als würde sie für ein Foto posieren. In ihrem schwarzen Haarschopf spiegelte sich das Licht der Deckenlampe.

Dann eilte sie davon, weil ihr Handy klingelte, und ließ uns für einen Moment im Flur allein.

»Wusste ich's doch! Sie ist berühmt! Ihre Bücher werden an Flughäfen verkauft«, flüsterte Hailey aufgeregt. Ihre Begeisterung für Popkultur erstreckte sich auch auf den literarischen Bereich. Sie neigte dazu, ziegelsteinschwere Wälzer mit blutigen Coverbildern und erhabener Schrift mit sich herumzuschleppen. Jetzt war sie völlig aus dem Häuschen.

Beatrice kam zurück. »Wie ihr gleich sehen werdet, gibt es nur ein richtiges Schlafzimmer, aber im Wohnzimmer steht auch ein sehr bequemes Schlafsofa.«

»Klingt super!«, antwortete Hailey mit einem dämlichen Grinsen.

Ihre aufgesetzte Überschwänglichkeit ärgerte mich maßlos. Sie hatte Ivy vollkommen skrupellos als Trumpf eingesetzt. Bei ihr gab es keinen Filter, keine Bremse.

»Seht euch ruhig um«, forderte uns Beatrice auf und machte mit flatternden Ponyfransen eine Kopfbewegung in Richtung Schlafzimmertür. Es handelte sich offenbar um einen ehemaligen Ballsaal, der durch eine Doppeltür in zwei große Räume unterteilt worden war. Die Tür war aus geschnitztem weiß bemaltem Holz und hatte goldene Griffe. Eine Vorkriegswohnung, »ein richtiger Altbau«, wie Beatrice es nannte. Das Parkett war rautenförmig verlegt, mit Sockelleisten aus dunklem Kirschholz. Darüber lagen verschiedene Teppiche. Der größere Raum, das Schlafzimmer, hatte ein Erkerfenster mit Blick auf den kleinen Park, ein schmiedeeisernes Bett und ein glänzendes Blüthner-Klavier. Und das etwas kleinere Zimmer, das Wohnzimmer, wo Janet immer noch steif auf dem lippenförmigen Sofa thronte, verfügte über einen großen Esstisch aus Eichenholz und weitere Bücherregale. In beiden Räumen stand ein riesiges gekacheltes Ungetüm in der Ecke.

»Äh ja, das muss ich vielleicht auch noch kurz erwähnen: Diese Wohnung wird mit Kohleöfen beheizt. Aber die sind sehr effektiv, wenn man mal den Dreh raushat«, erklärte Beatrice eilig, als sie Haileys misstrauischen Blick sah.

Nach dieser kleinen Führung gingen wir zurück in den Flur, um unsere Jacken anzuziehen. Beatrice umarmte uns beide steif und hüllte uns in ihren unverwechselbaren Blumenduft. »Es wäre so schön, euch beide hier wohnen zu haben, wir Amerikanerinnen im Ausland müssen doch zusammenhalten«, gurrte sie. Janet stellte sich neben ihre Tochter in die Eingangstür, sodass beide Frauen nun von hinten beleuchtet wurden, und sich die Silhouetten ihrer Zwillingsbobs vor dem hellen Flur abzeichneten.

»Also … können wir die Wohnung haben?«, fragte Hailey nervös.

»Ich wüsste nicht, was dagegen spräche«, antwortete Janet und streckte ihren Hals aus der Wohnung.

Beatrice warf ihrer Mutter einen Blick zu. »Ich melde mich bei euch, damit wir alles Weitere besprechen können.«

»Ich hoffe sehr, dass ihr an unserer Bibliothek Freude haben werdet«, fügte Janet noch hinzu, bevor die Tür zuging.

Hailey summte begeistert vor sich hin und rief *»Fuck yes!«*, sobald wir auf der Straße waren. Ich konnte mich nicht mit ihr freuen. Während das Haus hinter uns in der Dunkelheit verschwand, bekam ich kaum Luft vor Wut darüber, dass Hailey den Exfreund meiner ermordeten besten Freundin erwähnt hatte. Ich blaffte sie an: »Hailey, das war echt nicht …«

Sie ließ mich nicht mal ausreden: »Ach, komm schon. Das ist Beatrice Becks, wir mussten ihr eine gute Story liefern, damit sie uns die Wohnung überlässt. Schau doch, was wir jetzt haben: die beste Wohnung in ganz Berlin! Der absolute Wahnsinn! Was denn? Hast du etwa einen besseren Plan?«

Den hatte ich nicht. Das war das unsichtbare Ungleichgewicht zwischen uns: Es war Hailey, die Deutsch sprach, Hailey, die den Stadtplan lesen konnte, die keine Angst davor hatte, Fremde nach dem Weg zu fragen oder auf Wohnungsinserate zu antworten. Ich seufzte und versuchte, ihre fiese Bemerkung während der U-Bahn-Fahrt zu vergessen.

Nachdem wir später an diesem Abend die Bestätigung sowie weitere Details von Beatrice bekommen hatten, schwebten wir auf Wolke sieben und rauchten sogar mit den australischen Aarons am Fenster Gras, während sie uns mit Geschichten aus einem Club namens Berghain unterhielten.

»Da müsst ihr unbedingt auch mal hin. Aber der Türsteher ist knallhart, uns haben sie zwei Nächte hintereinander abgewiesen.«

»Reiner Zufall, ob man reinkommt. Die härteste Tür der Welt.«

»Aber es lohnt sich: Das ist ’ne verdammte Sound-Kathedrale dadrin.«

»Oy, machen wir – und wir werden reinkommen«, prophezeite Hailey mit übertriebenem australischem Akzent und gab den Joint an mich weiter.

Zehn Minuten später zogen die Aarons ihre Jacken an, rückten ihre Mützen zurecht, kratzten ihr Glück zusammen.

Als sie gerade aus der Tür verschwinden wollten, rief Hailey ihnen zu: »Ich hab Ecstasy! Von der guten Sorte, falls ihr was wollt.«

Die Jungs jubelten begeistert. Hailey wühlte in ihrem Kulturbeutel und zog drei kleine blaue Pillen hervor.

»Danke, Baby, du bist die Beste«, sagte der Größte der drei, umschloss die Pillen mit der Faust und gab ihr einen flüchtigen Kuss auf die Wange.

Die Tür schloss sich hinter ihnen, und Hailey wischte sich über das Gesicht.

»Du hast Ecstasy?«

»Schlaftabletten. Ich hab die Prägung weggekratzt.«

Ich prustete los, dann überfiel mich plötzlich Sorge um die Gesundheit unserer Zimmergenossen.

»Rache, serviert mit einem Gähnen«, sagte Hailey kichernd.

Irgendwann dösten wir weg, und die goldenen Türgriffe aus Beatrice' Wohnung tanzten durch unsere benebelten Träume.

Uns blieb noch eine Woche, bis wir einziehen konnten. Einmal tranken wir Bier in der nach Zitronenreiniger riechenden Lobbybar des Hostels, die aus einem kleinen Kühlschrank, einer nachlässig an die Wand gepinselten Karte von Berlin mit eingezeichneten Kneipen und einer am Fenster festgeketteten Spardose in Form des Fernsehturms bestand, in die man nach dem Ehrlichkeitsprinzip das Geld für die Getränke steckte. Hailey drehte sich zu mir: »Weißt du, was wir jetzt brauchen?« Ich schüttelte den Kopf. »Wir müssen mal so richtig feiern gehen, das ist unser letztes Wochenende, bevor die Uni anfängt. Wenn das Semester erst begonnen hat, kommen wir wahrscheinlich nicht mehr dazu.«

»Und wo?«, fragte ich und machte eine sarkastische Kopfbewegung in Richtung des Stadtplans mit den gemalten Bierkrügen über uns.

»Im Berghain.«

Meine Vorstellung von europäischen Clubs stammte hauptsächlich aus der Serie *Alias*, in der Jennifer Garner kurze schwarze Perücken trug und mit muskulösen Türstehern und hinterhältigen Frauen Russisch sprach. Dass die Australier abgewiesen worden waren, verwunderte mich nicht. Sie passten ganz und gar nicht in diese Welt.

»Komm schon, wir beweisen ihnen, was für Loser sie sind.«

»Ja, nichts wie los«, stimmte ich zu.

Hailey entschied sich für eine violette Hüfthose und eine schillernde cremefarbene Bluse, ich für silberne Strumpfhosen von American Apparel unter zerrissenen Jeans, eine Lederjacke und Kreolen. Der Club war nicht weit vom Hostel Star entfernt. Wir kauften eine kleine Flasche Wodka und tranken sie auf dem Weg. Die Flaschenöffnung war bald glitschig von Haileys weinrotem Dior-Lipgloss.

Der Club befand sich in einem allein stehenden Industriegebäude inmitten einer mit Maschendrahtzaun unterteilten unasphaltierten Fläche. Überall waren Fahrräder angekettet. Es war weit nach Mitternacht, und die Warteschlange bestand aus mindestens hundert Personen.

»Die sind alle hässlich«, sagte Hailey viel zu laut in Richtung Schlange. »Wir kommen auf jeden Fall rein.« Wir hatten die Wodkaflasche inzwischen leergetrunken. Meine Beine fühlten sich wackelig an, aber das Warten auf unser Schicksal an der Tür spannte meine Nerven wie Klaviersaiten.

»Ich weiß, dass wir reinkommen«, sagte Hailey immer wieder vor sich hin. Sie schob sich noch einen ihrer importierten Dentyne-Ice-Kaugummis in den Mund und begann zu schmatzen. Wir näherten uns der Tür, sahen Grüppchen, die abgewiesen wurden, andere, die hineindurften.

»Lass mich Deutsch mit denen reden, die hassen bestimmt Touristen.« Ich nickte und zupfte an meinen Nagelhäutchen. »Und hier: Trag was von meinem Lipgloss auf.«

Ich gehorchte, schob den Applikator in die dunkelrote Öffnung und umrandete meine Lippen mit Gloss. »O Gott, alle sind schwarz angezogen«, sagte sie und zeigte auf die etwa fünfzig Personen, die sich vor uns durch den Viehpferch zur Tür schlängelten. »Wir hätten uns nicht so bunt anziehen sollen.« Ein Typ mit Kapuzenpullover tauchte auf und bot uns Koks an. Hailey zuckte die Achseln und tauschte zwei Zwanziger gegen ein weißes Plastiktütchen ein.

»Wir müssen uns das reinziehen, bevor wir drinnen sind, ich hab gehört, dass man durchsucht wird …«, sagte sie mit Panik in der Stimme und strich zärtlich über das Tütchen. Eine Vierergruppe wurde abgewiesen. Ein schlaksiger Kerl mit Bomberjacke durfte rein. Hailey und ich versteckten uns hinter den wankenden Körpern vor uns und zogen hastig zusammengeschobene feuchte Häufchen von ihrem Plastikgeldbeutel. Mir war sofort klar, dass es kein Koks war. Vielleicht Speed. Jedenfalls etwas Starkes. Wir waren von einer Sekunde auf die andere high. »Ich stopfe den Rest in meine Unterhose«, schlug ich vor. Hailey nickte mit starrer Miene, wie betäubt. Endlich kamen die drei großen Personen vor uns an die Reihe und wurden hineingelassen. Der Türsteher, ein Kerl mit Stiernacken und fiesem Blick, musterte uns rasch von Kopf bis Fuß und sagte dann auf Deutsch: »Heute leider nicht.«

Ich musste seine Sprache nicht sprechen, um ihn zu verstehen. Schnell machte ich kehrt und lief davon, den Blick fest zu Boden gerichtet. Meine Nasenlöcher brannten. Wo war sie? Ich sah mich um. Hailey diskutierte mit dem Türsteher. Mir rutschte das Herz noch tiefer in die Hose. »Hailey, kommt jetzt!«, rief ich und wünschte mir verzweifelt, dass diese peinliche Situation endlich ein Ende haben würde. Ich wollte überall sein, nur nicht hier vor dieser Warteschlange, wo mich all die fremden Menschen sezierten, um einzuschätzen, was unsere Zurückweisung für sie selbst bedeutete. Endlich machte auch Hailey kehrt und stapfte davon.

»Dieses Arschloch meinte, es sei, weil er meine Schuhe scheiße findet.«

Ich blickte hinab auf ihre halboffenen Gladiatorenstiefel von Marc Jacobs. Sie waren abgrundtief hässlich.

»Ich glaube eher, es lag daran, dass wir nicht schwarz angezogen sind. Und zu sexy. Anscheinend muss man wie ein Müllsack aussehen, um da reinzukommen. Soll sich ficken, dieser Mistkerl.« Ihr Gesichtsausdruck war steinern, ihre Pupillen riesig. »Lass uns woandershin gehen. Ich hasse Techno sowieso.«

Ich nickte. Hailey kaufte noch eine Flasche Wodka, und wir liefen zur U-Bahn. Sie befand sich auf dem Kriegspfad, und ich war zu high, um zu reden. Aus Haileys Nase tropfte Blut, es sammelte sich auf dem Brustteil ihres blauen Mantels und färbte das Synthetikmaterial lila. Sie säuberte sich mit Servietten von einem Kiosk in der U-Bahn-Station und versicherte mir, das passiere ihr ständig, eine Nachwirkung der Nasen-OP.

»Ich hab von einem Club in der Skalitzer Straße gehört, in dem sich vor allem Künstler treffen. Lass uns dahin gehen«, sagte sie und hielt sich den inzwischen roten Stapel Servietten vors Gesicht. Ich nahm einen Schluck aus der Flasche und folgte ihr gehorsam, bis wir gefühlte Stunden später auf einem Parkplatz standen. Musik dröhnte aus einem Backsteingebäude dahinter. Es standen nur ungefähr ein Dutzend Leute in der Warteschlange, wieder waren alle schwarz gekleidet. Mir schoss allein bei der Vorstellung, womöglich wieder draußen bleiben zu müssen, das Blut in den Kopf. »Wir könnten auch einfach ins Hostel zurückgehen und dort weitertrinken. Ich bin high und …«, versuchte ich Hailey zu überzeugen.

»Nein!«, fauchte sie. Die Droge machte sie streitsüchtig. Zehn zermürbende Minuten später ließ uns der Türsteher, ein Typ mit Jeansjacke und strähnigen Haaren, lächelnd hinein. Kaum durch die Tür brach es aus uns heraus.

»O mein Gott, wir sind drin! Na also!«, kreischte Hailey und schlängelte sich sofort zur Bar durch.

Die Getränkekarte war mit Filzstift auf Glitzerpappe geschrieben, und die Barkeeper, vier Männer, waren oberkörperfrei und fast völlig unbehaart. Haileys Drogenblick war sanfter geworden. Auf der Tanzfläche drängten sich die tanzenden Körper, schweißglänzende Gliedmaßen wirbelten herum, und sämtliche Nischen und Freiräume unter Stühlen und auf Fensterbänken waren mit Pullovern und Jacken vollgestopft. Wir schoben unsere Mäntel unter eine Bank. Hailey bestellte zwei Wodka Soda, sie lud mich ein, und wir hüpften mit unseren Getränken Richtung Tanzfläche. Die Musik war eher Disco als Techno, und wir fanden uns bald in einem Grüppchen von vier anderen Amerikanern wieder, die sich mit der Ungezwungenheit Hunderter gemeinsam verbrachter Nächte bewegten. Ihre Hände schienen sich wie die von Hindugöttern zu vermehren, sie glitten umeinander herum, umarmten sich, tauschten Drinks, lächelnde Blicke und Drogen, die sie von ihren Schlüsseln durch die Nase zogen.

»Hi, woher kommt ihr?«, fragte der Größte der Runde, ein junger Mann mit braunen Locken und stolz zur Schau gestellter Designerbrille, an Hailey gewandt.

»New York«, antwortete sie und schob sich eine Strähne hinter die Ohren.

»Ich bin Christopher und komme aus Connecticut«, hörte ich ihn sagen, bevor er sie ironisch herumwirbelte wie in einem Swing-Film aus den Vierzigern. Christopher aus Connecticut – das klang wie aus der Werbung für eine teure Handtuchmarke. Ich beobachtete, wie sich Haileys rote Haare wieder von hinter ihrem Ohr lösten, wie sie vor und zurück schwangen, wie sich ihr Hals bog, synchron zu seinem. Hailey war hübsch, das hatte ich schon vorher gewusst. Rein theoretisch verstand ich auch, was das bedeutete, aber sie so auf der Tanzfläche zu sehen, machte ihre Attraktivität greifbar. Wie eine Währung, die man am Flughafen eintauschen konnte. Die Leute fühlten sich zu ihr hingezogen. Sie zwinkerte mir zu, und in mir kribbelte es vor Stolz darüber, dass wir zusammen hier waren, sie und ich. Ich selbst tanzte ein wenig abseits, nervös, verschwitzt und immer noch zu high. Ein Donna-Summer-Song ertönte, eines von Ivys Lieblingsliedern. Sie hatte es in ihrem kupferfarbenen Oldsmobile Bravada rauf und runter gehört, in voller Lautstärke, mit heruntergelassenen Fenstern – *I feeel love.*

Ich spürte plötzlich das Band, das sie und mich noch immer miteinander verknüpfte, hatte das Gefühl, ihr ganz nah zu sein. Die Musik erreichte ihren Höhepunkt. Ich schloss die Augen und sah sie vor mir, braun gebrannt und konzentriert, wie sie rhythmisch ihre Schultern bewegte. Ihre Hitze vereinigte sich mit meiner, und als ich mit flatternden Augenlidern wieder in den Club zurückkehrte, war Ivy tatsächlich da, einer von vielen herumhüpfenden Körpern. Ich hörte auf zu tanzen, und ihre Augen sahen mich an – sie waren schon immer wie Nerf-Geschosse gewesen, hatten jeden, auf den sie sich richteten, sanft, aber zielsicher erwischt. Verdutzt streckte ich die Hand aus. Ihr Körper war greifbar, Fleisch und Knochen, pulsierendes Blut. Euphorisch umfasste ich ihr Handgelenk, zog sie an mich heran. Wir bewegten uns im Gleichtakt, ich hatte zehntausend Fragen: *Was ist passiert? Wer hat dich umgebracht? Wo bist du? Bist du sauer auf mich?* Ich beugte mich vor, mein Mund war plötzlich trocken wie Wüstensand. Ivy hob den Finger, legte ihn auf meine nach Worten suchenden Lippen und wich dann langsam zurück. Sie entglitt mir, löste sich im Raum auf. Ich bekam Panik und griff wieder nach ihrem Handgelenk, aber diesmal war es Haileys. Sie lächelte, bevor sie sich wieder Christopher aus Connecticut zuwandte.

Donna Summer wurde leiser und ging in den nächsten Song über, aber Ivys und Haileys Verschmelzung fühlte sich dauerhaft an, milderte das Gift der Orientierungslosigkeit, das seit Ivys Beerdigung durch meine Adern floss. Ich tanzte weiter und starrte Hailey an, die ihre Haare vor und zurück warf. Ihre Brüste hüpften bei jedem Tanzschritt aus ihrem Push-up-BH. Immer wenn sich unsere Blicke trafen, ging mir das Herz auf. Erst da wurde mir klar, wie sehr ich ihre Freundschaft brauchte.

Eine halbe Stunde später kam Hailey mit ihrem Gesicht ganz dicht an meines. »Die anderen wollen weiterziehen. Ich mag den Typ, er ist Filmemacher – sogar ein ziemlich bekannter, glaube ich. Seine Freunde sind auch alle total cool, und na ja – wir sollten aufbrechen, das Taxi steht schon vor der Tür …«

Ich wäre ihr überallhin gefolgt. Wir holten unsere Mäntel, die jetzt feucht waren von verschütteten Drinks, und stiegen mit der Vierergruppe in ein hellgelbes Großraumtaxi. Nachdem die Tür zugeglitten war, begannen Haileys und Christophers Zungen, wässrige Walgeräusche zu machen. Das Mädchen, das neben mir saß und in mehrere Schichten schwarzen Stretch gekleidet war, die ihr die Umrisse einer Fledermaus verliehen, streckte mir mit einem Ausdruck größter Langeweile die Hand hin, ohne mir auch nur ihren Namen zu nennen.

»Wohin fahren wir?«

»Berghain«, erwiderte sie lässig, und ihr eckiger Haarschnitt verschob sich in meine Richtung, als sie den Kopf drehte, um aus dem Fenster zu blicken.

Mir rutschte das Herz in die Hose. Hailey blickte erschrocken zu mir auf, ohne ihre Zunge aus Christophers Mund zu nehmen. Das Taxi fuhr weiter.

Nach einigen Minuten löste sich Christopher von Hailey, das ganze Gesicht mit ihrem Lipgloss beschmiert. »Lasst uns ein paar Lines ziehen.«

Auf dieses Stichwort hin holte das Fledermausmädchen ein silbernes Zigarettenetui hervor und schob gekonnt das Koks zusammen, wobei ihr Handgelenk wie ein Stoßdämpfer die Rotation der Reifen auf dem Asphalt abfederte. Vor lauter Panik fügte ich mich der Gruppendynamik und strich mir die Haare aus dem Gesicht. Nachdem sich alle bedient hatten und es eine Weile still gewesen war, nahmen Christopher und Hailey ihren Speichelaustausch wieder auf.

»Was machst du beruflich?«, fragte ich das Fledermausmädchen.

Sie verdrehte die Augen. »Ich bin Trend-Forecasterin.«

Ich nickte, als wüsste ich, was das war.

»Hat dir noch nie jemand gesagt, dass es unhöflich ist, Leuten in Berlin diese Fragen zu stellen?« Das Taxi wurde langsamer. Wir waren wieder dort, wo der Abend angefangen hatte.

Hailey zwängte sich durch die Schiebetür des Vans und flüsterte mir zu: »Lass uns einfach die Klamotten tauschen, die erinnern sich bestimmt nicht mehr an uns. Wir können den anderen nicht sagen, dass wir abgewiesen wurden, das ist viel zu … peinlich.«

»Hast du sie denn nicht gefragt, wo sie hinwollen?« Ich schrie beinahe vor Wut.

Hailey schüttelte rasch den Kopf, um mich zu beschwichtigen.

Die Anzahl der Leute in der Warteschlange hatte sich verdreifacht. Wir reihten uns auf dem Gehweg ein, fast einen ganzen Häuserblock vom Berghain entfernt. Als der Rest unserer Gruppe ins Gespräch vertieft schien, tauschten wir die Mäntel. Ich löste meine Haare, Hailey band ihre hoch. Vierzig Minuten später bestand sie darauf, dass wir auch die Schuhe wechselten.

»Nein, du hast gesagt, er fand sie scheiße«, jammerte ich.

»Er fand sie an *mir* scheiße.«

Die Nacht fühlte sich immer mehr wie ein Wasserfall an, auf den mein Körper unaufhaltsam zutrieb. Ich seufzte und schob meine Füße in die Gladiatorenstiefel. Sie waren zwei Nummern zu groß.

»Am besten bilden wir zwei kleinere Grüppchen«,

sagte Christopher und riss mich und Hailey auseinander. Als wir der Tür nah genug waren, um zu erkennen, dass sie jetzt von einem anderen Türsteher bewacht wurde, atmete ich erleichtert auf.

Das Fledermausmädchen nahm das Koks aus ihrem Zigarettenetui und versteckte es in ihrer Socke. Die Spanier vor uns wurden abgewiesen. Hailey und Christopher versuchten es zuerst. Genau in diesem Moment kehrte der Türsteher mit dem Stiernacken von vorhin zurück. Als er Hailey sah, fing er an zu lachen. Sie drehte sich zu mir um, und ein schmales Rinnsal Blut tropfte aus ihrer Nase.

»Ich habs euch beiden doch gesagt: heute nicht. Ihr könnt die Kleider tauschen, so viel ihr wollt, aber diese Stiefel …« Er zeigte auf mich. »Geht nach Hause.« Er wandte sich an den sprachlosen Rest der Gruppe. »Das gilt auch für euch.«

Das Fledermausmädchen wirkte zutiefst gekränkt. Christophers Mund stand offen. »Aber wir sind ständig hier …«, protestierte er.

»Verstehe ich ja, aber die beiden Mädels hier hab ich heute schon mal abgewiesen.«

Haileys Augen füllten sich mit Tränen, und ein roter Geysir schoss aus ihrer operierten Nase. Christopher trat wortlos den Rückzug an, wollte ganz offensichtlich keine Szene vor dem Türsteher riskieren. Aber zehn Schritte weiter brüllte er in Haileys Richtung: »Warum hast du uns nicht gesagt, dass ihr heute schon mal hier wart? Bist du bescheuert? Du kannst von Glück sagen, wenn irgendeiner von uns je wieder ins Berghain kommt!« Er sah das Fledermausmädchen an und schüttelte fassungslos den Kopf.

»*Du* wolltest unbedingt, dass sie mitkommen, Chris,

das geht auf deine Kappe«, blaffte sie und steuerte auf die wartenden Taxis zu. Dann schwang ihr asymmetrischer Haarschnitt noch einmal zu uns herum: »So was passiert eben, wenn man einfach irgendwelche fremden Mädchen aufgabelt.«

Hailey stand da wie von einer Axt gespalten. Dann stürmte sie los, während das Blut wie Sprühregen hinter ihr zu Boden rieselte. Ich versuchte, sie einzuholen, aber sie war schnell. Fünf lagerhallenähnliche Gebäude später blieb sie endlich stehen. Ich humpelte inzwischen, weil meine Füße in ihren Stiefeln herumrutschten, und meine Zehen immer wieder gegen das Innenleder stießen. Hailey hockte neben einem Busch und pinkelte weinend. Ich hielt inne und verschnaufte, knöpfte dann meine Hose auf und kauerte mich neben sie. Unsere Pisse floss in trägen Bächen den kalten Gehweg entlang, friedlich und nichts von dem nächtlichen Drama ahnend.

»Lass uns einfach nie, nie wieder darüber sprechen«, murmelte Hailey und wischte sich eine Mischung aus Rotz und Blut von der Nase.

Ich nickte und flüsterte: »Jede versäumte Nacht in Berlin ist eine versäumte Nacht in Berlin.« Dann knöpfte ich meine Hose wieder zu.

Die Uni war kaum präsent in unserem Leben. Es gab keine Carol Gaynor, keine freundlichen Mentorinnen, die einem unter die Arme griffen. Nur eine Reihe wuchtiger dick lackierter Metalltüren, die entweder verriegelt waren oder direkt vor einem ins Schloss fielen. Als es mir endlich gelang, meinen Studentenausweis bei einer Frau mit dicht geflochtenem schwarzem Zopf abzuholen, die über einen roten Aktenschrank wachte, zog sie einfach nur ein kleines

Blatt Papier hervor und bedeutete mir mit einem Tippen ihres Stifts, ich solle unten unterschreiben. Zum Abschied wünschte sie mir in abgehacktem Englisch *»Gud luck«*.

Als ich das an Hogwarts erinnernde Gebäude zum ersten Mal betrat, hoffte ich insgeheim auf lodernde Fackeln und Polstersessel, fand jedoch stattdessen ein Labyrinth aus unbeheizten, zugemüllten Fluren vor, die nach Terpentin stanken. Mein Seminarraum befand sich im äußersten »Hof«, was offenbar so etwas wie Hinterhaus bedeutete. Der Raum hatte die Größe eines kleinen Flugzeughangars und war mit Reststücken groben Bauholzes gepflastert. Braune Ranken wuchsen an den Fenstern empor. Sämtliche auf den antiken Arbeitstischen ausgebreiteten Kunstwerke waren in Erdtönen gehalten – Skulpturen aus übereinandergestapeltem Moos, um Stacheldraht geschmierter ungebrannter Ton, ausgestopfte Vögel mit falsch herum angebrachten Köpfen, indigoblaue Holzfässer, vor sich hin faulendes Wasser in etikettierten Gläsern. Ich kam mir vor wie in einem experimentellen Naturkundemuseum und blieb in der Mitte stehen, um mir in Erinnerung zu rufen, wie ich in dieser Klasse gelandet war. Nachdem ich Helsinki gegen Berlin getauscht hatte, hatte mich ein Mädchen mit üppigen Kurven im Fahrstuhl über mein Auslandsjahr an der Universität der Künste reden hören. Sie hatte mir ihren bemalten Hals zugewandt und gesagt, Klaus Simons sei dort der beste Professor. Ich hatte seinen Namen auf meine Hand gekritzelt, dankbar für diesen Informationsfetzen, und mich noch am selben Tag für seine Klasse beworben, ohne ihn auch nur gegoogelt zu haben.

Ein schwanengleicher junger Mann kam zu mir und informierte mich in lebhaftem Englisch darüber, dass

Klaus nur alle drei Wochen persönlich zum Unterrichten auftauche. Und *ja*, es sei alles auf Deutsch. Grob überschlagen würde ich während meines Aufenthalts in Berlin also an neun Seminaren teilnehmen. In New York hatte ich vier Seminare pro Tag gehabt. Der Schwan bot an, mir die Cafeteria zu zeigen. Wir aßen beide Kartoffeln, er in Form von Kartoffelbrei, ich in Form von Bratkartoffeln. Wir lächelten und nickten viel.

Vier Tage vor dem offiziellen Semesterstart zogen Hailey und ich in Beatrice' Wohnung. »Welches Zimmer willst du?«, fragte sie und streifte ihren Rucksack ab. Ich zuckte mit den Schultern und machte mich darauf gefasst, dass dies eins ihrer passiv-aggressiven Spielchen werden würde. Mir war die Zimmerverteilung ganz und gar nicht egal und ihr auch nicht. Hailey befreite den Riemen ihres Rucksacks aus ihren Haaren, ging in den etwas größeren Raum mit dem Erkerfenster und dem richtigen Bett und stieß einen Seufzer aus. »Wenn es für dich okay ist, nehme ich das hier.«

Sie verzichtete diesmal also auf Spielchen. Ich verdrehte die Augen und rollte meinen Koffer in das Wohnzimmer mit dem Lippensofa und der Schlafcouch. Es war immer noch bei weitem das schönste Zimmer, in dem ich je gewohnt hatte.

Wir wussten beide, dass wir nicht die anständigen, reinlichen jungen Damen waren, für die wir uns ausgegeben hatten. Wir waren Künstlerinnen mit Tusche, Montagekleber und Farbkästen. Der trapezförmige weiße Zottelteppich hätte keine Woche überlebt, also rollten wir ihn zusammen und schoben ihn unter Haileys Bett, genau wie den Perserteppich aus meinem Zimmer. In jenen ersten Stunden fühlten wir uns wie Prinzessinnen, schritten durch die weitläufigen Räume der Wohnung, genossen mit ausgestreckten Armen unser Glück. Doch die Pracht bekam Risse, sobald wir versuchten, unser erstes Kohlefeuer zu entfachen. Die beiden gekachelten Kohleöfen waren oben mit einer Reihe glasierter Reliefflliesen verziert, auf denen Blütenknospen und verschlungene Zweige zu sehen waren. Unten gab es eine kleine Metalltür, hinter der sich der Brennraum befand, in dem das sogenannte Feuer gemacht werden sollte. Beatrice hatte uns einen üppigen Vorrat Kohle im Keller dagelassen, einen orangefarbenen Raschelsack mit Anfeuerholz, zwei Schachteln marshmallowähnlicher, nach Kerosin stinkender Feueranzünder und einen Stapel alter Ausgaben der *New York Times.* Wir knieten uns also hin und knüllten Zeitungspapier zusammen; zahllose rauchige Versuche später brannten endlich unsere beiden Feuer.

Wir fügten schmierige Kohlebriketts hinzu, und tatsächlich: Nach einigen Stunden glühten sie wie Goldbarren – was bedeutete, dass wir die nächsten Briketts nachlegen mussten und so weiter und so fort, bis wir entweder starben oder der Sommer kam.

Auf dem Kühlschrank lag ein Zettel mit Haushaltsanweisungen: wie der Müll getrennt, die Kohleasche entsorgt, der Wasserboiler eingeschaltet werden musste. Ganz unten stand die Nachsendeanschrift für Beatrice' Post, bei der es sich um Janets Adresse auf Sylt handelte. Offenbar kümmerte sie sich um den Papierkram ihrer Tochter, damit sich diese ganz aufs Schreiben konzentrieren konnte. Bei unserer Ankunft fanden wir bereits einen ganzen Haufen weißer Briefumschläge auf dem Boden hinter dem Türschlitz vor. Hailey wollte sie öffnen, bevor wir sie weiterleiteten.

»Wir können sie doch wieder zukleben.«

»Ich bin mir ziemlich sicher, dass das eine Straftat wäre.«

»Wir sagen einfach, dass es ein Missverständnis war«, erwiderte sie und schob ihren Zeigefinger unter die Lasche des ersten Umschlags, um ihn aufzureißen.

»Langweilig. Stromrechnung.« Sie suchte einen weiteren Umschlag aus dem Stapel aus und öffnete ihn.

Ihre Augen leuchteten. »Der ist von ihrer Verlegerin in New York, Mabel Henderson. Sieht aus, als hätte Miss Becks die Abgabe ihres aktuellen Buchs verschoben …« Sie hielt inne und überflog den Rest des Briefs. »Und zwar schon zum zweiten Mal!«

Ich ging ins andere Zimmer hinüber und nahm mir vor, niemals meine Post offen herumliegen zu lassen, wenn Hailey in der Nähe war.

An unserem dritten Tag in der Wohnung kam Hailey mit einer Schlecker-Tüte voll kleiner Pappschachteln nach Hause. »Wir färben alles schwarz«, verkündete sie und füllte die Badewanne mit kochend heißem Wasser. Sie schüttete das Pulver hinein und schleppte dann haufenweise Klamotten herbei: T-Shirts, weiße Strumpfhosen, ein hellblaues Kleid, einen grauen Pullover, die Hüfthose, deren violette Farbe an Blutergüsse erinnerte. »Komm schon, Farben sind hier in Berlin einfach nur *sinnlos*«, sagte sie und stocherte in der klumpigen Kleidermasse, die in der pechschwarzen Badewanne umhertrieb. Ich warf ein gestreiftes Tanktop dazu, gelbe Strumpfhosen und ein babyrosa T-Shirt, das mir meine Mutter geschenkt hatte.

»Du solltest auch diese Ballettshirts färben, die du manchmal trägst«, riet mir Hailey, ohne aufzublicken.

»Das sind Ivys«, antwortete ich unbehaglich.

»Dachte ich mir schon. Findest du es nicht seltsam, dass *du* sie jetzt trägst?«

Ich errötete und verließ das Badezimmer, während sie den Stoffberg mit einem Besenstiel herumschob. Ich hatte keine Lust, ihr zu erklären, dass ich mich nur in Ivys Kleidern wie ich selbst fühlte.

Wie fürsorglich wir uns auch um unsere kostbaren Kohlefeuer kümmerten, der bevorstehende Winter machte sich bemerkbar. Hailey musste wie ich kaum je in die Uni, weshalb wir ständig zu Hause waren. Wir hingen hauptsächlich in der Küche ab, wo wir die Tür des Gasbackofens aufklappten, damit uns warm wurde, und literweise Glühwein in einem dünnwandigen Aluminiumtopf erwärmten, sorgsam darauf bedacht, dass uns nicht der ganze Alkohol verdampfte. Der Glühwein schmeckte nach Weihnachten, und wir schlürften ihn genüsslich, während der Ofen summend seine sanfte blaue Wärme verströmte. Kohlenachschub zu holen, war die Hölle, denn dazu mussten wir in den Keller, der nach Zweitem Weltkrieg stank, dessen niedrige Decken mit unheimlichen Rußbotschaften beschrieben waren und in dem noch in altdeutscher Schrift verfasste Warnungen vor Ratten hingen. Nur wenn wir sturzbetrunken waren, brachten wir den Mut auf, dort hinunterzugehen. Dann schleppten wir die Fünfzig-Brikett-Bündel kichernd Stufe um Stufe nach oben.

Wir waren dabei, auf unserer kohlebeheizten Insel eine Freundschaft zu schmieden, auch wenn sie noch wackelig und neu war. Ich hatte vergessen, Eier zu kaufen, sie hatte mein Müsli leergegessen, ich verließ mich zu sehr auf ihre Deutschkenntnisse, sie hinterließ einen blutigen Tampon in der Toilette, ich hatte mich ausgesperrt, und sie kam nach Hause, um mir die Tür aufzuschließen – irgendwie war die Bilanz am Ende immer ausgeglichen. Ich beschloss: Selbst wenn das alles war, was uns Berlin zu bieten hatte – nur wir beide, nur saufen und reden –, war das vollkommen in Ordnung. Besser als New York, wo mich alles an Ivy erinnerte, die nicht länger eine U-Bahn-Fahrt von mir entfernt wartete. Doch eines Abends, nachdem wir unsere Feuer entfacht hatten, lag Hailey ausgestreckt wie ein Seestern auf dem Boden meines Zimmers, während ich mich auf dem Schlafsofa zusammengerollt hatte. Wir hatten zwei Flaschen Wein getrunken, und uns war der Gesprächsstoff ausgegangen, weshalb wir nun zum Gejaule von Kanye West aus Beatrice' schlechten Lautsprechern die Gedanken wandern ließen.

»Mir ist langweilig«, verkündete Hailey am Ende des Songs. »Erzähl mir von Ivy.«

Mit einem Kopfschütteln richtete ich den Blick wieder auf den Bildschirm meines Laptops. Ich war noch nicht bereit, über Ivy zu sprechen, und wollte vor allem nicht, dass sie zur Luftpolsterfolie wurde, die Hailey knallen ließ, um ihre Langeweile zu bekämpfen.

Amy Winehouse begann zu heulen, ihre Stimme füllte den Raum. Wir kippten ein weiteres Glas herunter, ohne zu reden.

»Bist du glücklich?«, fragte sie. »Hier, meine ich.«

Ich wartete auf eine Pause im Gitarrenriff. »Glücklicher als in New York, schätze ich mal. Und du?«

»Mein Bruder hat als Kind Französisch gelernt, also war Paris sein Ding. Und ich habe Deutsch gelernt, daher wusste ich schon immer, dass Berlin *mein* Ding werden würde. Ich dachte nur eigentlich, dass …« Sie legte den

Kopf schräg, und ihr herzförmiges Gesicht wurde sanft von einer vorbeirauschenden U-Bahn beleuchtet. »Ich dachte nur, dass hier mehr passieren würde – dass sich hier meine *Story* abspielen würde. Aber irgendwie tut sich noch nicht wirklich was – nicht so, wie ich es mir vorgestellt hatte.«

Ich ärgerte mich über ihre Verwendung des Worts *Story*. Sie tat so, als wären ich und der Rest der Stadt nur die Kulisse für ihre Highschool-Fantasien. Bei Hailey klang immer alles, als diente es einem höheren, übergeordneten Zweck. Keinem religiösen Zweck, sondern lediglich der Konstruktion ihrer eigenen Geschichte.

Der Alkohol hatte mir die Zunge gelöst, und ich sprach meinen Gedanken laut aus: »Du hast wohl zu oft *Cabaret* geschaut.« Die Bemerkung klang sarkastischer als beabsichtigt. Ich selbst kannte nur Ausschnitte daraus – Liza Minnelli in einem verrauchten Club, wie sie ihren durchscheinend weißen Körper um einen Stuhl windet oder in einem federbesetzten Kleid schmachtende Worte auf Deutsch haucht – ein äußerst irritierendes Zerrbild von Berlin.

»Natürlich hab ich das, Zoe.«

Mein Sarkasmus hatte offenbar einen verborgenen wunden Punkt berührt.

»Du findest das lächerlich, ich weiß«, fuhr sie fort, nahm noch einen Schluck Wein und drehte sich in meine Richtung. »Du denkst, du wärst total alternativ und stündest außerhalb des Systems. Natürlich hast *du* die wirklich interessanten Filme ausgeliehen und warst auf den Noise-Konzerten in Bushwick. Genau wie alle anderen an unserer Fakultät denkst du, dass man schmuddelig und sonderbar sein muss, um ein guter Künstler zu sein. Aber das stimmt nicht!«

»Ich halte mich doch nicht für *alternativ*!«, sagte ich ungläubig.

Sie kochte vor Wut. »Ich weiß, dass du an der Highschool das kreative, merkwürdige, mürrische Mädchen warst, aber in New York hast du plötzlich nicht mehr herausgestochen. Pech gehabt. Da warst du nur noch eine von vielen. Und deshalb hast du dich wahrscheinlich noch beschissener gefühlt als Nate Kai. Das ist es doch, was dich in New York gestört hat.« Die Flasche Wein machte sich bemerkbar, ihre Worte verschwammen miteinander. Ich blieb stumm, wusste nicht, ob ich protestieren sollte. Sie fuhr fort: »Für uns Kunstschaffende geht es darum, Storys zu verkaufen. Und Storys zu verkaufen, ist Kommerz. Daran ist absolut gar nichts alternativ.«

Hailey hatte sich inzwischen vom Boden hochgestemmt und stand schon im Lichtschimmer des Türrahmens.

»Ich halte mich echt nicht für …«

»Doch, tust du«, beharrte sie, bevor sie mir den Rücken zuwandte und die Tür hinter sich schloss.

Ich saß stumm auf meinem Bett, zutiefst getroffen von ihren Worten. Davon, dass, was auch immer es war, das sie und mich verband, für wen auch immer sie mich hielt, offenbar nicht genug war.

3

Der vergangene Mai war wie von einer ekstatisch warmen Strömung nach New York City getrieben worden, überall waren BH-Träger und nackte Beine aufgetaucht. Ich hatte den Glauben daran verloren, dass ich mein Austauschjahr in Berlin tatsächlich antreten würde – nicht etwa weil ich Helsinki vorgezogen hätte, sondern weil Ivy ermordet wurde und ich mich verliebte. Als mein Telefon klingelte, saß ich gerade in der U-Bahn. Ich wühlte in meiner Tasche danach und stellte fest, dass mein Handdesinfektionsmittel ausgelaufen war. Mein Handy war voll mit grünem nach Apfel riechendem Alkohol. Nachdem ich es hastig an meinem Rock abgewischt hatte, hielt ich es mir ans Ohr, und mir wurde schwindelig von den Desinfektionsdämpfen. Es war James, einer meiner besten Freunde aus der Highschool. Dort war er der Star jeder Musical-Aufführung gewesen. Inzwischen hatte er sich den Traum erfüllt, nach Orlando zu ziehen und in einem Schwulenclub aufzutreten. An der Highschool hatte er viel einstecken müssen, noch mehr als ich, aber er hatte sich durchgekämpft. Jetzt schwieg er, was untypisch für ihn war.

»Hey, James, was ist los?«, fragte ich zum zweiten Mal. Er hatte sonst nie Probleme damit, die richtigen Worte zu finden. Irgendetwas stimmte nicht.

»Es geht um Ivy.«

Sie hatte vierzehn Stichwunden erlitten auf dem Weg

nach Hause vom The Fish, einer maritim eingerichteten Bar im Süden Sebastians, in der man zwei Natural-Light-Biere zum Preis von einem bekam. Keiner wusste, wer der Täter war oder was er für ein Motiv gehabt haben könnte. Ich fühlte mich, als würde eine Hand aus dem Inneren meines Körpers aufsteigen und ihre Finger durch meinen Mund nach draußen zwängen. Hustend krümmte ich mich zusammen. Eine dicke Frau in einem makellos weißen Polyesteranzug zog ein Päckchen Taschentücher aus ihrer Handtasche, während die U-Bahn über den East River kroch. Ivy war meine beste Freundin, die Balletttänzerin, die durch unsere gemeinsame Jugend gewirbelt war. Sie hätte jetzt eigentlich in einem fliederfarbenen Balletttrikot Dehnübungen in Upper Manhattan machen und Wasser aus ihrer türkisfarbenen Nalgene-Flasche trinken sollen, sich auf ihren nächsten Sprung vorbereiten, auf ihre nächste Drehung, auf ihren nächsten Dreifach-Axel oder wie auch immer das hieß.

Ich hatte sie letzte Woche noch gesehen. Sie war gestresst gewesen wegen ihrer Semesterabschlussprüfungen und hatte nicht gewusst, ob sie am Wochenende trotzdem zum achtzigsten Geburtstag ihrer Großmutter Jane fahren sollte. *Wenn du nicht hinfährst, wirst du es dein Leben lang bereuen* – diese Aneinanderreihung von Wörtern, die ich bei unserem letzten Treffen zu ihr gesagt hatte, bekam ich seither nicht mehr aus dem Kopf, ich schob sie pausenlos hin und her wie die Perlen eines Rosenkranzes. Sie hatte seufzend genickt und dann – wie immer, wenn sie unsicher war – hektisch mit dem Bein gewippt.

Wir beide liebten Grandma Jane, die sich selbst als »resolutes altes Mädchen« bezeichnete, grundsätzlich nur Pastelltöne trug und altmodische Ersatzausdrücke verwendete, wenn sie fluchte. Statt »Scheiße« sagte sie »Scheibenkleister«. Als wir noch zur Middleschool gingen, hatte sie uns jeden Freitag auf einen Frozen Yogurt eingeladen und uns unter anderem beigebracht, dass vermeintlich höfliche Bemerkungen oft am verletzendsten wirkten. Ihr Lieblingsbeispiel war »Ich werde für dich beten.« Bei meinem Gespräch mit Ivy hatte ich jedenfalls einen rosa Wachspapierumschlag hervorgezogen und ihn ihr hingeschoben. Am Morgen war ich auf der Suche nach bezahlbarem Künstlerbedarf in der Lower East Side über einen Flohmarkt gebummelt und hatte ein goldenes Armkettchen gefunden mit einem Namensschild, auf dem in schnörkeliger Kursivschrift *Jane* zu lesen war.

»Zoe, das wird sie umhauen! Total Carrie Bradshaw!«

»Dann passt es ja perfekt zu Grandma Jane.«

Ivy hatte sich das Kettchen übers Handgelenk gestreift und es in ihrem Spiegelbild im Fenster bewundert. »Vielleicht behalte ich es aber auch.«

»Trag es doch einfach bis zu ihrem Geburtstag.«

»Zoe, vielleicht kann ich tatsächlich nicht hinfliegen. Das Pensum für die Abschlussprüfungen ist irre.«

»Wie soll sie denn dann ihr Geschenk bekommen?«

Sie holte tief Luft. »Ich weiß, du hast recht.«

Als Ivy in der vierten Klasse zu mir an die Schule gekommen war, war ich vor Neid auf ihre dicken Haare fast geplatzt. Es waren zwei Gummibänder nötig gewesen, um ihren colaflaschendicken, schimmernden Pferdeschwanz im Zaum zu halten. Sie war sofort bei allen beliebt gewesen, hatte es geschafft, die Mädchen, die in der Mittagspause immer in dem kleinen Pavillon saßen, zum Lachen zu bringen. Sie war gut in Erdkunde gewesen, hatte sich in der Theater-AG und als Cheerleaderin hervorgetan und sogar fließend Spanisch gesprochen. Mein Neid auf sie war so intensiv gewesen, dass er mich an manchen Tagen halb wahnsinnig gemacht hatte. Wie konnte sie einfach so auftauchen und sofort mit allen befreundet sein? Nach der Schule starrte ich mich zu Hause im Spiegel an, übte, beim Lachen die Nase zu kräuseln, so wie sie. Als sie mit einer hellrosa Plastik-Surferuhr von Roxy in die Schule kam, flehte ich meine Mutter verzweifelt an, mir auch eine zu kaufen. Nachdem sie endlich nachgegeben hatte, und Ivy am Tag darauf die gleiche Uhr an meinem Handgelenk bemerkte, log ich und behauptete, ich hätte sie schon lange vor ihr bekommen. Und als Ivy anfing, Haarbänder zu tragen, zwang ich meine Mutter, mit mir in die Drogerie zu fahren, wo ich mir eine Packung in allen Regenbogenfarben aussuchte. So ging es immer weiter, bis wir uns auf unheimliche Weise ähnelten, fast wie Zwillinge. Ich spiegelte sofort jede Entscheidung, die Ivy traf.

Und dann endlich, in der fünften Klasse, wurde das Objekt meiner jugendlichen Obsession dank eines Sitzplans, der mich neben ihr platzierte, zu meiner besten Freundin. In jenem Jahr errangen wir den zweiten Platz beim Wissenschaftswettbewerb unserer Schule, indem wir den Salzgehalt der Indian-River-Lagune maßen. Um unseren Erfolg zu feiern, fuhr Ivys Mutter Ana mit uns zum Disney Hotel und lud uns zu Virgin Piña Coladas am Pool ein. Die Drinks wurden in bongförmigen Gläsern mit Mickey-Maus-Ohren serviert, und nachdem ich meinen weißen Zuckersaft leergeschlürft hatte, schob ich das exotische Trinkröhrchen in meine Strandtasche, um es zu Hause auf meiner Fensterbank auszustellen – als Zeichen unserer neu besiegelten Freundschaft. Von da an verbrachten Ivy und ich jedes Wochenende zusammen.

In New York waren wir beide sehr beschäftigt, schrieben uns aber jeden Tag SMS. Sie hielt meine Freunde von der Kunstfakultät für Snobs, und ich mochte die meisten ihrer Tanzfreunde nicht, die allein von Misobrühe zu leben schienen. Doch das machte nichts, wir führten Grandma Janes Tradition fort und aßen jeden Freitag unseren Frozen Yogurt am Union Square, wo wir Geschichten, Enttäuschungen und Belanglosigkeiten aus unserem neuen Leben austauschten. Ab Sommer wollten wir uns nach einer gemeinsamen Wohnung umsehen, ich drängte auf Williamsburg, sie auf Yorkville.

Im Flieger nach Orlando war es kalt und still. Ich hatte Appetit auf Erdnüsse, irgendetwas Salziges. Mit zitternder Stimme fragte ich die Flugbegleiterin, deren Antwort lautete: »Die Erdnusszeiten sind vorbei.« Der Satz fühlte sich an wie eine Grabinschrift. Unser letzter Sommer vor dem Studium war keine zwei Jahre her. Wir waren unbesiegbare Windmühlen gewesen, hatten auf schweißtreibenden Punkkonzerten getanzt, die Autos unserer Mütter ausgeliehen, um an den Wochenenden zu den Strandhäusern von Freunden zu fahren.

Ich versetzte mich in sämtliche Stationen jenes Sommers zurück. Trank Starkbier am Rand der Wabasso-Brücke und ließ die leere Flasche anschließend an den darunter liegenden Felsen zerschellen. Ich traf mich mit Molly, Ashleigh und Alexa, und wir wateten den Strandabschnitt entlang, an dem wir früher immer nach der Schule abgehangen hatten. Dabei reichten wir eine sandige Flasche Bacardi Raspberry herum und lamentierten – wenn doch nur eine von uns da gewesen wäre, um ihr zehn Dollar für eine weitere Runde zu leihen oder sie nach Hause zu begleiten oder ihr ein Taxi zu rufen. Ashleigh war überzeugt, dass sie schuld war, weil sie Ivy am Abend der Tat abgesagt hatte, um für ihre Krankenpflege-Abschlussprüfung zu lernen. Sie brachte kaum ein Wort heraus, bis sie vollkommen betrunken war, und hörte dann gar nicht mehr auf, leise schluchzend hervorzustoßen:»ESIST-*schnief*-MEINESCHULDESISTMEINE-*sabber*-SCHULDESISTMEINE-*schluchz*-SCHULD.« Alex wollte Rache, Rache war zumindest eine Richtung, in die man seine Trauer und seine Wut lenken konnte. Ich selbst fühlte mich schweigsam und nutzlos. Alexa, Ashleigh und die anderen waren befragt worden, die Polizei hatte unsensible Fragen gestellt: Hat sie öfter Männer in Bars aufgerissen? Würden Sie sie als Partygirl beschreiben? Hat sie immer so kurze Röcke getragen? Hatte sie Feinde?

Ich besuchte Ana, Ivys Mutter, jeden Tag während meines Aufenthalts. In meiner Erinnerung war sie sonnengebräunt und stark, trug drei dünne Silberkettchen um den Hals und machte sich auf Spanisch über uns lustig, während sie im Bikini Sandwiches belegte. Jetzt war Ana aschfahl, hatte Finger wie Kreidestücke, die Augen zwei schwarze Steine. Meine Mutter bestand darauf, ihr Essen zu kochen. Ich lieferte die Tupperdosen bei Ana ab und kam mir albern vor – als ob ein Plastikbehälter mit Eiersalat irgendetwas erleichtern könnte. Aber Ana ließ mich in Ivys Zimmer sitzen, solange ich nichts durcheinanderbrachte, und es tröstete mich, dass dies ein klimatisiertes Grab sein würde, das ich für immer besuchen konnte.

Ich ließ mich auf den Sitzsack in Ballettschuhform plumpsen, den Ivy zu ihrem dreizehnten Geburtstag bekommen hatte, die Haltegriffe aus rosa Zierbändern schmutzig von unzähligen Pyjamapartys. Dort blätterte ich durch unsere Jahrbücher und las, was Katie Newman und

Beau Alter geschrieben hatten: *Bleibt, wie ihr seid.* Ich sah Ivys Kleider durch und stopfte ein paar ihrer T-Shirts und zwei Jeans in meine Tasche. Innerlich war ich wie betäubt. Wie hatte sich ein Mensch zu fühlen, der gerade seine beste Freundin verloren hatte? Ich hatte so hart um sie gekämpft, um uns. Um unsere Freundschaft. Ich sprühte mich mit ihrem Parfüm ein. Clinique Happy Heart. Was für ein schrecklicher Name.

Während der Highschool hatte ich an den Wochenenden in der Parfümabteilung der Indian River Mall gejobbt. Ivy hatte mich oft dort besucht, hatte sich auf die Glasvitrine der Verkaufstheke gestützt und ihren Smoothie geschlürft. Wir hatten immer Wetten abgeschlossen, wofür sich die nächsten Kundinnen wohl entscheiden würden. CK One war einfach. Auch Tommy-Girl-Trägerinnen, die meist von Kopf bis Fuß in Abercrombie gekleidet waren, erkannte man schon von weitem. Die älteren Damen bevorzugten Shalimar oder Chanel, und wir hatten sie in Verdacht, ihre Flakons von Elizabeth Ardens Red Door heimlich auszutrinken, weil sie so schnell wiederkamen und Nachschub kauften. Nicht selten lagen wir auch daneben, wurden überrascht vom erlesenen Geschmack einer Jugendlichen, die ein geknotetes Bandana als Oberteil trug. Ivy stand auf die kitschigsten Düfte: Clinique Happy Heart – Gurke und Orange –, Miss Dior Chérie – ein Erdbeer-Sahnetörtchen, das an ein Gelage kichernder Teenager in weißen Baumwollhöschen erinnerte. Ich selbst probierte alles durch, Muglers Alien, Stella, Escada, Flowerbomb und Bright Crystal von Versace, aber am Ende trug ich gar kein Parfüm, weil mich jedes unweigerlich an jemand anderen erinnerte. An irgendein Mädchen mit Gloss auf den Lippen und Dillard's-Einkaufstaschen am Handgelenk.

Die ganze Stadt versuchte, aus dem Mord schlau zu werden, für den man weder Verdächtige noch ein Motiv fand. Es hatte keinen Diebstahl gegeben, keinen fehlenden Geldbeutel, keine Vergewaltigung. Ich hatte oft genug *CSI* geschaut, um zu wissen, dass das Sebastian Police Department nicht die leiseste Ahnung hatte. Ana ging ans Telefon, wenn die Beamten anriefen, antwortete mehrmals mit »Mmmhmmm« und legte dann wieder auf. Wie konnte es sein, dass es keine neuen Erkenntnisse gab? Wie war es möglich, dass sie nichts über das Messer herausgefunden hatten? Konnten sie nicht eine Art Harz oder Gips in Ivys Wunden gießen und so einen Abdruck erhalten und Fingerabdrücke gleich dazu?

Noch nie zuvor war jemand gestorben, den ich liebte. Ich wusste nicht, wie ich mich verhalten sollte. Meine Mutter und ich waren nicht religiös. Wenn uns jemand fragte, bezeichneten wir uns als »unitarische Universalisten«. Der Mord an Ivy gab mir das Gefühl, zwischen den Stühlen zu stehen, unfähig, mit anderen in Kontakt zu treten. Ich konnte nicht weinen und mochte es nicht, umarmt zu werden. Bei der Trauerfeier trat James mit einer bunten Mischung aus Theaterleuten und Band-Nerds auf, in voller Stevie-Nicks-Montur: enganliegendes Kleid und jede Menge Tücher. Genauso hätte Ivy es gewollt. James' blonde Perücke reichte ihm bis auf die Schultern, und einer seiner Spaghettiträger rutschte herunter, als er nach dem Mikrofon griff. Das Klavier spielte die Eröffnungsakkorde von »Landslide« von Fleetwood Mac, und James' mächtige vibrierende Stimme wärmte die unterkühlte Kirche auf. Man spürte regelrecht, wie sich die konservativen Christen auf ihren Sitzen wanden und tuschelten: »Das ist doch unangemessen für ein Gotteshaus, und überhaupt: ein Schwarzer als Stevie Nicks!« Es war der Song, zu dem sich James und Ivy in jenem letzten Sommer vor dem Studium eine Choreografie überlegt hatten. Sie hatten jeden Nachmittag zusammen in der Garage ihrer Mutter verbracht, »Se Stüdio«, wie es Ivy mit übertriebenem französischem Akzent genannt hatte. Während die beiden probten, hatte ich fotografiert, hatte die straffen Körper eingefangen, die mit verschränkten Daumen und flatternden Fingern durch die Sommerluft schwebten.

… 'cause I've built my life around you.

Die Trauerfeier war wie ein verfrühtes Klassentreffen. Um uns drängten sich in dichten Reihen unsere Eltern wie Schilfrohr um einen Teich. Ivys Mutter stand stoisch da, in einem dunkelgrünen Kleid, an das sie einen silbernen Button mit einem Foto von einer jüngeren Ivy in Cheerleader-Uniform befestigt hatte. Ivys Vater Eric, der eine Teppichreinigungsfirma leitete, schaffte es nicht, den Trauergästen in die Augen zu sehen, und stieß stattdessen ein hohes Summen aus, wenn er umarmt wurde.

Grandma Jane stand von ihrem Stuhl auf, als sie mich sah. Ihre weißen Wattehaare waren perfekt toupiert, und in ihren Augen standen Tränen.

»Es tut mir so leid«, sagte ich und umarmte ihre schmächtige Gestalt.

»Gütiger Himmel, mir tut es um die ganze Welt leid.«

»Hat sie dir das Armband geschenkt?«

»Welches Armband?«, fragte sie mit zitterndem Kopf und sah mich verwirrt an, wodurch sie plötzlich sehr betagt wirkte.

»Ivy sollte es dir eigentlich … ach egal. Mein herzliches Beileid.«

Ich umarmte sie noch mal und ließ sie zu ihrem Sitzplatz zurückkehren. Das hatte ich vollkommen vergessen: Ivy war am Tag vor der Geburtstagsfeier ermordet worden. Sie hatte nie Gelegenheit gehabt, Grandma Jane das Armband zu schenken. Als ich an meiner Mutter vorbeiging, drückte sie meinen Arm und flüsterte mir zu: »Ich weiß nicht, was ich tun würde, wenn *dir* etwas passieren würde.« Ich tätschelte ihren Rücken, unsicher, was ich sagen sollte, unsicher, wie ich mich selbst meiner eigenen Mutter gegenüber verhalten sollte.

Ich hatte Ana gesagt, dass ich keine Trauerrede halten könne, dass mir Wörter so bedeutungslos vorkämen. Sie hatte geantwortet, dass sie das verstehe, aber jetzt fühlte ich mich mies, als würde ich Ivy im Stich lassen. Was hätte ich sagen sollen? *Die Erdnusszeiten sind vorbei.* Ivy hätte sicher eine großartige Rede auf meiner Beerdigung gehalten. Bestimmt hatte sie schon vor Jahren alles geplant – zumindest als grobe Skizze, in Stichpunktform. Ich hingegen hatte rein gar nichts vorzuweisen, dabei wusste ich, dass ich ohne sie überhaupt nicht existieren würde. Ich wäre nie nach New York gegangen, hätte nie den Mut aufgebracht, an Mappenkursen teilzunehmen und mich für Stipendien zu bewerben. Die Diashow mit Fotos von Ivy lief in Endlosschleife. Der Tag unseres Schulabschlusses. »Se Stüdio« mit seinen wacklig an Kisten gelehnten Ikea-Spiegeln. Ivy mit einem haarsprayfixierten Dutt bei der Premiere von *Schwanensee.* Ivy, wie sie mit einem Blumenstrauß in den Händen auf einem Parkplatz in die Sonne blinzelt. Ihre erste Ballettaufführung. Ivy Arm in Arm mit Grandma Jane am Strand.

Sich auf einer Beerdigung zu verlieben, ist falsch, aber es passierte trotzdem. Jesse saß rechts von mir. Ich spürte, wie er sich in mich verliebte. Und ich war ihm volle zwei

Sekunden voraus, wie eine Rakete, die zurückschaut, um sich zu vergewissern, dass die zweite auch gestartet ist. Er warf mir immer wieder einen Blick zu, suchte meinen, die Lider tränenschwer.

Ich hatte Jesse Waylon zuletzt auf dem Supermarktparkplatz gesehen, als ich an Thanksgiving zu Hause gewesen war. Er holte gerade einen Key Lime Pie ab, und als er über vier Reihen geparkte Autos hinweg meinen Namen rief, lächelte ich, weil ich seine Stimme erkannte, noch bevor ich ihn sah. Seine Sportsonnenbrille blitzte mir entgegen, und er rannte mit großen Sätzen herüber und umarmte mich und meine Mutter. Nach einem elterlich akzeptablen Smalltalk antwortete ich ihm, *nein*, Ivy sei nicht mitgekommen, sie müsse proben, aber *klar*, ich hätte auf jeden Fall Lust, mit ihm etwas trinken zu gehen und ihn auf den neuesten Stand zu bringen.

Am nächsten Abend trafen Jesse und ich uns in einer Strandbar, er trug ein Anzughemd und schwitzte stark. Lebhaft erzählte er mir von seinen neuesten BMX-Wettbewerben und dem verhängnisvollen Proteinpulver-Schneeballsystem, in das sich sein Bruder hatte verwickeln lassen. Jesses Zähne waren verstörend weiß und hoben sich stark von seiner braungebrannten Haut ab. Wie jeder in dieser Kleinstadt war er ein Hinterwäldler – er liebte Hochseefischen und ging gern auf Entenjagd –, aber das BMX-Fahren ließ ihn irgendwie aus der prolligen Masse herausstechen, es verlieh ihm Profil. Außerdem hatte er dadurch ständig eine Bande harmloser Rowdys um sich, mit denen er um die Häuser ziehen konnte.

Ich erzählte ihm von der Kunstfakultät, von New York, von Ivy, gab zu, dass ich sie gern öfter sehen würde, wir jedoch beide zu beschäftigt seien. Jedes Mal wenn ich

Ivy erwähnte, beugte er sich konzentriert nach vorn. Ich verspürte einen eifersüchtigen Stich und verschwieg ihm, dass Ivy einen neuen Freund hatte, einen Tänzer. Geblendet von Jesses Lächeln, wechselte ich das Thema. Er verströmte eine gewisse Coolness, und seine Brusttätowierung von E.T. auf dem Fahrrad vor dem vollen Mond lugte aus seinem nun fast vollständig aufgeknöpften Hemd. Ich bestand darauf, dass wir nach der dritten Runde zahlten, am nächsten Morgen ging mein Flieger zurück nach New York. Er fuhr mich noch nach Hause und fragte, wann ich das nächste Mal zu Besuch sei. Ich antwortete, ich wisse es noch nicht. Als wir bei meiner Mutter ankamen, beugte er sich herüber, und mein Herz setzte einen Schlag aus. Aber er öffnete mir nur die Beifahrertür und sagte, er hoffe, es gebe bald wieder einen Grund für mich zu kommen.

Nach Gebeten, Liedern und endlosen Umarmungen verließen Lehrer, Eltern, Pfarrer und leicht bekleidete Teenager nacheinander die Kirche. Die Trauergemeinde zog weiter ins Hurricane Harbor, eine in Pastellfarben gestrichene Meeresfrüchte-Bude am Indian River, nur ein paar Kilometer vom The Fish entfernt, wo Ivy erstochen worden war. Barry, der Inhaber des The Fish hatte angeboten, die Feier auszurichten, aber das hatte niemand für angemessen gehalten. Ich jedenfalls wollte auf keinen Fall von den stummen Gegenständen umringt sein, die Zeuge ihrer letzten lebenden Momente gewesen waren – den Servietten mit Wellenrand, den roten Plastikkrügen mit Eiswasser, der Ecke des Tresens, wo sie ihren letzten Drink ausgetrunken hatte.

Das Hurricane Harbor war eine Touristenabsteige, die schon bessere Zeiten gesehen hatte. Von den mit tropischen Vögeln bemalten Wänden blätterte die Farbe, und es liefen in Endlosschleife Calypso-Cover von Jimmy Buffett. Der Laden war brechend voll, aber niemand wusste, was er sagen sollte. Hier und dort wurde darüber getuschelt, dass die Polizei noch immer keine Ahnung habe, wer es gewesen sei. Mordstatistiken wurden zitiert, Theorien über mögliche Täter geäußert – entweder es war ein Meth-Abhängiger, ein Dealer oder von allen bevorzugt: ein »Auswärtiger«. Niemand wollte glauben, dass jemand aus Sebastian so etwas getan haben könnte.

Jesse stand am anderen Ende der Theke und wirkte nervös in seinem schlechtsitzenden Anzug. Er zeigte fragend zum Barkeeper und bestellte mir dann ein Bier, wonach er sich mit einem breiten traurigen Lächeln wieder zu mir umdrehte. Die Steel-Drum-Töne von »Margaritaville« klimperten aus den Lautsprechern. Im Raum war es drückend heiß, obwohl über uns die Deckenventilatoren surrten, rann allen der Schweiß herunter. Wenn ich Jesse ansah, fühlte ich mich Ivy näher. Er sah mich ebenfalls an, löffelte meine Augäpfel wie flüssiges Sorbet. Ich spürte, wie er mich mit seinen Blicken verschlang. Jesse war während der gesamten Highschool-Zeit mit Ivy zusammen gewesen, ihre erste große Liebe. Sie hatten sämtliche wichtige Ereignisse miteinander erlebt – den Abschlussball, Ivys Entjungferung in der Eigentumswohnung seiner Eltern, Trennungen, Versöhnungen. Im Sommer nach unserem ersten Highschool-Jahr – Ivy hatte gerade den Führerschein gemacht –, hatte sie erst mich eingesammelt und dann Jesse, um anschließend die A1A entlangzufahren und meinen Freund Brian Delters abzuholen. Wir waren zur eiskalten Mall gefahren und dort ziellos umhergeschlendert, oder wir hatten uns am Strand mit Kokosöl eingerieben, während Ivy und ich Lippenbalsam mit Wassermelonengeschmack hin und her wandern ließen.

Meine Gefühle für Jesse waren in den verworrenen Tiefen unserer Highschool-Freundschaften dahingetrieben und nur einmal zum Vorschein gekommen, als Ivy und er in der elften Klasse kurzzeitig getrennt gewesen waren. Damals hatte mich Jesse nach einer ereignislosen Party nach Hause gefahren. An einer roten Ampel hatte er mich geküsst oder ich ihn, ich erinnerte mich nicht mehr. Der Verrat an Ivy hatte sich als dunkle, immer tiefer sinkende Bombe in meinem Bauch eingenistet. Am nächsten Morgen hatte ich ihn weinend angerufen und ihm das Versprechen abgenommen, ihr niemals davon zu erzählen. Er hatte eingewilligt. Als wir jetzt im Hurricane Harbor an der Theke standen, kam es mir vor, als hätte sich dieser Vorfall in einem anderen Leben ereignet, als wäre er anderen Leuten passiert, unreifen Teenagern mit albernen Problemen.

Jesse kam mit meinem Bier auf mich zu, die Augen vom Weinen geschwollen. Er griff nach meiner Hand und drehte sie in seiner herum, zog mich langsam durch die Grüppchen von Freunden, die ins Kondolenzbuch schrieben und anschließend die dafür ausgelegten Filzstifte in ihr Fleisch drückten, um sich Ivys Namen auf die Haut zu schreiben. Ihre Arme und Beine waren über und über mit *I-V-Y*s bedeckt und sahen aus wie ein nach einer Little-League-Saison vollgekritzelter Baseball. Der Geruch der Filzstifte erinnerte mich an den Apfelalkohol des Handdesinfektionsmittels, den Ausgangspunkt dieser Reise, nach der wir alle wieder dahin zurückkehren würden, von wo wir aufgebrochen waren, alle bis auf Ivy. Ich nippte an meinem Bier, mir war schlecht, ich wollte nur noch weg. Der Raum begann sich zu drehen. Ich konnte meine Schuhe nicht finden, erinnerte mich nicht mehr, sie ausgezogen zu haben. Schließlich ging ich barfuß.

Jesse wollte fahren.

»Lass uns ein Taxi rufen, ja?«, flehte ich.

»Angetrunken fahre ich am besten, Zoe. Ehrlich«, sagte Jesse, hob die Hände über den Kopf und lief auf einer unsichtbaren Linie geradeaus.

Sein Beharren darauf, betrunken Auto zu fahren, war aus seiner Bad-Boy-Zeit in der Highschool übrig geblieben. Aber er hatte Ivys Katze beerdigt, Ivys Mutter geholfen, sturmsichere Fensterläden anzubringen, und er dachte an sämtliche Geburtstage. Ivy hatte es immer wieder gesagt: *Er ist einer von den Guten.*

Ich zuckte die Achseln und stieg ein. Jesse wohnte am anderen Ende der Stadt, zusammen mit einem Haufen Skateboardern, die alle in der billigen Einbauküche herumhingen und Dosenbier tranken. Sie nickten mir zu, fanden es offenbar vollkommen in Ordnung, bei einer Beerdigung jemanden zum Ficken aufzureißen.

Alles in Jesses sandfarbenem Zimmer befand sich in Umzugskisten, an den Wänden hingen Klebebandreste von heruntergerissenen Postern. Wir machten in nachlässigen Schüben miteinander rum, während er seine dicken Lippen auf meine drückte. Er roch warm, eine Mischung aus Zedernholz und Sonnencreme. Und sein Schwanz war der größte, den ich je gesehen hatte, Ivy hatte nicht übertrieben. Mein Kinn mit der Hand umfassend, zwängte er sich in mich hinein. Er fühlte sich an wie eine Droge. Wir lagen die ganze Nacht schlaflos im Bett und zeichneten einander die Handflächen nach. In regelmäßigen Abständen benutzte ich meine Finger als Scheibenwischer auf seinen Wangen. Ich fand es wunderschön, wie die Tränen aus seinen Augen quollen, seine nassen Wimpern, dicht und schwarz wie die von Betty Boop. Als die Vögel begannen, ihre hektischen Morgenmelodramen zu zwitschern, zeigte er mit einem tiefen Seufzer auf die Umzugskisten, als würde er mir ein großes Geheimnis anvertrauen, als hätte ich den Stapel in der Ecke seines kleinen Zimmers nicht längst bemerkt.

Er würde nach Wyoming ziehen, um in der Straßenbaufirma seines Stiefvaters zu arbeiten und zu lernen, wie man Einfahrten planierte und heißen Asphalt aufbrachte. Es war seine letzte Nacht hier in Sebastian. Wegen Ivys Beerdigung hatte er seine Abreise bereits um eine Woche verschoben, aber am ersten Juni musste er vor Ort sein. Er sagte mir, dass er mich liebe, sagte Dinge, die klangen wie aus einem Film. »Ich wusste schon immer, dass du es bist.«

In seinem Zimmer war es kalt von der surrenden Klimaanlage, deshalb zog ich seinen Thrasher-Hoodie über. Jesses Miene wurde finster, er verfiel wieder in die Begräbnisstimmung, ihm liefen die Augen über. Noch mehr filmreife Sätze: »Wir haben schon so viel verloren, lass uns nicht auch noch das hier verlieren. Ivy zuliebe. Niemand hat sie so geliebt wie wir.« Er leckte sich über die Lippen und bat mich, mit ihm nach Wyoming zu kommen. Ich verbarg mein Gesicht in den Händen, unsicher, was ich dazu sagen sollte. Insgeheim war ich erleichtert. Erleichtert, endlich mit jemandem zusammen zu sein, der wirklich verstand, was ich durchmachte, der den Schmerz nachvollziehen konnte. Er rollte mich zurück in seine Arme und zog mir den Hoodie aus. Ich war wieder nackt, und er legte sich auf mich.

Als wir zu großen Hunger bekamen, um noch länger im Bett zu bleiben, aßen wir Waffeln in seiner schmuddeligen Küche, und dann half ich ihm, die Kisten zu seinem Chevy Malibu zu tragen. Während ich auf einer kaputten Halfpipe in seiner Einfahrt saß, sah ich ihm zu, wie er seinen Kofferraum vollud, und mir fiel auf, dass ich ein ganzes Jahr freihätte, wenn ich nicht nach Berlin gehen würde. Schließlich hatte ich sowieso nie wirklich dorthin gewollt. Also sagte ich ja zu Jesse, und er hob mich hoch und setzte mich auf seine Motorhaube, glücklich, dass sein Leben zumindest wieder eine Richtung nahm.

Als ich zurück zu meiner Mutter kam, stand sie mit verschränkten Armen auf der Terrasse. »Du hättest immerhin anrufen können.«

»Ich hab dir doch eine Nachricht geschrieben«, antwortete ich trotzig, plötzlich wieder Teenager.

»Ich wollte aber deine Stimme hören.«

Ich wusste, dass alle angespannt waren, erschüttert von der Sache mit Ivy. Ich hätte mich entschuldigen müssen, doch stattdessen ließ ich die Fliegentür hinter mir zufallen und zwang meine Mutter, mir hineinzufolgen, wo ich mich auf die Küchentheke setzte wie früher nach der Schule. Dort machte ich mich an einer Packung Goldfish-Crackern zu schaffen.

»Was ist los?«

Meine Mutter und ich waren von Anfang an allein gewesen und hatten früh die unausgesprochene Vereinbarung getroffen, dass wir uns nicht alles erzählen mussten. Aber sie hatte mir immer zugehört, wenn es wichtig war, und jetzt schien sie zu spüren, dass es sich um einen dieser Fälle handelte.

Ich trug noch immer mein schwarzes Kleid von der Beerdigung und teilte ihr mit, dass ich nicht nach Berlin fliegen würde. Ich argumentierte, die Stadt käme mir zu weit weg vor, ich fühlte mich nicht stark genug – all die Dinge, denen eine Mutter nicht wirklich widersprechen kann. Dann erzählte ich ihr von Jesse und sah, wie sich ihr Körper versteifte. Sie holte scharf Luft und wich kaum merklich zurück.

»Ivys Freund?«

Ihre Frage versetzte mir einen Stich. Ivy hatte Jesse, Monate bevor wir nach New York gezogen waren, abserviert, das war jetzt fast zwei Jahre her. Mir kam es vor wie eine Ewigkeit. Meine Mutter verschränkte erneut die Arme, und ich sah ihr an, dass sie die Situation in Gedanken durchspielte, die wahrscheinlichen Folgen abschätzte, die möglichen Wendungen durchging wie ein Glücksspielautomat. Sie war nie begeistert gewesen von meiner Idee, ein Jahr lang in Berlin zu studieren, aber die Vorstellung, dass ich nach Wyoming zog, um für Jesse die Hausfrau zu spielen, behagte ihr noch weniger. Sie tat einen seufzenden Atemzug, wirkte plötzlich resigniert. Ich sprang von der Küchentheke.

»Aber du gehst zurück nach New York, wenn das Jahr …«

Ich nickte.

»Das macht keinen guten Eindruck.« Sie hielt inne. »Ihr beide zusammen.«

»Ist mir …«

Ich verschwand über den mit Teppichboden ausgelegten Flur und ließ, was auch immer ich darauf zu erwidern hatte, hinter mir verhallen.

Im Badezimmer starrte ich mich im Spiegel an. Ich war immer die Brünette neben Ivys sattem Honigblond gewesen. Veronica und Betty. Wir hatten beide ansehnliche Bikinifiguren, ich die größere Oberweite, aber sie den schöneren Hintern. Ich bekam einen Sonnenbrand, sie wurde braun. Ich rasierte mich, sie entfernte sich die Haare mit Wachs. Wir waren zusammen erwachsen geworden. Ich folgte meist ihrem Vorbild, probierte systematisch wasserfeste Wimperntuschen aus, benutzte nur Herbal-Essences-Shampoo, ich das in der rosa Flasche, sie das in der gelben. Als ich mich nun anstarrte, wurde mir klar, dass ich immer nur im Vergleich mit ihr existiert hatte, und jetzt war mein Spiegelbild übrig und enthielt uns beide. Ich trug sie in mir, vermutlich wusste das auch Jesse. Mit ihm zusammen zu sein, fühlte sich an, als wäre ich bei ihr, als wäre sie ein Geheimnis, das nur wir beide wirklich kannten.

Ich hatte plötzlich Lust auf ein Schaumbad. Nackt durchstöberte ich die Überreste meiner kosmetischen Jugend. Eine halbvolle Packung Clearasil-Pads. Handcreme mit Kirschduft. Eine Tüte Wattebäusche, Nagellackentferner, knallgrünes Aloe-Vera-Gel – und eine Schachtel Blondierungsmittel. Ohne nachzudenken, nahm ich die Schachtel und öffnete sie, breitete ihren Inhalt auf dem Badewannenrand aus. Nachdem ich einen Zeh in das viel zu heiße Wasser getaucht hatte, ließ ich mich langsam hineingleiten. Während meine Haut rot anlief, fragte ich mich, was Ivy wohl von der Sache mit mir und Jesse gehalten hätte. Ich hatte ihr nichts von unserem Treffen in der Strandbar erzählt, es war mir nicht wichtig erschienen. Jetzt schon. Wenn ich ihr heute davon erzählt hätte, hätte sie wahrscheinlich nur sämtliche Einzelheiten wissen und anschließend zu Barnes & Noble fahren wollen, um einen Stapel Hochzeitsmagazine zu kaufen. Dann hätte sie auf ihrem blauen Plastik-MacBook *Heiratslocations am Strand* gegoogelt. Ich legte den Kopf zurück ins Wasser und presste dann die helle, nach Ammoniak stinkende Farbe in die dafür vorgesehene kleine Schale.

Nach einem traumlosen Nickerchen trat ich in die feuchtwarme Luft der hinteren Terrasse hinaus. Ich warf einen Blick auf die Strandliege neben mir. Die rosa Bänder, aus denen sie gewebt war, hingen durch und streiften fast den Betonboden. Der Ruf einer Laubheuschrecke durchbrach meine Gedanken. Ich verstand Ivys Ermordung nicht, hatte keine Ahnung, was ich den Leuten sagen sollte. Wie hätte ich auch in der Lage sein sollen, über diesen grotesken Moment zu sprechen, der sich da ereignet hatte? Ein Messer, das vierzehnmal in ihren Körper gestoßen worden war? Wie war es dazu gekommen? Wie hatten Allen Sternbuckle, ein Buchhalter im Ruhestand, und seine Boxerhündin Trixie sie am darauffolgenden Morgen vorgefunden? Und warum hatte Allen der Zeitung seinen grausigen Fund derart nüchtern und detailliert beschrieben? Ich konnte mich nicht dazu überwinden, irgendetwas davon zu lesen; die Dünen, das Blut, die Anordnung der Stichwunden auf ihrer Brust, wie lange es gedauert hatte, bis die Polizei eingetroffen war. Ich begriff nur die kleinen Tode – die leere Strandliege, auf der sie nie wieder liegen würde, die Tatsache, dass sie nie geduscht hatte, nachdem sie am Strand gewesen war. Dass sie grundsätzlich ihr Handtuch vergaß. Die Weinkühler meiner Mutter klaute oder mich anrief, wenn sie draußen im Auto wartete. Ich wünschte, ich hätte weinen können.

Der nächste Morgen begrüßte mich mit der Neuigkeit, dass Chelsea Benedict, ein Insekt mit Titten, von einem der Skateboarder erfahren hatte, dass ich am Abend von Ivys Beerdigung mit zu Jesse nach Hause gekommen war. Chelsea hasste mich. Sie gab mir, unter anderem, die

Schuld daran, dass Ivy mit dem Cheerleading aufgehört hatte, kurz bevor unsere Schule bei den Florida-Meisterschaften kläglich gescheitert war. Seither hatte sie es sich zur Aufgabe gemacht, mich zu vernichten, hatte es sogar im Alleingang geschafft, mir meine erste Kunstausstellung zu vermasseln, im Sommer vor der elften Klasse. Damals hatte ich in einem Eiscafé gejobbt, und mein Chef Craig hatte mir angeboten, während des gesamten Augusts im Café auszustellen, was ich wollte. Also hatte ich die Monate Juni und Juli sowie den Großteil meines Lohns dafür aufgewendet, meine Collagen zu rahmen. Ich hatte Ivy in ihrem Tanzstudio fotografiert, wie sie ihre schmalen Arme und Beine in verschiedene Posen brachte, und acht Collagen daraus gefertigt, indem ich Ivys Gliedmaßen zerstückelte und sie mit Bildern von Umweltkatastrophen mischte, die ich aus *National Geographic*-Heften ausgeschnitten hatte. Ein Paar auf Spitze tanzende braungebrannte Beine, die aus einem ölverkrusteten Fischreiher ragten, die Exxon Valdez, wie sie aus Ivys Oberkörper auftauchte. Ich hatte sogar eine Pressemitteilung über »den verhängnisvollen menschlichen Einfluss auf die Natur« verfasst und an die Lokalzeitung geschickt.

Chelsea fand das mit meiner Ausstellung irgendwie heraus und setzte das Gerücht in die Welt, mein Verfahren, Körperteile zu zerschneiden, beruhe auf einem satanistischen Kult, und außerdem – der Gipfel meines skandalösen Verhaltens – sei ich lesbisch und in Ivy verliebt. Sebastian ist ein kleiner, sehr christlich geprägter Ort, und das Gerücht verbreitete sich so schnell wie ein Lauffeuer. Es folgten ein Diskussionsforum, eine Unterschriftensammlung und ein Protestmarsch mit Cheerleader-Parolen und Megafonen. Craig flippte völlig aus. Er behauptete,

Kontroversen hätten in seinem Eiscafé nichts zu suchen, und zwang mich, die gerahmten Collagen am Abend vor der geplanten Ausstellungseröffnung wieder abzuhängen. Ich glaube, er wusste gar nicht, was er schlimmer fand: dass ich lesbisch sein könnte oder dass ich womöglich den Teufel anbetete. An diesem Abend fand mich Ivy am Strand, betrunken vom billigen Cabernet, zu dessen Kauf ich meine Mutter mit dem Argument überredet hatte, dass es auf einer *echten* Vernissage natürlich auch Wein geben müsse. Ivy setzte sich neben mich in den Sand und nahm einen Schluck aus meiner Flasche.

»Warum nimmst du dir Chelseas Schwachsinn so zu Herzen?«

»Craig hat die Ausstellung abgesagt. Sie hat gewonnen.«

»Craig ist ein Idiot, das ist nur ein Eiscafé, und ich verspreche dir, dass du diese Ausstellung nach einem Jahr New York sowieso aus deinem Lebenslauf gestrichen hättest.« Sie hielt inne und sah mich ernst an. »Aber falls du lesbisch bist, wäre das vollkommen okay.«

»Warum denken alle, dass ich lesbisch bin?«

»Na ja, ich jedenfalls weiß, dass du meistens nur aus Trotz mit Jungs zusammen bist. Und alle anderen denken, du wärst lesbisch, weil du in Cargohosen rumläufst und immer diese hässliche Umhängetasche trägst.«

»Meine Güte, Ivy …«

»Lass uns nach Hause gehen«, sagte sie, klatschte mir aufs Knie und warf die leere Weinflasche in den Mülleimer an der Promenade.

Ich war wütend wegen der Ausstellung, bis ich meine Gelegenheit zur Rache bekam. Nach einer Exkursion der Spanisch-AG unserer Schule fickte ich mit Chelseas Freund Brock Hansen, einem Baseballspieler, und zwar auf dem Rücksitz seines makellosen Chevy Impala. Danach hinterließ ich meinen Stringtanga als Geschenk an sie im Getränkehalter des Beifahrersitzes.

Und hier war ich nun, hatte fast die Hälfte meines Studiums hinter mir und wurde immer noch von denselben Jubelgirls tyrannisiert. Inzwischen hatten sie ihre Pompons allerdings gegen Gesangbücher eingetauscht und beteten mit derselben wahnwitzigen Selbstgerechtigkeit Jesus Christus an, mit der sie früher die Sebastian Sharks angefeuert hatten. Auf der Trauerfeier taten sie mir fast schon leid, wie sie dasaßen, mit ihren zu gebräunten Gesichtern und zu dünn gezupften Augenbrauen. Sie steckten in dieser heißen langweiligen Kleinstadt fest und hatten nichts zu tun, außer Scheiße zu predigen. Mein Mitleid verflüchtigte sich schnell, als ich Chelseas wenig subtilen Facebook-Post über die Kunst des Trauerns las:

> 1. Thessalonicher 4:14
> *Denn wenn wir glauben, dass Jesus gestorben und auferstanden ist, so wird Gott auch die, die mit ihm entschlafen sind, durch Jesus zu sich führen.*
> **** Kleine Erinnerung an alle, die Nachhilfe in Sachen Trauer brauchen – von MIT ihm SCHLAFEN ist in der Bibel keine Rede, schon gar nicht, wenn »er« der Exfreund deiner toten besten Freundin ist, noch dazu IN DER NACHT IHRER BEERDIGUNG!
> **** Stilvoll bleiben, Sebastian. X Chels

Ich ignorierte den Post. Bald wäre ich hier weg, und die Haie würden einen neuen Köder finden. Oder sich schwängern lassen. War es etwa meine Schuld, dass ich noch immer keine Tränen herausbekam und nicht jede aufgequollene ehemalige Klassenkameradin umarmen wollte? Keine von ihnen hatte Ivy gekannt, wie ich sie gekannt hatte. Keine von ihnen hatte sie so geliebt wie ich.

Die Fahrt nach Wyoming war lang, einunddreißig Stunden nach Norden auf der Interstate 75, und Jesse hatte nur eine einzige CD dabei – *Californication* von den Red Hot Chili Peppers. Schon als wir die Grenze nach Georgia passierten, machten mich die endlosen Drum-Riffs halb wahnsinnig. Ich bot an, am nächsten Rastplatz in Valdosta eine neue CD zu kaufen, aber Jesse lehnte ab. Er sagte, er habe am liebsten immer nur einen Soundtrack für die wichtigsten Erfahrungen seines Lebens, weil er auf diese Weise jederzeit zu dem Moment zurückkehren könne. Vor seinem ersten großen BMX-Wettbewerb habe er beispielsweise drei Monate lang nur »Is This It« von den Strokes gehört, und noch jetzt spüre er wieder »den Rausch«, sobald er dieses Album einlege.

Wenn ich das Autofenster herunterließ, hörte ich die auf dem Träger festgezurrten Fahrräder im Wind ruckeln. Ich streckte den Kopf hinaus und betrachtete meine flatternden blonden Haare. Jesse streckte beruhigend die Hand nach mir aus und ließ eine Strähne durch seine Finger gleiten, bevor er die Klimaanlage einschaltete. Ich schloss mein Fenster wieder und fragte ihn, ob ich aussähe wie sie. Er nickte, ohne den Blick von der Straße zu lösen. Ich wusste, dass er sie in mir sah. Sie hatte sich um meine Knochen gewickelt wie rosa Geschenkband um eine Spule. Ich trug ihre zerrissene Hollister-Jeans und eins ihrer Shirts, fliederfarben mit aufgedruckten Ballettschuhen und darüber dem geschwungenen weißen Schriftzug: NEVER GIVE UP. Direkt hinter Kansas kam der Verkehr zum Stillstand, Autos hupten. Ich reckte den Hals, um übers

Armaturenbrett spähen zu können, und erkannte in der Ferne einen umgekippten grauen Lastwagen. Nachdem wir eine Stunde lang auf einer Fahrspur dahingekrochen waren, sahen wir, was aus dem umgestürzten Rechteck auf den Asphalt gekullert war: Tausende bleiche pickelige Hühnerkadaver. Ich schrie beim Anblick der in der Nachmittagssonne schwitzenden Fleischklumpen auf.

Auf Jesses Gesicht breitete sich ein Lächeln aus. »Siehst du? Jedes Mal wenn ich ab jetzt diesen Song höre, werde ich an all die toten Hühner auf der Schnellstraße und dein hübsches Gesicht denken.« Er drehte »Otherside« auf und sang mit.

Slit my throat is all I ever

Wyoming war eine Mondlandschaft, ein Meer aus Felsen, wogendem Gras und Bäumen, in dem ich mich klein und sicher fühlte. Wir luden unsere Sachen aus dem Auto und räumten sie in ein winziges Zwei-Zimmer-Miethäuschen. Von nun an verbrachte ich den Großteil meiner Zeit versunken in Büchern aus der Leihbibliothek von Casper und wartete, dass Jesse das Einkaufszentrum am Highway fertig pflasterte und nach Hause kam. Ich las von Opfergaben und Tod, zeichnete altgriechische Masken mit Kohle, vertiefte mich in Bücher über den chinesischen Brauch, falsches Papiergeld und andere begehrenswerte Gegenstände für ein Leben nach dem Tod zu verbrennen: Corvettes, Handys und sorgfältig zusammengeklebte Megavillen mit begehbaren Kleiderschränken voller Balenciaga-Schuhe.

Das kleine Häuschen mit dem auberginefarbenen Teppichboden stand hinter einem größeren Gebäude, einem Heim für psychisch labile Erwachsene. Ich fühlte mich ebenfalls psychisch labil, aber nicht erwachsen. Trotzdem versuchte ich, ohne Nudelmaschine Pasta herzustellen. Jesse nahm meine Versuche, die Hausfrau zu spielen, mit Humor. Auf einem Garagenflohmarkt hatte ich ein schweres Kochbuch mit ellenlangen Rezepten gefunden, die ich nie zu Ende brachte, weil mir die Geduld fehlte, aber immerhin wurde ich gut darin, Pfirsich-Pie zu backen, Ivys Lieblingskuchen. Alles, was ich machte, war für sie. Wir hatten nicht viel Geld, daher tranken wir unser Bier meist zu Hause und hatten viel Sex. Wir schliefen miteinander, bevor er zur Arbeit aufbrach, und vögelten nach seiner Rückkehr unter der Dusche, wo ich ihm half, schwarze Teerspritzer von seinen Knöcheln zu schrubben. Ich täuschte alle meine Orgasmen vor, aber ich war mir sicher, ihn zu lieben.

An einem schwülen Julitag gingen wir zur Central Wyoming Fair. Sämtliche Bierbäuche und sonnenverbrannte Schultern der Stadt schoben sich träge von einem farbenfrohen Jahrmarktstand zum nächsten. Ich gewann eine rosa Plastikkette, indem ich lappige Frösche auf sich bewegende Seerosenblätter katapultierte. Jesse wiederum gewann einen Goldfisch im Glas bei einem Mann mit einem viel zu großen T-Shirt, dessen Aufdruck uns riet: GO BIG OR GO HOME. Ich war gerade dabei, meine Backenzähne von einem Karamellapfel zu befreien, als mir zwei junge Mädchen auffielen, die etwa vierzehn waren, vielleicht auch dreizehn und frühreif. Sie sahen aus wie wir, Ivy und ich. Die Shorts zu kurz, dazu merkwürdige trägerlose Tops und Plateausandalen aus Plastik. Mein Herz setzte einen Schlag aus. Die beiden lachten und schnitten sich gegenseitig das Wort ab, auf dem Rücken trugen sie kleine Rucksäcke, vollgestopft mit den Wechselklamotten, die sie über ihre winzigen Outfits ziehen würden, bevor ihre Mütter sie abholten. Jesse sah erst die Mädchen an, dann mich. Ivy war überall. Er fing an zu heulen, von heftigen Schluchzern geschüttelt. Dabei stützte er sich an einer Zeltstange ab. Ich umarmte ihn, dankbar für seine Augen, die sich wie eine Erweiterung meiner Augen anfühlten, die vollbrachten, was meine nicht schafften. Die Wochen verstrichen, und Jesse versank immer tiefer in seiner Trauer. Oft wachte ich auf und fand ihn weinend in Embryonalstellung neben mir vor. Ich zog ihn an mich, flüsterte, ich könne ihn verstehen, wir hätten sie beide geliebt, versicherte ihm, dass unsere Liebe sie auch weiterhin am Leben erhalten würde.

Wir nannten unseren Goldfisch Slugger und stellten ihn auf den unechten Kamin. Manchmal holte mich Jesse nach der Arbeit mit seinem schlammverkrusteten Auto ab, und wir fuhren hinaus zu einem riesigen im Abendlicht glühenden Berg. Oder wir wateten einen Fluss entlang, der so spektakulär und klar war, dass wir uns wie in einer Werbung der Anheuser-Busch-Brauerei vorkamen, als wir vor dem knallblauen Himmel unsere Bierdosen öffneten. Und jeden Tag, egal, wie das Wetter war, hielt Jesse auf der Fahrt von der Arbeit nach Hause am Straßenrand und pflückte einen Strauß Wildblumen. Dann rief er mir aus dem Auto zu, wenn er in unsere Einfahrt einbog:

»Wo ist meine Butterblume?«

»Wo ist meine Mohnblume?«

»Wo ist mein Präriekiee?«

Und ich kam mit einer ausgewaschenen Tomatendose oder einer Bierflasche herausgerannt, um der Reihe von Sträußen auf der Fensterbank einen weiteren hinzuzufügen. An den meisten Abenden radelten wir zum Skatepark, wo Jugendliche auf ihren BMX-Rädern und Skateboards die Betonwände entlangrasten. Sie liebten Jesse und sein mit Aufklebern bedecktes Rad. Er war mehrmals knapp davor gewesen, Profi zu werden. Ein Bandscheibenvorfall, ein gebrochenes Bein, der Tod eines Hundes – irgendetwas war immer dazwischengekommen. Aber in jenen geheiligten Betonkurven, durch die das Zischen und Quietschen der Reifen hallte, war er ein Gott. Ich ließ meine Beine baumeln, wie der unwiderstehlich von der Wasserspiegelung angezogene Narziss, bereit, mich erneut in meine Liebe zu verlieben.

Anfang September kamen mir die Tage plötzlich länger vor. Ich wusste nicht, wohin mit mir. Ich machte Collagen für Ivy, opferte Dinge, von denen ich glaubte, dass sie sie sich für ihr Leben nach dem Tod wünschen würde: Kate Bush und Janis Joplin, wie sie am Pool faulenzten, ein Tanzstudio voller Blumen, die ich aus einer Gartenzeitschrift ausgeschnitten hatte. Zuerst verbrannte ich diese Opfergaben im Garten hinter unserem Häuschen, wo der Rauch zum weiten blauen Himmel über Wyoming aufstieg – bis einmal mitten im Verbrennungsvorgang ein Mann mit einer Tweety-Kappe auf dem Kopf aus dem großen Gebäude kam und auf mich zustürmte, mich bei den Schultern packte und mir mit zehntausend Megawattstunden Panik in der Stimme mitteilte: »WIEDUMMKANNMAN-SEINESGIBTSCHONGENUGWALDBRÄNDE!«

Von da an verbrannte ich meine Opfercollagen im Bad und ließ den schwarzen Ruß in die Toilette rieseln.

Nachdem ich wieder einen ganzen langen stillen Tag über den auberginefarbenen Teppich gerutscht war, versuchte ich mir vorzustellen, was Ivy sagen würde, wenn sie zur Tür hereinkommen würde.

Sie würde ihre perfekte Körperhaltung vorübergehend

aufgeben, um sich zu bücken und mich zu begrüßen. »O Mann, Zoe, schau dich an!«, würde sie sagen und mich mit dem straff geschnürten Turnschuh an ihrem gebräunten Bein anstupsen. »Alle deine wichtigen Entscheidungen der letzten Monate haben mit irgendwelchen Männern zu tun. Oder mit mir.« Das *mit mir* würde sie genüsslich auskosten, sie hatte sich immer schon in meiner Ergebenheit geaalt. »Die Uni in Berlin fängt erst im Oktober an, dir bleibt also noch etwas Zeit. Du bist Künstlerin – mach was draus.« Dann würde sie zum Kühlschrank gehen und sich ein Bier schnappen. Die Samthandschuhe abstreifend, würde sie als Nächstes etwas Krasses sagen: »Du bist nur mit ihm zusammen, um mir nahe zu sein. Ich weiß, es fällt schwer, einen solchen Schwanz einfach aufzugeben, aber dieser Ort hier ist scheiße.« Und sie hätte recht. Für den Rest des Tages fühlte es sich an, als wäre sie da, als würden wir zusammen abhängen, einen faulen Sommertag miteinander verbringen, uns die Zehennägel lackieren und Unsinn reden.

Drei Tage später hatte ich sie noch immer nicht abschütteln können. Ich backte einen Kuchen und eröffnete Jesse, dass ich doch nach Berlin gehen würde. Er weinte, und in seinen langen Betty-Boop-Wimpern glitzerten die Tränen. Ich versprach ihm, dass wir es trotzdem hinbekommen würden zusammenzubleiben und glaubte selbst daran. Wir würden jeden Tag skypen, uns E-Mails schreiben. Er fragte mich, ob ich ihn heiraten wolle. Mir rutschte das Herz in die Hose. Als ich ihm antwortete, ich sei mir nicht sicher, verdunkelte sich sein Blick, und seine Augen flackerten. Er packte die noch heiße Kuchenform und schleuderte sie gegen den unechten Kamin. Ich saß wie erstarrt da, während die schimmernden Pfirsiche wie Nacktschnecken Richtung Teppich krochen.

4

In Berlin kam man sich vor, als würde man in einer Gefriertruhe leben, es drang kaum Licht herein, und es war immer kalt. In unserer Anfangszeit in der Bülowstraße mussten Hailey und ich in das Jazzcafé an der Ecke gehen, um uns ins Internet einzuloggen, eine bizarre Kulisse für meine fragilen Gespräche mit Jesse. Er nahm jedes vermasselte Skype-Telefonat persönlich und regte sich auf, als hätte ich die vierköpfige Jazzcombo dafür bezahlt, genau in dem Moment eine schräge Version von »Fly Me to the Moon« anzustimmen, als er mir vom gutartigen Tumor seines Stiefvaters erzählte. Ich stellte fest, dass Hailey tatsächlich hervorragend Deutsch sprach, als sie den Mitarbeiter unseres Internetanbieters anbrüllte wie eine New Yorkerin in der Rushhour. Und dann noch mal ein paar Tage später, als sie es schaffte, im Bürgeramt ordnungsgemäß unseren »Wohnsitz anzumelden«. Es hatte eine elektrisierende Wirkung auf mich, es schien, als sei Hailey endlich wirklich sie selbst. Ich liebte es zu beobachten, wie ihre roten Lippen die schroffen Laute hervorstießen. Hailey hatte in meinen Augen schon immer etwas Puritanisches an sich gehabt, etwas leicht Verrücktes, als käme sie gerade erst von Bord der *Mayflower*. Ihre wütenden Ergüsse auf Deutsch machten das Bild komplett.

Da ich keinen sinnstiftenden Uni-Stundenplan haben würde, dachte ich ernsthaft darüber nach, nach Wyoming zurückzukehren. Ich stellte mir vor, Jesse würde einfach in Berlin auftauchen und unten auf die schreckliche Türklingel drücken, deren schriller Summton an eine Hinrichtung auf dem elektrischen Stuhl erinnerte. Er würde mit seinen ausgelatschten Vans im Treppenhaus stehen und mich bitten, in das Häuschen mit dem Auberginenteppich zurückzukommen. Und vielleicht gehörte ich dort wirklich hin. Zu ihm, wo ich Ivy näher war.

Die Kälte war ermüdend, wir fragten uns, wie die anderen Hausbewohner sie aushielten, hatten jedoch noch nie irgendwelche Nachbarn gesehen. Nachts hätten wir manchmal schwören können, dass wir Stimmen hörten, die Wände ächzten und knarrten. Einmal waren wir uns weit nach Mitternacht sicher, Schritte zu hören. Hailey rannte in den stockdunklen Hausflur und sah – nichts. Am nächsten Morgen schrieb Hailey Beatrice eine Mail bezüglich der Nachbarn. Eine Woche später erhielten wir eine Antwort von ihrer Mutter Janet, die uns streng darüber informierte, dass ihre Tochter nicht bei der Arbeit gestört werden dürfe, und uns erklärte, dass es keine Nachbarn gebe, was mit dem bevorstehenden Verkauf des Gebäudes zusammenhänge. Zuerst feierten wir diese Neuigkeit – wir konnten laut Musik hören, tanzen, schreien! Doch bald dämmerte uns, dass diese Wohnung zu heizen, ebenso unmöglich war, wie einen einzelnen Eiswürfel in einer gefrorenen Eiswürfelform zum Schmelzen zu bringen.

Wir versuchten, aus der Wohnung zu kommen, sooft wir konnten, gingen zu einigen Vernissagen, die Hailey im Internet aufstöberte. Aber dort schienen wir unsichtbar zu sein wie trauriges Treibgut am Rand der weißgestrichenen Räume. Der billige Rotwein floss offenbar nur für diejenigen, die sich in die Hinterzimmer wagten, was wir nie taten. War ich in New York schon eher unsicher gewesen, so wurden meine Selbstzweifel in Berlin noch verstärkt. Und Hailey, die so arrogant auftreten konnte, wenn wir zu zweit waren, schrumpfte hier zu einem stummen Fingerhut.

Als wir eines Nachts nach einer Odyssee durch mehrere neonbeleuchtete Galerien nach Hause zurückkehrten, trat sie sich wütend die Schuhe auf der Fußmatte ab. »Ich hasse die Vernissagen hier! Wenigstens fühlt man sich in New York nicht, als wäre man die Einzige, die keinem Geheimbund angehört.«

»In Berlin hat man echt den Eindruck, dass sich dort immer dieselben dreißig Leute tummeln«, stimmte ich ihr zu.

»Ja, die können mich mal. Sehen sowieso alle uralt aus«, sagte Hailey, bog ab in die Küche, riss die Ofentür auf, entzündete die Gasflamme und wärmte sich die Hände.

Ich ging in mein Zimmer. Mein Kohlefeuer war zu einem staubigen orangeglühenden Haufen zusammengeschmolzen.

Der rechteckige Boiler, der über der Badewanne hing, machte beim Erwärmen des Wassers ein Geräusch, als würde eine Bowlingkugel eine Wendeltreppe hinunterpoltern, und es dauerte über eine Stunde, bis man genug heißes Wasser für eine Wannenfüllung zusammen hatte. Wir ließen ihn daher rund um die Uhr laufen. Das lange Warten kam uns vorsintflutlich vor. Jeden Abend wärmten wir uns abwechselnd in der vollen Wanne auf und schlüpften dann in unsere Hausschuhe, um vor dem Ofen in der Küche noch mehr Glühwein zu trinken. Wir leerten inzwischen mühelos mehrere Flaschen pro Tag. Durch den Alkohol wurde die Kälte ein wenig erträglicher. Ich lernte ein paar Kochbasics von Hailey, die immerhin wusste, was ein Porree war, wie man Ofengemüse und Makkaroni mit Käse zubereitete. Ihre Mutter hatte irgendeine berühmte Kochschule mit französischem Namen besucht und gab sogar Kochseminare auf den Gängen der ersten Biggles-Filiale.

Seit wir in die Wohnung gezogen waren, wurde ich von einer unterschwellig rumorenden Übelkeit geplagt. Sie war wie der Ton einer Hundepfeife – kaum wahrnehmbar, aber dennoch vorhanden. Als ich eines Abends zu viel Wein getrunken und eine Riesenportion von Haileys Lasagne gegessen hatte, musste ich mich übergeben. Mein Würgereflex war wie eine Pause-Taste für meinen Selbsthass, ein klein wenig Kontrolle, die ich zurückgewann. Eine meiner Highschool-Freundinnen, Molly Webster, war früher eine Mischung aus bulimisch und magersüchtig gewesen, die Krankheit der Mittelschicht, was mich immer genervt hatte, weil wir deshalb nie etwas Scharfes hatten essen können. Und jetzt trat ausgerechnet ich in ihre Fußstapfen. Ich war keine besonders gewissenhafte Bulimikerin, oft war ich einfach zu faul, um mein Essen wieder zu erbrechen, aber ich war gut darin, meine neue Angewohnheit zu verbergen. Sie machte die Wohnung zu einem Teil meines Körpers. Das Badezimmer bekam eine ganz neue Bedeutung, meine Finger dienten völlig neuen Zwecken. Ein neuer Abgrund tat sich auf. Und ich hatte zweimal etwas von meinen Mahlzeiten. Anorexie verlangte viel zu viel Selbstdisziplin. Mir gefiel der Gedanke, dass man seine Sünden korrigieren konnte, als würde man zur Beichte gehen: Hier sind sie wieder, die Gummibärchen und Falafel, jetzt habe ich gebüßt.

Hailey erzählte ich lieber nichts davon. Es war mein

Geheimnis, eins der wenigen Dinge, die ich nicht mit ihr teilen musste. Eines Abends, ich war wieder betrunken und hatte mir gerade den Finger in den Hals gesteckt, dachte ich darüber nach, ob ich Molly Webster schreiben sollte, die in Gainesville Tiermedizin studierte. Wie formulierte man so etwas? Wie schrieb man eine E-Mail an eine alte Freundin, um ihr mitzuteilen, dass … ja, was? Dass man selbst ebenfalls regelmäßig sein Essen wieder von sich gab? Ich stellte mir Mollys perfekt manikürte Fingernägel vor, wie sie ein Skalpell hielten und die Milz einer Katze sezierten, bis Molly dann ins Badezimmer schlüpfte und sich gründlich die Hände desinfizierte, bevor sie sich zum Erbrechen brachte. Sie redete gern und ausführlich über ihre Essstörung. Früher hatte sie sich unter der Dusche übergeben, weil sie den Anblick der Toilette nicht ertrug, aber aus Angst davor, den Abfluss zu verstopfen, wodurch es ihr Vater herausfinden würde, war sie dazu übergegangen, in Zip-Beutel zu kotzen und diese in den Müllcontainer hinter der Schule zu werfen. Ich fing an zu tippen.

Hi Mol,
ich hoffe, dein Tiermedizinstudium ist spannend. Bulimie – macht wirklich genauso viel Spaß, wie du es immer dargestellt hast. Hast du irgendwelche heißen Tipps für eine noch jungfräuliche Finger-in-den-Hals-Steckerin? LOL

Ich schloss die Mail, ohne sie abzuschicken. Es war nicht lustig, es würde nie lustig sein.

Das Kunststudium war in Deutschland nach dem alten Meisterschülerprinzip strukturiert, wonach Studenten während ihres gesamten Studiums beim selben Professor studierten. »XY stammt aus der Meisterklasse von Soundso« war eine übliche Bezeichnung für Künstler, als wäre *die Meisterklasse von Soundso* eine elitäre, weltberühmte Kleinstadt. Bei den wenigen Gesprächen, die ich an der Uni führte, kam es mir immer so vor, als ließe sich die gesamte deutsche Kunstgeschichte entlang von Abstammungen aus verschiedenen Meisterklassen nachzeichnen. Und die Schüler rührten für die Ideologien ihrer jeweiligen Meister fleißig die Werbetrommel. Umso überraschender war es, dass Professoren in Deutschland mit fünfundsechzig zwangspensioniert wurden. Eigentlich waren vierzig Jahre Unterrichten auch genug, hätte man meinen sollen, aber das galt nicht für Klaus Simons.

Klaus wehrte sich ohne Unterlass: »Seht euch um, überall fragende Gesichter! Meine Arbeit hier ist eindeutig noch nicht getan!«

Sein Handlungsdrang und sein Eindruck, ein bedauernswertes Opfer der Bürokratie zu sein, schienen ihn gänzlich zu beanspruchen, wodurch er wenig bis überhaupt keine Zeit für seine aktuellen Studenten hatte. Und für eine Neue schon gar nicht. Vor der ersten Unterrichtsstunde des Semesters kam er in einem dicken Wollpullover hereingeschlendert, begrüßte mich, indem er mit einer eselsohrigen Ausgabe von Goethes *Faust* auf mich zeigte, kurzzeitig ins Englische wechselte und sagte: »Du, neue Studentin, kannst natürlich hier sein und an meiner Klasse teilnehmen, aber dir muss klar sein, dass wir uns im Krieg befinden.« Ich nickte, eine folgsame Soldatin, während er mir einen Tisch zuwies. Dort verharrte ich ungefähr eine Stunde und überlegte, wer wohl vor mir hier gesessen hatte, vielleicht eine japanische Studentin mit einer Vorliebe für Holzarbeiten oder ein unglücklicher Brasilianer. Gespräche mit seinen Schülern führte Klaus in seinem Büro, wo er für einen Moment dröhnend die Stimme erhob, bevor die Zurechtgewiesenen in die kleinen Universen ihrer Arbeitstische zurückschlichen, um weiterzusinnieren.

Ich wünschte mir sehnlich, dass mein erster Tag bedeutungsvoll würde. Da mir die Teilnahme an Klaus' Meisterklasse jedoch gänzlich sinnlos erschienen war, beschloss ich, zu Hannah Höchs Haus zu fahren, das in ein Museum umgewandelt worden war und anscheinend Besuchern offen stand. Es lag am Stadtrand von Berlin, und es war schon dunkel, als mich der Bus auf den Gehweg hinausspuckte. Ich zog die rätselhafte Karte hervor, die ich auf die Rückseite eines Kassenzettels gekritzelt hatte, und drehte sie in alle Richtungen, als würde sie sich auf diese Weise in einen Kompass verwandeln und mir den richtigen Weg zeigen. Zuerst ging ich nach links, verlief mich sofort und fand mich in einem Wäldchen wieder. Ich atmete tief durch und probierte es in der entgegengesetzten Richtung. Im ersten Studienjahr hatte ich eine Hausarbeit über Hannah Höch geschrieben, deshalb wusste ich einiges über sie. Ihre Mutter war Hobbymalerin gewesen, ihr Vater Versicherungsdirektor. Sie hatte beide Weltkriege erlebt, war lesbisch gewesen, geboren am 1. November 1889. Außerdem war sie eine der wenigen weiblichen Vertreterinnen des Dadaismus gewesen, aber diese Fakten spielten keine Rolle.

Was zählte, waren ihre Collagen. Sie waren intensiv, verfremdend, voller Gewalt – schwimmende Augen, zerhackte Gesichter, Libellenflügel, die aus mechanischen Apparaten ragten. Sie nahm das Genre der Fotografie mit all seiner abstoßenden Realitätstreue und zerschredderte es bis zur himmlischen Unkenntlichkeit. »Ich würde heute die Welt aus der Sicht einer Ameise wiedergeben und morgen so, wie der Mond sie vielleicht sieht«, hatte sie einmal gesagt, zu wem, weiß ich nicht mehr. Aber ich hatte das Zitat fettgedruckt an den Anfang meiner Hausarbeit geschrieben. Endlich fand ich ein Schild, das den Weg zu ihrem Haus wies. Der schöne Garten, den ich auf der Homepage gesehen hatte, wirkte stachelig und verkohlt. Ich ging zum hölzernen Gartentor und rüttelte daran. Es war verschlossen. Neben der Klingel standen die Öffnungszeiten, ich war zehn Minuten zu spät. Wie hatte ich das übersehen können? Ich hasste mich dafür. Durch das Fenster des von Ranken überwucherten Häuschens schien ein mattes orangefarbenes Licht. Am liebsten hätte ich dieses Licht angeschrien, es angefleht, mich hineinzulassen oder mir wenigstens ein Zeichen zu geben, dass der heutige Tag etwas bedeutete, dass ich nach Berlin gehörte, dass ich nicht vollkommen verloren war. Stattdessen kehrte ich niedergeschlagen zur Bushaltestelle zurück. Ich war die Ameise, und es gab keinen Mond.

Als ich in unsere Wohnung kam, stolperte ich wieder mal über ein Paket im Eingangsbereich. Zander, Haileys Freund, weigerte sich, mit ihr zu skypen, und kommunizierte stattdessen über seine fast täglich abgeschickten Pakete. Hailey sprach nicht viel über ihn, aber ich glaube, seine extreme Hingabe gab ihr Sicherheit. Jedes seiner Päckchen war noch aufwendiger als das vorherige, die Kartonkunstwerke stapelten sich bereits neben der Tür. Ich selbst kannte Zander nur aus der Metallwerkstatt unserer Kunstfakultät in New York. Dort hatte er schweigsam und von Kopf bis Fuß in Jeans gekleidet an seinen komplizierten kinetischen Skulpturen herumgebastelt. Er war an jeder Uni angenommen worden, für die er sich beworben hatte: sieben Kunstakademien, vier Eliteuniversitäten und eine Handvoll Ingenieursschulen. Schließlich hatte er sich für unsere Uni in New York entschieden, wo er den meisten Freiraum haben würde, Skulpturen herstellen und gleichzeitig Physik studieren könnte. Hailey nannte ihn *das Genie*, mit hörbarer Ehrfurcht – als wäre er ein General im Ruhestand oder der Erfinder eines weltweit gefeierten Haushaltsgeräts.

Ich ging in die Küche, schnitt mir zwei Scheiben von einem dunkelbraunen Brotklotz ab und dazu ein paar Stücke schwitzenden Käse. Dann machte ich es mir gemütlich und sah nach, ob es auf Ivys Facebook-Profil etwas Neues gab. Ihre Ermordung war jetzt fünf Monate her, aber der Schmerz brannte immer noch wie Feuer. Es verwirrte mich, dass die Leute nach wie vor Beiträge auf ihrer Pinnwand posteten. Wozu, wenn Ivy nicht mehr mit ihrer typischen Aneinanderreihung von Sternchen, Smileys und Herzchen antworten konnte? Chelsea Benedict hatte sie auf Fotos aus gemeinsamen Cheerleader-Zeiten markiert, Ivys Cousin Darren teilte ein Foto von ihr mit einem Blaufisch in der Hand, der noch am Haken hing und glitzerte wie eine Diskokugel. Grandma Jane postete immer wieder denselben Link zu einer E-Card, auf der ein Buckelwal abgebildet war. DAS MEER IST LEER OHNE DICH stand darauf. Mein tranceartiger Zustand wurde davon unterbrochen, dass Hailey klappernd ihren Schlüssel ins Schloss rammte.

»Jörg Hefe ist ein mittelalter Vollidiot. Erstens besteht seine Klasse nur aus Frauen, was ihm offensichtlich genau recht ist. Und zweitens trägt er Leinenhosen und hat uns doch tatsächlich ein *Dehnritual* machen lassen! Das bestand einzig und allein aus dem herabschauenden Hund, und er konnte uns schamlos auf den Hintern glotzen. Dann hat er drei von seinen noch feuchten Schnörkel-Landschaftsbildern angeschleppt, die wir zwei Stunden lang kritisieren mussten.«

Ihre intensive Präsenz schien sämtliche Moleküle im Raum durcheinanderzubringen. Das war Hailey, wie ich sie liebte: wutentbrannt und kompromisslos.

»Glaub mir, es ist unfassbar! Dieser Mann hält sich für einen neuzeitlichen Gott!« Sie riss sich ihren grauen Schal vom Hals. »Dabei ist er in Wirklichkeit nur ein weiterer unsicherer deutscher Maler mit kleinem Schwanz und Holocaust-Schuldkomplex. Und ich bin diejenige, die Studiengebühren zahlt – warum sollte ich also seine Arbeit kritisieren? Warum sollte ich an meinem ersten Tag meinen jungen wachen Verstand darauf verschwenden, seine dämliche Maltechnik zu beurteilen?«

Hailey zog eine Flasche Wein aus ihrer Tasche. Er war deutlich besser als der billige Fusel, den ich gekauft hatte. Sie stakste in die Küche und rief mit immer noch wütender Stimme: »Und wie war … Wie hieß er noch? Jan? Karl?« Ich wartete, bis sie wieder im Flur auftauchte, und sah ihr dabei zu, wie sie mit kräftigen, fast schon brutalen Bewegungen den Korkenzieher drehte. Ihre Daunenjacke verlieh ihr die passende breitschultrige Silhouette.

»Klaus kannst du genauso vergessen – als würde man bei einer leichten Brise studieren, die alle paar Wochen hereinweht, vielleicht ein paar Ausdrucke oder Worte in unsere Richtung bläst und dann wieder abzieht.«

»Jörg ist mehr wie ein trockener Furz«, höhnte sie genau in dem Moment, als mit einem *Plopp* der Korken herausschoss. »Nach den zwei grauenhaften Stunden, die wir mit seinen Gemälden vergeudet haben, durften wir, sein gehorsamer Harem, jeweils eine unserer Arbeiten vorzeigen, allerdings – halt dich fest – ohne jegliche Einleitung oder Erläuterung. Wir durften nur unseren Namen nennen, und er kommentierte dann. Es wurden fünf Imitationen seiner Schnörkel-Landschaften präsentiert, ein Foto von einer Baustelle und … weiß ich nicht mehr, ist ja auch egal. Als ich an der Reihe war, meinte ich, ich sei nicht bereit, einfach nur ein Foto meiner Kunst zu zeigen, schließlich brauche Konzeptkunst immer eine Erklärung. Aber er hat abgelehnt!«

Ich schnappte übertrieben dramatisch nach Luft.

»Er sagte, wenn mein Werk nicht für sich selbst sprechen könne, habe es überhaupt keine Aussage.«

Wieder schnappte ich nach Luft.

»Ich hatte bestimmt nicht vor, eins dieser Mädels zu werden, die ihm einfach nur an den Lippen hängen, also habe ich ihm den Stinkefinger gezeigt – und ihn aufgefordert, seinen Kommentar dazu abzugeben. Du hättest mal sein Gesicht sehen sollen! Weißt du, was er gesagt hat? *Ich bin kein Fan von billiger Theatralik im Klassenzimmer.*«

Ich wartete, bis sie mir den Satz übersetzt hatte.

»Und ich weiß auch genau, was er mit *billiger Theatralik* meinte. Er meinte *Feminismus.*«

Mit ihrer tiefsitzenden Jeans und ihren perfekt gezupften Augenbrauen machte Hailey nicht unbedingt den Eindruck, eine glühende Feministin zu sein, aber ich wusste, dass sie sich von niemandem einen Maulkorb verpassen ließ.

»Ich werde jedenfalls keine *Meisterschülerin von Jörg Hefe*, das kann er vergessen. Du weißt ja, ich dachte eigentlich, er wäre berühmt, aber er hat seit zwölf Jahren nichts mehr ausgestellt! Ich wechsle also in eine andere Klasse, aber vorher mache ich ihn fertig. Wenn es eins gibt, wovon ich was verstehe, dann von der Macht *billiger Theatralik*. Beschissener Landschaftsmaler.«

Ich nickte und zog mich dann wieder hinter meinen Laptop zurück. Haileys Rachelust erschien mir so affektiert wie die Ohrfeige eines Seifenopern-Starlets.

Erst die Australier, die auf Schlaftabletten feierten, und jetzt der arme Jörg Hefe, der seiner Bestrafung entgegensah. Wenigstens hatte sie überhaupt reagiert. Alles, was ich in Klaus' Klasse getan hatte, war stumm dazusitzen und vor mich hin zu glotzen wie ein willenloser Wackeldackel.

Nach meinem dritten Glas Wein verblasste die Aufregung über Haileys Eskapaden im Seminarraum, und ich aktualisierte alle paar Minuten meinen Newsfeed bei Facebook, zutiefst gelangweilt und ein wenig betrunken. Das Mädchen mit dem Spatzen-Tattoo am Hals hatte Fotos von der letzten Kritikrunde in der »Grube des Grauens« gepostet. Beinahe vermisste ich die Bildhauerjungs. Sie kamen mir vor wie aus einem anderen Leben, vielleicht sogar einem guten. Hailey durchbrach die Stille, indem sie laut auf ihre Tastatur einhämmerte. Ich blickte zum Sofa.

»Lindsay Lohan ist schon wieder wegen Trunkenheit am Steuer festgenommen worden!« Sie kippte den Bildschirm ihres weißen MacBooks so weit nach hinten, dass ich das eingefallene orangerote Gesicht der Schauspielerin sehen konnte. Hailey war besessen von dem Promitratsch-Blog *Perez Hilton*. »Natürlich macht sie jetzt wieder mal einen Entzug. Entzugskliniken sind die kalten Duschen von heute.«

»Irgendwie traurig«, sagte ich, weil ich nicht wusste, wie ich sonst auf Lindsay Lohans leeren Blick inmitten irgendeiner zu grell beleuchteten kalifornischen Polizeiwache reagieren sollte.

»Die ist so was von dämlich. Die Leute finden immer, ich hätte Ähnlichkeit mit ihr, aber das liegt nur daran, dass sie denken, alle Rothaarigen würden gleich aussehen. Dabei hat sie Bulimie!« Sie lachte verächtlich. »Ich meine, wie wärs mal mit ein bisschen Selbstbeherrschung? Was Armseligeres gibt es ja wohl nicht! Bulimiker sollte man allesamt zusammentreiben und erschießen. Esst euer verdammtes Essen oder lasst es bleiben!«

Ich rutschte mit vor Scham brennenden Wangen tiefer in meinen Sessel und sah in Gedanken ein Erdloch vor mir, in dem alle jemals existierenden Bulimiker und ich verscharrt wurden. Meine Spuren musste ich in Zukunft unbedingt noch gründlicher verwischen.

Hailey trank einen Schluck aus ihrem Weinglas und schien anzunehmen, mein Schweigen beruhe lediglich auf meiner Gleichgültigkeit gegenüber Lindsay Lohan. »Das Unglaubliche ist, dass man diesen ganzen Klatsch heutzutage in Echtzeit erfährt. Kannst du dir vorstellen, wie es vor zehn Jahren war, im Ausland zu leben? Schlange zu stehen für ein *People*-Magazin, das schon einen Monat alt war?«

Das konnte ich mir sogar gut vorstellen. Es wäre schön gewesen, hier in Berlin dem hirnverbrannten Schwachsinn der amerikanischen Kultur entgehen zu können. Ich wollte Europa, wollte Würde und Vernunft, aber all das schien mit jedem Tag, den wir hier verbrachten, in weitere Ferne zu rücken. Im Gegensatz zu mir lebte Hailey für diesen Schund, in ihren Augen handelte es sich um Kunst. Gewissenhaft las sie sämtliche obszöne Blogs über das Leben in der Lower East Side, verfolgte, was die Partyfotografen auf Flickr gestellt hatten, klickte durch endlose Bilder von junger Haut, feuchtem Lippenstift, verschmiertem Make-up und bröckelnden Fassaden. Ich hatte sie einmal gefragt, ob sie auch auf diese Partys gegangen war – die einschlägigen Kellerclubs lagen nur ein paar Straßen von unseren Wohnheimen entfernt –, aber sie hatte mich nur fest entschlossen angesehen, als hätte sie auf diese Frage bereits gewartet. »Ich würde nie zulassen, dass andere Leute Fotos von mir für ihre Selbstdarstellung nutzen.«

Hailey verstummte für eine Weile und scrollte durch die Websites der britischen Boulevardpresse. Dann echauffierte sie sich: »Ist doch bekloppt, dass sie sich mit *Radschlagen* die Zeit vertrieben hat, während sie auf ihre Vernehmung wartete. Wer tut so was? Sie *muss* schuldig sein!«

Amanda Knox war eine der wichtigsten Nahrungsquellen für Hailey, wenn sie mal wieder Klatsch und Tratsch in sich hineinfraß.

Die Amerikanerin war uns ein Jahr voraus gewesen, hatte sich für ein Austauschprogramm entschieden, eine Zahnpasta in Reisegröße gekauft, ihre Eltern zum Abschied umarmt und das Flugzeug nach Perugia genommen. Aber jetzt saß sie im Gefängnis, und ihre Mitbewohnerin Meredith war tot. Hailey wollte ständig über die Geschichte reden. Mir war sie zu dicht dran an meinem eigenen Leben, zu real. Die Fotos der fröhlichen nichtsahnenden Meredith ähnelten zu sehr den Bildern aus der Diashow auf Ivys Beerdigung. Ich wollte mir nicht Amandas altes MySpace-Profil ansehen, wo sie darüber schrieb, wie sehr sie Wein und Achterbahnfahrten liebte. Und ich wollte auch nicht über Merediths verwesende Leiche nachdenken, die laut Hailey tagelang am italienischen Flughafen zurückbehalten worden war, weil die Obduktionsergebnisse angefochten worden waren.

Ich versuchte, so viel wie möglich mit Jesse zu skypen, was normalerweise eine Flut schlechter Nachrichten bedeutete. Wyoming hatte er inzwischen nach einem Streit mit seinem Stiefvater verlassen, was selbstverständlich nicht seine Schuld gewesen war. Und zurück in Sebastian wurde er nun von Chelsea Benedict und den anderen ehemaligen Cheerleaderinnen drangsaliert, die vor gerechtem christlichem Zorn darüber bebten, dass er noch auf Ivys Beerdigung mit mir zusammengekommen war. Als ich noch bei ihm gewesen war, um seine Hand zu halten und seinen Schwanz zu lutschen, hatte ihm das Gerede der Leute weit weniger ausgemacht. Und zu allem Überfluss war er auf der Heimfahrt vom The Fish auch noch betrunken am Steuer erwischt worden und nun für eine Weile seinen Führerschein los. Jesse tat mir ein bisschen leid, wie er da im gefliesten Wohnzimmer seines Vaters saß und auf seinen Laptop und die vielen unbeantworteten Nachrichten in unserem Chat starrte. wo ist meine Butterblume? was machst du gerade? vermisse dich, baby! wünschte, ich könnte dir einen Strauß Wildblumen bringen.

Hailey fand, dass ich mit ihm Schluss machen sollte.

»Einen Strauß Blumen könnte er dir doch problemlos schicken, es gibt buchstäblich Tausende Anbieter, die seinen angeblichen Wunsch in die Tat umsetzen könnten. Beende es einfach«, riet sie mir. »Er hat nichts mehr mit deinem wirklichen Leben zu tun.«

»Was ist denn mein wirkliches Leben?«

Hailey machte gerade Yoga-Übungen auf dem Boden. »New York, Berlin, keine Ahnung, jedenfalls nicht ein Leben am Arsch der Welt in Wyoming. Du hast dich auf einer Beerdigung verliebt. Du warst ein emotionaler Vampir.« Ich runzelte die Stirn über den Vergleich.

»Du hast doch selbst gesagt, dass es dir gefallen hat, ihm beim Weinen zuzusehen. Dass er um deine Hand angehalten hat, ist doch total verrückt!«

Ich hatte ganz vergessen, dass ich ihr das mit seinen Tränen erzählt hatte. Seit ich mich regelmäßig übergab, hatte ich gegen Ende unserer Abende häufiger Blackouts. Eine U-Bahn fuhr vorbei, und meine Gedanken wanderten zu unserem winzigen Esstisch in Casper. Dem prallen Stück Pfirsichkuchen auf meinem Teller, das ich angestarrt hatte, als Jesse mich gefragt hatte, ob ich seine Frau werden wolle. Seine Worte hatten ein schlummerndes Nagetier in meinem Bauch geweckt, ein mich innerlich auffressendes Bedürfnis, so schnell wie möglich das Weite zu suchen.

»Was hast du eigentlich auf seinen Antrag geantwortet?«

»Keine Ahnung. Dass wir darüber reden können, sobald ich aus Berlin zurück bin.« In Wahrheit hatte ich mir weder vorstellen können, ihn zu verlassen, noch, ihn zu heiraten. Beides wäre mir wie ein Verrat an Ivy vorgekommen. Ich hatte in der Klemme gesessen, und Berlin war mein Ausweg gewesen.

Hailey sah mich unverwandt an, mit funkelnden grünen Augen, während sie sich in die Kobra stemmte, den Rücken nach hinten durchgebogen, die Schultern gerade. »Glaubst du wirklich, Ivy hätte es okay gefunden, wenn du ihn geheiratet hättest?«

Ich holte tief Luft. »Ja, Ivy war nicht kleinlich. Sie war selbst längst mit einem Tänzer vom Konservatorium zusammen. Sie hat immer betont, Tänzer seien besser im Bett, weil sie so … biegsam sind oder körperbewusst oder wie auch immer …« Ich brach ab. Haileys scherzhafter Verhörton bewirkte, dass ich mir vorkam wie in einer Folge ihrer Lieblingsserie *Law & Order.*

»Tja, du wirst es jetzt wohl auch nicht mehr herausfinden, nehme ich an«, sagte Hailey, die sich inzwischen mit gebeugtem Rücken auf die Fersen gesetzt hatte.

Obama gewann die Präsidentschaftswahl, wir kauften billigen Sekt beim Spätkauf und heulten, als wir uns um Mitternacht die Reden ansahen.

»Die Bush-Jahre liegen hinter uns – Zeit, uns wieder die Muschis zu rasieren!«, proklamierte Hailey und prostete mir zu.

»Vielleicht ist es kein ganz schlechter Zeitpunkt, um als Amerikanerin im Ausland zu sein«, fügte ich hoffnungsvoll hinzu.

Hailey schnaubte. »Dann können diese Scheißkanadier endlich aufhören, ihre Flagge mit Sicherheitsnadeln an jede Tasche zu heften, damit man sie bloß nicht mit uns verwechselt. Von jetzt an können sie stolz darauf sein, wenn jemand sie für Amerikaner hält!«

Ich ging in rosiger Stimmung ins Bett, musste nach dem Aufwachen jedoch die schrecklichen Kommentare lesen, die meine inzwischen beim Militär dienenden Jugendfreunde posteten, sonnenverbrannte, sandgestrahlte Südstaatenjungs, die fast unter dem Gewicht ihrer M16-Gewehre und Granatwerfer zusammenbrachen.

Weder Hailey noch ich hatten Lust auf die dreieinhalbstündige Bustour für Austauschstudenten, die an diesem Wochenende stattfand, aber wir hatten nicht wirklich etwas Besseres vor. Hailey trug einen Push-up-BH und einen frisch gefärbten schwarzen Sweater, ich meinen schwarzen Parka und Ivys Jeans.

»Vielleicht lernen wir ja ein paar Leute kennen«, sagte ich mit einem Fünkchen Hoffnung zu Hailey. Sie starrte ihr Spiegelbild im U-Bahn-Fenster an und zog behutsam den V-Ausschnitt ihres Sweaters nach unten. Dann schob sie die Lippen vor, den Blick immer noch fest auf ihr Dekolleté gerichtet. »Tja, da fahren leider nicht nur Kunststudenten mit, sondern auch Leute von ganz anderen Fachrichtungen, inklusive Hitlerfanatikern und Mathe-Nerds. Es wird also bestimmt der totale Reinfall.«

Wenige Meter vom U-Bahn-Ausgang entfernt stießen wir auf eine stetig wachsende Ansammlung Gleichaltriger. Es nieselte, alle wirkten schlecht gelaunt.

»Ich hab echt keine Lust, stundenlang im Bus festzusitzen mit diesen …«, sagte Hailey laut und wedelte mit der Hand in Richtung der Wartenden.

Ich senkte peinlich berührt den Blick auf meine Füße. Ein magerer Typ mit Schnurrbart machte ein paar Schritte von uns weg. Zwei schwedische Mädchen mit identischen Filzmänteln – eindeutig Modestudentinnen – wechselten ein paar schnelle Worte und lachten. Eine junge Frau mit Ramones-Sweatshirt und locker geflochtenem Zopf kam auf uns zugehüpft, ihre lila Flickentasche hing ihr bis unter die Knie. »Ist hier die Bustour für Austauschstudenten?«, fragte sie. Hailey nickte. Nervös grub ich die Kuppe meines Zeigefingers in das Nagelhäutchen meines Daumens und wartete auf Haileys nächste Gemeinheit. Zu Hause schlürfte ich ihre Grausamkeit wie Spaghetti mit einem gierigen Schmatzen, aber in der Öffentlichkeit fand ich sie geschmacklos.

Die anderen wartenden jungen Leute schienen genauso wenig wie wir zu wissen, warum sie hier waren oder was das Ganze sollte. Die Bustour war der einzige Ölzweig, den die Universität uns im Rahmen unseres Austauschprogramms reichte, die einzige zusammenhaltfördernde Maßnahme. Es hatte keinen Willkommensumtrunk gegeben, keine Telefonkette war vereinbart worden, keine gemeinsame Mittagspause auf dem unübersichtlichen Campus. Wir waren eine lose Ansammlung einander völlig fremder Menschen, die auf dem Kopfsteinpflaster herumstanden und warteten. Ich hörte, wie ein kleiner Typ mit fusseligen Locken einem Mädchen mit quadratischem gelbem Rucksack erklärte, wie oft er Geige übte: »Manchmal sechs Stunden am Tag, manchmal sieben.«

»Das wird der Horror«, sagte das Mädchen mit dem Ramones-Sweater und blickte zum wolkenverhangenen Himmel hinauf.

Hailey lachte. »Ja, höchstwahrscheinlich.«

Das Mädchen streckte die Hand aus. »Ich bin Constance. Aus Montreal.«

»Ich bin Hailey und das« – sie nickte in meine Richtung – »ist Zoe. Wir sind aus New York. Was studierst du?«

»Fotografie«, antwortete sie genau in dem Moment, als der Bus eintraf. Wir schleppten uns in seine Richtung.

Hailey beugte sich zu mir und flüsterte: »Keine kanadische Flagge!«

Ich lachte. Da ich direkt hinter Constance ging, wurde ich von einer Wolke ihres Parfüms eingehüllt. Es roch plastikartig und künstlich. Ich atmete erneut ein und fühlte mich an eine Exkursion des Bildhauerseminars erinnert. Wir hatten die Restaurierungswerkstatt des MoMA besucht und dort erfahren, was das Weeping-Barbie-Syndrome ist: wenn Gummi altert und rissig wird, und Weichmacher herausfließen, die nach Neuwagen riechende Lachen bilden. Vielleicht war es irgendein schlecht gemachter Paris-

Hilton-Duft wie Heiress oder Dazzle. Oder ein alkoholhaltiges Bodyspray wie Miso Pretty. Der Bus setzte sich ruckelnd in Bewegung.

»Hey, stop!«, kreischte Constance plötzlich auf Englisch und schob dann auf Deutsch nach: »Äh, halt!« Der Bus blieb stehen und rollte ein Stück zurück. Draußen winkte ein braunhaariges Mädchen mit hohen Wangenknochen mit den Armen. Während die Tür aufging, kippte der Bus seitlich Richtung Bordstein, und die Brünette, die mit ihrer gut geschnittenen Khakihose, dem fließenden Herrenhemd und dem Burberry-Trenchcoat mit Taillengürtel aussah wie Annie Hall auf einer Nil-Kreuzfahrt, stieg erhobenen Kopfes ein.

Sie dankte dem Fahrer auf Deutsch. Dann schlüpfte sie auf den leeren Sitz neben Constance.

»Ich bin deine Heldin, du solltest mir danken«, sagte Constance mit ironischer Wichtigtuerei.

»Ach, na dann: vielen Dank. Ich bin Viola. Bist du … Amerikanerin?«

»Ich bin Constance. Kanadierin.«

Viola nickte ihr zu, als erwartete sie eine weitere Erklärung.

»Meine Eltern stammen ursprünglich aus dem Iran, wenn du es genau wissen willst.«

Der Nachtrag schien Viola verlegen zu machen. Für eine Weile war nur das Rumpeln des Busses zu hören. Ich beobachtete, wie Hailey Viola musterte, der der Wohlstand aus jeder Pore drang. Alles an ihr war stilvoll und adrett – in ihre Ledertasche war das Monogramm VGG eingeprägt, und ihre Ohrläppchen zierten zwei Diamantstecker. Falls sie Parfüm trug, wurde es von Constance' Plastikgeruch überdeckt.

Hailey beugte sich über mich, um näher an Viola heranzukommen. »Ich bin Hailey, und das ist Zoe, wir sind aus New York.«

»Oh, ich bin auch aus New York! Upper East Side, und ihr?«

»Ich meine, wir kommen nicht wirklich aus New York, wir studieren nur da«, fügte Hailey hinzu. Sie errötete.

»Ah, verstehe«, sagte Viola. Ich hörte den Hauch eines britischen Akzents heraus. »Und was studiert ihr?«

»Fotografie«, platzte Constance dazwischen. »Hauptsächlich Selbstporträts und Akte.«

Viola lächelte. »Ich studiere auch Fotografie und bin hier, um im Land der großen Fotokünstler dazuzulernen: die Bechers, Gursky, Ruff …«

»Ich bin Konzeptkünstlerin«, fiel Hailey ihr ins Wort.

Die regennasse Stadt rauschte vorbei, am Straßenrand bogen sich skelettartige Bäume im Wind. An einer roten Ampel beobachtete ich, wie an einem Imbissstand dampfende Nudeln in rote Pappschachteln gefüllt wurden. Mein Magen knurrte. Ich hatte vergessen, zu Mittag zu essen. Zehn Minuten später kam der Bus zum Stehen.

»Okay, Leute. Ihr habt eine Viertelstunde am Denkmal für die ermordeten Juden Europas«, verkündete unser Guide lustlos über die Lautsprecheranlage. Es handelte sich um einen älteren Studenten mit unglücklichem Gesichtsausdruck, der den Job vermutlich nur machte, um seine Studienschulden abzubezahlen.

Wir betraten das tiefer liegende Areal des Mahnmals, schoben uns durch die Gänge zwischen den großen grauen Stelen. Constance, Viola, Hailey und ich – eine neugeborene Allianz – betrachteten gemeinsam die trostlose Betonlandschaft.

»Erinnert irgendwie an einen Friedhof«, sagte Constance und strich prüfend mit den Fingerspitzen über den vor uns aufragenden Quader.

»Es soll ein Gefühl der Verunsicherung erzeugt werden«, erklärte Viola. »Und das Grau der Säulen steht für den Identitätsverlust.«

Wir gingen weiter. Als wir einen Blick nach rechts warfen, sahen wir, dass die Schwedinnen vor dem Stelenfeld posierten und Fotos von sich machten.

»Von Identitätsverlust haben *die* noch nie was gehört«, murmelte Hailey, während der Kamerablitz der Schwedinnen einzelne Regentropfen aufleuchten ließ. Constance und Viola kicherten.

»Ich hab Hunger«, verkündete ich, wurde mir jedoch sofort der Trivialität meiner Äußerung in dieser schroffen Umgebung bewusst.

Die Lautsprecherstimme des älteren Studenten dröhnte über die Betonquader. »Nächste Station: Führerbunker. Alle wieder einsteigen.«

Wir sahen uns an.

»Ich hab total Respekt vor der Tragödie des Holocaust, aber heute ist echt … ein Sauwetter. Sollen wir abhauen?«, fragte Constance.

»Ja!«, antwortete Hailey erleichtert und warf einen Blick Richtung Bus. »Und wohin?«

»Ich wohne in der Wrangelstraße, bin gerade eingezogen …«

Wir nickten Constance zu, dankbar für die Einladung. Bevor wir unsere Meinung ändern konnten, war Viola schon auf die Straße gehüpft, hatte gekonnt ein Taxi herangewunken und hielt uns grazil die Tür auf. Als wir vor Constance' Wohnung in Kreuzberg zum Stehen kamen, zog Viola einen glatten weißen Umschlag aus ihrer Tasche. Hailey warf mir einen vielsagenden Blick zu. Sie liebte Andy-Warhol-Zitate und hatte mir gerade erst dieses vorgelesen: *Reiche Leute tragen ihr Geld nicht in Gucci-Dies oder Valentino-Das herum. Sie haben ihr Geld in einem schlichten Umschlag dabei.* Und tatsächlich öffnete Viola die weiße Lasche, holte einen druckfrischen Zwanziger heraus und reichte ihn dem Fahrer. Hailey starrte sie an, beeindruckt von einer Kunststudentin, die offenbar aus noch besserem Hause stammte als sie selbst.

Eine Viertelstunde später kauerte Hailey auf einem ausgefransten Teppich, Viola strich höflich Constance' Bettdecke glatt, um einen Periodenfleck auf dem gestreiften Laken zu überdecken, und ich machte es mir neben einem Koffer bequem, aus dem weiche, wie explodiert wirkende Umrisse hervorquollen: verknäuelte Kapuzenpullover, Socken, mottenzerfressene T-Shirts.

»Der Typ, mit dem ich eine Zeitlang geschlafen habe, ist auf Tour gegangen und hat seine Wohnung an mich untervermietet. Besser gehts nicht, oder?«, rief Constance aus der Küche, eine zerbeulte Bratpfanne in der Hand.

Wir nickten. Trotz der Junggeselleneinrichtung wirkte die Wohnung hell und luftig, mit großen Fenstern und langstieligen Grünpflanzen. Wir saßen faul herum, tauschten Anekdoten aus. Viola warf mit Künstlernamen um sich, Constance sprach in Superlativen. Ihr Vater: »der langweiligste Mann von ganz Alberta«. Ihre Meinung zu Berlin: »der beste Ort der Welt, vorausgesetzt man weiß, was man will«. Ihr Ziel: »absolut jeden kennenlernen und tausend Negative in der Dunkelkammer der Uni entwickeln«. Hailey und ich waren beeindruckt. Im Gegensatz zu uns machte sie offenbar mühelos neue Bekanntschaften und wusste sich in die Hinterzimmer der Galerien durchzudrängeln, um die für einen kleinen Kreis reservierten Gläser Wein abzustauben. Constance briet Hühnchen und betonte, wie wertvoll es sei, als junge Frau allein zu wohnen. »Es ist einfach total wichtig, sich selbst richtig kennenzulernen.«

Hailey verdrehte die Augen.

Jeden Tag ein Kohlefeuer zu entfachen, war eine gute Fortsetzung der Opferverbrennungen, die ich in Wyoming durchgeführt hatte. Ich kaufte ein paar Fotoalben auf dem Flohmarkt, große verkrustete Bücher, die fast auseinanderfielen, mit Bildern so spröde und welk wie Herbstlaub. Alte Großmütterchen waren darauf zu sehen, und Jungen, die Holzstämme durch plattgewalztes Ackerland schleiften. Wahrscheinlich waren alle diese Menschen Nazis gewesen oder hatten zumindest über nichts anderes geredet als über die Nazis. Ich versuchte mir einen Abendbrottisch im Jahr 1951 vorzustellen – worüber hätte man sonst sprechen sollen? Ich zerschnitt die Familienfotos und ordnete sie neu an, kombinierte sie mit Ausschnitten aus der *New York Times*, die immer noch regelmäßig kam. Auf einem weißen Etikett unten links stand Beatrice' Name. Jeden Abend machte ich ein Foto von der Collage des Tages und verbrannte sie anschließend.

Hailey verfolgte nach wie vor leidenschaftlich ihre Lieblingsserie *Law & Order New York*. Anfangs wurde mir schlecht davon. Ich schloss die Verbindungstür zwischen unseren Zimmern, aber der Ton erreichte mich immer noch. Ich hatte jedes Mal das Gefühl, dass die Cops über Ivy sprachen. Außerdem nervte das Saxofon. Doch nach einer Weile gewöhnte ich mich daran, und die immer gleichen Reaktionen auf in Müllcontainern entdeckte Leichen lullten mich sanft in den Schlaf. An einem frühen Sonntagabend war ich so gelangweilt, dass ich nachgab und mir die Serie mit Hailey zusammen ansah. Eine Blondine mit aufgespritzten Lippen wurde von einem berühmten Wissenschaftler vergewaltigt, stellte sich nach einer spannenden Wendung jedoch als Mitarbeiterin einer Samenbank heraus, die den genetisch attraktiven Männern, mit denen sie sich traf, mittels Elektroejakulation Sperma entnahm, nachdem sie ihnen K.-o.-Tropfen verabreicht hatte. Es war völlig absurd. Der sichere Glanz der Künstlichkeit erlaubte es mir, zu entspannen und all das Blut als unerwartet kathartisch wahrzunehmen. Es war alles nur Show. Detective Olivia Benson war ein empathischer Ausbund an Beharrlichkeit und Gerechtigkeit, die Mörder wurden stets gefasst und sämtliche kinderschändende Onkel, Freundinnen-Erstecher und schuldige Priester wurden mit einem wissenden Kopfnicken von Ice-T hinter Gitter gebracht. Wir stellten meinen Laptop auf den Klavierhocker und legten uns hin, wie zwei Würmer in meinem Bett.

»Wer denkt sich so einen Schwachsinn aus?«, fragte ich und rollte mich auf die Seite. Hailey zuckte mit den Schultern und fegte Krümel von meinem Bettlaken. »Wie viele Vergewaltigungen haben wir diese Woche gesehen, was meinst du?«

»Dreißig, mindestens.«

Jede zusammengekrümmte, von einem Jogger gefundene weibliche Gestalt half dabei, Ivys Tod in eine Episode der Normalität zu verwandeln. Das war nun einmal etwas, das jungen Frauen widerfuhr, ihr Leben wurde zu den schmeichelnden Klängen eines Saxofons ausgelöscht, vollkommen alltäglich.

»Was für ein geniales Popkultur-Crossover, dass Ice-T seinen Erfolg als Musiker dazu genutzt hat, eine Rolle als Cop in dieser Serie zu bekommen«, schwärmte Hailey, während sie auf der Tastatur herumtippte und einer Streaming-Website gekonnt die nächste Folge entlockte. »Die einzigen wirklich guten Folgen sind die mit den toten Mädchen. Alles andere wirkt irgendwie so unglaubwürdig.« Wir schmetterten den Text des Vorspanns, als befänden wir uns in einer Karaoke-Bar: *»Bei Polizei und Staatsanwaltschaft gelten Sexualverbrechen als besonders abscheulich …«* und waren uns uneinig, ob der abschließende Jingle eher ein *Da-da* oder ein *Dö-dö* war.

Die Weihnachtstage rückten näher. Klaus Simons organisierte ein großes Abendessen und verwandelte den Seminarraum in einen Bankettsaal – große Töpfe mit heißen Kartoffeln auf Warmhalteplatten und ein Tisch, der sich über die gesamte Länge des Raums erstreckte, dazu Kerzen und Tannenzweige in Weinflaschen. Es herrschte eine Atmosphäre rustikaler deutscher Fröhlichkeit, die ich aus den zerschnittenen Fotoalben kannte. Längs über den ganzen Tisch verlief ein langer Streifen Metzgerpapier, den wir nach dem Essen mit botanischen Zeichnungen verzierten: Farnen, gewundenen Kränzen, Weihnachtssternen. Wie primitiv erschienen da die spermabespritzten Fresken der Bildhauerjungs in New York. Ich sah es als einen Hoffnungsschimmer, doch am nächsten Tag reisten sämtliche Studenten für den Rest des Monats nach Bremen, Hamburg oder Nordrhein-Westfalen, um ihre Eltern, Pferde, Geschwister oder Expartner zu besuchen.

Hailey und ich verließen kaum noch die Wohnung. Vielleicht waren wir dabei, uns selbst »richtig kennenzulernen«, wie Constance es genannt hätte. Da nun überhaupt keine Uni-Seminare mehr stattfanden, kehrten wir uns nach innen. Wir wurden geradezu besessen von Beatrice, schnüffelten in ihren privaten Unterlagen, ihren Steuererklärungen, Fotoalben und Briefen. Meine anfängliche Scheu davor, ihre Post zu öffnen, war längst verflogen. Wir durchwühlten jede Kiste und jede Heftmappe in dem einzigen Schrank aus echtem Eichenholz, der eine Glastür besaß und aus Beatrice' Ansammlung bunt durcheinandergewürfelter Regale mit intellektuellem Inhalt herausstach. Unsere Funde umfassten einen mehrfarbigen Aktenordner mit alten Steuer- und Visumunterlagen, eine Kopie ihres Reisepasses, einen Stapel ungeöffneter Briefe von ihrer Krankenversicherung in den USA sowie einen aktuelleren Brief von einem gewissen Michael, der sich nach ihren »nächtlichen Gesprächen« sehnte.

»Arme Beatrice, Michael klingt wie ein Langweiler«, sagte Hailey lachend.

Wir entdeckten außerdem eine Nahaufnahme von Beatrice und Janet an einem Pool, unserer Vermutung nach im Beverly Hills der siebziger Jahre.

»Wahnsinn, wie ähnlich sie sich sehen«, stellte Hailey fest und nahm das Foto genauestens unter die Lupe. Ich spähte hinüber. Janet sah aus, als wäre sie in unserem Alter, vielleicht sogar noch jünger.

»Hat sie Beatrice im Teenageralter bekommen?«, fragte ich und zeigte auf den finsteren Blick der blutjungen Janet.

Hailey zuckte die Achseln. Ich nahm ihr die Aufnahme aus der Hand und starrte auf das Mutter-Tochter-Duo in identischen weißen Shorts und hellblauen T-Shirts, die Beine halb in den Pool getaucht. Schon damals trugen sie die gleiche Bobfrisur, und Janets Haare, die wir nur grau kannten, waren dicht und pechschwarz. Alles auf dem Bild war hell und fröhlich, die etwa fünfjährige Beatrice strahlte. Nur Janet schien etwas zu belasten, sie sah aus, als wäre dies der letzte Ort auf der Welt, an dem sie sein wollte.

»Hast du das gehört?«, fragte Hailey und blickte erschrocken auf.

»Nein, was?«

»So einen seltsamen Schrei.«

»Gerade eben?«

Sie nickte.

»Nein, aber gestern Abend hätte ich schwören können, ein streitendes Paar zu hören – ich bin sogar raus ins Treppenhaus, aber da war nichts.«

»Wahrscheinlich war es nur der verdammte Wind, der durch dieses leere Gebäude fegt.«

Ich schnaubte zustimmend. Wir wühlten weiter und fanden mehrere Ausschnitte aus einer alten Frauenzeitschrift, unterschrieben mit *J. Becks*.

»O Gott, Janet hat früher eine Ratgeberkolumne verfasst!«, kreischte ich.

Wenn Ihr Mann fern von zu Hause Kriegsdienst leistet, ist es wichtig, dass Sie ihn in Ihren Briefen nicht mit belanglosen Sorgen belasten. Das Einzige, was er wissen muss, ist, dass Sie ihn lieben und ein gepflegtes und warmes Heim für seine Rückkehr bereithalten. Langweilen Sie ihn nicht mit Anfragen dazu, welche Art von Bettwäsche er bevorzugt. Beschreiben Sie lieber eine zärtliche Erinnerung, den Tag Ihrer Hochzeit oder ein besonderes Picknick, etwas, das positive Gefühle weckt. Und wenn Sie die Briefe ein wenig interessanter gestalten wollen, erfinden Sie eine Geheimsprache, schaffen Sie Bilder, die die Sehnsucht Ihres Herzens darstel-

len, oder schicken Sie ihm Kreuzworträtsel. Stimulieren Sie Ihren Ehemann und sorgen Sie dafür, dass er frohen Mutes weitermarschiert.

»Hat Beatrice' Vater in Vietnam gekämpft?«, fragte ich, als gerade eine U-Bahn vorbeifuhr.

»Ja, ich glaube, er ist im zweiten Kriegsjahr gefallen – *Operation Silver City*. Toller Name, oder?« Hailey hielt ein Foto von Beatrice als Teenager hoch, mit einem Cello im Arm. »Tragisch, sie hat ihren Vater nie kennengelernt.«

Hailey kehrte zu ihrem Briefstapel zurück.

»Woher weißt du das alles?«

»Ich hab im Internet einen Artikel gefunden, in dem Beatrice davon erzählt. *Redbook,* glaube ich.«

Hailey verschlang nun einen Briefwechsel zwischen Beatrice und ihrer Verlegerin in New York, aus dem sie herauslas, dass Beatrice riskierte, ihren Vorschuss zurückzahlen zu müssen, wenn sie nicht bis Ende des Winters ein Manuskript lieferte.

»Sieh dir das an! Kein Wunder, dass sie sich in Wien verkrochen hat«, sagte Hailey und imitierte dabei täuschend echt Detective Benson. »Ich wusste, dass es unmöglich ist, drei verdammte Bücher pro Jahr zu schreiben!«

In dem Schrank gab es auch eine verschlossene Schublade. Wir versuchten, sie mit einer Sicherheitsnadel zu öffnen, aber keine von uns wusste so recht, wie das ging.

»Was glaubst du, was dadrin ist?«, fragte Hailey.

»Vielleicht ihre Geburtsurkunde?«

»Warum sollte sie die wegschließen?«

»Warum sollte sie überhaupt irgendwas wegschließen?«

»Ich frage mich, was Miss Becks zu verbergen hat.« Hailey hatte eine Flasche von Beatrice' Bodylotion gefunden und verteilte sie auf ihrem Dekolleté. Mir fiel wieder einmal auf, wie vertrauenswürdig Haileys Gesicht wirkte, es war genau die Art von Gesicht, der man alles glaubte. »Na los, du weißt ganz genau, dass sie was Spannendes zu verbergen hat …« Sie warf mir die Flasche zu. Ich öffnete sie. Die Lotion roch ranzig und nach Zitronengras.

Anhand ihres Wikipedia-Eintrags konnten wir verifizieren, dass Beatrice keine Kinder hatte und unverheiratet war, was ohnehin vollkommen offensichtlich war. Schließlich kannten wir ihre Wohnung – die einsame Nachttischlampe, nur ein einziger Kleiderschrank, die beiden traurigen Teller, die zwei Garnituren Besteck und das eine »gute« Küchenmesser. Andererseits besaß sie fünf achteckige Weingläser. Na ja, vier. Eins hatte Hailey beim Abspülen zerbrochen. Ich hatte erst das Klirren gehört, dann ihr: »F-U-C-K!« Sie war in mein Zimmer gerannt und hatte den abgebrochenen Stiel wie eine tote Ratte hochgehalten: »BEATRICE BRINGT UNS UM!« Ich war zunächst erschrocken und dann in Gelächter ausgebrochen. Ein zerbrochenes Glas kam mir viel weniger schlimm vor als das stundenlange Durchsuchen ihrer Schränke, das Öffnen ihrer Post, das Einreiben mit ihrer Lotion.

Haily hatte das Lippensofa inzwischen in ihr Zimmer hinübergeschoben und klebte daran wie ein Mundgeschwür, während sie sich durch Beatrice' Romane las. »Wusstest du, dass sie ihr erstes Buch mit zwanzig geschrieben hat?«, rief sie zu mir herüber. Die Verbindungstür zwischen unseren Zimmern stand offen.

»Wie alt ist sie jetzt?«, fragte ich.

Hailey gab mir mit einem abfälligen Schnauben zu verstehen, wie dumm meine Frage war. »Dreiundvierzig.«

Sie las gerade *When Love Knows*, Beatrice' zwölften

Roman, in dem es laut Hailey um eine vollbusige Schülerin ging, die ein explosives Techtelmechtel mit ihrem Physiklehrer beginnt. Als dieser die Liaison beendet, beschließt die Blondine, seine gesamte Familie mit Rattengift auszulöschen und ihm anschließend die Schuld in die Schuhe zu schieben. Doch dann nimmt die Handlung eine inzestuöse Wendung, und sie entdeckt, dass sie in Wirklichkeit seine verloren geglaubte Tochter ist. Hailey blickte von dem kaugummirosa Buch auf. »Ich hab mir vorhin ein Interview mit ihr angeschaut. Sie promotet gerade einen ihrer älteren Romane für irgendeinen Buchclub. Na ja, jedenfalls wird sie nach ihrem nächsten Buch gefragt und ob sie vielleicht eine Schreibblockade hat, und da bekommt sie so einen irren Ausdruck im Gesicht.«

»Das will ich sehen«, sagte ich und schlurfte zu ihr hinüber. Hailey stellte sich ihren Laptop auf den Schoß, unterbrach die singende, sich auf dem Bett rekelnde Mariah Carey und klickte auf den Tab mit dem Video, das eine nervöse Beatrice am Set einer Londoner Morgensendung zeigte. Während Hailey zur Mitte des Clips spulte, hüpfte Beatrice' schwarzer Haarhelm in Streifenhörnchen-Geschwindigkeit auf und ab. Hailey stoppte den Cursor. Eine Brünette mit breitem Grinsen und knallpinken Lippen wandte sich an Beatrice.

»Natürlich wollen alle wissen, worum es in Ihrem neuesten Werk geht. Sehen Sie es als Fortsetzung der *Beach Death*-Reihe?«

»Nicht direkt, aber Schreiben bedeutet immer auch ein Fortführen, ein Dahinfließen. Alles, was wir tun, tun wir ausgehend von dem, was vorher war. Mein neues Buch weist einige bekannte Elemente auf, steht jedoch für sich selbst – eine wahre Liebesgeschichte, die ein böses

Ende nimmt.« Sie wirkte fahrig, ganz anders als die steife Wachsfigur, die wir kennengelernt hatten. »Im nächsten Herbst wird es endlich erscheinen, wir freuen uns sehr.«

Die Moderatorin hakte so genüsslich nach, als wäre Beatrice eine alte Erzfeindin aus Internatszeiten. »Dabei hätte es eigentlich schon diesen Herbst herauskommen sollen! Das ist bestimmt nicht leicht für Sie.«

Beatrice' Blick verriet ihr Erschrecken. »Der Erscheinungstermin wurde verschoben, ja.«

»Und würden Sie die Ursache dafür als Schreibblockade bezeichnen?« Die Reporterin verzog den Mund zu einem süffisanten Lächeln.

»Nein, mit dem Ausdruck *Schreibblockade* sind wir nicht einverstanden, man muss sich Zeit nehmen, damit die Dinge sich entwickeln können. Wie ich bereits sagte.«

Hailey spulte zurück, damit wir die Stelle, an der sich Beatrice' Augen vor Entsetzen weiteten, noch mal sehen konnten. »Warum sagt sie eigentlich immer *wir*?«

Hailey zuckte mit den Schultern. Sie hatte schon sieben von Beatrice' Romanen gelesen. Mich hinderte ein ungutes Bauchgefühl an der Lektüre. Wir wohnten schon in ihrer Wohnung, aßen von ihren einsamen Tellern – es war einfach zu viel. Aber Hailey liebte die gesamte blutrünstige Bibliothek. Am Vortag, ich kratzte gerade die letzten Reste unserer kostbaren Erdnussbutter aus dem Glas, hatte sie von einem der Fachbücher zum Thema Mord und Verbrechen, die in den wandhohen Küchenregalen untergebracht waren, aufgesehen, um mich darauf hinzuweisen, dass man das Ablaufgitter eines Pissoirs kurzschließen könne, um einem Mann durch seinen Urinstrahl einen tödlichen elektrischen Schlag zu verpassen.

»Warum hat sie es nötig, uns ihre Wohnung unterzuvermieten, wenn sie so berühmt ist, dass sie in Fernsehsendungen eingeladen wird?«, fragte ich.

»Nur eins ihrer Bücher war wirklich ein Bestseller, *On Blue Peak*. Die neueren sind nicht so toll.«

»Hattest du nicht gesagt, ihre Bücher würden an Flughäfen verkauft?«

»An Nischenflughäfen«, antwortete Hailey grinsend.

»Worum geht es in *On Blue Peak*?«

»Das Buch ist eigentlich total untypisch für sie.« Hailey holte tief Luft, die Nase zum Fenster gedreht. »Weniger verworren als die anderen, dafür emotionaler. Es handelt von einer jungen Frau aus dem Süden der USA, die sich in den Erben eines Stahlvermögens verliebt. Am Anfang des Buchs geht es darum, wie die beiden sich in den Bergen näherkommen. Dann ziehen sie nach New York, führen ein ausschweifendes Glamourleben und sorgen mit ihren riesigen Partys für Aufruhr. Eines Tages kommt sie nach Hause und erwischt ihren Mann im Bett mit seinem besten Freund. Sie versucht, den Liebhaber umzubringen, tötet jedoch versehentlich ihren Mann und landet in der Klapsmühle. Am Ende des Buchs wird beschrieben, wie sie dort alt wird, ziemlich traurig, aber auch wunderschön und kitschig.« Hailey wirkte eigenartig zufrieden mit ihrer Zusammenfassung, als hätte sie mich gerade in ein wichtiges Geheimnis eingeweiht.

»Wow.« Ich gab mir Mühe, Begeisterung vorzutäuschen. »Klingt super.«

Hailey fing an, mit dem Tatendrang einer geistig umnachteten Bibliothekarin jedes Buch in der ganzen Wohnung zu katalogisieren. Sie sortierte und stapelte, räumte die regenbogenbunten Buchrücken von einem Ort zum anderen und tippte zwischendurch mit finsterer Miene auf ihrem Laptop herum. Beatrice' Büchersammlung beschäftigte sich hauptsächlich mit dem Thema Verbrechen – forensische Enzyklopädien aus dem viktorianischen Zeitalter, Tom Clancy, Schusswaffenkataloge der National Rifle Association aus den Neunzigern, Agatha Christie, James Cain, Fallstudien über Soziopathen, aber auch Klassiker: griechische Tragödien, Präsidentenbiografien und drei Regalfächer voll Theaterstücke. Haileys stetig wachsende Tabelle war mit BEATRICE BECKS BIBLIOTHEK, VON HAILEY MADER überschrieben.

»Das wird ein Konzeptwerk, ähnlich wie ein Porträt«, verkündete sie mir mit einer freudigen Erregung, um die ich sie beneidete. »Eine Trumpfkarte, eine Aneignung all ihrer Bücher, die so zu meinen werden.« Hailey hatte bereits eine genaue Vorstellung davon, wie ihr Werk präsentiert werden könnte: spiralgebunden auf einem Podest oder ausgestellt unter A4-großen mit kleinen Metallnägeln befestigten Glasscheiben.

Es waren zwei neue Pakete von Zander eingetroffen, die ungeöffnet auf dem Tisch lagen. In letzter Zeit sahen seine Pakete aus wie mit Briefmarken und schwarzweißem Zoll-Klebeband bedeckte Noguchi-Skulpturen. Je komplizierter die Verpackung war, desto eher wurden die Pakete aufgehalten. Hailey war dann jedes Mal gezwungen, mit der U-Bahn zum Zollamt am Stadtrand zu fahren und einem trübseligen Bürokraten zu erklären, was sich in den kunstvoll geformten Schachteln befand. In Wahrheit wusste sie das natürlich gar nicht, wofür sie regelmäßig gerügt wurde. Ihre Rechtfertigung lautete: »Sinn und Zweck von Geschenken ist doch, dass sie einen überraschen und erfreuen!« Doch genau das taten die Pakete mit jeder Fahrt zum Zollamt weniger.

5

Viola kam zum Abendessen und brachte zwei Freunde mit.

Es machte uns nervös, zum ersten Mal Gäste zu empfangen. Wir besorgten Pappteller, und ich räumte meine Bettdecke und mein Kissen vom Schlafsofa und stellte Kerzen auf den Esstisch. Hailey, die den Großteil des Kochens übernommen und dabei eine Flasche Wein geleert hatte, torkelte nach draußen und kaufte mehrere Blumensträuße, die sie in der Wohnung verteilte.

Viola und ihr Anhang erschienen pünktlich.

»Ihr Süßen, das ist Jens aus Stuttgart, ein fantastischer Grafikdesigner. Und Otto aus Österreich, ein gefeierter Pianist.«

»Und ich bin Hailey, die weltbeste Künstlerin – Amerikanerin«, sagte Hailey und streckte grinsend ihre Hand aus.

Ich stellte mich murmelnd vor und verschwand dann in der Küche, um die Getränke zu holen. Jens, der zunächst seine beschlagenen Brillengläser geputzt hatte, erklärte uns, dass er Bildende Kunst an der Universität der Künste studierte, genau wie wir, und Otto war an der Hochschule für Musik. Er nickte nervös und fuhr sich mit den Fingern durch das schwarze Haar. Hailey erwischte ihn dabei, wie er das Blüthner-Klavier in ihrem Zimmer beäugte, auf dem sich ihre Wäsche türmte.

»Kannst du auch was von Rihanna spielen?«, forderte sie ihn scherzhaft heraus.

»Er ist unglaublich, er hat auf der Hochzeit meiner Schwester gespielt«, sagte Jens stolz. »Otto kann alles spielen.«

Otto errötete, während Jens ihn in die Seite knuffte.

»Ich kann ›Umbrella‹.«

Hailey klatschte in die Hände.

Als wir am Tisch Platz genommen hatten, fragten uns Jens und Otto neugierig über Beatrice und die Wohnung aus. Wir erzählten ihnen alles, was wir uns zusammengebastelt hatten, und legten fächerförmig eine Auswahl an Romanen auf den Tisch. Beatrice' Gesicht mit dem schwarzen Pony starrte uns von den Schutzumschlägen entgegen.

»Sie hat so einen Weimarer-Klassik-Look, findet ihr nicht auch?«, fragte Hailey und zeigte auf Beatrice' eisigen Blick.

»Sally Bowles«, sagte Otto verlegen.

Haileys Augen funkelten. »Ja! O mein Gott, kannst du etwa was aus *Cabaret* spielen?«

Otto stieg das Blut in die Wangen, er nickte. Hailey strahlte ihn an und warf mir dann einen verärgerten Blick zu – wahrscheinlich erinnerte sie sich an meinen Kommentar zu dem Thema. Hailey überredete Otto, sich ans Klavier zu setzen, und ich beobachtete fasziniert, wie sich der eher kleine, nervöse Zwanzigjährige in einen selbstbewussten, vor und zurück wiegenden Pianisten verwandelte. Von Klavierklängen erfüllt, fühlte sich die Wohnung sogar noch größer an. Jens sah seinem Freund mit einem Lächeln zu, er war so deutsch, dass es fast schon wehtat – blonde Haare, blaue Augen, kantiges Kinn.

Viola langweilte sich, sie wollte über Amanda Knox sprechen. Ich rutschte genervt tiefer in meinen Stuhl. »Ganz Italien glaubt, dass sie es war.«

Jens konterte schnell: »Kann schon sein, aber wir …« Er hielt inne, weil ihm offenbar einfiel, dass in diesem Raum verschiedene Nationalitäten vereint waren. »Wir Deutschen halten nicht viel von der italienischen Gerichtsbarkeit. Für uns ist daher jeder in Italien erst mal unschuldig, weil es keine Möglichkeit gibt, das Gegenteil zu beweisen.«

»Also, ich finde es schon merkwürdig, dass sie nach Hause kam, Blut auf dem Boden sah und dann duschen ging, während neben ihr ein SCHEISSHAUFEN in der Toilette lag. Ich meine, habt ihr so was schon mal gemacht? Selbst wenn's eure eigene Scheiße war?« Hailey öffnete die nächste Weinflasche. Ich verzog das Gesicht. Sie zeigte mit dem Korkenzieher auf mich. »Ich hätte nach meiner Mitbewohnerin gebrüllt und sie gezwungen, zu kommen und die Spülung zu drücken!«

Jens war knallrot angelaufen und blickte peinlich berührt aus dem Fenster. Es war offensichtlich, dass ihn ein betrunkenes amerikanisches Mädchen, das beim Abendessen über Scheiße redete, überforderte. Otto kehrte zu seinem Platz zurück. »Moment, ich hab nichts mitbekommen. Wer ist Amanda Knox?«

»Ach, du lieber Himmel.« Hailey lachte und reichte den Ofenkürbis herum, wobei sie meinem Blick auswich. Eine U-Bahn rauschte vorbei und tauchte den Raum in gelbliches Licht.

Viola übernahm: »Also, Meredith Kercher war eine englische Austauschstudentin in Perugia. Sie studierte dort …« Ihr fiel das Studienfach offenbar nicht mehr ein, wovon sie sich jedoch nicht aufhalten ließ. »Na ja, jedenfalls wohnte Meredith außerhalb des Uni-Geländes in einer Vierzimmerwohnung, zusammen mit zwei Italienerinnen und einer Amerikanerin: A-MAN-DA KNOX.« Viola sprach ihren Namen aus wie vier dramatische Trommelschläge. »Und dann kam diese A-MAN-DA KNOX eines Tages von ihrem Freund nach Hause, einem Italiener namens Sossalito.«

»Raffaele Sollecito«, korrigierte Hailey sie.

Viola ignorierte den Einwurf. »Die beiden waren erst seit einer Woche zusammen. A-MAN-DA KNOX entdeckte Blut auf dem Boden des Eingangsbereichs ihrer Wohnung, stellte fest, dass sich in der Toilette Fäkalien befanden, und ging trotzdem duschen.« Beim Wort *Fäkalien* gab Hailey ein verächtliches Schnauben von sich. »Dann bemerkte sie noch mehr Blut auf dem Duschvorleger. Sie sah, dass Merediths Zimmer abgeschlossen war, klopfte, erhielt keine Antwort und rief ihren Freund an. Dieser, besagter Sossalito, rief wiederum seine Schwester an, die als Polizistin in Rom arbeitete. Sie riet den beiden, die Polizei in Perugia zu verständigen, was sie schließlich taten, und nach einigem Hin und Her brachen die Beamten endlich die Zimmertür auf und fanden Meredith mit aufgeschlitzter Kehle unter ihrer Bettdecke vor.« Viola kam erst jetzt zum Luftholen.

Jens schüttelte ungläubig den Kopf über die italienische Polizei. Viola fuhr fort: »Die Staatsanwaltschaft will es A-MAN-DA KNOX anhängen, weil sie ein gefundenes Fressen ist: jung und schön und Amerikanerin.« Ihre letzten Worte klangen wie ein Kinderreim.

JUNG UND SCHÖN UND AMERIKANERIN.
JUNG UND SCHÖN UND AMERIKANERIN.

Viola war noch nicht fertig: »Die Anklage behauptet, die Ermordung sei Teil eines Sexkults gewesen, weil Amanda in der Vorwoche beim Kauf von Kondomen gesehen wurde.«

»Beim Kauf von Kondomen. Wie furchtbar«, kicherte Hailey.

»Sie ist keine Mörderin, das steht fest, aber sie hat schon etwas an sich, das …« Viola brach ab.

Jens strich seine Haare zurück. »Klingt wie *Hexenjagd* von Arthur Miller.«

Hailey schlug mit der flachen Hand auf den Tisch. »Genau! *Hexenjagd* als perfekte blutige Pop-Medien-Inszenierung. Mit Abstand meine Lieblingsdarbietung in diesem Jahr. Ausgenommen vielleicht die vielen Promi-Abstürze.« Wir sahen sie verständnislos an. »Kommt schon, Leute. Lindsey Lohan wurde schon wieder mit Alkohol am Steuer erwischt. Niemand hat mehr einen Presseagenten.«

Hailey ging in die Küche. Ich kratzte die letzten Kartoffeln aus einer flachen Edelstahlpfanne und versuchte, das Thema zu wechseln, indem ich Jens fragte, ob er sich mit den Druckwerkstätten der Uni auskenne. Doch noch bevor er antworten konnte, kam Hailey mit einer Silberschüssel voller Schlagsahne zurückgeeilt.

»Das Problem ist, dass Amanda Knox aussieht wie Jeanne d'Arc in sexy. Ihr kennt doch sicher das Gemälde von Jules Bastien-Lepage.«

»Le-p-ah-ge«, sagte Viola mit französischem Akzent.

Otto schüttelte den Kopf und tupfte sich dann mit der Serviette die Stirn ab.

Hailey schnaubte. »Das ist das Bild, auf dem sie in die Ferne starrt und sich dabei an einen Baum klammert!

Hängt im Met. Sie hat die gleichen wässrigen Augen wie Amanda. Das ist dieser alte Typus der besessenen Jungfrau, der die Männer seit Urzeiten anmacht. Sie wollen diese Frauen auf dem Scheiterhaufen sehen.«

»Du vergleichst Amanda Knox ernsthaft mit Jeanne d'Arc?«, fragte ich, verärgert, dass wir uns immer noch mit diesem Thema beschäftigten.

»Ja. Denk mal darüber nach: Ob sie nun schuldig ist oder nicht, Amanda zählt bereits jetzt zu der Riege beklagenswerter Frauen, die im Laufe der Geschichte zur Unterhaltung der Menschheit verbrannt worden sind.«

»Meredith ist diejenige, die gestorben ist«, murmelte ich.

Viola faltete ihre Serviette und legte sie sich auf den tweedgemusterten Schoß, als wollte sie zu den Anwesenden im Gerichtssaal sprechen. »Rudy Guede wurde schuldig gesprochen, sein blutiger Handabdruck war auf ihrem Kissen. Die Sache müsste längst ad acta gelegt sein, aber …«

»Das italienische Gerichtssystem ist auch noch rassistisch«, unterbrach Jens sie ernst.

»Amanda hatte keine Ahnung, wie man anständig trauert«, fügte Hailey hinzu. »Man sollte meinen, es wäre nicht allzu schwer, einen traurigen Eindruck zu machen. Aber wenn sie stattdessen mit ihrem Freund am Tatort rumknutscht, wirkt sie natürlich ein bisschen wie eine Psychopathin.« Hailey warf mir einen langen Blick zu. »Ich denke mal, Zoe weiß, wovon ich spreche. Sie hat im Grunde genau das Gleiche getan.«

Ich blickte zu ihr auf und versuchte abzuschätzen, ob sie wirklich weitersprechen würde. Was würde sie diesen neuen Bekanntschaften alles offenbaren? Ihre Lippen setzten wieder zum Sprechen an.

»Lass es!«, fuhr ich sie an. Schweigen senkte sich über den Raum, während Hailey konzentriert die Silberschüssel hin und her schwenkte. Beyoncé sang in die bedeutungsschwangere Stille hinein.

Hailey sah mich an, um meine Erlaubnis einzuholen. Ich schüttelte mit zusammengebissenen Zähnen den Kopf.

»Ach, komm schon, das ist einfach so eine gute Story!«, drängte sie.

Ich entschuldigte mich und verschwand auf die Toilette. Am liebsten hätte ich mein Innerstes erbrochen, gekotzt bis zur Besinnungslosigkeit. Hailey war ein Monster. Ich zog meinen Nokia-Klotz hervor und scrollte durch meine leere Kontaktliste. Da war niemand, den ich hätte anrufen oder dem ich eine SMS hätte schreiben können. Ich sah erneut meine wenigen Kontakte durch und merkte, dass ich unbewusst nach Ivys Namen suchte. Ich atmete tief durch, wusch mir das Gesicht und kehrte zum Tisch zurück, als ob nichts gewesen wäre.

»Schmeckt köstlich«, sagte Jens und lud sich die glibberige Sahne auf den Teller, ein Ablenkungsmanöver von der Bombe, die Hailey vermutlich gerade gezündet hatte.

Hailey und Viola plauderten über ihre Pläne für die Weihnachtstage: Hailey würde ihre Familie in Paris treffen, während Viola an Heiligabend nach London flog, um mit ihrer Mutter und ihrer Schwester zu feiern, die eine Wohnung in Kensington angemietet hatten, in der offenbar einst Julie Andrews gewohnt hatte. Ich konnte zu ihrem Gespräch nichts beitragen, einfach nur in Berlin zu bleiben, war schon kostspielig genug für mich. Also befasste ich mich stattdessen damit, den restlichen Wein leerzutrinken und tiefer und tiefer im Treibsand des

Ivy-Themas zu versinken, noch immer schwer getroffen von Haileys fiesem Kommentar.

Um Ivys Ermordung war kein Medienzirkus veranstaltet worden, es hatte keine öffentlichen Spekulationen rund um den Tathergang gegeben. Der Mantel des Schweigens war über das Ganze gebreitet worden, was ihr vermutlich auch lieber gewesen wäre. Wenn ich mir vorstellte, dass massenweise Menschen, jung und alt, über ihre Sexualität diskutierten, ihre Vorliebe für Elasthan, ihr Liebesleben, die Fotos, die wir zusammen mit Jesse gemacht und auf denen wir mit Gartenscheren vor dem Strandhaus posiert hatten … Wie wäre die italienische Justiz wohl mit uns verfahren?

»Erde an Zoe. Alles okay?« Hailey tippte mir auf die Schulter, um abzuschätzen, ob ich noch sauer war. Ich ignorierte sie.

Viola gab ein lautes hüstelndes Geräusch von sich, das offenbar ein Gähnen sein sollte, bedankte sich dann höflich bei uns für das Abendessen und hatte fünfundvierzig Sekunden später ihren Mantel an. Jens und Otto folgten ihr.

»Meinst du, sie ist mit Jens zusammen?«, fragte Hailey aus der Küche, wo sie die Reste in eine gelbe Schüssel füllte und diese mit Frischhaltefolie abdeckte.

Ich weigerte mich, ihr zu antworten, und ging in mein Zimmer.

Sie folgte mir plappernd zur Tür. »Vielleicht ist es aber auch eine Dreiecksbeziehung? Oder steht sie auf Otto? Sie ist echt schwer zu durchschauen. Otto könnte schwul sein, schließlich mag er Musicals. Was mich aber vor allem beeindruckt hat, war, dass Jens gleichzeitig ein zugeknöpftes Hemd *und* einen Rollkragenpullover getragen hat. Sein armer Hals!«

Endlich verstummte sie und legte ihre Hand auf meinen Unterarm. Ich drehte mich zu ihr um. Sie sah aus wie ein Norman-Rockwell-Gemälde – ein Geschirrhandtuch über der Schulter, die roten Haare zu einem lockeren Dutt geknotet. Sie schien kurz davor zu sein, etwas Bedeutsames zu sagen, und ich bereitete mich innerlich auf eine Entschuldigung vor.

»Viola ist eine Nervensäge, ich glaube, ich hasse sie.« Sie zögerte eine Sekunde. »Sie hat einfach so wenig beizutragen.«

»Du hast sie doch nicht mehr alle!«, fauchte ich und wandte mich von ihr ab.

Sie wirkte überrascht, blickte zur Decke und ließ ihren Hals knacken. »Oh. Bist du etwa sauer wegen dieser Ivy-Sache?«

Ich nickte.

»Ich hab doch nur versucht, unsere Gäste zu unterhalten.«

»Das ist aber kein beschissenes einaktiges …«

Ohne zu wissen, wie ich meinen Satz zu Ende bringen sollte, packte ich den goldenen Türgriff und knallte die Verbindungstür zwischen uns zu.

6

Wir wurden faul, was das Kochen anging, und kauften zu stark gesalzene Tortilla-Chips in der amerikanischen Abteilung von Kaiser's. Dazu klauten wir irischen Cheddar und machten uns Nachos. Im Supermarkt etwas mitgehen zu lassen, war einfach: Wenn man einen Artikel bezahlte, konnte man problemlos etwas Teureres in einem Stoffbeutel an der Kasse vorbeischmuggeln. Hailey mochte den Nervenkitzel, ich den Preisnachlass. Nach unserem allabendlichen Ritual aus Nachos und einer Flasche Rotwein ließ ich das Badewasser ein und übergab mich in die Toilette, wobei ich es genoss, wie die Maissplitter auf dem Rückweg nach oben in meinem Hals kratzten. Während ich anschließend in der Wanne lag, schrubbte ich mir mit Lavendelseife gründlich den Gallegeruch von den Händen.

Keine von uns brachte den Streit am Ende des Viola-Abendessens noch mal direkt zur Sprache, aber Hailey war netter geworden, bot an abzuspülen oder schlug vor, gemeinsam einen Film zu schauen. Wie vorherzusehen war, versuchte sie, den Konflikt beizulegen, ohne sich damit auseinanderzusetzen. Sie war wie ein Pendel, das in die Dunkelheit schwang, nur um heller und reizender denn je zurückzukehren. Auf eine Entschuldigung von ihr konnte ich wohl ewig warten.

An einem Mittwoch erhielt Hailey, die sich um die gesamte Korrespondenz im Zusammenhang mit der Wohnung kümmerte, eine E-Mail von Beatrice. Sie las sie laut und theatralisch vor, als würde sie den Untertanen ihres Reichs etwas verkünden.

Liebe H + Z,
ich hoffe, ihr kommt gut in der Wohnung zurecht.
Falls ich Post vom Schlossstipendium des Bundeskanzleramts Österreich bekomme, leitet sie bitte direkt an mich weiter und nicht zuerst an meine Mutter auf Sylt. Es handelt sich um eine eilige Angelegenheit.
Danke im Voraus, B. Becks

»Vielleicht sollte ich mich auch für ein Schlossstipendium des Bundeskanzleramts Österreich bewerben«, sagte Hailey und erhob sich vom Sofa. »Bestimmt residiert man da total vornehm.«

Ich googelte nach dem sperrigen Namen des Programms und stellte fest, dass die Stipendiaten tatsächlich in einem echten Schloss untergebracht waren, inklusive Putten mit pummeligen Beinchen und geometrisch gemustertem Marmorboden. Auf der Website war eine ganze Reihe Namen ehemaliger Teilnehmer aufgeführt, von denen ich einige sogar kannte, aber ich fand keinerlei Informationen über die aktuellen Stipendiaten.

Bis zu Haileys Trip nach Paris waren es noch zwei Tage, und sie hatte schon fast fertig gepackt. Während sie ihren Kulturbeutel neu bestückte, teilte sie mir mit, dass ihre Eltern nach dem Paris-Aufenthalt noch zwei Tage nach Berlin kommen würden.

»Dann führen sie uns zu einem *richtig* schicken Abendessen aus!«

Ich lächelte nervös und überlegte, wie ihre Eltern sich

wohl unser Leben hier vorstellten. Von Hailey wusste ich, dass ihr Vater einer dieser Menschen war, die in jedes Gespräch einfließen ließen, dass sie es »von ganz unten nach ganz oben« geschafft hätten und dass, wer Erfolg haben wolle, nur »hart genug dafür arbeiten« müsse. Wenn er herausfand, dass wir kaum zur Uni gingen, würde er seine Tochter bestimmt zwingen, nach New York zurückzufliegen und Wirtschaft zu studieren.

Hailey hatte jedes Outfit akribisch geplant und beim Packen darauf geachtet, genügend Platz für zukünftige Anschaffungen im Rucksack zu lassen. Ich hatte diesen Prozess vom Sofa aus beobachtet und jedes Mal genickt, wenn sie Kombinationen aus Röcken und Pullovern hochgehalten hatte. Insgeheim ärgerte ich mich darüber, dass sie mich allein zurückließ. Ich versuchte meinen Ärger zu verbergen und verschanzte mich hinter meinem Laptop, während sie ihr Highschool-Französisch übte. Die Vorstellung, dass sie unsere gemeinsame Bubble verlassen würde, beunruhigte mich, ich befürchtete, dass sie bei der Rückkehr in unsere Welt auf unsere eiskalte Insel, weniger an mir interessiert sein würde, weniger mir gehören würde.

Ich hatte keine Ahnung, ob wir uns etwas zu Weihnachten schenken würden, und wenn ja, was ich ihr kaufen sollte. Meine Gefühle ihr gegenüber waren diffus, noch immer von einem gewissen Frust geprägt. Am Tag vor ihrer Abreise versuchte ich auf dem Weg nach Hause dennoch mein Glück auf einem Flohmarkt, fest entschlossen, etwas für sie zu finden. Vielleicht ein altes deutsches Plakat oder Buch, irgendetwas Poppiges, Plastisches. Nach einigen erfolglosen Standbesuchen fand ich es schließlich: ein altes Tagebuch. Es war in rotes Leder gebunden, mit schwarzen Nähten und goldenem geflochtenem Buchrücken. Ich öffnete es – die leeren Seiten war alt und glatt, rochen auf eine moderige Art nach Vanille. Es erschien mir magisch.

Zu Hause legte ich das Tagebuch, in lila Seidenpapier eingeschlagen, vor Hailey auf den Tisch. Sie freute sich wie ein Kind und stürzte sich sofort auf ihr Geschenk. Ich ertappte mich dabei, dass ich die Luft anhielt, während sie das Papier aufriss und zu Boden fallen ließ. »Wie ein Hexenbuch! Genial!«

Ich strahlte, genoss ihre Freude und ihr instinktives Verständnis dafür, dass dieses Buch in der Tat *magisch* war. Hailey war kompliziert. Unsere Freundschaft war kompliziert. Aber ich kannte und durchschaute meine Mitbewohnerin, und dies war der Beweis. Sie umarmte mich und hievte sich dann ihren Wanderrucksack auf die Schultern. Auf dem Weg nach draußen klebte sie einen cremefarbenen Umschlag an den Kühlschrank, auf den sie mit ihrer eckigen, schrägen Schrift gekritzelt hatte: *Ich weiß, ich mache manchmal zu viel Drama, XOXO*. Nachdem sie weg war, öffnete ich den Umschlag. Darin lagen zwei mit fettgedruckten altdeutschen Buchstaben beschriebene Karten für ein Theater namens Volksbühne. Ich übte den Namen, sagte ihn vor mich hin – *Volks-büh-ne* –, und meine Stimme hallte durch die leere Wohnung.

Zunächst genoss ich die Stille. Ich konnte mich bei offener Tür übergeben und »Heartbeats« von The Knife in Dauerschleife hören. Doch nach ein paar Stunden erschien mir das unbewohnte Gebäude, in dem jetzt auch noch Hailey fehlte, bedrohlich. Am ersten Tag verließ ich das Bett nur, um Essen zu mir zu nehmen und wieder von mir zu geben. Ich sah mir Nachrichtensendungen über die Finanzkrise an. Männer, die mit Pappkartons aus Wolkenkratzern traten, klappernde Tacker. SUBPRIME-HYPOTHEKEN, KREDITVERBRIEFUNG, KREDITAUSFALLVERSICHERUNGEN, RETTUNGSSCHIRME FÜR BANKEN. Noch eine Fremdsprache. Ich fühlte mich sicher in Berlin, wo die Zeit noch immer anhand von Kohlebriketts gemessen wurde. Meinen Laptop ließ ich den ganzen Tag offen, in der Hoffnung, dass mir jemand schrieb. Eine alte Highschool-Freundin, irgendjemand. Allein zu trinken, erschien mir traurig.

Ich fand ein grünes Papierrechteck mit Wasserfleck, in das einer von Haileys Sträußen eingewickelt gewesen war, und klebte es an die Wand. Dann durchsuchte ich die Zeitung, aber die Bilder waren alle langweilig, nichts, was sich für eine Collage geeignet hätte. In der Küche entdeckte ich unter einem Stapel Post ein paar eingeschweißte Supermarktprospekte. Ich schnitt Tiefkühlbeeren und Gläser mit Essiggurken aus. Dann klebte ich sie in dadaistisch anmutenden Kombinationen zusammen, strahlenförmig von der Mitte nach außen verlaufend – Würstchen, die aus Kekspackungen lugten, Kaffeebohnen, die aus Spülmittelflaschen rieselten. Aber ich konnte mich nicht in meine übliche Trance versetzen. Ich machte einen Schritt zurück. Furchtbar. Wenigstens hatten die Collagen, die ich von Ivy gemacht hatte, einen Zweck gehabt, ein intendiertes Publikum.

Ich kehrte zu meinem Laptop zurück und versuchte, Jesse über Skype anzurufen. Das blaue *S* hüpfte auf und ab, und der Unterwasser-Anrufton gluckste durchs Zimmer, bis er endlich dranging. Erst war nur ein Rauschen zu hören, dann fragte seine Stimme von weit her: »Butterblume? Zoe, Zoe, Zoe?« Mit einem Zischen erlosch die Verbindung wieder. Ich versuchte es erneut. »Butterblume!«

»Hi …«

»Was machst du gerade?«, fragte er, während hinter ihm die Nachmittagssonne glitzerte.

»Nur ein bisschen arbeiten«, log ich und brach dann mit erstickter Stimme ab. Meine Traurigkeit ließ sich nicht länger kontrollieren.

»Oh, Baby – ich vermisse dich! Ich wünschte, ich könnte dich in den Arm nehmen. Vielleicht solltest du einfach zurück nach Hause kommen?« Ich nickte und hörte seinen Vater etwas im Hintergrund rufen. »Hey, Baby, ich muss los. Aber ich liebe dich. Komm einfach nach Hause, ja? Ich denke wirklich, dass du nicht länger dortbleiben solltest.«

»Ich weiß«, antwortete ich, und meine Augen brannten, als er zum Abschied in die Kamera winkte.

Nachdem der Anruf in einem Zischen geendet hatte, fühlte sich die Wohnung unerträglich still an. Ich ging ins Badezimmer und wartete darauf, dass die Badewanne voll wurde, überwältigt von Hass auf mein derzeitiges Leben. Dann hörte ich ein *Pling* von meinem Laptop. Constance, die genau wie ich über die Weihnachtstage in Berlin blieb, hatte mir den Link für eine Party in einer Bar in Prenzlauer Berg geschickt. Sie selbst konnte nicht hin, weil sie anderweitig verabredet war, aber sie glaubte, dass es dort bestimmt lustig werden würde. Ich drehte das Wasser ab und machte mich fertig, die Musik auf voller Lautstärke.

Ich zog Haileys Adidas-Oberteil an, silbern schimmernd mit drei breiten schwarzen Streifen, legte den

Kopf schief und betrachtete mich im Spiegel. Ihre Kleider zu tragen, fühlte sich gut an, es verlieh mir eine gewisse Kontrolle. Ich durchwühlte den Stapel am Fußende ihres Betts, schlüpfte in die Bluterguss-Hose, die jetzt ein paar Schattierungen dunkler war, sprühte eine Explosion ihres Chanel-Mademoiselle-Parfüms in die Luft und beobachtete, wie die winzigen Dufttröpfchen auf meinem Hals landeten. Ich atmete ein und erinnerte mich plötzlich wieder an all die selbstsicheren Frauen, die mit ihren in Tommy Hilfiger gekleideten Partnern im Schlepptau in der Parfümabteilung der Mall nach dem eckigen rosa Flakon gefragt hatten. Heute reihte auch ich mich in ihre Riege ein und versprühte sanfte Girlie-Power. Diese Nacht war ich eine von ihnen.

Ich band meine Haare mühsam zu Haileys typischem hohem Pferdeschwanz zusammen, und die Verwandlung war vollkommen. Nachdem ich in ihre Daunenjacke geschlüpft war, fuhr ich mit der U-Bahn zur Bernauerstraße. Die Bar platzte bereits aus allen Nähten. Auf der Tanzfläche wurden die verschiedensten Sprachen gesprochen, ich hörte Englisch mit französischem und italienischem Akzent sowie andere Akzente, die ich nicht einordnen konnte. Alle bewegten sich gekonnt mit schnellen abgehackten Bewegungen zu elektronischer Musik, und alle waren schwarz gekleidet.

Ich fand ein Schließfach im Vorraum und stopfte Haileys Jacke hinein. Bevor ich erneut die Bar betrat, holte ich tief Luft. Haileys Parfüm war mein Treibstoff. Nach dem zweiten Bier wurde ich mutig und fühlte mich unbesiegbar. Ich unterhielt mich mit einer Gruppe junger Männer, die gerade ihre eigene Zeitschrift gründeten. Mit einer Venezolanerin, die eine Galerie eröffnete. Mit einer kroatischen Tänzerin, die zusammen mit anderen Künstlern Workout-Videos produzierte. Mit einem Typ mit Stachelfrisur und schwarzem Hoodie, der über Marx redete. Ich presste den Rücken gegen die Wand. Die Bar erinnerte mich an die aus *Star Wars* – alle diese außerirdischen Kreaturen von Planeten, die ich nur vom Hörensagen kannte, wie sie sich Zigarette rauchend aneinanderrieben. Wie waren sie alle hierhergekommen? Wo waren sie bis jetzt gewesen? Ich trank gerade mein fünftes oder sechstes Bier, als mir plötzlich schummrig wurde. Kein Wunder, ich hatte nichts im Magen außer Säure und Alkohol. Ich wollte bleiben, konnte aber kaum noch stehen. Also schnappte ich mir Haileys Jacke.

Der Marxist saß auf einer Bank in der U-Bahn-Station. In der grellen Beleuchtung verliehen ihm seine kleinen runden Brillengläser das Aussehen eines russischen James-Bond-Bösewichts. Sobald wir eingestiegen waren, wurde er gesprächig und zog seinen Laptop hervor, um mir ein riesiges 3D-Alien zu zeigen, das mit den Fingern das Peace-Zeichen machte. Er wolle es in seiner nächsten Ausstellung zeigen, sagte er. Wie die meisten Leute, die ich in der Bar getroffen hatte, war er gleichzeitig Künstler und DJ. Ich fragte ihn, aus welchen Materialien die Skulptur sei, und er setzte zu einer amphetamingetriebenen, langatmigen Erklärung an, die andauerte, bis ich aufstand, um auszusteigen.

»Hey, wie heißt du noch mal?«, fragte er schnell, bevor die gelben Türen wieder zugingen.

»Hailey.«

Ich aß Döner auf der Straße, und die Fleischstückchen prasselten wie Hagelkörner zu Boden. Zu Hause waren die Feuer ausgegangen, und wir hatten keine Kohle mehr.

Wie hatte mich Hailey nur ohne genug Vorrat allein lassen können? Voller Angst tappte ich in den Keller hinunter und öffnete die Holztür zu Beatrice' Kellerabteil. Erschrocken fuhr ich zurück – mir starrte eine ganze Menagerie verschieden geformter Kartons entgegen. Hailey lagerte hier offenbar Zanders Pakete. Ich ließ sie, wo sie waren, und schleifte eins der Brikettbündel die Treppe hinauf, wobei ich laut vor mich hin summte, um die Geräusche des Gebäudes zu übertönen. Sobald ich wieder in der Wohnung war, zündete ich ein wenig Zeitungspapier an und schob das dünne trockene Anzündholz darüber. Dann pustete ich in regelmäßigen Abständen. Ich beobachtete, wie sich die Schlagzeile der Zeitung kräuselte und schließlich verschwand: MÜDES SCHULTERZUCKEN DER US-NOTENBANK ÜBER SICH AUSWEITENDE SUBPRIME-KRISE. Unter Alkoholeinfluss Feuer zu machen, hatte seinen Reiz. Man fängt an, nachzudenken, in den tranceartigen Lagerfeuer-Modus zu verfallen. Während ich so in die Flammen starrte, kam mir Berlin mit einem Mal größer vor – wie eine dichte schwarze Galaxie mit funkelnden Sternen, überall Bars voller Leute, ich musste nur rausgehen und sie suchen. Das Feuer loderte jetzt zuverlässig. Ich legte mit der aufrichtigen Fürsorge einer Betrunkenen vier Kohlebriketts in die Öfen und sank ins Bett.

Am nächsten Morgen wachte ich verkatert auf und ging zu Kaiser's, um frisch gepressten Orangensaft zu klauen und Müsli zu kaufen. Auf dem Rückweg machte ich halt am Briefkasten. Im Eingangsflur des Treppenhauses sah ich die Post durch – ein paar Rechnungen und ein mit Goldschrift bedruckter Brief vom Schlossstipendium des Bundeskanzleramts Österreich. Ich schob die Umschläge in meine Jackentasche und schleppte meinen dehydrierten Körper die Treppe hoch zurück in die Wohnung. Der bittersüße Beerdigungsblumengeruch schlug mir entgegen, noch bevor ich ganz die Tür geöffnet hatte. Langsam ging ich hinein. Sie war zu Hause. Ich sah Beatrice auf dem roten Sofa sitzen, das Nachmittagslicht wurde vom Schwarz ihrer Haare geschluckt. Sie war vollkommen reglos, die Schultern steif.

»Hallo«, stammelte ich. »Es tut mir leid, ich wusste nicht, dass Sie …«

Sie blieb sitzen, starrte weiter aus dem Fenster und fing dann langsam an zu sprechen: »Ich hätte eine Mail schreiben sollen. Ich habe geklingelt und geklopft. Als niemand aufmachte, dachte ich, ihr wärt über die Ferien verreist, und habe mir mit meinem Schlüssel aufgeschlossen.«

Wieso drehte sie nicht den Kopf, um mich anzusehen? »Ich war nur kurz draußen und habe Orangensaft gekauft, kann ich Ihnen ein Glas anbieten?« Unbeholfen hielt ich den Saftkarton hoch, und mir wurde plötzlich schmerzlich bewusst, dass er geklaut war.

»Nein danke, ich suche nur etwas«, sagte sie und schob einige Dokumente zusammen, die außerhalb meines Blickfelds lagen, um sie anschließend in ihrer Tasche verschwinden zu lassen.

»Oh«, antwortete ich. Eine seltsame Hitze, trocken und staubig wie Kreide, kroch mir die Beine hinauf. »Wenn wir gewusst hätten, dass Sie kommen, hätten wir aufgeräumt …« Ich geriet ins Stocken, schämte mich für die Kleider- und Bücherhaufen, die überall verstreut lagen.

»Das spielt jetzt keine Rolle«, sagte sie und erhob sich so kerzengerade vom Sofa, als ob ihre Wirbelsäule mit einem Metallseil verbunden wäre. Ich stellte mich aufrechter hin, versuchte, meinen Kater abzuschütteln. Sie glitt an mir vorbei, und ich starrte auf ihren eichelförmigen Hinterkopf.

»Ach ja, das ist für Sie gekommen vom österreichischen Kanzleramt«, sagte ich, zog den Brief aus der Tasche und reichte ihn ihr. Sie griff ohne hinzusehen danach und schob den Umschlag in ihre Tasche.

Auf dem Weg nach draußen zeigte sie auf den Kleiderberg auf dem Klavier und erklärte: »Freut mich, dass ihr euch hier wie zu Hause fühlt. Heute Abend geht es für mich zurück nach Wien.« Als sie schon fast aus der Wohnungstür war, blieb sie stehen und sagte über ihre Schulter hinweg: »Mit einer Essstörung ist nicht zu spaßen. Pass bitte auf dich auf. Frohe Weihnachten.« Ihre Worte klangen so beiläufig und kühl, als würde sie einem Hotelportier frohe Feiertage wünschen. Die Tür fiel dumpf hinter ihr ins Schloss.

What the fuck? Ungläubig stand ich im Eingangsflur. Ich musste Hailey anrufen. Funktionierte ihr Handy überhaupt in Paris? Woher wusste Beatrice, dass ich mich regelmäßig übergab? Das wusste nicht einmal Hailey! Ich war mir dessen ja selbst kaum bewusst. Hastig rannte ich ins Badezimmer, um nachzusehen, ob ich irgendwelche Spuren hinterlassen hatte. Vielleicht war ich nachlässig geworden, weil ich derzeit allein in der Wohnung war. Doch da war nichts. Ich hielt die Toilettenschüssel akribisch sauber. In der Altglassammlung standen zu viele Weinflaschen, aber es war schließlich Weihnachten, das war also nichts Außergewöhnliches. Auf dem Küchentisch lag noch die Verpackung des Döners, den ich wieder hochgewürgt hatte. Aber nichts in der Wohnung verriet, dass ich mir neuerdings nach jeder Mahlzeit mit den Fingern die Kehle penetrierte. Mir dröhnte der Schädel. Vielleicht hatte Beatrice es mir einfach angesehen. Oder waren in der Wohnung Kameras installiert?

Ich inspizierte jeden Gegenstand im Badezimmer, drehte den Seifenspender um, tastete die Regalränder nach Kabeln ab. War ich verrückt geworden? Hatte ich das mit der Bulimie irgendwo aufgeschrieben? In diesem Moment fiel es mir wie Schuppen von den Augen. Ich rannte in mein Zimmer. Mein aufgeklappter Laptop zeigte zur falschen Seite des Betts. Ich schnappte ihn mir, aktivierte den Bildschirm. Mein Blick fiel auf den Draft-Ordner meines Mailprogramms. Der letzte Entwurf leuchtete mir entgegen, die verworfenen Zeilen an die Highschool-Bulimikerin Molly Webster. Ich löschte ihn hastig.

In der ganzen Wohnung stank es nach Beatrice' Parfüm – schneeweiß und klinisch sauber, aber dennoch teuer, wie im Labor gezüchtete Blumen. Meine Nasenlöcher juckten. Ich hätte zu gern gewusst, um was für einen Duft es sich handelte. Dann hätte ich Beatrice besser einordnen können, sie in einen Flakon abfüllen und mitsamt meinem Unbehagen verstauen können. Ich sank auf das rote Sofa und trank den ganzen Orangensaft leer. Was hatte Beatrice hier gewollt? Warum hatte sie meine Mails gelesen? Meine Wangen wurden heiß, als mir einfiel, wie Hailey und ich ihre Ordner und Schubladen durchsucht hatten. Hatte sie uns dabei beobachtet? War dies ihre Rache? Trotz ihrer steifen Zurückhaltung hatte sie ein wenig aufgewühlt gewirkt. Sie hatte mir nicht ein einziges Mal in die Augen gesehen. Ich versuchte es erneut auf Haileys Handy. Der Anruf kam nicht durch.

Den Weihnachtstag verbrachte ich zu Hause, allein vor dem Ofen, in dem eine Portion orangefarbenes Gemüse röstete: Karotten, Kürbis, Süßkartoffel. Und dazu gab es sechs Folgen *Law & Order*. Die Wohnung jagte mir eine Heidenangst ein. Ich tappte dennoch ins Badezimmer, um meinen Magen zu entleeren, aber als ich mich über die Toilette beugte, musste ich wieder an Beatrice und ihre letzten Worte denken, die wie ein giftiger Schmetterling aus ihrem Mund geflattert waren: *Mit einer Essstörung ist nicht zu spaßen.* Ich brachte es nicht über mich. Stattdessen spuckte ich nur in die Schüssel und sah zu, wie mein Speichel das glatte Porzellan hinunterrutschte.

Ich vermisste Ivy, wäre am liebsten zurück nach Sebastian geflohen und hätte mich auf dem Ballettschuh-Sitzsack zusammengerollt. Stattdessen skypte ich mit meiner Mutter. Wir redeten über ihren psychotischen Chef und den »erodierenden« Immobilienmarkt in Florida, wie sie es nannte. Sie erzählte mir von ihren Kunden, Brad und Marsha, einem Paar aus Syracuse, das sie hatte unterhalten müssen, während sie auf die Schlüssel zu einer »spektakulären Hacienda im spanischen Stil« warteten. Dabei hatte sie erwähnt, dass ihre Tochter in Berlin studierte, woraufhin sich herausstellte, dass Brad und Marsha gute Freunde in Berlin hatten, die dringend eine Babysitterin für ihre Töchter suchten – Familie Breitbach.

»Die Breitbachs klingen *wirklich* toll«, betonte meine Mutter, und ich spürte, wie sehr sie sich wünschte, dass ich den Job bekam. Das Geld war bei uns knapp, also schrieb ich den Breitbachs sofort eine E-Mail und vereinbarte, zwei Tage später bei ihnen vorbeizukommen.

Am nächsten Abend traf ich Constance zum Abendessen in einem Restaurant in der Torstraße. Ich war vor ihr da und warf einen Blick hinein, war jedoch zu nervös, um das winzige gut gefüllte Lokal, dessen Gäste alle extrem cool wirkten, allein zu betreten.

»Es ist eiskalt, warum wartest du draußen?«, rief Constance von der anderen Straßenseite.

Ich lachte. Sie rannte durch den Verkehr zu mir herüber und umarmte mich. Wir gingen Arm in Arm hinein und schlängelten uns zu einem kleinen Zweiertisch hinter einer vollbesetzten Tafel durch, an der Constance sämtliche Leute zu kennen schien. Nachdem wir unsere Jacken abgelegt hatten, sprang sie noch mal auf und schob sich durch die herumstehende Menge neben unserem Tisch, nahm Küsschen entgegen und tauschte die neuesten Gerüchte aus. Als sie endlich wiederkam, war ich vollkommen baff.

»Wie kann es sein, dass du hier *jeden* kennst?«, fragte ich mit gedämpfter Stimme.

Sie beugte sich zu mir: »Also, dieser Kerl, mit dem ich geschlafen habe, Adnan …« Sie hatte mir bisher nichts über ihr Sexleben erzählt. Mein verwirrtes Gesicht entging ihr nicht. »Der aus der Band, die gerade auf Tour ist. Der, der mir seine Wohnung untervermietet hat.«

Ich nickte.

»Na ja, als er noch in Berlin war, hat er immer diese großen Dinnerpartys bei sich veranstaltet, zu der alle möglichen Leute gekommen sind. Alexander, der Betreiber dieses Restaurants, hat gekocht. Und Pia, Alexanders Freundin – das ist die Frau am Tischende mit dem schwarzen Pullover –, hat mir dann ein Praktikum in ihrer Galerie angeboten. Ich bin zwar nur einmal die Woche da, aber man macht lauter coole Bekanntschaften.«

Wir gaben unsere Bestellungen auf. Ich erzählte ihr von meiner Begegnung mit Beatrice, verschwieg jedoch deren Abschiedsworte zum Thema Bulimie.

»Sie ist auch Amerikanerin, oder? Für Untermieten gelten gewisse Regeln, und ich glaube, einfach reinzuschneien und sich aufs Sofa zu setzen, ist ein absolutes No-Go.«

»Ich weiß.«

»Echt gruselig.«

Wir sprachen über die Leute, die ich neulich bei der Party in Prenzlauer Berg kennengelernt hatte. Constance erzählte, dass der Marxist Internetkunst machte und bald eine große Ausstellung in Braunschweig haben würde. Und die kroatische Tänzerin war angeblich schwanger.

»Jetzt mal im Ernst: Was ist eigentlich Internetkunst?«, fragte ich.

»Käsige Jungs am Laptop und … digitales Feuer?« Constance lachte.

Das Dessert ging aufs Haus, gebackene Birne mit Eis. Wir sprachen über unsere Highschool-Zeit. Auch Constance hatte viel nebenher gejobbt. Ich erzählte ihr von der Parfümabteilung in der Mall, und sie berichtete vom Jack Pot Casino, einem fensterlosen, staubigen Flachbau im Zentrum von Red Deer, Alberta. Anscheinend hatte sie mit fünfzehn schon eine große Oberweite gehabt und wie einundzwanzig ausgesehen. Ihr Bruder hatte ihr den Ausweis gefälscht, und so hatte sie die Stelle im Casino abgestaubt. »Ich hätte auch im Supermarkt Einkäufe eintüten können. Aber ich wollte lieber mehr Trinkgeld bekommen, Geld zurücklegen und so schnell wie möglich aus Red Deer verschwinden. Und hier bin ich nun.« Sie leckte sich die Lippen und machte eine ausschweifende Geste durchs Restaurant, noch immer sichtlich zufrieden mit dem Einfallsreichtum ihres früheren Ichs.

Die Breitbachs wohnten in Berlin-Mitte, nicht weit von dem Restaurant entfernt, in dem Constance und ich zu Abend gegessen hatten. Die weiße steinerne Fassade des vierstöckigen Gebäudes glich einer mit Puderzucker bestäubten Vanilletorte. Die Gegend war schick, weitaus schicker als unsere. Überall gab es kleine Cafés und Luxuskinderwagen. Ich stand vor der Eingangstür und versuchte herauszufinden, in welchem Stockwerk die Breitbachs wohnten, aber es gab nur eine einzige Klingel in der trapezförmigen Messingtafel. Zögernd hielt ich inne, bis ich endlich begriff: Der Familie gehörte das ganze Gebäude. Eine Frau im grauen Pullover mit passender Stoffhose öffnete die schwere vergoldete Tür und sah mich an, als erwartete sie, dass ich ihr eine Rohrbombe in die Hand drückte. Ich strich mir die Haare glatt, um wenigstens ansatzweise mit so viel unerwarteter Eleganz mithalten zu können. Im Inneren des Hauses – das Interieur wirkte wie eine Mischung aus Jagdschloss und Carrara-Marmorsteinbruch – lagen überall Geschenkpapier und Spielzeug verstreut. Die Frau in Grau führte mich zu einem gläsernen Aufzug, und wir glitten surrend in den zweiten Stock hinauf. Die Türen gingen auf und gaben den Blick auf Claire frei, deren Name ich oberhalb der Adresse auf meinen Klebezettel gekritzelt hatte. Sie kam auf mich zugestöckelt, und ihr blondes gewelltes Haar hüpfte bei jedem Schritt.

Claire trug hochhackige Schuhe in Kaugummirosa, ein knallorangefarbenes mit pinken Vögeln bedrucktes Kleid und eine lindgrüne Halskette. Die tropische Farbpalette und der weibliche Look milderten den Blick ihrer stahlgrauen Augen jedoch keineswegs ab, sie hatten den Ausdruck eines Tennis-Champions im letzten, entscheidenden Satz seines Lebens. Sie packte meine Hand, als wollte sie so meinen Wert abwägen. Einen Moment lang fragte ich mich, ob vielleicht gar kein Wortwechsel stattfinden würde, ob das vielleicht schon das ganze Vorstellungsgespräch war. Dann ließ sie meine Hand wieder los.

»Hallo, Zoe«, sagte sie und wies mit dem Kopf zu der Frau in Grau, die schnell etwas auf Spanisch sagte. »Das ist Beata, unsere Haushälterin.«

Ich schüttelte Beata die Hand und folgte Claire anschließend in die weiße von Vasen voller Pfingstrosen flankierte Marmorküche. »Ich freue mich riesig, eine weitere Amerikanerin im Haus zu haben, noch dazu aus Florida. Ich selbst bin in Paris zur Welt gekommen, Diplomatenfamilie, aber meine Eltern stammen aus Miami, ich bin Halbkubanerin. Sprichst du Spanisch?«

Ich nickte, bekam jedoch sofort Angst, dass sie mich auf die Probe stellen würde. Claire spürte meine Unsicherheit.

»Keine Sorge, Beata und ich sprechen schon Spanisch mit den Mädchen, sie sollen kosmopolitisch aufwachsen. Ich tue, was ich kann, damit sie nicht zu deutsch werden, falls du verstehst, was ich meine.« Sie stieß ein kristallklares Lachen aus. »Entschuldige, mein Mann ist Deutscher und spricht natürlich seine Muttersprache mit den Mädchen. Genau genommen ist er halb Schweizer, aber deutsch genug, um einen Stock im Arsch zu haben.«

Sie lachte wieder. Keine Fältchen. Ich fragte mich, wie alt sie wohl war und welche Schönheitseingriffe sie hatte vornehmen lassen. Zwei braunhaarige Mädchen kamen verschmitzt grinsend in die Küche gehüpft.

»Savannah, das ist Zoe.«

»Hallo, Zoe«, sagte Savannah mit sarkastischer Höflichkeit.

»Serena, das ist Zoe.«

»Hallo, Zoe«, imitierte Serena ihre Schwester. Die beiden kicherten.

»Savannah und Serena sind die älteren Zwillinge. Acht Jahre alt. Laurel und Leia sind sechs und deutlich leichter zu handhaben.«

Ich nickte erschrocken. Mir war nicht klar gewesen, dass die beiden vier Kinder hatten. Außerdem hatte ich noch nie mit Zwillingen zu tun gehabt, geschweige denn gleich mit zwei Zwillingspärchen.

»Ich weiß, was du jetzt denkst. Die Chancen stehen eins zu zehntausend, dass man nach einem ersten Zwillingspaar noch ein zweites bekommt.« Sie sah Savannah und Serena an, die anfingen, Küchenpapier zu zerreißen und sich gegenseitig damit zu bewerfen. »Noch ein paar Jahre, und ich muss ein Schloss an meinem Kleiderschrank anbringen«, sagte sie mit einem belustigten Grinsen. Der Gedanke bereitete ihr sichtlich Vergnügen. Die zwei kleinen Klone schredderten unterdessen das weiche Papier wie verbrecherische kleine Biber und tauschten dabei Blicke aus, die genauso gut Telegramme in ihrer eigenen Sprache hätten sein können. Ihre Ähnlichkeit war verblüffend, sie waren so vertraut miteinander. Plötzlich vermisste ich Ivy – und Hailey.

»Hi, Mel, ja genau, du kannst um fünfzehn Uhr mit uns rechnen. Serena hat geübt, aber Chopins Prélude in e-Moll bereitet ihr noch Schwierigkeiten.« Claire hatte den Blick abgewandt und schaute zur Decke, dann berührte sie sanft ihr gepierctes Ohr und sah wieder mich an. »Sorry, Bluetooth.« Sie machte kehrt und eilte durchs Haus, wobei sie auf die verschiedenen Zimmer deutete: »Spielzimmer. Fernsehzimmer. Esszimmer. Die Zimmer der Mädchen. Erdgeschoss und ersten Stock nutzen wir kaum, im Allgemeinen sollten sie *mädchenfreie Zone* bleiben. Sie werden teilweise noch renoviert, ein lebenslanger Prozess. Mein Mann hat das Gebäude nach dem Mauerfall gekauft. Ich wollte damals nicht nach Mitte, aber Tobi träumte davon, Pionier zu spielen, von Planwagen und Schnitzel. Ich nenne es gern so: Das Viertel ist mit uns *erwachsen* geworden. Jetzt kriege ich hier überall einen Cappuccino.«

Claire ging zur Treppe, ich folgte ihr. »Also, der erste Stock. Hier hat Tobi seine Büroräume. Er steht auf *elektronische Musik*.« Die letzten beiden Worte betonte sie mit unverhohlener Geringschätzung und ließ sie eine Weile zwischen uns in der Luft schweben. »Er stammt aus einer alten Schweizer Familie und hat vor zwei Jahren seine Firmenanteile verkauft. Jetzt macht er nur noch … Na ja, wie auch immer, ich war früher Anwältin, Straf- und Zivilrecht.« Sie hielt inne und richtete ihren Streitaxtblick auf mich. »Für die Mädchen ist uns nur das Beste gut genug. Also zögere bitte nicht, mich anzusprechen, wenn du Fragen hast, egal zu welchem Thema.«

»Okay«, antwortete ich und merkte, dass ich bis jetzt noch kein Wort gesagt hatte.

»Du bist Künstlerin, oder?«, erkundigte sich Claire, während wir die Treppe hinunter zurück ins Erdgeschoss gingen.

»Ja.«

»Welche Art von Kunst?«

»Hauptsächlich Collagen …« Ich geriet ins Stocken. In Claires funkelnder Welt erschienen mir Collagen zu klein und unbedeutend. »Und Film«, log ich.

»Filmkunst ist super. Wir sind jedes Jahr beim Festival in Telluride. Meinst du, du schaffst zwei Abende die Woche?«

»Klar«, sagte ich, überrascht, wie schnell alles gegangen war.

Claire hob ihren gelmanikürten Finger an die Lippen, um mich zum Schweigen zu bringen. Ich zog die Schultern ein und fragte mich, was ich falsch gemacht hatte. Aber Claire lächelte beruhigend und zeigte auf ihren Bluetooth-Ohrstöpsel. »Ja. Ja. Brian, sag Calvin einfach, er soll Udo den Kalender weiterleiten. Es gibt eigentlich keine Überraschungen, Schwimmunterricht ist immer noch um fünf. Die Mädchen müssen geföhnt werden, wir essen im Borchardt zu Abend.«

Weil ich nicht wusste, worauf ich während Claires Telefonat meine Aufmerksamkeit richten sollte, sah ich mich in der großen Eingangshalle um. Mein Blick wanderte über gerahmte Fotos, Gemälde und Glaskästen mit kunstvoll arrangierten toten Schmetterlingen. Ich bewunderte gerade den Kronleuchter, eine Explosion violetter Glühbirnen, als ich plötzlich erschrocken zusammenzuckte, weil mich ein Mann von der gewundenen Treppe aus unverhohlen anstarrte. Sein Gesicht lag im Schatten, nur seine Terry-Richardson-Brillengläser funkelten, weil sich darin in zwei schlaffen Monden der Kronleuchter spiegelte. Ich lächelte höflich, bestimmt war es der Ehemann. Claire unterbrach ihr Gespräch und blickte auf. »Tobi, das ist Zoe. Sie passt dienstags und donnerstags auf die Mädchen auf.« Er trat aus dem Schatten, und ein kleines Büschel sandfarbener Haare auf seinem ansonsten kahlen Kopf kam zum Vorschein. Sein Gesicht war aufgedunsen wie ein Hefeteig, seine Körpermitte rundlich, und über seinen Lippen wuchs ein angedeuteter Hipster-Schnurrbart. Ich war enttäuscht. Nachdem ich Claire kennengelernt hatte mit ihrem Tennisprofi-Blick, den Designeraugenbrauen und den wie gemeißelt wirkenden Wangenknochen, hatte ich jemand Attraktiveren erwartet.

»Wun-der-bar«, sagte er und beugte sich übers Treppengeländer, sodass die Kordeln seines roten Kaschmir-Kapuzenpullovers in meine Richtung schwangen. Ich nickte. Tobis Blick verweilte länger auf mir, als angemessen gewesen wäre, bevor er zum anderen Ende der Eingangshalle abschweifte.

»Okay, Zoe, wir sehen uns dann am Dienstag. Entschuldige, dass ich dich so kurzfristig herbeordert habe. Ich vertraue Brad und Marsha, aber ich wollte mich vergewissern, dass du keine Verrückte bist.« Claire neigte den Kopf und rief auf Spanisch nach meiner Jacke. Sie verabschiedete sich mit einem festen Händedruck, und dreißig Sekunden später war die vergoldete Tür hinter mir zugefallen und riegelte die Welt der Breitbachs wieder hermetisch vor mir ab. Ich blieb verdutzt auf den Eingangsstufen zurück.

7

Zwei Tage später war Hailey wieder da, und der silberne Herzanhänger der Tiffany's-Kette, die sie zu Weihnachten bekommen hatte, vibrierte an ihrem Hals, wenn sie redete. Ich saß verzückt vor ihr, zutiefst erleichtert, sie wieder bei mir zu haben. Sie beschrieb mir Szenen wie aus einem Märchen: Spaziergänge entlang der Seine. Rotwein in kleinen Cafés. Window-Shopping bei Chanel. Ihr süßlicher Tonfall wurde bitter, als sie erzählte, dass ihre Eltern früher abgereist seien, den Abstecher nach Berlin gestrichen und sie einfach mit ihrem älteren Bruder allein gelassen hätten. Ich war einerseits froh darüber, dass wir unser Leben nicht vor Haileys Eltern rechtfertigen mussten, und andererseits enttäuscht, weil uns auf diese Weise das »schicke Abendessen« entging.

»Ich meine, natürlich geht die Arbeit vor, das verstehe ich schon, aber mit Brett in Paris festzusitzen, war echt … O Mann. Er wollte nicht mal in den Louvre, er wollte die ganze Zeit nur Französinnen aufreißen.«

Es klang, als hätten sie die Feiertage nur mit Streiten und Essen verbracht.

»Und dann haben sie meinem Bruder und mir auch noch total furchtbare Hotelzimmer gegeben. Winzig! Ich hab dem Hotelmanager einfach weisgemacht, ich wäre behindert, damit ich ein Upgrade bekomme.«

Ich sah sie forschend an. Sie meinte es ernst. Was auch immer sie gesagt hatte, um ihn zu überzeugen, ich wollte es nicht wissen. Das Einzige, worüber ich reden wollte, war Beatrice.

»Sie saß also einfach da?«

»Und starrte ins Nichts, wie in Trance. Dann ist sie einen Stapel Papiere durchgegangen, die sie dann in ihre Tasche geschoben hat. Sie ist die ganze Zeit meinem Blick ausgewichen.«

»Echt seltsam«, sagte Hailey aufgeregt. »Ich wünschte, ich wäre dabei gewesen! Dann hätte ich sie fragen können, warum sie Luke in *The Devil's Dimples* hat sterben lassen.«

»Ich glaube, sie war sauer, weil alles so unordentlich war und weil wir das Lippensofa verschoben haben«, erzählte ich weiter. Beatrice' Kommentar zum Thema Essstörungen ließ ich aus, weil ich mich zu sehr schämte und noch immer verunsichert war von Haileys Aussage, man müsste alle Bulimiker »zusammentreiben und erschießen«.

»Ich hab nur irgendwie das Gefühl, dass sie uns beobachtet ...« Ich brach ab.

»Äh ... jetzt werd mal nicht paranoid. Nur weil wir in *ihren* Sachen herumschnüffeln, heißt das nicht, dass sie auch in *unseren* herumschnüffelt«, sagte Hailey belustigt, während ich ihr Wein nachschenkte.

»Das Seltsamste war, dass sie überhaupt keine Jacke dabeihatte«, fügte ich hinzu.

»Was redest du denn da? Du hast ja richtig Angst vor ihr!« Hailey lachte los.

Um das Thema zu wechseln, erzählte ich ihr von der Bar, in der jeder DJ gewesen war oder Künstler. Oder beides.

»Unglaublich, dass du an dem einen Wochenende, an dem ich nicht da bin, ausgehst und tausend Leute triffst. *Und* auch noch Beatrice begegnest. Total unfair.«

Es gefiel mir, wenn sie eifersüchtig war. Hailey setzte sich auf und zog meine Hand zu sich heran. »Weißt du, was? Ich hab eine Überraschung für dich, zu der du nicht nein sagen kannst!«

Ich hob die Augenbrauen.

»Meine Eltern konnten nicht ihren ganzen Aufenthalt im Hotel stornieren, wir haben also eine Nacht im Grand Hyatt, mit Pool! Und Zimmerservice. In vierzig Minuten können wir einchecken.«

Ich sprang auf und umarmte sie stürmisch, warf sie nach hinten aufs Bett. Sie hatte mich vermisst.

Hailey bot an, uns ein Taxi zum Hotel zu spendieren. Vielleicht war sie in großzügiger Stimmung, oder sie wollte ihren Wohlstand zur Schau stellen. Mir war der Grund egal. Ich packte schnell meine Tasche und wühlte einen schwarzen Badeanzug hervor, den ich voller naiver Hoffnung nach Berlin mitgebracht hatte. Hailey hetzte durch die Wohnung und suchte irgendetwas, ihren Rucksack hatte sie bereits umgeschnallt.

»Hast du mein Tagebuch gesehen?«, fragte sie.

»Das, das ich dir geschenkt habe?«

»Nein, das orangefarbene. In das ich *reinschreibe.*«

Ich hatte es nicht gesehen, aber ich half ihr suchen und mutmaßte dann, dass sie es vielleicht in ihrem barrierefreien Hotelzimmer in Paris liegenlassen hatte.

»Nein, verdammt, ich hatte es gar nicht in Paris dabei und habe es nicht mehr gesehen, seit ich hier weg bin.«

Ihr Ton war anklagend, sie starrte mich mit steinerner Miene an.

»Glaubst du etwa, dass ich es genommen habe? Oder was? Dass ich es *gelesen* habe?«

»Nein …«

»Vielleicht ist es in der Uni?«, fragte ich, obwohl ich wusste, dass sie kaum hinging. Mir kam ein Gedanke, der mich erschaudern ließ: Vielleicht hatte Beatrice es eingesteckt? Aber ich wollte nicht wieder paranoid wirken, also schob ich meinen Verdacht beiseite.

»Ach egal«, sagte Hailey irgendwann und sank auf den Rand des Sofas. »Lass uns gehen.«

Ich fühlte mich richtig beschwingt, weil ich mal aus der Wohnung herauskam.

»Also nach *Grand*hotel sieht es nicht gerade aus«, sagte Hailey, als das Taxi vor dem Gebäude hielt.

Die Fassade war mir egal. Die Lobby war riesig, und die Farbe des Marmorbodens erinnerte an schäumendes Meerwasser. Der Portier lächelte freundlich, während er Haileys Pass kopierte und sich per Haustelefon vergewisserte, dass unser Zimmer bereit war.

Hailey war aufgekratzt, im Aufzug kramte sie eine Polaroidkamera im Retrolook aus der Tasche, die ihre Eltern ihr zu Weihnachten geschenkt hatten, und wir posierten gemeinsam vor dem Spiegel. Zwischen uns war eine neue Energie entstanden, eine magnetische Anziehungskraft, alles fühlte sich größer und wichtiger an. Unser Zimmer im sechzehnten Stock bot einen atemberaubenden Ausblick über die Stadt, eine Küchenzeile sowie einen kleinen Flügel im Wohnbereich.

»In Berlin wimmelt es nur so von Klavieren – ich liebe es!«, sagte Hailey und nahm zwei flauschige Bademäntel aus dem Schrank. »Auf gehts zum Pool.«

Ich ging ins Badezimmer und schlüpfte in meinen Badeanzug. »O mein Gott – es gibt Fußbodenheizung!«, rief ich.

Hailey lachte. »Vielleicht können wir Beatrice überreden, ihre Wohnung aufzurüsten.«

Der Pool auf dem Hoteldach hatte eine Glasfront und war topasblau. Wir waren allein, bis auf ein Pärchen, das am flachen Ende herumdümpelte. Ich sprang ins Wasser, und die Anspannung und Kälte der letzten Wochen wichen aus meinem Körper. Wir schwammen ein paar Runden, gingen dann in die Sauna und anschließend ins Dampfbad.

Als wir schließlich gemütlich auf zwei Liegestühlen ausruhten, sagte Hailey plötzlich: »Lass uns die Minibar plündern und den Zimmerservice anrufen!«

Ich lächelte voller Dankbarkeit und folgte ihr zurück zu unserem Zimmer, wo wir eine Flasche Rotwein aufmachten und auf dem Kingsize-Bett liegend die Speisekarte studierten.

»Burger mit Pommes?«

Ich war einverstanden. Hailey rief an der Rezeption an und gab unsere Bestellung auf. Dann tänzelte sie zum Flügel, begann zu klimpern und trällerte die Anfangszeilen von »Seasons of Love«, immer wieder, aus voller Brust. Ich machte ein Foto von ihr, und der Blitz der Polaroidkamera ließ ihren goldenen Bikini aufleuchten. Nachdem das Bild in der Emulsion erschienen war, schob ich das kleine Viereck in meine Jackentasche, um es später meiner Collage mit den ausgeschnittenen Dada-Einkäufen hinzuzufügen – die Kaiserin des Biggles-Imperiums, meine Göttin der Konsumgüter.

Unser Essen wurde auf einem Metallwagen gebracht, und wir aßen im Bett, die Zähne mattlila vom Wein. Hailey schaltete den surfbrettgroßen Flachbildfernseher ein und jubelte entzückt, als Amanda Knox' dunkelblonder

Pferdeschwanz inmitten eines Meers aus blau uniformierten Polizisten auftauchte.

»Nächsten Monat wird ihr *endlich* der Prozess gemacht – ein Jahr danach! Unglaublich, oder?«

»Schalt um«, flehte ich.

»Dein Ernst?«

»Ja.«

»Na gut.« Der Bildschirm wurde schwarz. »Aber nur, wenn wir darüber reden.«

»Was meinst du?«

»Ivy. Ich glaube, es würde dir guttun, über sie zu sprechen.«

Ich atmete aus. Sie goss mir Wein nach und öffnete die nächste Flasche. Die Welt fühlte sich plötzlich winzig an, nur sie und ich und das honigwarme Licht der Wandleuchten über unserem Bett. In diesem Moment hätte ich ihr alles erzählt. Ich begann bei der Roxy-Uhr, berichtete, wie ich Ivy als Kind alles nachgemacht hatte, wie wir Freundinnen geworden waren, wie wir uns gestritten hatten, wie wir nachts davongeschlichen waren, wie ich Jesse geküsst hatte, wie die Cheerleader-Mädels mich und die Collagen, die ich für das Eiscafé vorbereitet hatte, niedergemacht hatten. Und schließlich, wie ich Ivy nach New York gefolgt war. Hailey hing an meinen Lippen.

»Warst du in sie verliebt?«

»Nein – ich denke, ich war eher auf sie fixiert. Wir waren beste Freundinnen.«

»Das machst du öfter, dich auf jemanden fixieren, oder?« Hailey brach ab und fuhr sich mit der Zunge über die lila Zähne. »Jetzt bist du auf mich fixiert, oder?«

»Was?«, stammelte ich. Vor Scham bekam ich kaum noch Luft.

»Ich weiß, dass du auf der Party in Prenzlauer Berg meine Klamotten anhattest.«

Ich schnaubte, unsicher, was ich antworten sollte.

»Und du hast Devin Kenter erzählt, dass du Hailey heißt. Er hat mich auf Facebook hinzugefügt und dann total verwirrt angeschrieben. Außerdem habe ich ein Foto von der Party entdeckt, auf dem du mit meinen Sachen zu sehen bist.«

Ich saß da und rang angetrunken nach Worten. Ihr Name war mir in jenem Moment einfach entschlüpft, mir wäre nie in den Sinn gekommen, dass sich der Marxist, high, wie er war, daran erinnern, geschweige denn, mich auf Facebook suchen würde.

»Das ist schon okay, ich mag, dass du so obsessiv bist. Ich bin genauso«, sagte sie, drehte sich zu mir um und küsste mich auf die Wange, bevor sie aus dem Bett sprang. In dieser Nacht konnte ich nicht schlafen. Ich lag neben Hailey und versuchte, mich nicht zu rühren, spürte die Hitze, die ihr Körper ausstrahlte.

Am darauffolgenden Tag war Silvester, wir schwammen im Pool und machten ein Nickerchen im Liegestuhl. Hailey hatte um einen späten Check-out gebeten, wir mussten also erst um fünfzehn Uhr unser Zimmer räumen. Wir gingen unsere Optionen für den Abend durch. Constance hatte uns von einer Atelierparty in Kreuzberg erzählt, veranstaltet von den DJs aus der *Star Wars*-Bar. Und Jens hatte uns zu der Party eines befreundeten Pärchens eingeladen, Manuel und Bärbel, das in einem Hochhaus mit Blick auf den Alexanderplatz wohnte.

»Ich hab ein bisschen recherchiert zu Manuel und Bärbel – anscheinend betreibt Bärbels Bruder einen Projektraum in Mitte, es könnten also ein paar echt interessante

Leute auf der Party sein.« Hailey hielt inne und nahm einen Schluck aus ihrer Wasserflasche. »Den Sommer verbringt Bärbel übrigens immer auf Capri.«

»Wie hast du das alles …?«

»Ich hab ein bisschen gegoogelt und ihre Freundeslisten durchgeklickt.«

»Ich glaube, die Atelierparty könnte auch ganz lustig werden«, warf ich ein.

Hailey winkte verächtlich ab.

Wir betraten die Sauna für einen letzten Schwitzgang. Ich lag auf der obersten Bank, noch immer im Badeanzug, Hailey war splitternackt und goss gerade mit einem überdimensionalen Holzlöffel Wasser über die heißen Steine, als sie sich zu mir umdrehte. »Ich denke die ganze Zeit darüber nach, was du mir gestern Abend erzählt hast.«

Ich öffnete die Augen.

»Hast *du* sie umgebracht? Ivy? Um mit Jesse zusammenzukommen?«

Ich atmete wütend die heiße Luft ein. »Nein, ich hab sie verdammt noch mal nicht umgebracht! Die beiden waren schon lange getrennt, als sie … Das ist doch totaler Schwachsinn, Hailey!«

»Ich weiß, tut mir leid. Ich war mal wieder im *Law & Order*-Modus.«

»Dann hör auf damit«, blaffte ich und wickelte mir mein Handtuch um die Brust.

»Ich hab doch schon gesagt, dass es mir leidtut!«, rief sie mir hinterher, als ich die Sauna verließ.

Ich sprang in den Pool und schwamm zur anderen Seite hinüber. Als ich auftauchte, stand sie am gekachelten Beckenrand, immer noch nackt. Sie machte eine Arschbombe ins Wasser. Ich tauchte unter, nahm den Mund voll

Chlorwasser und spuckte es ihr ins Gesicht, als sie wieder an die Oberfläche kam. Sie ließ die gerechte Strafe über sich ergehen und sagte dann leise: »Wir müssen los.«

Als wir aus der U-Bahn-Station traten, warf ein alter Mann aus einer Wohnung im ersten Stock einen Feuerwerkskörper nach uns und jauchzte wie ein Kind, als ich vor Schreck wie ein Pferd scheute und meine Reisetasche auf den Gehweg fallen ließ. Berlin war ein tosendes Schlachtfeld. Ich konnte nicht verstehen, wie eine Stadt, die im Krieg komplett zerbombt worden war, Spaß an einem derart brutalen Silvesterbrauch finden konnte.

Ich schnappte mir die Post aus dem Briefkasten und sortierte die Rechnungen aus, harmlos aussehende weiße Umschläge, die wir an Janet weiterleiten mussten. Dann öffnete ich einen Umschlag, der an uns adressiert war.

Mädels, eine freundliche Erinnerung:
Der Heißwasserboiler darf nicht über längere Zeit angelassen werden. Man schaltet ihn einfach »ein«, wenn man vorhat, ein Bad zu nehmen, und wieder »aus«, wenn man besagtes Bad genommen hat. Danke für euer Verständnis.
Wärmste Grüße,
Janet

»Woher weiß Janet, dass wir ihn angelassen haben?«

»*Wärmste Grüße*«, wiederholte Hailey lachend, zuckte die Achseln und reichte mir den Brief zurück.

Ich ging ins Badezimmer. Das rote Licht am Boiler war aus. Ich sah mich unbehaglich um. »Hatten wir den Boiler nicht angelassen, als wir gestern aufgebrochen sind?«

»Keine Ahnung, wenn ich ehrlich bin. Manchmal schalte ich ihn aus«, rief Hailey zurück.

Sie schaltete ihn nur selten aus, das wusste ich. Meine Panik wuchs. Der angsteinflößende Gedanke, dass Beatrice in der Wohnung gewesen sein könnte, kehrte zurück. »Beatrice oder Janet müssen hier gewesen sein, während wir weg waren!« Hailey hatte sich bereits in eine Klatschseite im Internet vertieft. »Eine andere Erklärung gibt es doch nicht, oder?«, drängte ich.

»Jetzt komm mal wieder runter! Ich glaube, ich hab ihn ausgeschaltet.«

»Aber woher wusste sie dann, dass wir ihn manchmal anlassen?«

»Wahrscheinlich war die Rechnung letzten Monat höher, und Janet hat auf ihrer einsamen Nordseeinsel nichts Besseres zu tun, als unseren Stromverbrauch zu analysieren.«

Ich durchsuchte die Wohnung nach weiteren Hinweisen auf unbemerkten Besuch, doch alles schien an seinem Platz zu sein. Schließlich seufzte ich und klappte meinen Laptop auf. In meinem Posteingang erwartete mich eine Reihe immer aufgeregter klingender Mails von Jesse. Ich hatte vergessen, ihm zu sagen, dass wir eine Nacht im Hotel verbringen würden, und ich deshalb unser abendliches Skype-Date verpassen würde. Seine letzten E-Mails klangen richtig wütend.

> Warum antwortest du mir nicht?? Was soll das, verdammt? Bist du bei einem anderen? Bitte komm zurück. Butterblume? Ich brauche dich.

Meine Mutter hatte Bilder von dem rotblühenden Feuerspieß auf unserer Terrasse geschickt. Und ich hatte eine E-Mail von Ana Noble, Ivys Mutter. Mir war sofort klar, worum es darin ging, am liebsten hätte ich sie gar nicht geöffnet. Es war eine Einladung zu einer Gedenkfeier im Garten anlässlich Ivys Geburtstag am vierten Januar.

Mein Laptop war wie ein Guckloch nach Amerika, ich klappte ihn schnell zu und versuchte, mich zu entspannen und auf den Abend zu freuen. Selbst bei geschlossenem Fenster drang der Schwefelgestank der Feuerwerkskörper herein. Ich wickelte mich in meine Bettdecke und trat an die Scheibe, starrte auf die Straße hinaus, während ich meinen Daumennagel in die wächserne Schale einer Navel-Orange bohrte. Der Zitrusduft von Florida, noch etwas, das mich an Amerika erinnerte. Ich war plötzlich ganz weit entfernt von den neonfarbenen Körpern der Prostituierten, die die Bülowstraße entlangstaksten, und sah die ausgedörrten Parkplätze meines Heimatstaats vor mir, die üppigen Mangrovensümpfe, sonnengebleichten Bootsstege und die Shoppingmall aus Sandstein mit ihrem stinkenden, vor oxidierten Pennys glitzernden Brunnen.

Der Gedanke an die heiße, feuchte Landschaft meiner Heimat ließ auch meine Schuldgefühle wieder aufflammen. Keine Entfernung konnte etwas an der Tatsache ändern, dass ich Ivy das Armband für Grandma Jane in die Hand gedrückt und sie gedrängt hatte, an dem Wochenende, an dem es passiert war, nach Sebastian zu fliegen.

Ich grub meinen Daumennagel so tief in die Orange, dass der Saft heraustropfte. Dann holte ich tief Luft. Es gab keine Neuigkeiten zum Mord an Ivy. Nichts von der Polizei. Nichts in den Zeitungen. Bevor seine E-Mails verbittert geworden waren, hatte Jesse mir ein Foto von ihrem Grab geschickt. Er hatte einen Tulpenstrauß für sie gekauft, der in der gnadenlosen Sonne sicher keine fünf Minuten durchgehalten hatte. Wenn er die Tulpen wenigstens in eine Vase gestellt hätte! Und er hatte mir Bilder vom Hund seiner Familie geschickt, dem Seven-Eleven in der Nähe seines Hauses, einem T-Shirt, das er in einem Secondhandladen entdeckt hatte, seiner neuen Arbeitsuniform für den Job am Yachthafen: Khakishorts und ein blaues Hawaiihemd. Zu keinem der Fotos fiel mir ein passender Kommentar ein.

Auf der Suche nach ihrem Tagebuch stellte Hailey die ganze Wohnung auf den Kopf, jedoch ohne Erfolg. Unter den von ihr achtlos beiseitegeworfenen Gegenständen befand sich auch eins von Zanders ungeöffneten Paketen. Es hatte die Form einer Katze und lag auf die Seite gekippt im Flur. Hailey sah, wie ich es sanft mit dem Fuß in Richtung ihrer Tür schob.

»Das hab ich vor meiner Abreise vom Zollamt abgeholt. Ich komme echt nicht mehr hinterher.«

»Darf ich es aufmachen?«, fragte ich.

Sie wurde förmlich überschüttet mit Post von zu Hause. Vor zwei Wochen hatte sie einen Anfall bekommen, als ein Paket von ihren Eltern eingetroffen war, und ihre Mutter vergessen hatte, Haileys Foundation von La Mer beizulegen, von der ein kleines Fläschchen angeblich über hundert Dollar kostete. Widerwillig hatte Hailey eine Dose Maybelline Dream Matte Mousse als Ersatz gekauft – »Bauern-Make-up«, wie sie es nannte – und es sich mit resigniertem Ekel aufs Gesicht geschmiert.

»Nur zu«, antwortete sie knapp.

Das Paket war viel schwerer als erwartet, und seine Form wurde durch ein kompliziertes Gerüst aus Pappe und Sekundenkleber zusammengehalten. Ich ging in die Küche, um das einzige gute Messer zu suchen, das zum Glück eine gezahnte Schneide hatte. Dann machte ich mich am linken Bein der Katze zu schaffen. Nach einer

Minute gab es endlich nach, und heraus rieselten grüne Jolly-Ranger-Fruchtgummis. »Oooh, Zander, das wäre doch nicht nötig gewesen!«, säuselte ich. Ich sägte am anderen Bein, und ein Hagelschauer aus rosa Starburst-Kaubonbons prasselte auf den Boden. Ich stellte mir Zander, *das Genie,* dabei vor, wie er die Süßigkeiten beim Kmart am Astor Place im Halloween-Angebot kaufte und sie dann sorgfältig an seinem Schreibtisch nach Farben sortierte, um anschließend die Kartonkammern der Katze damit zu befüllen. Jesse brachte es wahrscheinlich nicht einmal fertig, einen Brief aufzugeben.

»Wirf mir mal ein Jolly Ranger rüber.«

Die Abstände zwischen den abgefeuerten Raketen wurden kleiner. Wir begannen, uns für die Schlacht vorzubereiten, hielten glänzende Shirts hoch, als wären sie unsere Rüstung.

Ich nahm mein einst gelbes Top in Augenschein, das bei dem Versuch, es schwarz zu färben, eine sumpfgrüne Farbe angenommen hatte.

»Auf billigem Material hält die Farbe nicht«, stichelte Hailey und schlängelte sich an mir vorbei zum Spiegel. Ich zog einen Sweater über und überließ ihr den Platz, damit sie sich die rötlichen Augenbrauen zupfen konnte.

»Die Atelierparty in Kreuzberg wird wahrscheinlich eher scheiße.«

»Warum?«, fragte ich.

»Ich hab die Künstler gegoogelt, die dort arbeiten, und sie hatten alle noch keine richtige Ausstellung.«

Hailey warf mir einen Blick zu, während sie sich mit einem fast unsichtbaren Härchen abmühte. »Was Devin angeht, brauchst du dir übrigens keine Sorgen zu machen, ich hab ihm geschrieben, dass er sich geirrt haben muss und wahrscheinlich einfach zu dicht war. Und dass du Zoe heißt.« Ich lächelte, erleichtert darüber, dass sie die Sache mit dem Marxisten geklärt hatte. Dann machte ich mich daran, pflaumenfarbenen Lippenstift aufzutragen.

Die U-Bahn glich einem Irrenhaus, war vollgestopft mit Leuten, die sturzbetrunken Flaschenraketen abschossen. Wir drückten die Köpfe an die Fensterscheibe und versuchten, den überall herumfliegenden Funken auszuweichen. Es schien, als würde niemand diese Nacht überleben.

Wir waren noch vier Haltestellen von unserem Ziel entfernt, als Hailey sich zu mir drehte. »Denkst du eigentlich je an … ach, egal.«

»An was?«

»Ivys letzte Momente.«

Ich sah zu, wie ein Jugendlicher mit einer brennenden Wunderkerze aus der U-Bahn rannte.

Hailey fuhr fort: »Ich meine, ihre Leiche wurde doch auf einer Sanddüne neben einem Highway gefunden. Meinst du, sie wusste: *Das war es jetzt. Das sind meine letzten Augenblicke, das ist meine letzte Ruhestätte?*«

»Ich hoffe, dass sie gespürt hat, wie viele Menschen sie lieben«, sagte ich leise und verstummte dann. Ich wollte nicht darüber nachdenken. Die Interviews mit dem pensionierten Buchhalter, der sie gefunden hatte, hatte ich bewusst nicht gelesen. Ich wollte, dass Ivy dort in den Dünen blieb wie eine x-beliebige Leiche aus *Law & Order*, eine Attrappe, damit Ivy, die Schauspielerin, einfach wieder aufstehen und sich das klebrige Kunstblut abwaschen konnte, sobald die Szene abgedreht war. Bevor Hailey mir weitere Fragen stellen konnte, gingen die U-Bahn-Türen auf und entließen uns in den Wahnsinn der Nacht.

Manuels und Bärbels Wohnung war bereits voller

Leute, als wir dort ankamen, und die Stimmung so ausgelassen, dass die quadratischen Fenster ihres Plattenbaus beschlugen. Ich ließ Hailey stehen, um uns etwas zu trinken zu holen, und schlängelte mich durch die geschmackvollen Silbergirlanden, die von der Decke hingen. Als ich mit zwei Champagnerflöten zurückkam, war Hailey in ein Gespräch mit einem bärtigen Typ vertieft, berührte ihr Schlüsselbein und lachte. Sie nahm mich kaum wahr, als ich ihr eins der Gläser in die Hand drückte. Verlegen blieb ich neben ihr stehen und ertrug die dumpfen Paukenschläge der Eifersucht. Schließlich gab ich auf und gesellte mich zu Jens, der an die Glasschiebetür gelehnt auf dem Balkon stand. Er versuchte unbeholfen, ein Gespräch zu beginnen, aber das Feuerwerk war so laut, dass ich kein Wort verstand. Ich ging wieder nach drinnen.

Viola goss neben der Küchenspüle Champagner ein.

»Wo ist Constance?«, fragte ich und hielt ihr mein Glas hin, damit sie mir nachschenken konnte.

»Bei irgendeinem Belgier. Er hat für die Nacht ein Hotelzimmer im Park Inn organisiert.« Sie zeigte quer über den Platz, doch der gläserne Wolkenkratzer des Hotels war zwischen Nebel und explodierenden Raketen kaum auszumachen. Ich zuckte mit den Schultern.

Viola starrte zu Hailey am anderen Ende des Raums. »Weißt du, dass der mit dem Bart ein von Habsburg ist?«

»Was?«

»Otto von Habsburg. Wie der letzte österreichische Kronprinz. Ein direkter Nachfahre«, sagte Viola mit einer Spur von Neid.

Jetzt ergab alles Sinn. Natürlich war Hailey hinter dem österreichischen Prinzen her! Wahrscheinlich war er ihr schon in Bärbels Freundesliste aufgefallen.

Fast hätte ich Jesse um Mitternacht angerufen, aber bei ihm war es erst achtzehn Uhr, und er vertäute wahrscheinlich gerade am Yachthafen ein Ponton in seinem blauen Hawaiihemd. Unser Telefonat vor ein paar Stunden war kurz und angespannt gewesen. Ich wollte nicht hören, dass er den gestrigen Nachmittag heulend an Ivys Grab verbracht hatte, außerdem merkte ich, dass er sich über meine gute Laune seit dem Hotelaufenthalt mit Hailey ärgerte. Deprimiert gefiel ich ihm besser.

Ich ließ den Blick durch den Raum schweifen. Alle waren Anfang zwanzig und überwiegend schwarz gekleidet, nur hier und da funkelten ein paar Pailletten. Sämtliche Gäste schienen vom selben zittrigen Freund tätowiert worden zu sein – Dodekaeder, Goldene Schnitte und krumme Pfeile zierten die Unterarme. Viola versuchte inzwischen, sich ebenfalls in das Gespräch mit dem von Habsburg einzumischen, und gestikulierte wie eine Bodenlotsin am Flughafen. Hailey war alles andere als begeistert, sie drehte langsam die Schultern, um Viola aus der Runde auszuschließen. Ein vertrautes Gefühl ergriff von mir Besitz, ich kannte es von zahllosen Highschool-Partys, auf denen Ivy im dichten Geflecht der anwesenden Cheerleaderinnen verschwunden war: Ich war hier fehl am Platz. Ich schob mich hinter ein Grüppchen junger Frauen mit seidenen Outfits und rotgeschminkten Lippen, um in Haileys Hörweite zu gelangen. Sie warf mir einen frustrierten Blick zu, weil sie schon wieder gestört wurde, und schüttelte den Kopf. Nein, sie würde hierbleiben. Ich trottete aus der Wohnung.

Der Druck, an Silvester etwas Besonderes unternehmen zu müssen, hatte mich schon immer genervt, aber die kampfbereite ausgelassene Stimmung in der Stadt weckte in mir das Gefühl, der Herausforderung gewachsen zu sein. Ein neues Jahr. Ein neuer Krieg. Ich war dankbar, dass ich meine kniehohen Reitstiefel aus Wyoming trug, als ich durch abgebrannte Feuerwerkskörper und zerbrochene Flaschen watete. Die Party fand in einem ehemaligen Pferdestall aus dem neunzehnten Jahrhundert statt, der in Ateliers umgewandelt worden war. Der Eintritt kostete zehn Euro. Lauter Techno dröhnte, es klang, als wäre man bei Sturm in einem U-Boot gefangen. Die kroatische Tänzerin aus der *Star Wars*-Bar verkaufte Shots, auf ihren Brustwarzen prangten zwei große Klebebandkreuze. Wir umarmten uns. Sie gab mir einen Plastikbecher mit Tequila, und ich suchte mir eine Ecke, in der ich meine Jacke verstecken konnte. Oberhalb des DJ-Pults hing das aus Leuchtröhren gefertigte Bild einer Schlange, die ihren eigenen Schwanz fraß. Devin, der Marxist, begrüßte mich mit einem unheimlichen Grinsen und legte mir mit feuchten Fingern eine Ecstasy-Pille in die Handfläche. Er zwinkerte mir zu, zu high, um sich zu unterhalten. Ich bedankte mich, und er stapfte schwerfällig davon, die Augenbrauen in einem Ausdruck ständigen Erstaunens nach oben gezogen. Ich fuhr mit dem Finger über die ovale Pille und überlegte für einen kurzen Moment, ob es eine Schlaftablette war. Dann spülte ich sie mit einem brennenden Schluck Tequila hinunter.

Zwanzig Minuten später fühlte sich das Licht im Raum zäh an, mein Kiefer bewegte sich mahlend hin und her. Jeder schwitzende Körper war eine tropische Insel, jeder existierte in seiner eigenen libertären Glückseligkeit. Ich fühlte mich glücklich, schwamm auf einer Welle aus Serotonin dahin. Ich ließ mich gehen und schloss die Augen.

Ein Mädchen mit rasiertem Schädel stieß gegen mich,

sie schien das gleiche Zeug genommen zu haben. Wir grinsten uns an. Dies war unsere Insel. Sie ließ ihre Hände über meinen Hintern gleiten, während wir tanzten, und ich fuhr mit den Fingern durch den Flaum auf ihrem Kopf. Er war das Schönste, was ich je berührt hatte. Sie küsste mich. Ihre Zunge war warm und nass, ihr Mund glich einem perfekt temperierten Bad. Jeder Zentimeter meines Körpers fühlte sich gut an. Das Mädchen verschwand immer wieder in der Menge und kehrte dann zurück, um rumzuknutschen. Bei jeder Rückkehr war ich selig wie ein Kind am Weihnachtsmorgen.

Als meine Füße allmählich schwer wurden, suchte ich nach dem rasierten Schädel, er war nirgendwo zu sehen. Die Klebebandkreuze waren schon lange von den Brüsten der Kroatin verschwunden, sie warf Flaschen gegen eine Wand und schrie auf, sobald der Glaskörper zersplitterte. Sie hörte mich nicht, als ich mich von ihr verabschiedete.

Müdes Morgenlicht sickerte vom Himmel, die Stadt wirkte erschöpft. Alle waren noch betrunken, und aus den Mülleimern quoll Lametta – die verkohlten Eingeweide der Nacht. In mir kribbelte es. Mein Skelett fühlte sich an, als wäre es noch immer knutschend auf der Tanzfläche. Hailey war nicht zu Hause. Missgunst stieg in mir auf, weil sie noch unterwegs war, noch feierte. Ich machte Feuer in meinem Zimmer und ging dann in ihrs, um einen Blick in ihren Ofen zu werfen. Ich setzte mich auf ihr Bett. Zum ersten Mal fiel mir auf, dass die Stuckleiste an der Decke aus kleinen Rosenknospen bestand, die sich endlos ineinander rankten, ähnlich wie die sich selbst fressende Schlange auf der Party. Ich war immer noch high. Haileys Feuer war erloschen, ich machte mich auf die Suche nach einer *New York Times*, die ich verbrennen konnte.

Auf einer Ecke des Küchentischs lag Haileys Tagebuch, wie zufällig zurückgelassen. Der hellorangefarbene Einband leuchtete mir wie eine heiße brennende Kochplatte entgegen. Ich wusste, dass ich es nicht anfassen konnte. Irgendetwas stimmte nicht. Ich zermarterte mir das Hirn, versuchte fieberhaft, den zeitlichen Ablauf des gestrigen Abends zu rekonstruieren. Wir hatten nach dem Abendessen den Tisch abgeräumt und uns zusammen fertig gemacht. Bevor wir aufgebrochen waren, hatte ich genau an dieser Tischkante gesessen und meinen pflaumenfarbenen Lippenstift nachgezogen. Das Tagebuch hatte noch nicht dort gelegen, so viel stand fest. Ich saß da und starrte den verstörenden Gegenstand an, als würde er irgendwann anfangen, mir alles zu erklären. Hailey hätte es mir garantiert gesagt, wenn sie ihr Tagebuch wiedergefunden hätte. Andererseits war ich vielleicht einfach noch zu high. Am besten rief ich Hailey an und fragte sie. Ich suchte nach meinem Handy. Es war nicht in meiner Jackentasche. Ich musste es auf der Party verloren haben, wahrscheinlich in der Ecke, in der ich meine Sachen abgelegt hatte.

Ich hielt es in der Wohnung nicht mehr länger aus, sie erstickte mich. Ich suchte mein Fläschchen mit Schmerzmittel, das fast leer war, nahm zwei Tabletten heraus, schnürte mir die Stiefel wieder zu und ging nach draußen. Es war kalt und grau, und ich sehnte mich danach, mich ins Gras legen oder in die Sonne setzen zu können. Der Winter kam mir endlos vor. Der Weg zurück zur Party erschien mir zu weit, daher ging ich stattdessen zu einem stillgelegten Bahndepot ein Stück die Straße hinunter und setzte mich auf einen umgekippten Laternenpfahl, starrte auf den rauen weißen Schnee hinunter. Mein Verstand wurde trüb wie ein Donut, den man mit Glasur überzieht.

Wer war das Mädchen, mit dem ich rumgeknutscht hatte? Sie war Britin, hatte ihren Namen über die laute Musik hinweg geschrien – Holly oder Helen oder Hazel.

Irgendetwas regte sich in mir, wenn ich an sie dachte. Noch nie hatte ich so mit einer Frau getanzt. Und ich hatte ganz sicher noch nie zuvor eine Frau so geküsst – sie hatte mich getauft mit ihrem Speichel. Ich fuhr meine Lippen mit dem Finger nach. Sie fühlten sich noch genau gleich an wie vorher, waren es aber nicht, das wusste ich. Wenn ich das Mädchen doch nur mit nach Hause genommen hätte! Dann hätte ich das Tagebuch nicht gesehen. Dann wäre mir jetzt warm.

Ich hatte keine Ahnung, wie lange ich auf dem Laternenpfahl sitzen geblieben war, aber als ich schließlich die Wohnungstür aufschloss, zitterte ich vor Kälte, und Hailey lag im Bett und hörte R. Kelly.

»Hast du das Tagebuch gesehen?«, fragte ich.

»Ja. Wo hast du es gefunden?«

»Als ich vor ungefähr einer Stunde nach Hause gekommen bin, lag es auf dem Tisch. Ich habe es nicht angerührt.«

Sie schob ihr Kinn zur Seite, als wollte sie sagen: *Ach ja?*

»Vielleicht bist du ja heute Nacht mit dem von Habsburg hier gewesen und ihr habt zusammen darin geschmökert?«

»Wir waren bei ihm«, sagte sie mit einem Anflug von Stolz in der Stimme, für den ich sie hasste.

»Ich will hier nicht wieder die Paranoide spielen, aber das kann nur Beatrice gewesen sein. Wer sollte es sonst dorthin gelegt haben?«

Hailey sah mich an, als hätte ich den Verstand verloren.

»Deine Pupillen sind riesig. Hast du was genommen?«

»Tut jetzt nichts zur Sache«, antwortete ich so nüchtern

wie möglich. Hailey antwortete mit einem vielsagenden »Mmmhmmm«.

»Du glaubst also wirklich nicht, dass es Beatrice war? Ich meine … offensichtlich beobachtet sie uns, daher wäre es doch logisch, wenn …«

»Nein. Du bist high, geh ins Bett.«

»Na gut. Wie wars mit deinem Kronprinzen?«

»In seiner Wohnung war es warm.« Sie zog sich die Decke über den Kopf.

Ich legte mich ebenfalls ins Bett und starrte zur Zimmerdecke. Mir fiel auf, dass an der Stelle, an der die Stuckleisten in den Ecken zusammenliefen, das Muster unregelmäßig war, als wäre ein kleiner Hirsch durch die perfekt gestutzten Hecken getrampelt. Würde ich je wieder einschlafen können? Es war hell im Zimmer. Ich band mir Leggings, die von einem Besuch im Jazzcafé nach altem Zigarettenrauch stanken, über die Augen und versuchte jedes Gespräch, das ich bisher im neuen Jahr geführt hatte, zu rekonstruieren. Gegen sechszehn Uhr wachte ich auf und fühlte mich, als wäre jede Flüssigkeit aus meinem Körper gelassen worden. Mir fiel ein, dass ich heute babysitten musste, also zwang ich mich aufzustehen. Die Wohnung war eiskalt, mein Feuer war aus. Hastig trank ich Wasser aus einer Tasse mit Teerändern und tappte dann weiter ins Badezimmer, um die Wanne vollllaufen zu lassen.

Während ich auf das dampfend heiße Wasser wartete, klappte ich meinen Laptop auf. Ich hatte eine E-Mail von Jesse. Letztendlich hatte ich ihn in der Silvesternacht überhaupt nicht mehr angerufen, er war stinksauer und machte mir unmissverständlich klar: Wenn ich es nicht einmal schaffte, ihm ein frohes neues Jahr zu wünschen, sollten wir besser nicht mehr zusammen sein. Ich versuchte, mich an den Jesse zu erinnern, der auf unserer Autofahrt gesungen hatte. An den Jesse, der um Ivy geweint hatte. Aber ich war noch mitgenommen von den Nachwirkungen der Pille. Alles, woran ich denken konnte, war das Mädchen von der Party, ihre Zunge, die meine Zähne entlangfuhr. Ich klappte meinen Laptop zu und beschloss, mich um Jesse zu kümmern, wenn ich von der Arbeit zurück war. Wenn ich die Dinge wieder im Griff hatte.

Das sanfte Wackeln der U-Bahn vibrierte durch meinen Körper, hallte wohlig in mir nach, als ich von der Haltestelle zum Haus der Breitbachs ging. Es war mein drittes Mal hier, und Beata, die Haushälterin, empfing mich noch immer, als wäre ich der Unabomber. Die Mädchen waren aufgedreht. Ich schaffte es trotzdem irgendwie, sie ins Spielzimmer zu lotsen, wo wir »Berg« spielten: Ich legte mich hin, die Wange gegen den grauen Teppichboden gepresst, während die Mädchen mit Plastikpferden über meinen reglosen Körper trabten. Hin und wieder rollte ich mich auf die andere Seite und rief: »Erdbeben!« Es war das am wenigsten anstrengende Spiel, das mir einfiel, und es schien ihnen Spaß zu machen. Zum Abendessen gab es Maniok-Pommes und Tamales – Claire hasste das Essen in Berlin und bestand darauf, dass die Mädchen mindestens einmal pro Woche kubanisch aßen. Ich machte mit vollem Mund »Oooh« und »Aaah«, als die Mädchen mir die vakuumverpackten Plastikbeutel beschrieben, die jede Woche aus Claires Lieblingsrestaurants in Miami eintrafen.

Während ich Wasser in die frei stehende Badewanne laufen ließ, erzählte ich den Mädchen die Monstergeschichte weiter, die ich mir am ersten Abend ausgedacht hatte. Ich versprach, dass sie beim nächsten Mal die Fortsetzung hören würden, wenn sie heute brave kleine Monster wären und ohne Theater ins Bett gingen. Sämtliche Figuren, die in der Geschichte vorkamen, waren nach meinen Freunden benannt und die Monster dieser Figuren nach deren Lieblingsdrinks, damit ich nur ja keinen Namen vergaß. Die Mädchen erinnerten sich nämlich an jede Kleinigkeit und schimpften mit mir, wenn ich etwas falsch erzählte.

»Was ist mit Jesse und seinem Monster Jameson passiert?«, fragte Laurel und goss sich einen silbernen Becher mit Wasser über den Kopf.

Als sie den Namen Jesse sagte, verzog sich unwillkürlich mein Gesicht, und ich hatte Mühe, nicht in Tränen auszubrechen. Die beiden älteren Zwillinge waren bereits in Handtücher gehüllt und starrten mich verwirrt an, die jüngeren sahen aus, als wollten sie mitweinen. Das Ecstasy vom Vorabend hatte offenbar meinen Serotoninspiegel durcheinandergebracht, ich musste mich zusammenreißen. Plötzlich traf mich eine Erkenntnis, die mir den Atem raubte: Ich brauchte Jesse nicht mehr in meiner Geschichte! Seit ich mich Hailey anvertraut und ihr alles über Ivy erzählt hatte, war Jesse überflüssig geworden. Ich benötigte ihn nicht mehr als Instrument meiner Trauer. »Die Geschichte mit Jesse ist sehr traurig, deshalb mache ich auch gerade so ein trauriges Gesicht. Soll ich euch erzählen, was mit ihm passiert ist? Seid ihr tapfer genug?«

»Ja, ja, ja!«, kreischten die Mädchen.

»Okay, zieht eure Schlafanzüge an, dann verrate ich euch, was Jesse widerfahren ist.«

Bevor ich die älteren Zwillinge in ihr Zimmer verfrachtete, ließ ich Jesse rachsüchtig in einem großen Limonadenfass ertrinken, in das er gesprungen war, um ein Babymonster zu retten. Dieser Ausgang seiner Geschichte kam mir dann aber doch ein wenig zu deprimierend vor, und um zu verhindern, dass sie vor lauter Aufregung nicht würden einschlafen können, fügte ich hinzu: »Aber vielleicht ist Jesse auch ins Königreich Limondria entkommen, in dem es von zitronenköpfigen Pfauen und Prinzessinnen mit Hasenzähnen und langen Spaghettihaaren nur so wimmelt.« Es schien zu funktionieren. Die Mädchen schliefen ein, und ich ging in den Keller hinunter, um im internationalen Satellitenfernsehen der Breitbachs SportsCenter zu schauen. Basketball bewirkte, dass ich mich meinem Vater näher fühlte. Ich hatte ihn nie kennengelernt, aber »Er mag Basketball« war eine der wenigen zusammenhanglosen Informationen, die meine Mutter über ihn preisgegeben hatte. Während der Werbepause betrachtete ich die gerahmten Familienfotos der Breitbachs. Ferien auf Bali. Wandern auf der Chinesischen Mauer. Schnorcheln im kristallklaren blauen Wasser, identische Badeanzüge, kleine Hände, die leuchtende sterbende Seesterne hochhielten. Alles auf diesen Fotos wirkte zu perfekt.

Tobias und Claire kamen nach Hause. Während Claire ihre Louboutins abstreifte und sich ein Glas Wein einschenkte, gab ich ihr ein Update über die Mädchen. »Sehr gut. Ich hoffe, sie haben ein neues Kapitel der Monstergeschichte zu hören bekommen, sie sprechen nämlich von nichts anderem mehr.«

Ich nickte, und sie ging nach oben, um nach ihrem Nachwuchs zu sehen. Auf dem Weg hinunter zur Haustür hatte ich das Gefühl, dass mir Tobis kartoffelförmige Gestalt schwerfällig folgte. Er hatte die Angewohnheit, in den schattigen Winkeln des Hauses zu lauern und nur hervorzukommen, wenn Claire außer Sichtweite war. Dann tauchte er aus einem seiner Büros voller Bärenfelle und gerahmter Schallplatten auf, während im Hintergrund Minimal

Techno dröhnte, und drängte mich in eine Ecke, um mich über seine vielen »interessanten« Investitionen vollzuquasseln, darunter ein Essenslieferservice, der noch im Entwicklungsstadium war. Ich hatte eingeräumt, dass ein Lieferservice nicht die schlechteste Idee für Berlin sei. Einmal habe ich ihn gefragt, ob er auch Kunst sammle, worauf er geantwortet hatte: »Ich selbst sammle Erfahrungen und mundgeblasenes Glas, aber mein Vater hat früh angefangen, Richter zu kaufen.«

Ich drehte mich um. Tobias war tatsächlich hinter mir. Eine Hand strich über seinen Schnurrbart, während die andere tief in seinem üblichen roten Kaschmir-Kapuzenpullover vergraben war. »Stehst du auf Glücksspiel?«

Ich hatte keine Ahnung, was ich auf diese Frage antworten sollte. Mir rutschte das Herz in die Hose.

»Einfache Frage, Miss Zoe: Stehst du auf Glücksspiel?«

Wer nicht wagt, der nicht gewinnt, dachte ich und antwortete nach kurzem Zögern: »Ja.«

»Super. Ich entrümple gerade ein Zimmer im ersten Stock, darin steht noch ein alter Roulettetisch. Vielleicht willst du ihn ja haben?«

»Äh … okay.«

»Claire, ich zeige ihr den Tisch!«, rief Tobias über seine Schulter, viel zu leise, als dass sie es hätte hören können.

Er lotste mich durch eine Reihe großer, fast leerer Räume im ersten Stock, in denen Möbel aus gebogenem Stahl und Leder, mit Planen abgedeckte Glastische und ein paar einzelne abstrakte Gemälde herumstanden. Kein Richter. Am Ende eines Flurs erwartete uns eine dunkle samtgepolsterte Tür mit Art-déco-Klinke. Tobias öffnete sie und hielt sie mir auf, woraufhin kreischend ein Kronleuchter anging. Der Raum ähnelte einem zusammengewürfelten Filmset: dunkelgrüne Samtsofas, kristallene Aschenbecher auf einer Holztheke, derbe Lederbarhocker.

»Wirkt alles ein bisschen lächerlich, ich weiß. Die Sachen stammen aus dem früheren Büro meines Vaters im ehemaligen Westen. Heimcasinos scheinen damals in Mode gewesen zu sein. Inzwischen bin ich bereit, die alten Erinnerungen loszulassen und hier mein Mischstudio einzurichten.« In einer Ecke stand ein Roulettetisch aus Mahagoni unter einer tiefhängenden Kupferlampe. »Da ist das gute Stück«, sagte Tobias. »Wenn du auf so was stehst, könnte ich ihn dir schon morgen liefern lassen.« Ich ging zum Tisch hinüber. Er sah aus, als wäre er aus dem Ozeangrab der *Titanic* heraufgeholt worden, mit roten Intarsien und Beschriftung in eleganten gedeckten Farbtönen. Ich drehte am Rad, und ein leises Surren wie von Kolibriflügeln erfüllte den Raum. »Ja, also … Der Tisch ist wunderschön, aber sind Sie sicher, dass Sie ihn nicht lieber verkaufen wollen oder einfach …«

»Das Geld brauche ich nicht, und die meisten anderen Sachen kann ich für die Umfunktionierung wiederverwerten. Du würdest mir einen Gefallen tun.« Ich nickte stumm. Tobias schlüpfte hinter die Theke. »Die Bar ist noch bestückt, willst du was trinken?«, fragte er und inspizierte die aufgereihten Flaschen. Ich stimmte mit einem nervösen Lächeln zu. Mir wurde plötzlich bewusst, wie seltsam die Situation war. In meinem Kopf zirkulierten die Überreste des Ecstasy noch immer wie unkontrollierte Stromstöße. Er goss eine braune Flüssigkeit in zwei Gläser mit langen floralen Stielen und faselte etwas vom »Pionierleben« in Mitte, der Love Parade und einem DJ namens Westbam, von dem ich noch nie gehört hatte. Als er sich beim Einschenken vorbeugte, sah ich, dass sein verbleibendes Haarbüschel frisch gefärbt war. Der Geruch von Minzbonbons lag in der Luft, als er mir das Schnapsglas hinschob. Ich kletterte auf einen der Hocker, und er beugte sich herüber, um mit mir anzustoßen. Nachdem er mir einige Sekunden in die Augen gesehen hatte, kam er um die Theke herum und glitt mit seinem dicken Handgelenk über meine Taille. Ich erstarrte. Natürlich, das war es, was er als Gegenleistung für sein extravagantes Geschenk erwartete. Warum zur Hölle saß ich noch hier?

»Du weißt, dass du wunderschön bist, oder?« Jetzt fuhr seine Hand meinen Oberschenkel entlang. Ich saß wie betäubt da und starrte auf eine Marmorlampe. Mein Gehirn fühlte sich an wie in Harz gegossen, versteinert bis in alle Ewigkeit. Seine fleischigen Lippen bliesen mir ein wenig Luft ins Ohr, um meine Aufmerksamkeit auf sich zu lenken. Ich schauderte und kam wieder zu mir. Die ganze Situation wirkte so archetypisch – die Babysitterin rittlings auf einem Lederhocker in dieser altertümlichen Männerhöhle. Kurz musste ich lachen, dann fing ich mich wieder. Ich fragte mich, wie viele Dienstmädchen, Sekretärinnen und Kindermädchen sich wohl schon vor mir in genau dieser Position befunden hatten.

»Sehr liebenswürdig von Ihnen. Ich muss allerdings gestehen, dass Ihre Frau mehr mein Typ ist.«

»Ach ja?« Seine Stimme verriet einerseits Faszination und andererseits Verärgerung darüber, dass ich Claire zur Sprache gebracht hatte.

»Ja, ich bin lesbisch«, sagte ich und setzte mich aufrechter hin. Der Geschmack dieser Worte auf meiner Zunge überraschte mich: metallisch und solide. Als gäbe es tief in meinem Inneren ein Erzvorhaben, zu dem ich erst jetzt einen Zugang gefunden hatte.

»Warum hast du das nicht gleich gesagt?« Er lachte und sackte in sich zusammen, ein schleimiger Haufen Mann. »Möchtest du noch einen?«, überspielte er seine Enttäuschung mit Gastfreundlichkeit. Ich schüttelte den Kopf, sprang vom Hocker und ging zur Tür.

»Bis nächste Woche.«

Hastig durchquerte ich die leeren Räume und eilte die Treppe hinunter. Die kalte Luft vor der Haustür war wie ein Schlag ins Gesicht. Um dem Gedankenchaos in meinem Kopf auszuweichen, rannte ich bis zur Haltestelle. Die Überreste meines gestrigen Katers trafen auf den neuen Alkohol in meinem Blut. Als ich endlich im sicheren gelblichen Licht der U-Bahn saß, spielte ich noch mal durch, was gerade passiert war. Tobias' Verhalten war vorhersehbar gewesen. Ich hätte es wissen müssen, hätte niemals mit in den ersten Stock kommen dürfen. Ob Claire davon wusste? Ich hatte ihm gesagt, dass ich lesbisch sei. Es fühlte sich an, als wäre etwas in meinem Inneren auf Anfang gesetzt worden, zum ersten Mal ans Stromnetz angeschlossen, unter Hochspannung. Ich lachte laut auf und erschreckte eine alte Dame, die sich an ihrer KaDeWe-Tüte festklammerte. Das Insekt mit Titten, Gottes fromme Cheerleaderin Chelsea Benedict, hatte also doch recht behalten.

Als ich in der Bülowstraße ankam, war mein Feuer ausgegangen. Ich zerknüllte eine *New York Times* und sah zu, wie ein Foto des giftgrünen Außenfelds des Yankee Stadions in Flammen aufging. Dann schlief ich ein. Als um neun Uhr morgens das durchdringende Summen der Hinrichtungs-Klingel ertönte, versuchte ich, es zu ignorieren. Hailey machte auf und rief dann nach mir, während ein sibirisch kalter Luftstoß vom Treppenhaus hereinwehte.

»Zoe, was um alles in der Welt ist das?« Ich rollte mich wie erschlagen zur Seite, die Krallen meines Katers bohrten sich noch immer tief in mein Fleisch. Das Gesicht ins Kissen gedrückt, bemühte ich mich, Hailey auszublenden.

»Zoe, was ist das für ein Riesending, verdammt noch mal? Angeblich ist es für dich.« Ruckartig richtete ich mich auf. Der Roulettetisch.

»Äh, bringen Sie ihn bitte hier herein!«, rief ich und zog meine Jogginghose hoch, während vier Männer den Tisch in mein Zimmer schleppten. Hailey schloss hastig die Wohnungstür hinter ihnen, damit unsere kostbare Wärme nicht entwich. Die Männer fragten mich etwas auf Deutsch, und ich starrte sie verständnislos an. Hailey stand da, die Bettdecke um die Brust gewickelt wie ein trägerloses Ballkleid. »Zoe, die wollen wissen, ob sie ihn aufbauen sollen.«

»Ja, bitte«, sagte ich mit übertrieben breitem Lächeln. Noch so eine dümmliche Ausländerin, dachten die Männer vermutlich. Sie zogen Werkzeug hervor, Schraubenzieher und einen kleinen Hammer. Ich ging in die Küche, um Hailey alles zu erklären.

»Der Mann, für den ich babysitte, hat mich gefragt, ob ich ihn haben will, und ich habe ja gesagt. Dann hat er versucht, mich anzubaggern.«

»Dein Ernst?«, fragte sie mit einer fiesen Mischung aus Ungläubigkeit und Neid.

»Er ist voll eklig, ein Fettsack mit Techno-Fimmel. Ich nehme an, er wollte ein paar Sachen ausmisten.«

Hailey fiel fast die Kinnlade herunter, als die Männer den Tisch umdrehten und das Rouletterad zum Vorschein kam.

Nachdem der Aufbau beendet war und sie gegangen waren, setzten wir uns auf mein Bett und starrten das prachtvolle Stück an. Es war zutiefst männlich und gleichzeitig traurig, wie ein mitten im Galopp gestorbener, in Bernstein verewigter Büffel. Hailey fand, dass der Tisch den perfekten Anlass für eine Dinnerparty bot. »Das Motto könnte *Casino Royale* sein«, sagte sie und warf die Arme in die Luft wie eine Flamenco-Tänzerin. »Gibt es auch Jetons und diese kleinen Kugeln?« Ich zuckte die Achseln und beäugte einen kleinen Lederkoffer, den die Männer bei der Tür abgestellt hatten. Hailey stürzte sich darauf, ließ die Verschlüsse aufschnappen und zog stapelweise blutrote, weiße und grüne Jetons hervor, auf die allesamt in Silber die Initialen MDB geprägt waren.

»Warum stehen reiche Leute so auf ihre eigenen Initialen?«

»Oligarchen-Branding. Er ist Schweizer, oder? Ich wette, er ist durch den Holocaust zu seinem Vermögen gekommen, das sind sie alle«, erklärte Hailey und durchwühlte weiter den Koffer. Sie zog eine Tüte mit weißen Kugeln heraus und dann einen Briefumschlag. Nachdem sie ihn kichernd geöffnet hatte, trug sie in theatralischer Shakespeare-Art vor:

Liebe Zoe, ich bitte dich aufrichtig um Entschuldigung.
Mir wäre es recht, wenn unser Gespräch unter uns beiden bliebe. Ich fürchte, ich habe ein wenig zu tief ins Glas geschaut.

»Widerlicher Schleimer. Mit diesem Brief könntest du ihn problemlos erpressen.«

Ich riss ihn ihr aus der Hand und betrachtete das Rechteck aus schwerem Papier. Sie hatte recht – der Brief war noch verfänglicher als Tobias' linkischer Anmachversuch.

»Er ist so richtig reich, oder? Reich wie Viola, meine ich?«

»Ich will ihn gar nicht erpressen. Ich will nur nicht meinen Job verlieren.«

»Das Mindeste wäre, dass er deine Kunst kauft.«

»Er sammelt nur Erfahrungen und mundgeblasenes Glas.«

»*Erfahrungen.* Damit meint er eindeutig Nutten«, sagte Hailey und drehte sich dann zu dem Roulettetisch um. »Probieren wir ihn aus!«

»Okay, zehn auf die rote Sechs.« Ich machte einen Knicks in meiner Jogginghose und nahm zehn blaue MDB-Jetons aus dem Koffer. »Und zehn auf die schwarze Achtzehn.« Hailey nahm die roten Jetons aus dem Koffer und warf dann die Kugel. Sie landete auf der schwarzen Sechsundzwanzig.

»Constance hat doch angeblich mal in einem Casino gearbeitet, oder? Sie müsste vorbeikommen und es uns beibringen.«

»Ich glaube nicht, dass es da so viel beizubringen gibt.«

Wir saßen herum, warfen die Kugel und setzten auf Zahlen, bis Hailey irgendwann mit der roten Acht richtiglag.

»Endlich, ich hab gewonnen!«, rief sie und machte den Reißverschluss ihrer Jacke zu. »Und jetzt gehe ich zu Peres Projects.«

»Ich muss weiterschlafen.«

»War auch keine Einladung.«

Ich sah sie an. Sie grinste mit schief gelegtem Kopf. Offenbar war es ein Scherz gewesen. Oder auch nicht. Ich war zu müde, um ihren Gesichtsausdruck zu entschlüsseln.

»Tschüss.«

8

Jesse und ich waren wie zwei blutige offene Wunden, die kurz davor waren, sich gefährlich grün zu verfärben. Keiner von uns konnte heilen, solange wir aneinander festhielten. Seit seiner E-Mail vom Neujahrstag, in der er das erste Mal davon gesprochen hatte, mit mir Schluss zu machen, hatte er mir nicht mehr zurückgeschrieben und keinen meiner Skype-Anrufe mehr entgegengenommen. Und wie bei jeder entzündeten Wunde wurde das Risiko einer Infektion mit jedem Tag größer. Wir mussten uns dem Unausweichlichen stellen. Schließlich schrieb er mir: Lies einfach meine SMS. Da steht alles drin, was ich zu sagen habe.

Ich musste mein Handy wiederfinden. Es war zwar ziemlich unwahrscheinlich, aber ich hoffte, dass es noch immer in dem Atelier lag, wo die Silvesterparty stattgefunden hatte. Also stapfte ich durch den nassen Schnee dorthin zurück. Die Stadt war so grau, dass sie flach und kontrastlos wirkte, eine Welt ohne Tiefen. Ich konnte nicht aufhören, an das Mädchen mit dem rasierten Schädel zu denken. Jesse hätte unser Herumknutschen und Fummeln wahrscheinlich heiß gefunden, ich wusste, dass er auf Lesbenpornos mit nuttigen Lehrerinnen und Schülerinnen mit Zöpfen stand. Er kam mir bereits vor wie ein Teil meiner Vergangenheit, wie die Fußnote zu einer kranken Zeit. Als ich endlich das niedrige Stallgebäude wiedergefunden hatte, klopfte ich laut an die grüne Ateliertür. Ein junger Mann mit einer Nike-Windjacke machte mir auf, in der einen Hand ein japanisches Bildhauermesser, in der anderen ein Joint. In der Mitte des Raums stand eine längliche Säule aus blauem Schaumstoff, die beim Zurechtschneiden entstandenen Fetzen lagen überall verstreut. Mit träger Stimme stellte sich der junge Mann als »Ben aus Denver« vor. Ich fragte ihn nach meinem Handy, und er verschwand in einem Hinterzimmer.

»Es piepst ständig«, sagte er und gab es mir. Wie durch ein Wunder war der Akku noch nicht leer.

Er zeigte auf den Graupelschauer vor den Fenstern und bot mir seinen Joint an. »Du kannst gern einen Moment im Trockenen bleiben, wenn du willst.«

Ich setzte mich auf einen erdbeerrosa Gymnastikball und nahm zwei tiefe Züge. Meine Lunge ging in Flammen auf, ich musste husten. Unterdessen schnippelte er weiter an der blauen Schaumstoffsäule herum. Ich hatte zweiundzwanzig wütende SMS von Jesse. Scheißfreundin. Fick dich. Ich hoffe, du schmorst in der Hölle. Mein Entsetzen war mir offenbar anzusehen, denn Ben fragte: »Was ist los?«

Ich war plötzlich total stoned und antwortete, dass mein Freund an Silvester mit mir Schluss gemacht hatte.

Er lachte. »Fernbeziehungen funktionieren doch sowieso nie.« Nachdem er einen genüsslichen Zug genommen hatte, fügte er hinzu: »Ich war noch eine Weile mit einem Mädchen von zu Hause zusammen, aber jetzt treffe ich mich mit einer Französin – sie ist Malerin.« Er stieß den Rauch aus und gab den Joint wieder mir. Ich nickte, unsicher, was ich mit dieser Information anfangen sollte. Wir schwiegen eine Weile, dann bedankte ich mich und ging zurück nach Hause, bekifft, single und erleichtert.

Da ich fror, schob ich die Hände in die Taschen und ertastete das Polaroid von Hailey, wie sie im Hotel Klavier spielte. Ich blieb auf dem Gehweg stehen und betrachtete es. Irgendetwas hatte ihr in Emulsion gebannter Körper an sich, dass man nicht genug von ihr bekam. Sie war kein Topmodel, das im Infinity Pool des Kapitalismus schwamm, jenem Quecksilber, das Anschaffungen unausweichlich und mühelos erscheinen ließ. Nein, sie hatte eine andere Position inne – ihr Lächeln war das eines Partygirls auf Schmuddelfotos, eines Shoppingmall-Models aus dem Mittleren Westen, einer Schauspielerin, die sich ihren Text auf die Hand geschrieben hatte. Sie war *gerade so* außer Reichweite, und das machte sie umso begehrenswerter. Ich betrat den Spätkauf in der Nähe unserer Wohnung und legte das Polaroid auf die Glasscheibe des uralten Schwarzweißkopierers. Ich vergrößerte Hailey und verkleinerte sie, machte Kopien über Kopien, bis ihr Lächeln kaum noch zu erkennen war.

Als ich nach Hause kam, war Hailey nicht da. Ich schloss meine Zimmertür hinter mir, breitete die Schwarzweißversionen von ihr auf dem Boden aus und holte meine Schere. Vielleicht lag es an dem Gras, das ich geraucht hatte, jedenfalls fiel es mir diesmal leicht, mich in Trance zu versetzen. Ich schnitt runde Formen aus ihren Oberschenkeln, stachelige Dreiecke aus ihren gebogenen Füßen, funkelnde Diamanten aus ihrem goldenen Bikini. Die freien Flächen auf dem grünen Blumenpapier füllte ich mit silbrigen Flugzeugen aus Haileys Haut. Die dadaistischen Lebensmittel waren nun kaum noch sichtbar, ihre grellbunten Farben spähten splitterweise hervor, wie verfehlte Pointen.

Die Uni hatte wieder angefangen, mein Seminar bei Klaus stand an. Gruppenbesprechungen von Kunstwerken sind schon merkwürdig genug, aber mein Deutsch war so rudimentär, dass alles vollends abstrakt wurde. Ich fragte mich, wie ein Alien die Situation wohl interpretieren würde: sechzehn Personen, die um einen umgestürzten Abfalleimer herumstanden, aus dem silbern bespraytes Popcorn quoll. Würde das Alien annehmen, dass die Gruppe über jeden irdischen Gegenstand mit derartiger Konzentration sprach? Nervös hängte ich vier Fotos der Collagen, die ich für Ivy gemacht und dann verbrannt hatte, neben die neue Collage von Hailey.

Ich wusste nicht, was ich der Klasse über die Ausdrucke erzählen, wie ich mein Verbrennungsritual erklären sollte. Ich wollte nicht darüber sprechen, dass ich die Collagen als Opfergaben für Ivy betrachtete. Schließlich glaubte ich gar nicht an ein Leben nach dem Tod und war auch nicht wirklich spirituell. Diese Collagen waren Kondensstreifen – weiße verschwommene Linien zwischen mir und einer größeren Welt, Wasser und Himmel, den Lebenden und den Toten. Fast hoffte ich, dass meine fünfzehn Mitstudierenden erkannten, dass ich Hilfe brauchte. Ich war eine bulimische Alkoholikerin. Aber vielleicht hoben sich Bulimie und Alkoholismus auch gegenseitig auf, da war ich mir nicht sicher. Ich ließ die fünfzehnköpfige demokratische Einheit über die Details meiner Abzüge nachgrübeln. Die Beschaffenheit des Papiers, die Formen, in die ich das menschliche Fleisch geschnitten hatte. Ein junger Mann mit rosigem Gesicht und Fleecejacke brachte eine Collagen-Serie zur Sprache, die sich mit dem Vietnamkrieg beschäftigte, erinnerte sich jedoch nicht mehr an den Namen der Künstlerin. Ich fragte, ob er Martha

Rosler meinte, doch er verneinte beharrlich. Alle waren sich einig, dass ihnen die Collage von Hailey am besten gefiel. Das verstand ich gut. Ihr Bild hatte etwas Brachiales an sich, ihr Körper bettelte darum, betrachtet zu werden – vervielfältigt zu werden. In Millionen Stücke zerschnitten, ausgelöscht. Klaus, der demokratische Diktator, setzte der Diskussion ein Ende: Er fand, die Collagen hätten größer sein können.

Wir bewegten uns weiter zu einer Skulptur, einem angemalten Stuhl mit sieben Gipseiern, die in mit Schleifpapier erzeugten Einkerbungen ruhten. Ich verstand gar nichts. Die anderen diskutierten auf Deutsch. Ich ging auf die Toilette und atmete durch, betrachtete mich im Spiegel. Ich wollte nicht zurück ins Atelier. Die Werkbesprechungen waren eine Quälerei, zumal ich nichts dazu beizutragen hatte. Zu fünfzehnt waren sie besser dran. Ich flüchtete zur U-Bahn.

Seit Silvester war Hailey bereits zweimal bis zum bitteren Ende auf Vernissagen geblieben, in der Hoffnung, eine Einladung zur anschließenden Party abzustauben. An beiden Abenden war sie auf dem Gehweg stehengelassen worden, während die übrigen Gäste in Taxis gestiegen und zu einer Location abgerauscht waren, deren Adresse auf kleinen Zetteln notiert war, von denen Hailey aber keinen abbekommen hatte. Und um ihre Schmach noch zu vertiefen, hatte sie auch noch der von Habsburg – der, seit sie mit ihm im Bett gewesen war, auf keine ihrer SMS mehr reagiert hatte – völlig ignoriert und war an ihr vorbei zu einem der wartenden Taxis marschiert. Wutschnaubend hatte sie beschlossen, sich eine neue Strategie zu überlegen. Von nun an durchsuchte sie das Internet nach Praktika und Nebenjobs, die im weitesten Sinne mit Kunst zu tun hatten.

»Constance hat *ein* mickriges Praktikum ergattert und kennt jetzt so ziemlich jeden«, beschwerte sie sich über ihren Laptop gebeugt. Am Ende war der einzige Inserent, von dem sie eine Antwort erhielt, Der Wald, eine Kneipe, die sich bei Craigslist als »unkonventionelle Künstlerbar in Neukölln« bezeichnete.

Stefan, ein Bildhauer mittleren Alters und Eigentümer des Lokals war zutiefst erleichtert gewesen, als sich die tüchtige und pünktliche Hailey in einem schwarzen Rollkragenpullover bei ihm vorgestellt hatte. Nach nur einem Wochenende mäßig kompetenter Arbeit vertraute er ihr bereits genug, um ihr den gesamten Laden allein zu überlassen.

»Amanda Knox hat in Perugia auch in einer Bar gejobbt«, hatte Hailey nach ihrem ersten Abend gesagt, um ihre Enttäuschung zu überspielen. »Ich Idiotin hab meinem Vater von dem Job erzählt, was bedeutet, dass ich nicht einfach wieder kündigen kann – zumindest nicht in den nächsten Wochen. Keine Ahnung, warum er unbedingt will, dass ich nebenher arbeite. Ich meine, wir *haben* schließlich Geld.«

Die U-Bahn bohrte sich durch Neukölln, und ich kam auf einer dunklen kopfsteingepflasterten Straße an die Oberfläche, die zugemüllt war mit sonnengebleichten Desktop-Computern und vollgesprayten Matratzen. Aus den Wohnungen über meinem Kopf schallte Musik, die Atmosphäre erinnerte mich an Brooklyn. Ich hoffte, dass es ein ruhiger Abend werden würde. Der Wald hatte etwas durch und durch Trostloses an sich. Die antike Einrichtung der Kneipe mit ihren gedrungenen Holztischen und der nikotinvergilbten Decke widersetzte sich jedem Renovierungsversuch, und trotz Stefans Bemühungen, mit Fahrradreifenlampen im Duchamp-Stil und Kunsthalle-Plakaten dagegenzuhalten, fühlten sich die einsamen Kerzen, die in Messinghaltern vor sich hin flackerten, mehr nach deprimiertem Rembrandt an als nach Hipster-Schick. Als sie mich durch die Tür kommen sah, schenkte mir Hailey träge ein Bier ein. Die Bar war leer bis auf einen alten Mann, der auf einem Barhocker hing und schnarchte. Ich zeigte auf die schlaffe Gestalt, die aus offenbar stark verschleimten Atemwegen rhythmische Geräusche von sich gab. Sie zuckte mit den Schultern. »Der ist harmlos. Wie wars in der Uni?«

Ich schnaubte verächtlich. »Scheiße.«

Hailey lachte, aber ihr Gesichtsausdruck war angespannt. Sie platzte heraus: »Ich hab nachgedacht – du könntest recht haben mit Beatrice.«

»Was?« Ich setzte mich aufrecht hin.

»Du weißt ja, dass ich total besessen bin von allem, was sie schreibt. Und heute Nachmittag habe ich sie mal wieder gegoogelt und ein neues Zeitungsinterview mit ihr gefunden, in dem sie nach ihrem aktuellen Buch gefragt wird. Und jetzt halt dich fest.« Hailey ballte ihre Hand zur Faust und ließ dann die Finger in einer kleinen Explosion nach außen schnellen, als wollte sie mich buchstäblich umhauen. »Sie sagte, sie sei an der *Komplexität einer Freundschaft zwischen jungen Frauen um die zwanzig in der heutigen Zeit* interessiert und würde dazu intensiv recherchieren. UND dass das Buch in Berlin spielen wird!«

»Zeig her.«

Sie zog ein gefaltetes Blatt Papier hervor. Ich murmelte beim Lesen vor mich hin, und sie nickte immer wieder, die Arme fest vor der Brust verschränkt. »Zwei zwanzigjährige junge Frauen in Berlin … Mitbewohnerinnen … Künstlerinnen …«

»Siehst du? Damit *kann* sie nur uns meinen. Und als ich neulich nach Hause kam, roch es überall nach Blumen, genau wie an dem Abend, als wir uns vorgestellt haben. Sie ist in der Wohnung gewesen, ich weiß es!«

Hailey spürte meine Aufregung und fuhr fort: »Ich will ehrlich sein: Ich dachte, du hättest diese ganze *Beatrice war da*-Geschichte nur erfunden, um davon abzulenken, dass du mein Tagebuch geklaut hast.«

»Was?« Ich lief rot an. »Warum hätte ich dein …?«

»Mir kam das alles irgendwie seltsam vor: Zufälligerweise taucht mein Tagebuch genau dann wieder auf, als du wusstest, dass ich nicht zu Hause bin. Sorry, aber du bist manchmal …«

Mein Kiefer verkrampfte sich.

»Ich dachte, du hättest es genommen und heimlich gelesen. Deshalb war ich auch sauer auf dich. Aber das ist jetzt egal. Wenn du schwörst, dass du es da gefunden hast, wo du gesagt hast – dann glaube ich dir.«

»Ich schwöre es.«

»Also gut. Ich weiß ganz genau, dass das Tagebuch nicht auf dem Tisch lag, als wir an Silvester von zu Hause losgegangen sind. Weil wir doch dieses alberne Foto mit meiner Webcam gemacht haben, erinnerst du dich? *Letztes Foto im Jahr 2008?*« Hailey malte mit den Fingern Gänsefüßchen um die *2008*, als wäre dieser Moment eine Million Jahre her. Sie zog den Laptop der Bar heran, der an die Soundanlage angeschlossen war, aus der leise No Doubt tönte. Da waren wir, auf Haileys Facebook-Seite. Sie machte mit geschlossenen Augen einen Schmollmund, und ich kickte mein Bein zur Seite, die Lippen in dem klebrigen Pflaumenton geschminkt. Wir trugen unsere Jacken, und sie hielt die Flasche Rotkäppchen-Sekt in der Hand, die wir zur Party mitgebracht hatten. Der Tisch im Hintergrund war leer.

»Siehst du, es lag nicht nur daran, dass ich high war.«

»Du warst *ziemlich* high.«

Wir starrten beide auf das Bild. Das letzte Foto von Amanda Knox' Mitbewohnerin Meredith Kercher kam mir in den Sinn. Hailey hatte es mir vor einigen Wochen gezeigt. Es war an Halloween 2007 aufgenommen worden, am Tag vor ihrem Tod. Meredith lächelt betrunken in die Kamera und trägt ein billiges Vampirkostüm. Neben ihr steht eine Person mit einer *Scream*-Plastikmaske – wie eine unheimliche Vorahnung. Unser *letztes Foto im Jahr 2008* wirkte ähnlich verflucht – wir mit unseren zu stark geschminkten Lippen und trashigen Posen, als sei die Katastrophe vorprogrammiert.

»Wenn du mir jetzt glaubst, dann beantworte mir eine Frage: Warum hat sie das Tagebuch nicht einfach auf einen unserer Chaosstapel geworfen, damit es so aussieht, als hättest du es verlegt? Warum hat sie es stattdessen auf dem Tisch platziert?«

Hailey zwirbelte eine Haarsträhne um ihren Finger. »Vielleicht will sie, dass ich misstrauisch werde … um einen Keil zwischen uns zu treiben.«

Ich dachte darüber nach. »Was steht in deinem Tagebuch?«

»Alles. Ich schreibe jeden Tag hinein. Seit ich als Kind gehört habe, dass Lewis und Clark genauso viel Pergamentpapier wie Munition auf ihrer Expedition nach Westen dabeihatten, nehme ich das mit den Tagebucheinträgen sehr ernst.«

»Und wie alt warst du, als dir diese unglaublich kolonialistische amerikanische Überlieferung zu Ohren kam?«

»Zwölf.«

Ich starrte in den weißen Bierschaum, mutierende Mikroben unter dem Mikroskop. Jetzt war ich die Skeptische. »Glaubst du wirklich, dass es darin um uns geht?« Ich zeigte auf das Interview.

»Du hast selbst gesagt, du glaubst, dass sie uns beobachtet.«

In diesem Moment hätte ich ihr gestehen müssen, dass Beatrice von meiner E-Mail an Molly Webster gewusst hatte. Ich hätte ihr einfach von meinem Draft-Ordner erzählen sollen, aber ich schämte mich. Die Vision von den in einer Grube gestapelten Bulimikern mit Einschusslöchern flackerte wieder auf.

»Ja«, murmelte ich. Der Kühlschrank gluckerte. Hailey holte zwei Schnapsgläser hervor und goss uns zähflüssigen Wodka aus einer geeisten Flasche ein.

»Vielleicht werden wir berühmt«, sagte sie mit funkelnden Augen.

»Macht dir das keine Angst, dass sie uns für ihr Buch benutzt?«

Der schlafende Mann gab ein lautes Schnarchen von sich, und wir zuckten erschrocken zusammen. Ich drehte ihm den Rücken zu, während er seinen verschleimten Rhythmus wieder aufnahm. Hailey stützte sich auf den Tresen und hob ihr Glas. »Nein, es macht mir keine Angst. Wahrscheinlich weil wir jetzt erkannt haben, was abgeht. Und weil wir … Ach, ich weiß auch nicht.« Sie wurde ernst. »Ich glaube, nachdem ich so viel von ihr gelesen habe, durchschaue ich Beatrice und weiß, dass wir unsere Geschichte selbst in die Hand nehmen können.«

Ich drückte meine Finger in den gewölbten Fuß des Schnapsglases. »Und wie?«

»Sie hat keine Ahnung, dass wir Bescheid wissen. Ihre Bücher sind trashig, aber auch verführerisch und gefährlich. Ich fände es echt cool, wenn es in einem davon um uns gehen würde!« Sie wischte das Kondenswasser, das von den Gläsern tropfte, von der Theke. »Aber es soll nicht von unserem deprimierenden Nacho-Leben und langweiligen Skype-Gesprächen mit unseren Freunden handeln.«

Ich warf ihr einen vorwurfsvollen Blick zu.

»Sorry, ganz vergessen. *R.I.P.*, Jesse. Aber du weißt, was ich meine. Unser Leben hier ist eine einzige Demütigung.« Sie ließ den Kopf hängen und flüsterte jetzt beinahe: »Wir wurden noch zu keiner einzigen Afterparty eingeladen, wir haben so gut wie keine Freunde. Das kann es doch nicht gewesen sein!«

Es stimmte, unser Leben war der Inbegriff der Monotonie, lediglich unterbrochen von dem oberflächlichen Kick der Ladendiebstähle. Andererseits war ich mir unsicher, was für eine Art von Figur ich sein oder ob ich überhaupt in einem Roman vorkommen wollte.

Hailey bemerkte mein Zögern. »Komm schon! Was hast du denn Besseres vor?« Sie schnippte mit dem Finger einen Strohhalm in meine Richtung.

Ich zuckte die Achseln, auch wenn sie nicht ganz unrecht hatte.

»Wenn Beatrice *dieses* Buch schreibt« – sie zeigte auf sich selbst, dann auf mich und schließlich wieder auf sich – »werden wir als komplette Versagerinnen verewigt. Wir *müssen* spektakulär werden.«

»Und wie soll das gehen?«

»Es wird eine Performance. So ähnlich wie damals im

Studio 54 oder in Warhols Factory oder … Max's Kansas City.«

»Was hat das Studio 54 mit Beatrice' Buch zu tun?«

»Überleg doch mal!«, sagte sie. »Wir wohnen in einem Ballsaal und haben keine Nachbarn. Wir könnten die geilsten Partys schmeißen! Und über diese Partys wird dann ein Buch geschrieben wie beim *Großen Gatsby*! Otto könnte Klavier spielen. Wir haben den Roulettetisch … Das wird spektakulär!« Sie hielt inne. »Wir gründen unsere eigene Gesellschaft des Spektakels!«

»Du willst also einen Club aufmachen. Oder willst du einfach nur Patti Smith im Max's Kansas City sein?«

»Ich will Max sein. Ich will Warhol sein. Scheiß auf die anderen Clubs hier, die nerven mich alle.«

Ihre Idee überraschte mich. »Du willst einen Club in unserer *Wohnung* aufmachen? In *Beatrice'* Wohnung?«

Sie sah mich mit ihrer puritanischen Entschlossenheit an. »Ja. Ich hab gestern den ganzen Tag damit verbracht, mir alles genau zu überlegen.«

Vor meinem inneren Auge erschien plötzlich das Blut, das vor der Tür des Berghain aus Haileys Nase getropft war. Haileys Vorhaben musste etwas mit Zurückweisung zu tun haben. Wenn wir selbst die Gastgeberinnen wären, könnte uns nie wieder jemand ausschließen. Ich hob den Blick zur Decke. »Was ist mit ihren Sachen? Dem roten Sofa … den ganzen schönen …?«

Sie unterbrach mich: »Wir decken sie mit Bettlaken ab oder bringen sie in den Keller.«

»Aber du weißt schon, dass *Der große Gatsby* nicht gut ausgeht, oder?«

»Ich weiß. Unsere Geschichte schon.«

»Und wen würden wir überhaupt einladen?« Ich kaute

auf dem Strohhalm herum, den Hailey mir zugeschnippt hatte.

»Constance kennt Gott und die Welt. So was spricht sich schnell rum.«

Ich lehnte mich zurück. »Und wie nennen wir das Ganze?« Noch während ich fragte, war mir klar, dass sie auch darauf eine Antwort parat haben würde.

»Beatrice«, antwortete Hailey. Sie stemmte die Hände in die Hüften, ganz die rechtschaffene Pilgerin.

Ich grinste, der Funke war übergesprungen.

»Du hast doch selbst gesagt, dass du zwar all diese Leute kennengelernt hast, aber nicht weißt, wie sich daraus irgendetwas Dauerhaftes entwickeln soll. Wir dümpeln nur so herum, ohne jegliche Kontrolle. Wenn wir selbst die Partys veranstalten, haben wir die Fäden in der Hand. Dann sind wir echte It-Girls! Vielleicht verdienen wir sogar ein bisschen Geld damit.«

»Wie das?«, fragte ich, nachdem ich bei dem Begriff *It-Girls* schmerzhaft das Gesicht verzogen hatte. Manchmal merkte man Hailey an, wie häufig sie früher in der Schule »die Neue« gewesen war und sich hatte beliebt machen müssen. Mir war es ein Rätsel, wie sie das geschafft hatte – mit ihren Eltern immer wieder von Bundesstaat zu Bundesstaat zu ziehen, während diese ihr Biggles-Imperium errichtet hatten. Wahrscheinlich hatte sie ihr Schließfach an jeder neuen Schule gleich eingerichtet, mit aus Zeitschriften gerissenen Fotos von Josh Hartnett, Handcreme von Bath & Body Works und nach einem ausgeklügelten Farbschema gestalteten Stundenplänen.

»Ganz einfach: Wir verlangen Eintritt an der Tür.«

Ich ließ mir alles gründlich durch den Kopf gehen. »Das Ganze wird also so was wie« – ich malte Gänsefüßchen in die Luft – ›Reality-TV?‹ Und wir sind die Hauptfiguren und stellen quasi Fantasieversionen von uns selbst dar?«

»Ja, wir kontrollieren die Handlung und sorgen dafür, dass Beatrice *unsere* Version der Geschichte schreibt.« Hailey kletterte auf die Theke und zog die Knie ans Kinn. »Ich bin schon so aufgeregt! Mal ehrlich: Was wäre das Schlimmste, was passieren könnte? Wir verbringen einen unglaublichen Winter und verschwinden dann sowieso wieder nach New York.«

»Und du meinst, das funktioniert?«

»Kunst ist, womit man davonkommt.«

Ich sah sie verständnislos an.

»Warhol.«

Ich wartete, während sie den Laden dichtmachte. Auf dem Weg nach draußen halfen wir dem schnarchenden alten Mann zu einer Bank und stellten ihm ein Berliner Pilsner als Absacker daneben. Unser Plan stand: Hailey würde in ihr Tagebuch schreiben, und ich würde Fotos machen und auf meinem Laptop speichern, damit Beatrice sie finden konnte.

»Wir dürfen niemandem davon erzählen, es muss alles ganz natürlich wirken!«, sagte Hailey bestimmt, bevor uns der Eingang zur U-Bahn-Station verschluckte. Ich nickte.

Unter dem Vorwand, unseren Neujahrsvorsatz zu verwirklichen, geselliger zu werden und ein bisschen Geld dazuzuverdienen, berichteten wir Constance von unserem Plan, in der Wohnung einen Club zu eröffnen. Sie war genauso begeistert wie wir und bot an, am Roulettetisch die Croupière zu spielen und außerdem die Kontaktliste der Galerie zu stibitzen, in der sie ihr Praktikum machte. Wir besprachen, wie wir die Party gestalten wollten, und einigten uns auf einen Eintritt von zehn Euro, in dem drei Ein-Euro-Jetons und ein Glas Champagner enthalten sein würden. »Beim Roulette gewinnt immer nur das Casino selbst, das ist eigentlich ein total dämliches Spiel. Aber es macht Spaß zuzusehen, und die Hälfte der Leute löst ihre Jetons bestimmt sowieso nicht ein. Das Geld wandert also direkt in eure Tasche.«

Hailey gab über den Wald eine Großbestellung auf: fünfzig Flaschen des zweitbilligsten Prosecco für die darauffolgende Woche.

»Wir schenken also gar keinen richtigen Champagner aus?«, fragte ich, während ich die E-Mail-Einladung formulierte.

»Nein, aber Prosecco sieht genauso gut aus und schmeckt total okay.«

»Wie sagt man *black tie* auf Deutsch?«

»Schwarze Krawatte.«

9

Wenn wir einen neuen Rahmen für unsere Geschichte schaffen wollten, mussten wir unserer Ansicht nach auch an unserem Auftreten arbeiten. Natürlich hatte Hailey an der Highschool Impro-Theater gespielt.

»Die oberste Regel beim Impro-Theater lautet, dass man seinem Gegenüber nie mit Nein antworten darf. Stattdessen sagt man: *Ja, und …* So läuft die Szene immer weiter.«

Wir hatten gerade eine grauenhafte Folge *Law & Order* geschaut, daher war mein Kopf noch voll düsterer Gedanken. »Und was, wenn jemand während des Spiels sagt: Ich will dich vergewaltigen?«

Sie zögerte keine Sekunde. »Dann könnte man zum Beispiel antworten: Ja, und jetzt steige ich einfach in meine Zeitreisemaschine und töte dich, *bevor* du mich vergewaltigen kannst.«

Ich starrte sie an. »Wow.«

Unser neues Leben glich immer mehr einem Theaterstück. Die Russin aus meinem Seminar bei Klaus hatte erwähnt, dass die Deutsche Oper einen Kostümverkauf veranstaltete, und uns geraten, wegen des großen Andrangs früh da zu sein. Um neun Uhr, eine Stunde vor Türöffnung, fanden Hailey und ich bereits eine lange stumme Warteschlange vor, die sich einmal um den ganzen Ziegelbau wand. »Das muss es sein«, murmelte ich. Hailey stellte sich an, während ich mich in der näheren Umgebung, dem pompösen Teil von Charlottenburg, auf die Suche nach Koffein begab. Bei meiner Rückkehr setzte mich Hailey über die Geschichtslektion ins Bild, die ihr die große Frau vor uns erteilt hatte.

»Anscheinend mistet die Oper jedes Jahr ihren Kostümfundus aus, die Teile kosten zwischen fünf und vierhundert Euro. Es gibt sowohl Stücke aus historischen als auch aus zeitgenössischen Opern. Sie hat uns geraten, alles, was uns interessiert, auf einen Stapel zu legen und diesen abwechselnd zu bewachen. Offenbar kann es ein bisschen hektisch werden da drinnen.«

Sobald die Türen aufgegangen waren, wurde uns klar, dass unser eingeplantes Budget von hundert Euro zu klein war. Senffarbene Fatsuits hingen neben brokatbesetzten Ballkleidern und historischen Balletttutus. Die dick vermummten Gestalten, die draußen geduldig Schlange gestanden hatten, warfen nun aggressiv ihre Jacken auf den Boden, um kleine Parzellen für ihre Stapel zu reservieren. »Ich komme mir vor wie in *Supermarket Sweep*«, sagte Hailey und hielt einen Moment inne, um die Intensität des Geschehens auf sich wirken zu lassen. »Meine Tante ist mal bei einer Folge dabeigewesen und meinte, dass alle Lebensmittel in dem Supermarkt künstlich waren und voll eklig. Das Ganze wird in einer Lagerhalle gedreht, und sie nehmen für jede Folge dasselbe Essen.«

Ich hatte die Sendung nie gesehen, wusste jedoch, dass es darum ging, möglichst schnell möglichst hohe Warenwerte in den Einkaufswagen zu werfen. Sportlichen Ehrgeiz und die Gier nach Hochwertigem erkannte ich auch in der Meute um uns herum, einer bunten Mischung aus weiblichen Mittelalterfans, die sich gegenseitig die Korsette schnürten, ernst dreinblickenden Schneiderinnen, die Reißverschlüsse prüften, Clubgängern, die nach ausgefallenen Outfits Ausschau hielten, solchen, die nur an Stücken interessiert waren, die sich möglichst lukrativ weiterverkaufen ließen, und uns.

Wir strichen probeweise über Spitzenstoffe und ausladende federbesetzte Ärmel, um herauszufinden, was oder wen wir in unserem hypothetischen Roman darstellen wollten. Ich fühlte mich magisch angezogen von einem schimmernden goldenen Kleid, dessen fließende Linien am Saum in paillettenbesetzte Flammen zerbarsten. Das dazugehörige Schultertuch zierten aus goldenem Garn gewebte Lorbeerblätter. Ich schob das Kleid unter meine Jacke in der Ecke – der Bau unseres Stapels konnte beginnen. Hailey probierte ein smaragdgrünes Kleid mit Reifrock an. Ich fand einen Ständer mit Kettenhemden und suchte mir ein enganliegendes langärmeliges Teil aus. Hailey krallte sich zwei identische türkisfarbene Anzüge im David-Bowie-Stil.

Im Kampf mit einer emsigen Schneiderin ergatterte ich einen hellrosa Anzug mit einer steifen cremefarbenen Halskrause und dazu passende mit Flamingofedern besetzte Schuhe. Das letzte Kostüm, das Hailey sich aussuchte, war ein schwarzes viktorianisches Kleid mit Gesäßpolster, das sie aussehen ließ wie die Puffmutter des anrüchigsten Bordells des ganzen Wilden Westens.

»Das ist es!«, kreischte sie begeistert.

Wir addierten die Preise all unserer Kostbarkeiten und kamen auf 380 Euro. Hailey hatte die Idee, die Preisschilder der teureren Stücke zu entfernen und es darauf ankommen zu lassen, dass die älteren Damen an der Kasse niedrigere Preise aufrufen würden. Als diese auf insgesamt

160 Euro kamen, warf Hailey mir einen verdientermaßen stolzen Blick zu.

In der U-Bahn saßen wir mit unseren prallvollen weißen Mülltüten da und bewachten unsere Schätze wie zwei selbstzufriedene Hennen. Zu Hause breiteten wir die Kostüme auf dem Boden aus und begannen dann mit einer ausführlichen Modenschau. Seit der Polaroidcollage wollte ich Hailey wieder zum Objekt meiner Kunst machen, aber diesmal würde ich ihre Zustimmung einholen. Nervös bat ich sie, für mich zu posieren. Sie willigte ein, plapperte von ihrer Modelzeit als Jugendliche und legte sich rücklings auf das Lippensofa. Ihre sommersprossigen Beine ragten arrogant aus dem schwarzen Puffmutterkleid. Sie war ein Naturtalent.

Als Hailey anschließend im Bad verschwand, sah ich die Fotos durch, zoomte mich auf dem Display an ihren sich rekelnden Körper heran, überlegte, welche Formen ich herausschneiden wollte.

»Gar nicht so einfach, mit Reifrock zu pinkeln«, rief Hailey durch die offene Badezimmertür.

Ich legte meine Kamera beiseite. In meinem Kettenhemdkleid ging ich zum Ofen und legte ein Brikett nach. Dann sah ich dabei zu, wie der marshmallowähnliche Anzündwürfel in einer apokalyptischen Flamme aufging, und hatte plötzlich das Gefühl, dass unsere literarische Transformation nun wahrhaftig begonnen hatte. Widerstrebend schlüpfte ich zurück in meine Jeans, um zur Arbeit zu fahren. Hailey blieb auf dem roten Sofa zurück, das unter ihrem kolossalen Kleid kaum noch zu sehen war, und nahm sich einen von Beatrice' Romanen zum zweiten Mal vor.

Sobald die vergoldete Haustür in Mitte hinter mir zugefallen und ich mit dem Aufzug nach oben gefahren war, attackierte mich Leia – um zwei Minuten die Jüngste – mit einem rosa Plastikzauberstab. Ich sprang aus dem Weg, wurde jedoch von drei weiteren Mädchen aus dem Hinterhalt angefallen. Alle vier standen derart unter Strom, als hätten sie gerade einen ganzen Kasten Red Bull leergetrunken. Serena ritt auf einem Einhorn-Steckenpferd und kicherte aus vollem Hals. Claire suchte sich gerade aus der Kommode im Eingangsbereich eine Handtasche für den Abend aus. Sie hielt eine gelbe Clutch aus butterweichem Leder hoch, und ich nickte anerkennend. »Die anderen Mütter tragen hier alle Schwarz. Die Addams Family lässt grüßen. Noch vor zehn Jahren hätte ich dir kein Wort geglaubt, wenn du mir erzählt hättest, ich könnte hier mit einem türkisfarbenen Kleid aus der Menge herausstechen.« Ich lachte. Es tat gut zu hören, dass der Berliner Dresscode – von Kopf bis Fuß in Schwarz – auch für die Oberschicht galt. Claire drehte sich um, und ihr Parfüm senkte sich auf mich herab, als wäre sie mit einem Sprühflugzeug über mich hinweggeflogen. Unverkennbar Chloé Eau de Parfum. Diesen Duft hatte ich meist an junge Beach-Wives verkauft, deren gebräunte Haut chemisch rein riechen sollte, als hätten sie keine Genitalien. Normalerweise mochte ich die Frauen nicht, die dieses Parfüm kauften, aber zu Claire passte es irgendwie, es milderte ihre stählerne Aura ab. Plötzlich fiel mir Tobias ein. Ich überlegte, ob ich Claire von seiner Hand auf meinem Oberschenkel erzählen sollte oder ob sie es nicht ohnehin schon wusste.

»Tja, ich muss dir leider mitteilen, dass die Mädchen heute einen Schulkarneval hatten und den Zucker offenbar bis zur Überdosis konsumiert haben.«

Ich stieß ein unerwartet schrilles Lachen aus. Claire

fragte, was ich in letzter Zeit so gemacht hätte, und ich platzte mit dem Kostümverkauf heraus. Sie blickte von der kunstrasengrünen Straußenledertasche auf, die sie gerade auswickelte. »Warum habt ihr Kostüme gekauft?«

Darauf wusste ich keine Antwort, deshalb improvisierte ich: »Wir drehen einen Film, das Motto ist Monte Carlo. Mit dem Roulettetisch als Requisite.«

»Wirklich? Das ist ja toll! Im Ernst, das ist so was von cool, Tobi wird sich riesig freuen! Tobi? Tobi!«, rief sie. Mein Körper wurde von Panik ergriffen, als sie mit ihren hohen Absätzen in die Küche hinüberstöckelte. Er war nicht da. Ich seufzte vor Erleichterung, und Claire zeigte mir, was ich den Mädchen zum Abendessen vorsetzen sollte.

»Weißt du, was? Ich habe noch bergeweise Monte-Carlo-Klamotten von Tobis Mutter – vom Stil her eigentlich eher Baden-Baden. Möchtest du sie vielleicht haben? Sonst vergammeln sie ungenutzt in den Kartons. Ich selbst trage nämlich keine Kleider von anderen Leuten. Vintage ist nicht mein Fall.«

Das Wort *Vintage* sagte sie so angeekelt, als handle es sich um eine Geschlechtskrankheit. Dann berührte sie ihr Ohr, um mir zu signalisieren, dass sie angerufen wurde. Ihre klappernden Absätze verhallten im Flur.

Ich servierte den Mädchen kleingeschnittene Bratwürste, die sie innerhalb weniger Minuten inhalierten, in der Hoffnung, auf diese Weise länger fernsehen zu dürfen. Nach einigen Folgen einer Kinderserie über eine glitzernde Superheldin scheuchte ich die Viererbande in die Badewanne, wo ich sie mit dem nächsten Kapitel der Monstergeschichte unterhielt.

»Ist Jesse also jetzt in dem goldenen Schloss von Limondria? Hat er überlebt?«, fragten die Mädchen ungewohnt einhellig. Ich würde nie verstehen, wie sie sich die Details jeder einzelnen von mir erfundenen Welt merken konnten. Weil ich ein schlechtes Gewissen wegen des echten, menschlichen Jesse hatte, antwortete ich: »Er war zunächst in Limondria, um sich von seiner Nahtoderfahrung zu erholen. Dann zog er ins Haus eines freundlichen alten Kung-Fu-Meisters, um zu trainieren und wieder zu Kräften zu kommen.« Savannah und Serena imitierten Karatehiebe und quietschten vor Vergnügen. »Aber heute geht es nicht um ihn, sondern um die gruselige Eule. Diese Eule beobachtet Hailey, aber die weiß noch nichts davon. Es gibt allerdings erste Hinweise …«

»Was für Hinweise?«, fragte Leia und tauchte eine Barbie unter Wasser, deren krause Haare wie ein Algenbüschel an der Oberfläche trieben.

»Einfache Dinge wie eine offene Tür, die sie eigentlich zugemacht hatte, oder ein Glas neben der Spüle, das sie nie benutzt hat. Eines Tages kommt sie nach Hause, und ihr Tagebuch liegt an einem anderen Ort.«

»Beobachtet die gruselige Eule sie und Zinfandel einfach nur? Sonst nichts?«, fragte Serena misstrauisch und ein wenig gelangweilt.

»Ja. Weißt du denn nicht, wie viel man durchs Beobachten herausfinden kann? Man kann die Stärken und Schwächen der Menschen entdecken, ihre Achillesferse.«

»Was ist denn DAS? Eine ACH-RILLIS-Ferse?« Laurel war sichtlich angewidert.

Was tat ich da bloß? Die armen Mädchen. So langweilig und unblutig wie möglich erzählte ich ihnen den griechischen Mythos von Achilleus und beschrieb ihnen dann ausführlich die dichten, von geheimnisvollen Wesen bevölkerten Wälder Limondrias, um die langsamere Gangart in Richtung Schlafengehen einzuschlagen. Nachdem meine Schützlinge in ihr eigenes Traumreich abgetaucht waren, tappte ich nach unten ins Fernsehzimmer.

Einige Stunden später kamen Claire und Tobias nach Hause. Sie waren beschwipst von einem Charity-Dinner und stritten darüber, ob sie am folgenden Wochenende nach Zürich fahren sollten oder nicht. Beim Anblick von Tobias in seinem zerknitterten Smoking, unter dessen Jacke ein Weinfleck hervorlugte, schreckte ich angeekelt zurück. Er nickte mir zu, als er an mir vorbeischlurfte, und sein Walbauch warf einen großen Schatten auf den Boden. Ich stand gerade an der Spüle und konzentrierte mich ganz darauf, einen ketchupbeschmierten Teller abzuspülen. Claire wankte unterdessen die Treppe hinauf, um nach den Kindern zu sehen. Aus Angst davor, mit Tobias allein zu bleiben, stellte ich den letzten Teller beiseite und versuchte, in die Speisekammer zu flüchten, aber er versperrte mir mit einem seiner Lederschuhe den Weg.

»Wer ist dein Lieblingskünstler?«

Ich zuckte mit den Schultern.

Tobias zog sein Hermès-Einstecktuch aus der Brusttasche und wischte damit theatralisch über den Tisch, bevor er sich auf einen der Eichenstühle setzte. »Wer? Sag schon.«

»Aktuell ist meine Lieblingskünstlerin Hannah Höch, würde ich sagen. Sie hat ebenfalls Collagen gemacht.«

»Das ist eine Deutsche, ich weiß, wer sie ist.« Er hielt inne. »Auch eine Lesbe.«

Er kicherte, als wollte er sagen: *War nur ein Witz*. Offenbar testete er aus, wie weit er bei mir gehen konnte. Ich kehrte an die Spüle zurück und machte mich an einem angetrockneten Stück Pommes zu schaffen. Claire kam auf leisen Sohlen hereingetappt, ihre Schuhe hielt sie in der Hand. Tobias schreckte auf, als er sie im Türrahmen entdeckte.

»Lass doch den Abwasch. Trinkst du noch ein Gläschen mit uns?«

Tobias sah nervös aus, sie hatte ihn mit ihrer geräuschlosen Rückkehr überrumpelt. Rasch mixte er drei Gin Tonic in geschliffenen Kristallgläsern, während Claire mich über mein Filmprojekt ausfragte. Ich versorgte sie, so gut ich konnte, mit ein paar zusammenhanglosen Details und schielte immer wieder zu ihr hinüber, um zu sehen, ob ihr mein Unbehagen auffiel. Doch sie wirkte abgelenkt, ihre Nägel klapperten auf den abgeschrägten Rändern ihres Handys herum. Ich stellte erleichtert fest, dass sich ihr Parfüm verflüchtigt hatte.

Tobias hatte einen übertrieben herzlichen Tonfall aufgesetzt, den er wahrscheinlich für Lehrerinnen, Erzieherinnen und andere Eltern reserviert hatte. »Es freut mich sehr, dass Claire die Kleider meiner Mutter an dich weitergibt. In den Achtzigern war sie ständig in Monte Carlo. Und es ist wirklich toll, dass der Roulettetisch wieder genutzt wird, genau so hatte ich mir das vorgestellt.« Er ging zum Kühlschrank. »Deine Adresse habe ich ja noch von der letzten Lieferung.« Er zwinkerte mir zu, und mir rutschte das Herz in die Hose.

Claire starrte auf ihr Handy, ohne etwas davon mitzubekommen. Ich fühlte mich in die Enge getrieben.

»Ich sage meinen Leuten, sie sollen dir die Kleider in den nächsten Tagen vorbeibringen.«

Ich bedankte mich bei den beiden und machte mich auf den Heimweg.

Als ich nach Hause kam, stand Hailey mit verschränkten Armen in der Tür. »Setz dich.«

»Warum?«, fragte ich und folgte ihr in ihr Zimmer.

Hailey machte ein ernstes Gesicht, zwischen ihren Augenbrauen erschien eine Furche. Ich ging in Gedanken hastig unsere letzten Gespräche durch. Mir fiel nichts ein, was die Zornesfalte gerechtfertigt hätte. Beklommenheit stieg in mir auf. Hailey ging in die Küche und ließ mich in ihrem Zimmer zurück, wo ich an meinen Nagelhäutchen herumzupfte. Eine U-Bahn rauschte vorbei, ihr Licht wanderte durch den Raum. Hailey kam mit zwei vollen Weingläsern wieder, und ich entspannte mich ein wenig.

»Spucks endlich aus«, flehte ich sie an.

»Also, nachdem du weg warst, war mir langweilig, und ich habe beschlossen, beim Schlossstipendium des Bundeskanzleramts Österreich anzurufen. Ich habe mit Annika Wetzler gesprochen, die für das Programm zuständig ist, und sie hat mir mitgeteilt, dass Beatrice Becks diese Saison dort nicht residiert.«

Hailey sah mich unverwandt an, mit weit aufgerissenen glänzenden Augen. Dann verzog sich ihr Mund plötzlich zu einem Lächeln. Mir lief ein kalter Schauder über den Rücken.

»Es stimmt also wirklich.«

»Ja, es stimmt. Sie ist nicht in Wien. Sie beobachtet uns.«

Ich setzte mich in meinem Sessel auf. »Okay, aber … meinst du, sie hat Kameras installiert? Also ernsthaft?«

»Durchaus möglich«, sagte Hailey leise.

Wir verbrachten den Rest des Abends damit, möglichst geräuschlos die Wohnung zu durchsuchen, auf allen Regalbrettern nachzusehen und die Möbel herumzuschieben. Aber alles, was wir finden konnten, war ein Verlängerungskabel in der Küche, das ins Leere zu führen schien.

10

Seit Silvester gehörte jeder rasierte Kopf, den ich in der Ferne entdeckte, Helen oder Holly oder Hannah von der Atelierparty. Normalerweise stellte sich heraus, dass es sich wieder nur um irgendeinen Jugendlichen handelte, den ich mit meinem verzweifelten Starren verwirrte, aber am Mittwoch – ich sah mir gerade die verschiedenen Föhne in der Haushaltsabteilung von Karstadt an – hob ich den Blick und traute meinen Augen kaum: Da hüpfte ein rasierter Schädel durch den Gang mit den elektrischen Zahnbürsten. Es war der richtige, der, den ich suchte. Noch schöner, als ihn mein drogenvernebeltes Hirn in Erinnerung hatte. Da mir vorübergehend die Stimme wegblieb, hob ich die Hand und winkte.

»Hi«, sagte sie so lässig und cool, dass ich noch verlegener wurde.

»Ich hab keine Ahnung, welchen ich mir kaufen soll«, erwiderte ich und zeigte dämlich auf die vor mir aufgereihten pistolenförmigen Haartrocknern. Es war eine Notlüge – ich würde natürlich den billigsten kaufen.

»Rasier dir einfach auch den Kopf.«

»Gute Idee.« Sie war wieder drauf und dran, mir zu entwischen, nahm Kurs auf die Abteilung mit den Küchengeräten. Ich rief ihr nach: »Wir machen bei uns zu Hause einen Club auf, er heißt Beatrice. Komm doch am Freitag zur Eröffnung.«

Den Namen *Beatrice* zu sagen, fühlte sich noch immer seltsam an.

»Okay. Setz mich auf die Gästeliste.«

Ihr Handy klingelte. Aus Angst, sie aus den Augen zu verlieren, bevor ich ihr die Adresse genannt und sie nach ihrem Namen gefragt hatte – schließlich konnte ich sie sonst schlecht auf die Gästeliste setzen –, folgte ich ihr und tat dabei so, als würde ich die Rückseite eines Philips-Turbo-Haartrockner-Kartons lesen. Sie bestätigte unterdessen eine Verabredung zum Abendessen. Als sie das Gespräch endlich beendet hatte, sagte ich: »Gib mir doch deine Handynummer, dann schicke ich dir die Adresse.« Hoffentlich kam ich auf diese Weise auch an ihren Namen. Ich gab ihr mein Nokia, und sie speicherte sich als Holiday Roberson ein. Hieß sie wirklich Holiday? Kein Wunder, dass ich mir den Namen nicht hatte merken können! Sie zwirbelte eine meiner Locken um ihren dünnen Finger, lächelte und stolzierte dann davon.

Ich blieb verzückt im Gang zurück. Dann schlenderte ich durchs Kaufhaus und malte mir aus, welche Kissenbezüge und welches Porzellangeschirr Holiday und ich für unsere zukünftige gemeinsame Wohnung aussuchen würden, überlegte, welche Art der Beleuchtung sie wohl bevorzugte, bestimmt eine indirekte. Meine Kaufhausträumerei fand ein jähes Ende, als die Frau an der Kasse meine Bezahlung für den Föhn nicht akzeptierte, weil meine Unterschrift auf der Quittung nicht mit der auf meinem Florida-State-Ausweis übereinstimmte, den ich mir mit sechzehn hatte ausstellen lassen, als ich das *Z* noch mit Schnörkeln geschrieben hatte. Ich versuchte, ihr ruhig zu erklären, dass sich meine Unterschrift quasi jedes Jahr ändere, da ich Künstlerin sei, aber sie schnaubte nur verächtlich und holte ihren Vorgesetzten, der meine Zahlung erst annahm, nachdem er meine Unterschrift auf den Mitgliedskarten von Gold's Gym, der New York Public Library und von Kim's Video inspiziert und gesehen hatte, dass sie auf jeder Karte vollkommen unterschiedlich aussah.

»Sie müssen sich mal entscheiden, wer Sie sein wollen«, tadelte mich der Vorgesetzte kopfschüttelnd, bevor er Richtung Schreibwarenabteilung davonging.

Zu Hause erzählte ich Hailey von Holiday Roberson. »Sie ist hübsch und Britin und hat einen rasierten Kopf.«

»Klingt ja megaattraktiv«, erwiderte sie herablassend. »*Holiday* – bestimmt ein erfundener Name.«

»Sie ist echt cool.« Ich wurde wieder zum Schulmädchen, starrte verträumt aus dem Fenster und überlegte, wie ich Holidays flapsige Art interpretieren sollte.

»Du bist also lesbisch?« Hailey gluckste spöttisch und räumte einen Stapel von Beatrice' Büchern beiseite, die sie gerade in ihre Tabelle eingetragen hatte.

»Ich war high«, antwortete ich ausweichend. Ich war noch nicht bereit, Hailey zu gestehen, was ich Tobias Breitbach gestanden hatte. Die Worte *Ich bin lesbisch* sollten noch eine Weile ganz mir allein gehören.

»Aha. Gut, dass du über Jesse hinweg bist.«

»Ja ...«

»Was würde Ivy davon halten?« Hailey stellte ihre Fragen mit der nüchternen Distanziertheit einer Ärztin, die sich bei einer Patientin nach Nebenwirkungen erkundigte. Nach Ivy hatte sie mich schon länger nicht mehr gefragt, und ich hatte in letzter Zeit auch nicht mehr so häufig an sie gedacht. Schuldgefühle machten sich in mir breit – als ob Ivy meine nachlassende Trauer spüren könnte.

»Sie würde wahrscheinlich nur sämtliche Einzelheiten

erfahren wollen und dann anfangen, unsere Hochzeit zu planen … Regenbogentorte … abgestimmte Kleider …«

Hailey schien das Interesse verloren zu haben und unterbrach mich: »Hast du schon entschieden, was du am Freitag anziehst? Ich denke, wir sollten verschiedene Epochen mischen. Was auch immer wir machen, wir müssen auf jeden Fall beide irgendein Merkmal von Beatrice einbauen. Ich habe mir überlegt, dass wir die Manschetten von den weißen Hemden in ihrem Kleiderschrank schneiden und sie als Armbänder tragen könnten – sozusagen symbolisch. Ich finde, das wäre wichtig.«

Die wenigen Kleidungsstücke zu zerschneiden, die Beatrice in ihrer Wohnung zurückgelassen hatte, erschien mir maßlos übertrieben, aber vielleicht war gerade das der Sinn des Ganzen. Von nun an gab es kein Zurück mehr.

»Okay. Ich hatte an das Kettenhemd gedacht.«

Sie schüttelte den Kopf und verfiel in ihren herrischen Tonfall: »Zieh das goldene Kleid an. Sonst wirkt es wie eine Halloween-Party.«

Ich verdrehte die Augen und ging in mein Zimmer, um zwei Kohlebriketts aufs Feuer zu werfen.

Die Hinrichtungs-Klingel riss uns beide aus dem Schlaf. Ein Mann in einem farbbespritzten Overall lieferte drei Kartons, auf denen mit schwarzem Filzstift in leserlicher Schrift mein Name geschrieben war.

»Halleluja«, trällerte Hailey und hatte den größten Karton schon aufgerissen, bevor die Wohnungstür wieder ins Schloss gefallen war. Mit der Inbrunst einer Zauberkünstlerin auf einem Kreuzfahrtschiff zog sie ein Knäuel grellgemusterter Halstücher heraus.

»Dieser Mann ist so ekelhaft, dass es schon fast wieder

beeindruckend ist. Wie findet es eigentlich Claire, dass er dir all diese Sachen schenkt?«

»Sie meinte, sie würde sowieso keine Kleider von anderen Leuten anziehen.«

Hailey nickte. »Britney Spears trägt auch jeden Tag neue Unterwäsche.« Sie probierte eine korallenrote Hose mit Fransensaum an. Ich gesellte mich zu ihr vor den Spiegel und hielt mir ein schimmerndes haselnussbraunes Kleid an. Als ich den Ziti-Auflauf vom Vorabend erbrochen hatte, war mir ein Äderchen im Auge geplatzt, aber ich fühlte mich dennoch wie neugeboren, irgendwie sogar schöner als vorher.

»Hier kennt uns doch kaum jemand, wir könnten einfach anfangen, diese Sachen jeden Tag zu tragen«, sagte ich und schlüpfte in ein cranberryfarbenes Bolerojäckchen. »Das könnte mein neues Ich sein.« Die Farbe betonte die Einblutung in meinem Auge. Ich zog das Jäckchen wieder aus.

»Das *ist* dein neues Ich«, sagte Hailey voller Überzeugung und drängte mich vom Spiegel weg, um sich selbst mit einem kanariengelben Turban zu betrachten.

Ich bewunderte Haileys lange Finger im Spiegel, als sie die Kopfbedeckung zurechtrückte. Ihre Nägel hatten weißlackierte Spitzen, klassische French Manicure. Mir gefiel die mädchenhafte Ernsthaftigkeit, mit der sie sich die Nägel machte. Letzte Nacht hatte ich mich ganz auf ebenjene Nägel konzentriert, als ich Haileys Gliedmaßen aus Dutzenden Bildern unseres Fotoshooting geschnitten hatte. Geduldig befreite ich jeden Zeh und jeden Finger mit einem Schablonenmesser vom restlichen Papier und klebte Haileys Hände wie Bäume ans untere Ende der Seite, um anschließend sieben runde Ausschnitte ihrer

Brust halbkreisförmig darüber anzuordnen – ein wandernder Vollmond, der einen Bogen am Firmament beschrieb.

»Was wir jetzt noch brauchen, sind mehr Stühle und Sektgläser«, sagte Hailey und machte es sich vor ihrem Laptop bequem, den Turban noch immer auf dem Kopf. In ihrer Lesebrille spiegelte sich der eBay-Schriftzug. Wir hatten nur noch drei Weingläser übrig. Mir war erst kürzlich ein weiteres kaputtgegangen, und ich hatte unser übliches »BEATRICE BRINGT UNS UM!« durch die Wohnung gebrüllt, zur Freude von Hailey, die es liebte, wenn wir unsere Insiderwitze pflegten. Jetzt machte sie ein bankrottes Restaurant ausfindig und kaufte zwanzig schwarze Stühle, acht Bistrotische und zwölf Kartons Sektgläser für unter vierhundert Euro.

Am Donnerstag trafen Hailey und ich uns im Wald, um zu besprechen, was für den Freitag noch vorzubereiten war. Obwohl wir keine Kameras gefunden hatten, kam es uns sicherer vor, unsere »Inszenierung« außerhalb der Wohnung zu planen. Die wichtigsten Weichen waren gestellt. Wir würden die Steuernummer des Wald benutzen, und Hailey hatte die Lieferanten erfolgreich davon überzeugt, direkt in unsere Wohnung zu liefern, wo wir die Ware bar bezahlen würden. Sie war sich sicher, dass Stefan die Abweichungen erst bemerken würde, wenn wir längst weg wären. Hailey zog das rote Tagebuch hervor, das ich ihr zu Weihnachten geschenkt hatte, und es befriedigte mich zutiefst, dass ich das Medium ausgesucht hatte, in dem unsere Geschichte festgehalten werden würde. Sie schlug das Buch auf und strich die vorderste Seite glatt, damit wir unsere ersten Zeilen zu Papier bringen konnten.

Wir haben beschlossen, einen Privatclub zu eröffnen. Zu unseren Partys laden wir die interessantesten Leute ein, denen wir bisher in Berlin begegnet sind, Künstlerinnen und DJs, Musiker, Dichterinnen und Denker. Jeder von ihnen darf einen weiteren Gast mitbringen. Otto wird Klavier spielen, Constance wird den Roulettetisch betreuen. Und Zoe und ich werden uns an der Tür und der Bar abwechseln. Wir lassen uns von den Salons de Paris inspirieren, den Varietétheatern Berlins, den Poetry Clubs des East Village.

Ich leerte mein Bier und feilte noch ein wenig am Text herum. »Ich hasse den Begriff *Denker*, warum ist das eine eigene Kategorie? Sind Künstler denn keine Denker? Das wirkt irgendwie abgedroschen.«

Hailey war beleidigt, weil ich ihre Formulierung infrage stellte. »Ich weiß, worauf Beatrice abfährt, schließlich habe ich alle ihre Bücher gelesen. Das ist genau die Art atmosphärische Beschreibung, die sie toll findet.« Sie schenkte mir bereits das nächste schäumende Bier ein, die Haare mit einem buntgemusterten Emilio-Pucci-Tuch zurückgebunden. Sie sah aus wie ein Filmstar oder eine Wahnsinnige – vielleicht auch beides.

Am Freitag liefen wir so richtig heiß. Jens war gekommen, um uns zu helfen. Wir räumten sämtliche belanglose Gegenstände in den Keller: Plastikwannen voll mit Beatrice' eher uncoolen Fachzeitschriften, Weidenkörbe, eine überdimensionale Gießkanne, eine Sammlung kleiner Messingfiguren, alles, was uns zu prosaisch erschien oder leicht entwendet werden konnte. Unsere eigenen Wertgegenstände – Pässe, Laptops, die teureren Kosmetikartikel – schlossen wir in der Speisekammer ein, die wir mit einem nagelneuen Zahlenschloss versehen hatten. Wir rollten das

Klavier in die Mitte meines Zimmers und schafften es mit großer Mühe, den schweren Roulettetisch anzuheben und in den Erker von Haileys Zimmer zu tragen.

Ich räumte gerade die letzten herumliegenden Sachen aus meinem Zimmer, als Hailey hereinkam und den Stapel Collagen bemerkte, den ich auf mein Bett gelegt hatte.

»Das ist meine Brust, oder?«, sagte sie mit eitlem Entzücken und zeigte auf die bogenförmig angeordneten Ausschnitte ihrer Schlüsselbeine. »Und das sind meine Hände, nicht wahr? Voll gruselig.«

»Sorry«, murmelte ich und versuchte den Stapel wegzulegen.

Sie griff nach dem Papier. »Nein, gruselig auf eine positive Art. Aber die andere Collage gefällt mir besser.«

»Welche?«, fragte ich.

»Die große. Die, die du immer unter deinem Bett versteckst.«

»Wie hast du …?«, fragte ich peinlich berührt.

»In dieser Wohnung bleibt nichts geheim«, antwortete sie lachend und zog die zusammengerollte Collage aus dem Wirrwarr an Künstlerbedarf, das ich unter meinem Bett verstaut hatte. Sie breitete sie aus, und wir starrten beide auf die Schwarzweißdarstellung von Haileys zerstückeltem Körper.

»Die ist der Wahnsinn. Darf ich sie haben?«, fragte Hailey. Ich nickte, glühend vor Stolz.

»Ach ja: Hast du noch Tampons?«

Ich zeigte auf meinen Rucksack. Zwischen uns herrschte eine neue, vibrierende Harmonie. Sogar unsere Zyklen hatten sich aneinander angepasst.

Die Klingel summte. Constance stand auf dem Treppenabsatz und hob die Augenbrauen, als ich öffnete.

»Habt ihr jetzt auch noch eine Metalband gegründet, oder was?« Sie warf ihre Jacke auf mein Bett. »Euer Eyeliner ist ein bisschen … sehr großzügig aufgetragen.«

Constance schob sich an uns vorbei in Haileys Zimmer, wo ihr Blick auf den Roulettetisch fiel. Ein Strahlen machte sich auf ihrem Gesicht breit, sie schnalzte mit der Zunge und fuhr dann liebevoll mit dem Zeigefinger die Tischkante entlang, bevor sie prüfend einige Male die Kugel warf und das Rad drehte.

»Habt ihr eine Wasserwaage?«, fragte sie schließlich. Ich holte eine aus dem Wandschrank im Flur hervor, und Constance legte sie auf den grünen Filz, mit dem der Tisch bezogen war, und runzelte missbilligend die Stirn. »Für heute Nacht muss es reichen, aber in Zukunft sollte der Tisch exakt gerade stehen. Und wie viele Jetons haben wir? Wir müssen sichergehen, dass die Leute sie nicht fälschen können.«

Ich reichte ihr den Lederkoffer mit den MDB-Jetons und wandte ein: »Ich glaube nicht, dass wir befürchten müssen, dass unsere Gäste Jetons fälschen.«

»Man weiß nie.«

Hailey grinste mir zu. Constance' Professionalität überraschte uns beide.

»O Gott, und was, wenn keiner kommt?«, jammerte ich nervös.

»Süße, die werden uns die Bude einrennen. Der Club ist neu, endlich was Interessantes zu tun am Wochenende. Alle haben die Nase voll davon, immer nur in derselben Bar in Prenzlauer Berg abzuhängen«, beruhigte mich Constance zuversichtlich.

Hailey schleppte zwei Arme voll Outfitmöglichkeiten für Constance zum Sofa. Aktuell trug sie ein Nirvana-

Shirt mit einem Taillengürtel und wirkte beleidigt, als Hailey darauf bestand, dass sie sich umzog. Nach einem Blick auf den Kleiderstapel besserte sich ihre Laune jedoch sofort. Sie hielt ein cremefarbenes trägerloses Kleid hoch und biss sich nachdenklich auf die Lippe, nur um es anschließend so gleichgültig wieder wegzuwerfen, als handle es sich um ein benutztes Taschentuch. Mit dem Finger stupste sie gegen die Halskrause des hellrosa Anzugs und prüfte die Dehnbarkeit einer moosgrünen Strumpfhose. Dann hielt sie den roten Hosenanzug von Tobias' Mutter hoch.

»Claire, die Frau, die mir die Klamotten gegeben hat, meinte, ihre Schwiegermutter hätte in diesem Hosenanzug mit Mick Jagger geknutscht.«

»Geknuuutscht!« Constance lachte. »Ich glaube nicht, dass mein Hintern da reinpasst«, sagte sie und hob ihr Shirt an. Sie schlüpfte in den Anzug, und er passte perfekt. Obwohl sie regelmäßig nackt für ihre Aktfotos posierte, versteckte Constance ihren Körper gern hinter modischen Oversize-Shirts und weiten Jeans. Aber sie war ein Bunsenbrenner, eine kontrollierte Flamme, die nun hell aufloderte.

Hailey kehrte mit einer Flasche Prosecco aus der Küche zurück. Nachdem sie sie entkorkt hatte, füllte sie vier Gläser und verteilte sie an uns. Constance stieß mit einem metallenen Mascara-Röhrchen gegen ihr Glas und sagte: »Auf Beatrice!«

»Jede versäumte Nacht in Berlin ist eine versäumte Nacht in Berlin«, fügte ich hinzu. Hailey senkte den Kopf, als würde sie salutieren. »Auf Beatrice.«

Ich machte ein Foto für Facebook, starr lächelnde Gesichter mit erhobenen Gläsern. Otto traf ein. Er unterhielt sich mit Jens auf Deutsch, während er sich auf dem Klavier warm spielte, den Anschlag prüfte, die linke Hand über die rechte legte und sich zu den hohen Oktaven hinaufbewegte.

Ich zog den Bauch ein und schloss den Reißverschluss meines goldenen Kleids, trug dunkelroten, beinahe schwarzen Lippenstift auf und legte ein Paar übergroße Kreolen an, die ich am St Mark's Place in New York gekauft hatte. Hailey übte melodisch trällernd ihren westamerikanischen Akzent: »Haaaallllllo, haeeeeeaaallllllo, heaaaallllllo!« Dabei stolzierte sie auf Plateausohlen und mit einer Strasskette um den Hals durch die Wohnung. Ich war etwas besorgt, dass ihr Look zu übertrieben wirken könnte, aber sie schien sich pudelwohl zu fühlen in ihrem engen Korsett, und sogar ihre mit Haarspray fixierten Locken, die wie genmanipulierte Rosen von ihrem Kopf hingen, wirkten an ihr seltsam natürlich. Sie kam zu mir und half mir, meinem Look den letzten Schliff zu verpassen: zwei von Beatrice' weißen Manschetten.

»Je strenger wir sind, desto mehr werden die Leute über uns reden«, sagte Hailey in Vorbereitung auf unsere Rolle als Türsteherinnen. »Das Wichtigste am heutigen Abend ist, dass wir die Kontrolle behalten.«

Ich übernahm die erste Schicht, in der am wenigsten los sein würde. In Berlin kam jeder zu spät.

Travis, ein kanadischer Musiker, den wir durch Jens kennengelernt hatten, war der Erste, der mit seiner Begleitung eintraf, einem gelangweilt wirkenden deutschen Sounddesigner namens Steel, der einen Ledermantel und Netzstrümpfe trug. Die beiden zahlten mit zerknitterten Geldscheinen. Ich gab ihnen ihre Jetons, und Hailey schaltete ihren übertriebenen Gastgeberinnencharme ein, offenkundig nervös, weil der Partyraum noch gänzlich leer war. Doch die angespannte Atmosphäre verflog, als Travis Constance entdeckte, die auf dem Roulettetisch saß. Mit großen Schritten durchquerte er den Raum und stellte sich vor, und sie hüpfte vom Tisch und brachte mit theatralischer Geste das Rad in Schwung. Wie aufs Stichwort begann Otto, »Umbrella« zu spielen, und Steel drückte Travis ein Proseccoglas in die Hand. Als Nächstes trafen Bärbel und Manuel ein, die aussahen, als wollten sie auf eine Beerdigung oder eine Wahlkampfveranstaltung. Manuel trug ein dunkelblaues Hemd und eine schmale Krawatte, Bärbel ein prüdes Rollkragenkleid. Als sie Hailey mit ihrem ausladenden Reifrock auf sich zustürmen sahen, fühlten sie sich sichtlich unwohl. Mir ging auf, wie überzogen alles wirken musste. Hailey hatte heute etwas fast schon Dämonisches an sich, und mir stieg vor Scham das Blut in den Kopf. Ich schüttelte meine Verlegenheit ab, indem ich noch einen Drink hinunterstürzte. Bald kam ein stetiger Strom von Gästen die Treppe herauf, bereit, mir an der Tür zehn Euro in die Hand zu drücken.

Leute zurückzuweisen, fiel mir schwer, doch irgendwann tauchte ein betrunkener Typ mit grellbunter Fleecejacke auf. Seine Haare standen wirr zu Berge, und seine Zähne waren voller Weinflecken. Er wollte, dass ich ihn umsonst hereinließ, und warf mir anzügliche Blicke zu.

»Kommschondasiss … dasiss ’ne Hausparty.« Er zeigte hinter mich. »Dubiss echt gemein.« Der Kerl erinnerte mich an mich und Hailey, wenn wir an einem beliebigen Abend bei uns zu Hause saßen und zu viel Glühwein getrunken hatten. Ich imitierte den Stiernacken vom Berghain und antwortete mit einem resoluten *Nein*, um anschließend auf mein Klemmbrett hinunterzublicken, als stünde dort eine wichtige Botschaft, der ich mich voll und ganz widmen müsste. Er trat den Rückzug an. Andere Gäste trafen ein. Ein Blonder mit den weichen Gesichtszügen eines Kleinkinds erklärte mir, er sei Chef einer Galerie in Charlottenburg und stehe nicht auf der Gästeliste, sei jedoch »bereit, ein bisschen mehr draufzulegen«. Ich sagte ihm, er müsse leider warten, bis jemand ohne Begleitung käme. Er sah mich mit der Ungläubigkeit eines reichen Privatschulsöhnchens an, willigte jedoch ein, eine Zigarette rauchen zu gehen und dann noch mal wiederzukommen. Und tatsächlich war inzwischen Violas Cousin Colin allein aufgetaucht, daher ließ ich den Galeristen herein.

Die meisten Berliner warfen sich nicht wirklich in Schale, wenn sie feiern gingen. Sie besaßen einfach eine Plastik- oder Lederversion des schwarzen Outfits, das sie die ganze Woche über trugen. Devin, der Marxist, erschien in einer Latex-Jogginghose und einem Netzshirt. Die kroatische Tänzerin folgte ihm in einem ledernen Minikleid, über das sie einen riesigen mit Nieten und Wäscheklammern übersäten Kapuzenpullover trug, den sie sich nach dem Ausziehen um die Hüfte knotete wie einen Wrestling-Gürtel. Meine Stunde an der Tür war abgelaufen. Hailey und ich tauschten die Poster.

Erleichtert, wieder in der Wohnung zu sein, beobachtete ich die Menschentraube um den Roulettetisch, an dem Constance würdevoll Hof hielt. Sie sammelte mit einem abgebrühten Lächeln die Einsätze der Umstehenden ein und drehte anschließend das Rad, woraufhin der ganze Saal in lauten Jubel ausbrach, unabhängig davon, wo die Kugel gelandet war. Otto klimperte etwas auf dem Klavier – es war irgendein Trinklied, das ich nicht kannte –, während ein Schweizer Maler mit donnernder Stimme seinen fliegenden Fingern zu folgen versuchte und grölte: »*Well, show me the way to the next whisky bar.*« Ich sah zu, wie einige im Kreis zusammenstehende Künstlertypen einen Joint im Uhrzeigersinn rundum wandern ließen und lässig auf den Boden aschten.

Als ich mich so in dem mittlerweile gut gefüllten Räumen umblickte, ging mir auf, dass das Schreckgespenst Liza Minnelli noch deutlicher über allem schwebte, als ich befürchtet hatte – die Lampen spendeten diffuses rauchverhangenes Licht, und der Zwanziger-Jahre-Kitsch klebte förmlich am verschnörkelten Deckenstuck. Zum Glück schien sich die Party nicht allzu ernst zu nehmen. Sie hatte einen gewissen rotzigen, schmuddeligen Hausparty-Charme, der sie trotzdem jung wirken ließ. Ich schob mich durch die elektrisierten Körper und dachte an Ivy. Sie hätte das alles geliebt, wäre eine perfekte Romanfigur für unsere Geschichte gewesen. In manchen Dingen glichen sie sich, Ivy und Hailey – beide konnten die Dinge aufregender und bunter erscheinen lassen, wie Prismen.

Ich belud gerade ein Tablett mit vollen Gläsern, als sich mir eine anmutige Hand entgegenstreckte. »Hi, bist du Zoe?«

Ich nickte.

»Hallo, ich bin Sam Cassady.«

Der Name löste einen regelrechten Autounfall in meinem Gehirn aus, ich wusste sofort, dass er mir in einem äußerst unangenehmen Kontext begegnet war. Dann traf mich die Erkenntnis: Samantha Cassady war das Mädchen, das mit Nate geschlafen oder ihm zumindest SMS geschickt hatte – *Lederhose und weißes Hemd*.

»Hallo«, sagte ich und kratzte mühsam mein inneres Gleichgewicht und die Überreste meiner Selbstbeherrschung zusammen.

»Constance hat mich eingeladen, sie meinte, das hier wäre deine Wohnung. Ich wollte mich bei dir bedanken: Ich bin gerade erst neu in die Stadt gekommen, und da ist es natürlich schön, wenn man gleich ein paar Leute kennenlernt.«

Ich stieß ein fremd klingendes nervöses Lachen aus. Samantha sah aus wie mit einer Airbrush-Pistole gemalt – die Wangen glänzend, die Haltung perfekt, das Lächeln wie aus einer Zahnpasta-Werbung. Ihre schwarzen Haare hatte sie zu einem komplizierten, wie gemeißelt wirkenden Zopf geflochten, der ihr über den Rücken hing. Was sollte ich zu dieser Person sagen? Nate kam mir inzwischen wie jemand aus einem anderen Universum vor, und dennoch brodelte etwas in mir. Nicht Hass. Eher Frust. Samantha erkannte mein Unbehagen und wies mit dem Kinn auf das Tablett in meiner Hand. »Sieht aus, als wärst du beschäftigt. Schön, dich kennenzulernen, und noch mal vielen Dank für die Einladung.«

»Ach klar, kein Problem.« Ich gab ihr ein Proseccoglas und drehte ihr dann schnell den Rücken zu, um eine Runde durch den Raum zu drehen.

Eine niederländische Künstlerin, die ich in der *Star Wars*-Bar kennengelernt hatte, schrie mir ins Ohr: »IHR HABT KEIN KLOPAPIER MEHR!« Ich schnappte mir bei Hailey im Hausflur einen Zwanziger und rannte in die eiskalte Dunkelheit hinaus. Auf dem Weg die Straße entlang blieb ich stehen und blickte zur Wohnung hinauf, die wie ein heller Stern in der Luft zu schweben schien. Ich fragte mich, ob Beatrice wohl auch irgendwo hier draußen war, ob sie hinter einem Gebüsch lauerte, alles beobachtete und sich eifrig Notizen machte. Die Vorstellung, dass wir all das eigentlich nur für sie taten, erschien mir bizarr.

Nachdem ich zwölf Rollen Toilettenpapier bei den vor dem Bad Schlange stehenden Gästen abgeliefert hatte, ging ich zu Constance, die gerade am Roulettetisch Jetons einsammelte.

»Du kennst doch dieses Mädchen dort drüben, oder? Samantha Cassady?«, flüsterte ich ihr ins Ohr.

Constance' Miene hellte sich auf. »Sam? Ja, ich dachte, die passt hier perfekt rein. Ich hab sie neulich bei einem Abendessen kennengelernt.«

Ich wich ein Stück zurück, um ihre Reaktion besser abschätzen zu können. »Wusstest du, dass sie mit meinem Exfreund geschlafen hat?«

»Was? Nein. Davon wusste ich nichts. Rede mit ihr. Sie ist echt cool, versprochen«, sagte Constance und kehrte zu ihrem Rad zurück.

Hailey stand mit verschränkten Armen in der Tür. »Die Leute wollen was anderes trinken als Prosecco«, verkündete sie sachlich.

»Sollen wir was beim Spätkauf holen?«

»Der Typ mit der Galerie ist gerade losgegangen, um ein paar Flaschen Wodka zu kaufen. Er erzählt überall rum, dass er während des Studiums mit Mary-Kate Olsen zusammengewohnt hat.«

»Das Mädchen, das kurz vor unserer Trennung Sex mit Nate hatte, ist hier«, sagte ich und sah sie erwartungsvoll an.

Hailey riss die Augen auf. »Dein Ernst? Du solltest sie windelweich prügeln!«

»Ja, oder?«, sagte ich dankbar. Auf ihre Bosheit war Verlass.

Ich übernahm wieder die Tür, gegen Mitternacht war die Wohnung brechend voll. Es schien, als wären die U-Bahn-Gleise vor der Haustür einzig und allein zu dem Zweck verlegt worden, neue Leute auf unsere Party zu bringen. Eine Frau in einem glänzenden Kunstfellmantel fing an herumzuschreien, als ich ihr mitteilte, wir könnten niemanden mehr hereinlassen. Hinter mir ging die Wohnungstür einen Spalt auf, und Sam, die offenbar gerade im Flur gestanden hatte, schlüpfte heraus und sprach ruhig auf die Kunstfellträgerin ein, bis diese sich entschuldigte und davonstöckelte.

»Wow. Das kannst du echt gut.«

Sam lachte prustend. »Ist sozusagen mein Spezialgebiet. Ich studiere im Hauptfach Soziologie und im Nebenfach Psychologie.«

Mir fiel auf, dass sie nichts mehr zu trinken hatte, daher kippte ich die Hälfte meines Wodkas in ihr Glas. Neugierig starrte ich sie an. Warum hätte jemand wie sie mit dem nerdigen Debattierchampion Nate schlafen sollen? Sie war eindeutig eine Nummer zu groß für ihn, aber vielleicht teilte sie ja seine Leidenschaft für Verschwörungstheorien. *Lederhose und weißes Hemd* … Der Wodka hatte mir die Zunge gelöst. »Tut mir leid, dass ich dich das fragen muss: Hattest du letztes Frühjahr in New York Sex mit Nate Kai?« Fast erschrocken über mich selbst hielt ich inne. Aber jetzt gab es kein Zurück mehr. »Ich war nämlich damals mit ihm zusammen.«

Sie sog scharf die Luft ein. Dann schnalzte sie missbilligend mit der Zunge und sagte: »O Gott, auf keinen Fall! Hat er dir das so erzählt?«

Ich fühlte mich auf einmal zittrig. »Äh, na ja … eigentlich hat er mir gar nichts erzählt. Ich hab mehrere SMS auf seinem Handy gefunden, da konnte er es nicht mehr leugnen.«

Sie holte tief Luft, berührte dann meinen Arm und sah mir in die Augen. »Tut mir leid, aber das ist wohl ein Missverständnis. Ich habe letztes Semester als verbale Domina gearbeitet, und er war ein Kunde von mir. Ich habe keine Ahnung, warum er dir erzählt hat, wir hätten Sex gehabt. Die SMS gehörten zu seinem Pauschalpaket.«

»Oh.« Ich war sprachlos und dachte an Nates Hang zu eigenartigen Psychospielchen zurück. »*Lederhose und weißes Hemd.*« Der Inhalt ihrer SMS entschlüpfte mir, und Sam reagierte mit einem eigenartigen Grinsen. Dann lachte sie und nahm noch einen Schluck Wodka. »Ja, ich musste ihm vorschreiben, was er anziehen sollte. Wenn wir ganz ehrlich sind, habe ich dir einen Gefallen getan. Er war nämlich ein ziemlicher …« Sie hob den Blick zur Decke und suchte nach dem richtigen Ausdruck. »Schnösel.«

Damit hatte sie nicht ganz unrecht. Es war Freitag, bestimmt schlürfte Nate gerade Hummersüppchen in der Upper East Side. Seine exzentrische Tante besaß ein elegantes Townhouse gegenüber vom Metropolitan Museum, und eine seiner Lieblingsbeschäftigungen am Wochenende bestand darin, ausgewählte Gäste zu »Mittagsführungen« durch ihre Picabia-Sammlung einzuladen. Ich atmete aus und nickte dann, tat so, als würde ich alles ganz locker sehen. »Arbeitest du immer noch … als … äääh … Domina?« Ich brachte das Wort kaum über die Lippen.

»Nein, ich hab meine Bachelorarbeit über Machtverhältnisse, ethnische Herkunft und die Kunstwelt geschrieben, danach war die Sache für mich erledigt. Bei allem geht es um Sex, außer beim Sex selbst.«

Ihre Antwort kam unerwartet. »Diese Bachelorarbeit würde ich echt gern mal lesen«, sagte ich betont beiläufig, als hätte auch ich eine umfangreiche wissenschaftliche Abhandlung über meine schreckliche Beziehung zu Nate in der Schublade.

Sie lächelte schief. »Sie wird dir auch nicht mehr Klarheit bringen, was deinen miesen Exfreund angeht, aber ich schicke sie …«

Bevor sie ihren Satz zu Ende bringen konnte, kam ein großer Typ im dunkelblauen Parka mit Kriegsgebrüll die Treppe heraufgerannt. Ich erkannte ihn wieder, ich hatte ihn und seine Kumpel vor einer Weile abgewiesen. Jetzt schrie er mich auf Deutsch an und beendete seine Schimpftirade, indem er in perfektem Englisch hinzufügte: *»You dumb American bitches are why Berlin is dead.«*

Sam streckte ihren ohnehin schon kerzengeraden Rücken durch und sprach ihn in seiner Muttersprache an. Die geballten Fäuste des Typs entspannten sich, er murmelte etwas in meine Richtung, das eine Entschuldigung zu sein schien, und wandte sich dann zum Gehen.

»Du sprichst also auch noch Deutsch.«

»Soldatenkind. Ich hab zwei Jahre auf der Airbase in Ramstein gelebt, als ich noch zur Middle School ging.«

Ich starrte sie verständnislos an.

»Das ist in der Nähe von Heidelberg.«

»Wow.«

»Ja. Fühlt sich komisch an, wieder in Deutschland zu sein«, sagte sie und blickte über die Schulter zurück zur Partygesellschaft. »Wir sollten nachher was zusammen trinken. Wenn du gerade nicht arbeitest, meine ich.«

Es fühlte sich nicht wie Arbeit an, aber als sie es so sagte, verspürte ich einen Anflug von Stolz. Er wurde rasch von einem schmerzhaften Druck auf meiner Blase abgelöst. Ich hatte die ganze Nacht noch nicht gepinkelt.

»Hey, würde es dir was ausmachen, kurz die Tür für mich zu bewachen, während ich aufs Klo gehe?«

»Überhaupt nicht.«

Ich umarmte sie, aufgeladen mit der Energie, die von dieser neuen, seltsamen Freundschaft ausging.

Die Niederländerin, die nach Toilettenpapier geschrien hatte, stand ganz vorn in der Schlange. Ich fragte sie, ob ich in die Badewanne pinkeln könne, während sie die Toilette benutzte. »JA!«, rief sie. Ich hielt mein goldenes Kleid hoch und kauerte mich über den Badewannenrand. Sie bot mir eine Line Koks an. Plötzlich verstand ich, warum ihre Stimme immer kurz davor schien, sich zu überschlagen. Ich tat ihr den Gefallen.

»COOLE PARTY«, sagte sie und betrachtete prüfend ihr Nasenloch im Spiegel.

Ich fand Hailey in der Küche und zog sie zu mir heran, um ihr von Sam und Nate, der Domina-Geschichte und Sams perfektem Deutsch zu erzählen.

»O mein Gott – wir brauchen sie!« Sie hielt inne, als sie meinen zugekoksten Blick bemerkte. »Alles okay bei dir?«

»Ja, ich steh auf sie, unglaublich, aber wahr. Sie scheint ziemlich schlau zu sein. Und sie passt gerade auf die Tür auf, weil ich aufs Klo musste.«

Ich fischte meine knallrote Nikon-Coolpix-Kamera aus der Speisekammer, um meine fotografischen Brotkrumen für Beatrice zu erstellen. Hailey bestand darauf, dass das erste Bild von ihr sein sollte. Ich willigte ein. Sie ging durch die Wohnung und suchte nach dem richtigen Hintergrund, scheuchte eine Gruppe Typen vom Roulettetisch weg, um an seine Kante gelehnt in Pose zu gehen. Sie zog ihren Reifrock hoch und entblößte ein angewinkeltes Bein. Während ich durch den Sucher schaute, fühlte ich mich an das altertümliche Fotostudio erinnert, in das mich Molly Webster mal in Kissimmee, Florida, geschleppt hatte. Dort hatten Zwölftklässler in mit Klettverschlüssen versehenen Kostümen aus verschiedenen Epochen posiert, mit Requisitenpistolen und Tonkrügen voll Schwarzgebranntem, erkennbar am aufgemalten XXX. Die Sepiabilder waren mir immer seltsam vorgekommen, eine beunruhigende Mischung aus Nostalgie und Narzissmus. Was hatte sich Molly von einem Foto versprochen, auf dem sie wie eine Saloon-Hure gekleidet war? Für wen war es gedacht gewesen? Dieselben Fragen warf nun Haileys entblößtes Knie auf.

In meinem Zimmer spielte Otto gerade ein deutsches Lied. Er haute mit so viel Schwung in die Tasten, dass ein Sektglas vom Klavier rutschte und in Hunderte kleine Scherben zerbrach. Dazu schrie eine große Britin mit fettigen Haaren den Text und streckte die Hände gen Zimmerdecke, halb sexy, halb bedrohlich. Otto spielte weiter, trotz der Glassplitter, die jetzt an seinen Fingern klebten. Die Britin spürte die dämonische Verschärfung der Situation und sprang auf einen der Bistrotische, wo sie exzentrische Tanzbewegungen machte, während die Töne aus ihrem gewaltigen offenen Mund schallten.

Ich machte ein Foto von der Szene. *Bella, bella, bella Marie, bleib mir treu.* Blut quoll aus Ottos Fingerkuppen. Die junge Frau mit den fettigen Haaren verrenkte sich immer wilder auf dem Tisch. Als Otto die Hände vom

Klavier nahm, waren die Tasten blutverschmiert. Der Raum brach in donnernden Applaus aus, gefolgt von *Zugabe*-Rufen. Mit einem T-Shirt wischte ich schnell so viel Blut ab, wie ich konnte. Und wie ein Hund, der in einem reißenden Fluss schwimmt, fing Otto wieder an, mit seinen blutigen Pfoten aufs Klavier zu hämmern. Er spielte das Lied noch mal von vorn, und die Britin führte ihre perversen Posen und ihren krächzenden Gesang fort.

Die wenigen Deutschen, die ich auf der Party kannte, schienen sich unwohl zu fühlen.

»Das Lied stammt aus der Nazizeit«, erklärte Jens und bewegte widerstrebend den Kopf im Takt.

»Verstehe. Ich hatte keine Ahnung, dass Otto so eine Rampensau ist. Er blutet immer noch.«

Jens verzog das Gesicht, schien aber trotzdem stolz auf seinen Freund zu sein. Ich machte noch ein Foto und ging dann in die Küche zurück, um meine Kamera zu verstecken. Hailey kam hereingerauscht und informierte mich mit ihrem schaukelnden westamerikanischen Akzent darüber, dass sie Sam offiziell angestellt hatte. »Ich hiiimmle sie an! Sie ist geniaaal! Wenn es für dich okay ist, übernimmt sie für den Rest der Nacht liebend gern die Tür.«

Ich war erleichtert.

Zwei Stunden später ging der Party allmählich die Luft aus. Steel zupfte an Travis' Arm und zog ihn mit sich fort, Hailey tauschte die Jetons jener Gäste gegen Geld ein, die sich noch daran erinnerten. »Kommt alle brav wieder!«, gackerte sie ihnen im hallenden Treppenhaus hinterher. Nachdem alle gegangen waren, versammelten Constance, Jens, Sam und ich uns um Otto, dessen Wunden inzwischen verbunden waren. Hailey zählte den Haufen Geld auf dem Klavier und machte ein zufriedenes Gesicht.

»Ich glaube, die Nacht war ein voller Erfolg«, sagte Jens mit einem Augenzwinkern.

»Nächstes Mal braucht ihr trotzdem eine vollausgestattete Bar mit Barkeeper. Die Leute sollten nicht ihren eigenen Alkohol mitbringen dürfen«, merkte Sam an.

Hailey nickte.

»Schmeißt ihr solche Partys jetzt jeden Freitag?«, fragte Sam.

»Ja«, antwortete Hailey, ohne mich anzusehen.

An ein nächstes Mal hatte ich bisher keinen Gedanken verschwendet. Ich ließ den Blick durch mein verwüstetes Zimmer schweifen, überall lag Küchenpapier in den Pfützen verschütteter Drinks. Ich war mir nicht sicher, ob ich das alles wirklich noch mal wollte. Gäste zu begrüßen, machte mir keinen Spaß. An der Tür zu stehen, war noch schlimmer. Am glücklichsten war ich, wenn ich alkoholisiert lächelnden Menschen Prosecco in die Hand drücken und mich hinter einem Tablett voller Gläser verstecken konnte.

Hailey legte ihren Arm um Sam, die beiden lachten über irgendetwas. Es ärgerte mich, dass Hailey sie sofort für sich beanspruchte. »Tja, dann übernehme ich wohl die Bar«, sagte ich.

Hailey schien sich zu freuen. »Perfekt, ich kann dir alles beibringen.« Sie wandte sich an Sam. »Und würdest du noch mal die Türsteherin spielen?«

»Klar, kein Problem.«

»Ich will wieder an den Roulettetisch«, sagte Constance.

»Was du nicht sagst!«, erwiderte Hailey und begann, ihr Korsett aufzuschnüren. Ich tat es ihr nach, schlüpfte aus meinem goldenen Kleid und schnappte erleichtert nach

Luft. Die Türklingel summte, ich zuckte erschrocken zusammen und verschüttete Tequila über mein Bein. Die Niederländerin stürzte ins Zimmer, ein aufgeschreckter Hase mit riesigen erwartungsvoll aufgerissenen Drogenaugen. »ICH HAB MEINE HANDTASCHE VERLOREN!«

»Ist sie blau?«

»JA!«

»Dann liegt sie in der Küche.«

»GOTT SEI DANK! IHR SEID DIE BESTEN! KOMMT DOCH MIT INS BERGHAIN. ICH STEH AUF DER LISTE, WIR KÖNNEN ALSO EINFACH REINMARSCHIEREN. MEIN TAXI STEHT SCHON UNTEN!«

Jens und Otto hatten bereits ihre Jacken an. »Zu müde«, sagten sie einstimmig, ein kraftloses Duett. Sam, Constance, Hailey und ich sahen uns an.

»Wir müssen uns erst umziehen«, sagte Hailey. Wir standen in unseren schwarzen Strumpfhosen und BHs im Zimmer und waren ratlos. Nachdem wir bereits zweimal an der Tür des Clubs abgewiesen worden waren, erschien es uns besonders schwierig, das richtige Outfit auszusuchen. Die Niederländerin rannte in die Küche, um ihre Handtasche zu holen. »IHR SEHT SUPER AUS, ES IST DAS BERGHAIN. ZIEHT EINFACH EURE MÄNTEL DRÜBER. ICH GEH JETZT, DAS TAXI WARTET!«

Hailey zuckte die Achseln, stieß mich mit dem Ellbogen an und sagte ihren Impro-Theater-Satz: *»Ja, und …«*

Ich zog meine Jacke an und schlüpfte ins dunkle Treppenhaus. Constance und Sam folgten mir. Hailey schnappte sich noch zwei Fünfziger aus dem Schuhkarton in der Speisekammer und kicherte, als sie die Wohnungstür abschloss.

Der Himmel erstrahlte bereits in seiner tiefblauen Morgenpracht. Die Taxifahrt war ein kicherndes Durcheinander, dann hielten wir vor dem ehemaligen Fernheizwerk und erblickten die Warteschlange: an die dreihundert Leute, die friedfertig wie eine Viehherde dastanden und vor deren Mündern Atemwolken in der eiskalten Luft hingen, weiß und rund wie Sprechblasen. Nachdem die Niederländerin die Taxitür zugeknallt hatte, warf sie ihr kastanienbraunes Haar zurück und stolzierte an sämtlichen Touristen, Technojüngern und Party-Kids vorbei zur Tür, während wir ihr verlegen folgten. Nachdem uns der massige Türsteher einschüchternd gemustert hatte, durchblätterte er die Gästeliste, bis er Milla Haas gefunden hatte. Die Niederländerin hatte jetzt einen Namen. Und genau wie sie gesagt hatte, marschierten wir direkt hinein.

Im Eingangsbereich des Betonbunkers gab ich einer strengen Brünetten mit Kurzhaarschnitt meinen Parka und erhielt im Gegenzug eine Plastiknummer an einem Lederband, das ich mir um den Hals legte. Es roch nach Marihuana und Schweiß. In Strumpfhosen und meinem BH war ich immer noch weniger leicht bekleidet als die meisten anderen Leute. Wir erklommen das Treppenlabyrinth zum Main-Floor, wo lauter Techno dröhnte. Sam und Hailey begannen, auf und ab zu hüpfen, Constance eilte davon, um eine Runde Bier zu kaufen. Hailey sah mich mit einem triumphierenden Lächeln an. Die Musik war so laut, dass es sich anfühlte, als würde die Luft im Raum herumgeschleudert. Auf Betonpodesten präsentierten sich lederbekleidete schwule Männer dem tanzenden Volk wie wertvolle Luxusschlitten bei einem Autosalon.

Nachdem ich etwa eine Stunde lang den Hals vor und zurück bewegt und die Arme hin und her geworfen hatte, brach ich aus unserer euphorischen Mädchenformation aus, um die Umgebung zu erkunden.

Eine Metalltreppe führte zu einer kleineren Tanzfläche hinauf, wo die Rollläden im Takt der Musik klapperten und in rhythmischen Abständen das grelle Morgenlicht hereinließen. Ich ging an einer Reihe Nischen vorbei, die mit Kunstlederbänken ausgestattet waren und in denen sich Körper in ineinander verschlungenen Einheiten langsam bewegten. Nachdem ich mich im Gebäude weiter nach oben geschlängelt und eine unmarkierte Tür geöffnet hatte, fand ich mich ungewollt in einem der Darkrooms wieder. Ich glaubte, einen nach vorn gebeugten Mann mit einer Faust im Anus zu sehen, war mir jedoch nicht sicher. Die Gestalt bewegte sich, stöhnte. Ich wandte mich zum Gehen. Weil ich nicht erkennen konnte, wo der Raum aufhörte, legte ich die Hand an eine Wand und berührte etwas Nasses. Vielleicht war es Bier, vielleicht Speichel, wahrscheinlich handelte es sich aber um Sperma. In Gedanken hörte ich die Stimme meiner Mutter, die mich anwies, nicht mein Gesicht zu berühren. Als ich endlich einen Seifenspender fand, war er kaputt. Ich kratzte die blaue Flüssigkeit mit der Hand heraus wie ein Zeichentrickbär den Honig. Die Toiletten waren eindeutig die Schnellstraßen des Clubs, überall sausten rauchende, schnaubende, lachende, hustende Körper vorbei, und am Ende des Raums kniete ein Mann neben dem großen Edelstahl-Pissoir, bereit, den Urin von jedem zu trinken, der wollte.

Mit meinen wieder sauberen Händen schob ich mich durch eine Amöbe aus Feiernden, stieg eine weitere Metalltreppe empor und betrat eine Bar, in der es eine Gefriertruhe mit Eiscreme gab. Eine völlig unerwartete Oase. Ob diese Fata Morgana tatsächlich existierte, ließ sich nur auf eine Art herausfinden. Ich bestellte eine Kugel Pistazieneis. Das Eis war echt, und in Amerika war noch Freitag – eine Welle der Trauer erfasste mich. Ich setzte die Tradition fort, was Grandma Jane bestimmt gutgeheißen hätte, wenn auch vielleicht nicht den Kontext. Ich saß auf einem Hocker, leckte an meinem Eis und ließ mich von der Musik überspülen, einem Chor aus Zitteraalen. Sie war hier. Ich spürte, wie sie meinen Körper umschlang. Sobald ich eine Tanzfläche betrat, war Ivy bei mir, ich glaubte, es lag daran, dass sie dort, umgeben von sich bewegenden Körpern, am glücklichsten war. Ich schloss die Augen und sah die Sprungkraft ihrer Gliedmaßen vor mir, ihre schwebenden Arme, ihre ausgestreckten Beine, ihren gewölbten Rücken; einen herumwirbelnden Kronleuchter aus blondem Haar, der sich über den verschwitzten Köpfen der Clubbesucher drehte.

Ich schlug die Augen auf, weil ich wahrnahm, dass sich jemand näherte. Holiday stand vor mir, mit einem breiten albernen Grinsen. Überrascht wich ich zurück. Sie trug ein schwarzes Neckholder-Top und enge schwarze Shorts, die im Schritt ein V bildeten.

»Bist du wirklich so betrunken?«, fragte sie.

»Die entscheidende Frage lautet: Ist dieses Eis wirklich so gut?«

Sie knuffte mich in die Seite, meine dämliche Antwort schien sie zu amüsieren. »Und, ist es so gut?«

»Absolut«, sagte ich und hielt ihr das Eis hin. Sie leckte daran.

»Du bist nicht zu unserer Party gekommen«, quengelte ich wie eine Achtjährige im Eiscafé.

»Euer Club ist jetzt schon in aller Munde.«

Stolz richtete ich mich auf. »Na also. Warum warst du nicht auch da?«

Sie stellte sich zwischen meine Beine, ihr Gesicht war nur Zentimeter von meinem entfernt. »Die Kunstszene macht mir Angst. Musiker sind mehr mein Ding.«

»Warum macht dir die Kunstszene Angst?«

»Weil alle so damit beschäftigt sind, wie alles nach außen wirkt, dass sie gar nicht wissen, wie man sich wirklich amüsiert.«

Ich tat ihre Begründung mit einem Achselzucken ab, verstand jedoch genau, was sie meinte: die Stunden, die wir vor dem Spiegel verbracht hatten, um unsere Looks zu perfektionieren, die endlosen Diskussionen darüber, wo die verschiedenen Gegenstände in der Wohnung positioniert werden sollten.

»Dann zeig du es mir«, sagte ich, wischte mir die Eiscremefinger an meiner Strumpfhose ab und streckte ihr die Hände hin, damit sie mich zur Tanzfläche zog.

Solange Holiday in Sichtweite war, hatte sie die Hände auf mir, ließ sie meine Strumpfhose hinunterwandern, schlang ihren dünnen Arm um meine Hüften. Sie war unwiderstehlich, spuckte vor dem Küssen auf den Boden. Eine rasende Abfolge von Spucken, Küssen, Verschwinden, die totale Verwirrung.

Ich wollte in sie hineingreifen und alles über sie erfahren. Ich wollte sie verzehren. Sie in Stücke schneiden und aufessen. Wollte sie werden, in ihren Besitz übergehen. Wenn wir tanzten, befürchtete ich, dass sie meine Gedanken lesen konnte. Sie ließ ihre Hände über meinen Rücken gleiten, zog mich dicht zu sich heran, unsere Brüste schmiegten sich aneinander. Während der kurzen

Tageslichtintervalle versuchte ich, mir sämtliche Einzelheiten ihres Gesichts einzuprägen. Ihre schiefe Nase. Die geweiteten Pupillen ihrer braunen Augen. Ihre gepiercten Ohren, das rechte höher als das linke. Wir rieben uns aneinander. Ich war feucht. Nach mehreren Stunden oder vielleicht auch nur Minuten löste sie sich in Luft auf. Ich spürte noch ihre Haarstoppeln an meinen Fingerspitzen, aber sie war nur noch Schall und Rauch. Ich schrieb ihr eine SMS: BIST DU NOCH DA? Keine Antwort. Auf der Suche nach ihr durchkämmte ich den Club und machte mich dann im fauligen Licht des Nachmittags auf den Weg zur U-Bahn, zutiefst enttäuscht darüber, dass sie, schon wieder, nicht bei mir war.

11

Der Kater dauerte das ganze Wochenende. Meine Hausschuhe machten schmatzende Geräusche, wenn ich durch die klebrigen Stellen auf dem Parkett schlurfte. Hailey hatte unsere Einnahmen dreimal gezählt, während sie im Schneidersitz auf ihrem Bett saß: Wir hatten genug für die Miete und sogar noch etwas übrig. Erst am Montagnachmittag fühlten wir uns stark genug, um mit dem Putzen zu beginnen. Ich schrubbte die in getrocknetem Prosecco erstarrten Zigaretten mit Stahlwolle vom Boden, während Hailey mit dem Wischmopp hantierte. Unsere Nokia-Klötze piepsten und vibrierten seit Freitag unaufhörlich, und wir hatten mindestens zwei Dutzend Facebook-Nachrichten erhalten.

Wann ist die nächste *Beatrice*-Party?

Warum war ich nicht eingeladen?

Habt ihr meinen schwarzen Pulli gefunden?

Wir antworteten niemandem. Hailey fand, es sei wichtig, eine gewisse Spannung aufrechtzuerhalten. Ich stürzte trotzdem bei jedem Signalton zu meinem Handy, weil ich hoffte, es sei Holiday, was Hailey irgendwie zu ahnen schien.

»Ich hab deine kahlköpfige Freundin gegoogelt«, teilte sie mir am Abend mit, während sie Pilze anbriet.

Ich hustete. »Woher hast du …?«

»Du hast mir erzählt, dass sie mit Nachnamen Roberson heißt. Entweder ist sie eine Serienmörderin oder die komplette Versagerin. Sie hat noch nicht mal einen Facebook-Account. Du meintest, sie würde irgendwas mit Musik machen. Das bezweifle ich. Das Einzige, was ich ausgraben konnte, war eine Erwähnung im Nachspann eines *extrem* unbekannten Indie-Films, bei dem sie offenbar den Ton gemischt hat.«

»Hailey, das spielt keine Rolle.«

»Sollte es aber!«, rief sie mir hinterher, während ich verärgert die Küche verließ.

Wir waren uns nicht sicher, was Beatrice alles gesehen hatte, wussten nicht, wie gründlich sie uns überwachte. Hailey hatte in einem Secondhandladen ein Fernglas gekauft und beobachtete unsere Straße, während sie Cornflakes direkt aus dem Karton futterte. Sie entdeckte mehrere Prostituierte beim Oralverkehr in den Autos ihrer Freier, aber keine Beatrice. Hailey hatte auch direkt nach der Party einen ausführlichen Tagebucheintrag verfasst, doch wir waren seither nie länger außer Haus gewesen als für einen kurzen Supermarktbesuch, daher konnte Beatrice ihn noch nicht gelesen haben. Wir gingen jedoch davon aus, dass sie unsere Facebook-Einträge las, und überlegten, ob wir unsere dort eingestellten Fotos mit einem Wasserzeichen markieren sollten, damit man sie besser der Party zuordnen konnte. Wir entschieden uns für ein Helvetica-*B* in der rechten unteren Ecke jedes Bilds.

Ich hatte ungefähr zwanzig Fotos geschossen, die unserer Meinung nach eine solche Markierung verdient hatten. Unsere Kriterien für ein *B*-Foto waren, dass sie die Stimmung der Party einfingen und ein *punctum* besaßen. Im ersten Studienjahr hatten wir beide Roland Barthes lesen müssen, und nun saßen wir zusammen unter meiner Bettdecke und diskutierten wie im Grundkurs Fotografie über »jenes Zufällige, das mich besticht« – die Stelle eines Bilds, die den Betrachter fesselt. Bei dem Foto von Celia, wie sie mit ausgestreckten Armen auf dem Bistrotisch stand, waren wir uns einig: Das *punctum* war das mit Ottos Blut vollgesogene T-Shirt zu ihren Füßen. Als Nächstes nahmen wir uns das Foto von Sam an der Wohnungstür vor, die Warteschlange als im Schatten liegende Masse hinter ihrem Rücken. Hailey argumentierte, das *punctum* sei das Blitzlicht, das von ihrem Sektglas reflektiert wurde, ich fand, es sei ihre schräge Kopfhaltung, als wollte sie gleichzeitig über die Wartenden wachen, während sie für mich posierte. Und dann das Foto, auf dem Hailey am Roulettetisch lehnte – Hailey bestand darauf, das *punctum* sei, dass ihr Bein auf den Körper einer jungen Frau im Vordergrund weise, wodurch ein Dreieck zwischen ihnen beiden entstehe. Ich hingegen wusste: *punctum* dieses Bilds war die offensichtliche Gier, fotografiert zu werden, die aus Haileys Augen sprach.

Am Dienstag wachte ich mit Kopfschmerzen auf. Hailey war nicht da, also durchsuchte ich ihren Kulturbeutel nach einer Schmerztablette. Vermutlich versuchte sie gerade wieder, sich in die elitäre, schwer zugängliche Welt der Charlottenburger Galerien zu drängen, um herauszufinden, ob die Kunde von unserer Party bereits bis dorthin vorgedrungen war. Sie war fest entschlossen, einen bleibenden Eindruck zu hinterlassen. Also löcherte sie die gelangweilten jungen Galerieassistentinnen hinter ihren Laptops mit Fragen, weil sie wusste, dass es nicht genügte, einfach nur durch die Ausstellungen zu schlendern und die gerahmten Bilder mit einem Kopfnicken zu quittieren.

Das konnte jeder. Sie hingegen verlangte den Begleittext, studierte gründlich, was über Gegenüberstellung,

Spannung und stoffliche Fluidität der ausgestellten Werke geschrieben stand. Unser Badezimmer war übersät mit Galeriekatalogen. Ich war mir ziemlich sicher, dass Hailey die Pressemitteilungen las, während sie ihr großes Geschäft erledigte, weshalb ich es vermied, sie anzufassen. Visuelles Klopapier, *stoffliche Fluidität.*

Ich starrte gerade auf meinen Laptop, als es klingelte. Hailey vergaß regelmäßig ihren Schlüssel, also drückte ich geistesabwesend den Türöffner, machte die Wohnungstür auf und kehrte zu meinem Bett zurück, ohne auf sie zu warten. »Hallo?«, rief eine männliche Stimme über das *»Shoo-bop-bop-bop-bop«* von Joni Mitchell hinweg.

Ich sprang auf und stieß einen spitzen Schrei aus.

Im Hausflur stand ein Mann mit wildem Haarschopf und enger brauner Weste und ließ ein Gewitter aus deutschen Wörtern auf mich herab. Ich schüttelte den Kopf, um den Erguss zu stoppen. »Englisch?«, flehte ich schließlich.

Er bemerkte mein mangelndes Verständnis, hob die Hand, als wollte er ein Auto abbremsen, beugte sich vor und nahm ein an einem Lederriemen hängendes Plastikrohr von seinem Rücken. Er schraubte den Deckel des Rohrs ab und zog einige zusammengerollte Dokumente heraus – offenbar handelte es sich um Baupläne. Dann zeigte er auf eine verschwommene Fotokopie eines von Hand gezeichneten, mit Notizen in schräger Handschrift versehenen Plans. Das abgebildete Gebäude sah ungefähr aus wie das, in dem sich unsere Wohnung befand.

Wieder wies er auf das Dokument. Noch mehr Sätze auf Deutsch. Ich schüttelte den Kopf. Er wirkte verzweifelt. *»I coming. I, Fritz Weigel. Must – look.«*

Er schien sein gesamtes Englisch zusammengekratzt zu haben.

»Warum?«, fragte ich. Es war eins der wenigen deutschen Wörter, die ich kannte.

Er wirkte äußerst erfreut über meinen Versuch, mich in seiner Muttersprache auszudrücken, und antwortete mit einer weiteren Flut langer unverständlicher Wörter. Wo war Hailey, wenn ich sie brauchte? Er machte eine Bewegung mit seinem Unterarm, die offenbar das Öffnen und Schließen einer Tür symbolisieren sollte. Fritz Weigel war eindeutig zu muskulös, um Architekt zu sein. Er machte noch eine Bewegung mit dem Unterarm, die diesen Eindruck bestätigte. Ich hatte keine Ahnung, was er wollte.

Scheinbar ausweglose Situationen wie diese fanden nur dann ein Ende, wenn eine der beiden Parteien von ihrem bisherigen Verhaltensmuster abwich, das war mir klar. Entweder ich knallte ihm die Tür vor der Nase zu, oder er würde in wenigen Sekunden in unserer Wohnung stehen. Dazwischen gab es nichts. Er hielt mir eine laminierte Karte hin, auf der neben der Aufschrift BAUGRUPPE SCHÖNEBERG sein Gesicht zu sehen war. Ich seufzte und machte einen Schritt zur Seite.

Fritz mit den wilden Haaren stürmte ohne zu zögern hinein. Ich folgte ihm und sah ihn gerade noch Richtung Küche abbiegen. Als er nicht hinsah, schnappte ich mir unauffällig das einzige gute Messer vom Abtropfgestell und schob es als Vorsichtsmaßnahme in die Känguru-Tasche meines Kapuzenpullovers. Wenn es sein musste, würde ich zu Uma Thurman in *Kill Bill* mutieren. Fritz sah sich in der Küche um. Sie war immer noch in einem furchtbaren Zustand – Partyreste klebten am Tisch, in der Spüle stapelte sich das Geschirr und aus der offenen Waschmaschine quollen säuerlich riechende Stoffknäuel.

Fritz wirkte davon völlig unbeeindruckt, er schien einfach nur dankbar zu sein, seine Mission ausführen zu dürfen, worin auch immer diese bestand. Fröhlich nahm er die Wände in Augenschein. Die mit Gänseblümchen und Trauerweiden bedruckte Tapete lag größtenteils hinter Bücherreihen und zahlreichen Kisten verborgen, in denen sich – wie ich seit unserer Durchsuchungsaktion wusste – redigierte Manuskripte befanden. Mir gefiel das Chaos, es wirkte gemütlich. Fritz zeigte auf den Tisch. Ich verstand, und wir begannen, ihn gemeinsam freizuräumen, indem wir zunächst eine Ansammlung von Bierflaschen auf den Boden stellten und dann die Teekanne und Haileys Toastreste neben die Spüle verlagerten. Nachdem ich den Tisch flüchtig abgewischt hatte, breitete Fritz seine Pläne aus, richtete sich auf und betrachtete sie fachmännisch, wobei er erneut mir unverständliche Worte murmelte.

Dann machte er schlagartig kehrt und fing an, gegen die Wand neben dem Fenster zu klopfen. Sie war mit demselben vergilbten Siebziger-Jahre-Muster tapeziert wie der Rest der Küche und beherbergte zwölf billig wirkende mit Winkeln angebrachte Regalbretter, auf denen sich weitere Bücher drängten, hauptsächlich klassische Liebesromane wie *The Emerald Peacock* und *Gone with the Wind*. Staub rieselte wie Schuppen von der Decke herab. Fritz drückte auf die rechte Wandkante, und schon schwang sie mitsamt den Liebesromanen auf – ein aufklappbares Rechteck. Ohne noch einmal zurückzublicken, zog Fritz eine Taschenlampe aus der Hosentasche und bückte sich, um jene dunkle neue Welt hinter der niedrigen Öffnung zu betreten.

Mir war sofort klar, um was es sich handelte. Vor etwa einer Woche hatte uns Jens, der gerade umgezogen war, erklärt, dass Wohnungen in Vorkriegsbauten wie diesem früher viel größer gewesen waren. Oft war die ganze Etage zu einem einzigen weitläufigen Komplex verbunden gewesen. Die Inhaber residierten im Vorderhaus, während ihre Dienstboten im hinteren Teil des Gebäudes hausten. Das »Berliner Zimmer«, wie es auf Immobilienbörsen liebevoll genannt wurde, war der langgezogene, einer Durchgangsstraße ähnelnde Raum, der Dienstbotenzimmer und Herrschaftsgemächer miteinander verband. Häufig gab es nur ein einziges Fenster mit Blick auf die Mülltonnen und rostigen Fahrräder im Hinterhof. Durch unser Berliner Zimmer war eine Trennwand gezogen worden, um Küche und Badezimmer zu schaffen. Das Bad war fensterlos geblieben, das begehrte »Müllfenster« befand sich in der Küche. Aber offenbar gab es die Verbindungstür zur Dienstbotenwohnung noch, Fritz war gerade durch sie verschwunden.

Ich blieb allein in der Küche zurück. Aus der neuentdeckten Tür wehte Luft herein, hart und kalt. War Beatrice da drinnen? Ich hatte plötzlich ein flaues Gefühl im Magen. War sie etwa die ganze Zeit dort gewesen? Hatte sie daher gewusst, dass ich mich regelmäßig übergab? Gab es ein Guckloch? Durch die Vordertasche meines Pullovers tastete ich nach der flachen Klinge des Küchenmessers und kratzte all meinen Mut zusammen. Ich musste ebenfalls hinein. Was auch immer jenseits der Öffnung lag, ich wollte es sehen. Also opferte ich meine Wollsocken und trat durch die Öffnung. Zunächst sah ich nur Fritz, der mit der Taschenlampe im Mund auf dem Boden kniete und einen Sicherungskasten betrachtete, aus dem verschiedene Kabel ragten. Er zog eine kleine Kamera hervor und schoss mehrere Bilder. Der Blitz leuchtete wiederholt auf, und ich sah, dass es sich um eine Einzimmerwohnung handelte, deutlich schlichter als unsere, mit Dielen aus unbehandeltem Holz und ohne Zierstuck an der Decke.

Fritz sah mich in der Tür stehen, machte eine ausladende Handbewegung durch den Raum und rief: *»Surprise!«*

Ich verzog das Gesicht, es war eine angsteinflößende Überraschung. Fritz sah meine Furcht und lachte ein herzhaftes »Harr-harr-harr!«. Die staubige Luft brachte mich zum Husten. Er winkte mir, ihm zu folgen. »Kommen Sie, kommen Sie«, sagte er. War dies unsere Strafe für die Party? Würde der gutgelaunte Fritz mich für immer hier einschließen? Ich war zu neugierig, um ihm nicht zu folgen. Also trippelte ich dem kleinen runden Lichtstrahl von Fritz' Taschenlampe hinterher, den strohigen Läufer entlang. Am Ende des fensterlosen Flurs lag ein winziger Raum mit einer Toilette – man hätte sich hinhocken und die Knie bis an Kinn ziehen müssen, um sie zu benutzen. Am Rand des Lichtkreises waren Spinnen zu erkennen, die Richung Wände davonkrabbelten. Fritz gab einen universellen Laut des Ekels von sich: »Bääääähhh.« Dann richtete er die Taschenlampe nach rechts und beleuchtete den Durchgang zu einer trostlosen Küche mit ochsenblutrotem Boden, auf dem die fettigen Umrisse längst verschwundener Küchengeräte zu sehen waren. Jenseits dieser Küche erhob sich eine weniger prächtige Version unserer Wohnungstür, die vermutlich in das hintere Treppenhaus hinausführte. Ich runzelte die Stirn, weil ich mir nur zu gut vorstellen konnte, wer den Schlüssel dazu besaß. Fritz machte ein Foto von der Tür und zog ein Maßband hervor. Er schrieb rasch ein paar Zahlen auf und drehte sich zum Rückzug bereit um, wobei er mir bedeutete vorauszugehen.

Zurück in der sicheren hell beleuchteten Küche unserer Wohnung schloss Fritz die Geheimtür und schob seine Pläne zurück in ihre Transportröhre. Mir brannten zehntausend Fragen auf der Zunge, aber ich hatte keine Möglichkeit, sie zu stellen. Kein Pantomime wäre talentiert genug gewesen. Ich stand wie angewurzelt mit weit aufgerissenen Augen da und starrte auf die Stelle, die ich für eine gewöhnliche Bücherwand gehalten hatte. Fritz setzte unterdessen seine Arbeit fort, murmelte vor sich hin, während er den Türrahmen der Küche ausmaß und sich die Daten auf einem Millimeterpapierblock notierte. Im Flur klopfte er beherzt mit der Faust gegen die Wand zu meinem Schlafzimmer. Vielleicht befand sich dort auch eine Geheimtür. Vielleicht hatte sich Beatrice dahinter in einer versteckten Kammer zusammengerollt. Ein deutsches Narnia. Bei Fritz erschien mir alles möglich. Er streckte mir den Arm entgegen, als wollte er mir ein Ballontier überreichen. Mit gerunzelter Stirn schaute ich seine raue Handfläche an, unsicher, was er von mir wollte. Er lachte und bewegte seinen Unterarm dann auf und ab, um mir ein Händeschütteln zu signalisieren. Ich lächelte beschämt, fühlte mich wie die letzte Idiotin und gab ihm zum Abschied die Hand. Mit einem letzten »Harr-harr-harr« verschwand er die Treppe hinunter.

In New York hatte ich einen permanent mit Sägemehl bedeckten Bildhauerei-Professor gehabt, der einmal während des Seminars zu uns gesagt hatte: »Ihr wisst, dass ihr New Yorker seid, wenn ihr nachts davon träumt, ein verstecktes Zimmer in eurer Wohnung zu entdecken, hinter einem Wandschrank oder einer Kommode – wenn sich euer Unterbewusstsein mehr Beinfreiheit wünscht, dann seid ihr hier angekommen.« In Berlin gab es mehr als genug

Platz. Vielleicht war es hier kein Wunschtraum, sondern ein Albtraum der Leute, dass sie zusätzliche Quadratmeter in ihrer Wohnung entdeckten – weil unweigerlich irgendein dunkles Geheimnis damit verbunden war. Ich ertrug den Gedanken nicht, allein in den versteckten Raum zurückzukehren, ertrug es jedoch genauso wenig, weiter in der Wohnung herumzusitzen. Also rief ich Hailey an.

Ich warf mir meine Jacke über und wartete in der Bäckerei ein Stück die Straße hinunter, wo ich an einem Croissant herumkaute, bis ich ihren hüpfenden roten Haarschopf auf den U-Bahn-Treppen ausmachen konnte. Sie winkte, und ich gesellte mich zu ihr nach draußen. Atemlos beschrieb ich ihr Fritz und das geheime Berliner Zimmer, während wir die Treppe zu unserer Wohnung hinaufstiegen.

»Du hattest wirklich das Messer dabei?«

»Ja, hatte ich.«

Hailey und ich besaßen identische technisch nur mit dem Nötigsten ausgestattete Handys, die jedoch immerhin über integrierte LED-Taschenlampen verfügten. Hailey setzte sich in die Küche und schaltete ihre Taschenlampe probeweise ein und aus, während ich gegen die Geheimtür drückte und sie aufschnappen ließ, genau, wie es Fritz vor einer Stunde getan hatte.

»Ach – du – heilige – Scheiße.« Ihre Worte sackten bleischwer zu Boden.

Im spärlichen Licht unserer Handys war die Einzimmerwohnung kaum erkennbar, aber das machte nichts.

»Ist das nicht krank?«, fragte ich und fühlte mich privilegiert, weil ich Hailey herumführen konnte. »Da hinten ist auch noch ein echt ekliges Klo in einer Art Wandschrank.«

Hailey machte »Mmmhmmm« und leuchtete an den Kanten des Hauptraums entlang.

Dann bückte sie sich und drückte auf den Schalter einer Steckdosenleiste. Zwei vergitterte Werkstattleuchten gingen flackernd an. Die Wände waren kurkumagelb, und auf der linken Seite des Raums lagen ein altes Regalbrett und ein Haufen Spitzengardinen neben einem rostigen Eimer voll Kohlestaub. In einer Ecke unter einem Fenster, das so schmutzig war, dass man kaum noch hindurchblicken konnte, standen ein eleganter Schreibtisch und ein minimalistischer Holzstuhl im Danish-Modern-Stil. Ich ging hin und sah mir beides genauer an – der Tisch war mit Karteikarten übersät und völlig staubfrei.

»Beatrice«, flüsterte Hailey. »Deshalb das Verlängerungskabel in der Küche, das nirgendwohin führt!«

Wir brauchten beide einen Moment, bis in unser Bewusstsein vorgedrungen war, was das bedeutete. »Was steht auf den Karteikarten?«, fragte Hailey.

Ich betrachtete einen der Stapel. Die Karten waren mit unlesbaren Zeichen vollgekritzelt, überall Kreise und Kreuze. »Da steht nichts … Lesbares. Vielleicht ist das deutsche Stenografie oder so was?«

Hailey kam herüber, nahm einen Stapel Karten und blätterte ihn kopfschüttelnd durch. »Seltsam. Richtig seltsam.«

»Eigentlich müssten das doch ihre Notizen sein, oder? Über uns, meine ich …« Wir sahen uns an.

»Das ist ein Montblanc-Füller«, sagte Hailey und griff nach dem glänzenden Stift auf dem Schreibtisch, nahm seinen Deckel ab und betrachtete die Spitze. »Montblanc-Füller lässt man eigentlich nicht einfach so rumliegen.«

Ich zuckte mit den Schultern, ich kannte mich damit nicht aus.

»Die Dinger kosten um die vierhundert Dollar, mein

Dad trägt seinen in einem Etui bei sich. Das bedeutet, dass sie nur kurz weg ist und bald wiederkommt.«

Hailey brachte den Stift dahin zurück, wo sie ihn gefunden hatte, achtete genauestens darauf, ihn im ursprünglichen Winkel hinzulegen. Ich bekam einen Hustenanfall von dem vielen Staub und rannte zurück in die Küche, um Wasser zu trinken, duckte mich unter der niedrigen Geheimtür durch. Hastig schlürfte ich direkt aus dem geschwungenen Wasserhahn, was sich irgendwie dramatisch anfühlte und zur Situation passte. Hailey folgte mir und schloss die Tür hinter sich, woraufhin sie nicht mehr als solche erkennbar war. Sie atmete hörbar aus und marschierte dann zum Kühlschrank, um uns je einen großzügigen Schluck Korn einzuschenken. Es war immer noch helllichter Tag, und wir hatten kein Eis mehr, aber das war uns egal. Vorsichtig nippten wir an unseren Wassergläsern voll Schnaps, ließen die veränderte Umgebung auf uns wirken, reagierten plötzlich sensibel auf jedes Ächzen im Gebäude, jede zugeworfene Autotür auf der Straße. Am Ende hatten wir eine Viertelflasche geleert.

»Und was machen wir jetzt?«, fragte ich, als das Schweigen zwischen uns seinen Höhepunkt erreicht hatte.

»Wir müssen so tun, als hätten wir die geheime Wohnung nie gesehen. Ich schreibe weiter in mein Tagebuch, und du machst weiter Fotos auf den Partys. Sie kann zum Glück nicht das Geringste sehen von dort hinten. Es ist nur ihr Zugang zur Wohnung, wenn sie unsere Sachen durchwühlen will, vielleicht auch ihr Arbeitsplatz.«

Ich ließ Haileys Worte und einen weiteren Schluck Korn auf mich wirken. Dann richtete ich mich ruckartig auf meinem Stuhl auf. »Deshalb hatte sie an dem Tag, als ich sie in der Wohnung erwischt habe, keine Jacke an!«

»Was?«

»Als ich in den Weihnachtsferien nach Hause kam und Beatrice auf dem Sofa vorfand, hatte sie keine Jacke dabei, obwohl es draußen eiskalt war. Wahrscheinlich hat sie sie da *drinnen* gelassen.«

Hailey nickte.

Wir hatten die Wohnung seit der Party kaum verlassen, aber an diesem Abend würde Beatrice eine erstklassige Gelegenheit haben, sich Eintritt zu verschaffen, da wir in die Volksbühne wollten, um uns *Berlin Alexanderplatz* anzusehen.

Ich griff auf mein sehr beschränktes Wissen aus Agentenfilmen zurück und platzierte sorgfältig einen kleinen weißen Faden, den ich aus meiner Bettdecke gezogen hatte, auf der Kante meines Laptops, damit man den Deckel nicht aufklappen konnte, ohne dass der Faden verrutschte oder herunterfiel. Wir schalteten sämtliche Lichter aus, was wir sonst nur selten taten, um Beatrice zu signalisieren, dass wir eine Weile fortbleiben würden.

Unsere Outfits hatten wir dem Anlass entsprechend ausgesucht, und wir fühlten uns zittrig von all dem Korn und unserer aufregenden Entdeckung. Alles wirkte plötzlich größer und wichtiger. Hailey führte einen lächerlichen kleinen Poledance in der U-Bahn auf, klemmte ihren rechten Fuß unter eine gelbe Haltestange und lehnte sich weit zurück. Ein Mann klatschte. Eine ältere Frau in einem unförmigen Mantel brüllte uns an.

Am Rosa-Luxemburg-Platz ragte das Theater majestätisch vor uns empor und wirkte, als hätte jeder der Steine dem Gebäude feierlich sein Leben geopfert. Auf der Eingangstreppe teilten wir uns eine Brezel mit groben Salzkörnern, um damit den Alkohol aufzusaugen. Durch die Tore des Theaters zu treten, war, als würde man in eine leuchtende Laterne hineingehen, wir überschritten eine magische Schwelle, die nur auf uns gewartet zu haben schien. Im Foyer angekommen, gaben wir unsere Mäntel ab und legten unsere Theater-Outfits frei: Ich trug einen mit winzigen schwarzen Kunstperlen besetzten Einteiler mit Neckholder, und Hailey hatte ein schimmerndes kurzes blaues Kleid gewählt, zu dem sie schwarze Strumpfhosen und eine Baseballkappe von den New York Yankees kombiniert hatte. Wir ließen uns Zeit damit, unsere Plätze aufzusuchen, und beäugten den Kristalllüster an der Decke des Zuschauerraums, der wie das uneheliche Kind eines Feuerwerkskörpers und einer Palme aussah.

Der Vorhang hob sich, und ich drückte Haileys Hand. Gebäude drehten sich auf der monströsen Bühne im Kreis, als würde ein ganzer Film vor unseren Augen in sich zusammenstürzen. Was ich bisher an amerikanischen Theatern gesehen hatte, hatte stets den trüben Glanz der knappen staatlichen Förderung ausgestrahlt: winzige Budgets, die von unterbezahlten Ensembles wie schwerer Schmuck zur Schau gestellt wurden. Das hier war etwas ganz anderes. Die Schauspieler schrien wie verrückt auf Deutsch durcheinander, während sie einen Berg aus Goldmünzen erklommen, der so hoch war wie ein Haus. Dabei rauchten sie Hunderte Zigaretten, verschwanden hinter den Kulissen, nur um in einer schnellen Abfolge farbenprächtiger Kostüme wieder aufzutauchen. Wir saßen hingerissen auf unseren Plätzen. Hailey beugte sich immer wieder zu mir herüber, um für mich zu übersetzen. Aber ich hatte mir auf Wikipedia eine Zusammenfassung durchgelesen, bevor wir aufgebrochen waren, daher wusste ich, dass uns mehrere Stunden Berlin in den Zwanzigern erwarteten, dass wir die Freilassung eines Mannes aus dem Gefängnis erleben würden, der vier Jahre gesessen hatte, weil er seine Freundin mit einem Sahneschläger umgebracht hatte. Wieder einmal basierte die abendliche Unterhaltung aller darauf, dass ein weiblicher Körper hatte dran glauben müssen.

Das Ensemble war von einer fanatischen Energie erfüllt, und es war unmöglich, nicht jeden einzelnen Darsteller in einem stetigen Zyklus immer wieder zu verabscheuen und anzuhimmeln. Franz war der unbeholfene Antiheld, der sich durch Berlin treiben ließ, ein Exgauner auf der Suche nach seinem Lebensweg. Kann man je wieder erfolgreich in die Gesellschaft zurückkehren, wenn man zuvor jemanden umgebracht hat? Ich ließ mich von den Wellen tragen, zu denen sich die mir unergründlichen deutschen Worte auftürmten, und dachte über Ivys Mörder nach. Wer auch immer er war, er war unbestraft, wurde vermutlich nirgendwo davongejagt. Jetzt, in diesem Moment, war er irgendwo da draußen und kaufte Milch. Oder tankte sein Auto. Atmete dieselbe Luft wie alle anderen. Vielleicht bestand die einzig mögliche Rückkehr für einen verurteilten Mörder in einem extravagant inszenierten Theaterstück wie diesem, einer Feuertaufe, die zurück in die Realität führte. In Amanda Knox' Fall waren es die blutrünstigen Medien, die Kameras, die sie vierundzwanzig Stunden am Tag verfolgten. Während das Stück auf der Bühne immer tiefer in der Abstraktion versank, füllte ich meine Verständnislücken damit, dass ich mir Amanda an Franz' Stelle vorstellte: wie sie mit ihren großen wässrig blauen Augen etwas auf Deutsch schrie, auf der Bühne herumrannte und Goldmünzen warf. »Willkommen zurück!« Wir würden jubeln und klatschen, wenn sie sich am Schluss verbeugte, eine neue unbescholtene Bürgerin, wiedergeboren aus den Flammen.

Meine Aufmerksamkeit wurde im Laufe des vierstündigen Stücks auf eine harte Probe gestellt. Ich hatte noch nie so lange stillgesessen und musste immer wieder mein Gewicht verlagern, weil sich die Kunstperlen meines Anzugs in meinen Hintern bohrten. Selbst wenn die Inszenierung auf Englisch gewesen wäre, hätte sie in dieser Länge eine psychotrope Wirkung auf mich entfaltet. Als sie zu Ende war, rannte das Ensemble von der Bühne und kam dann wieder heraus, um mit Verbeugungen den donnernden Applaus der Zuschauer entgegenzunehmen. Anschließend verschwand es erneut und kam für eine zweite, eine dritte Verbeugung zurück. Hailey knuffte mich in die Seite und sagte: »Die Deutschen sind verrückt nach Applaus.« Sie blickte auf ihre eigenen klatschenden Hände hinab. »So verrückt, dass es wehtut.« Der Vorhang ging noch einige Male auf und zu, es folgten weitere Verbeugungen, weiterer Applaus. Meine Hände kribbelten immer noch, als uns die Theatertüren wieder hinaus auf die Treppe entließen. Wir wollten mehr.

»Ich hab in einem Blog gelesen, dass man danach noch in der Theaterkantine was trinken geht«, sagte Hailey und blickte auf die kalte Straße hinaus.

»Und wo soll die sein?« Das Theatergebäude wirkte wie ausgestorben, aber die geballte Energie von der Bühne musste irgendwohin, das erschien uns offensichtlich. »Vielleicht auf der Rückseite?«

Wir umrundeten das Theater, indem wir uns durch dunkle Seitenstraßen schlängelten, und sahen vor uns eine kleine Tür aufgehen. Ein gelbes Rechteck aus Licht fiel auf den Gehweg, und fünf Kurzmäntel in trostlosen

Farben bewegten sich darauf zu. Wir rannten los, um sie einzuholen.

»Kantine«, sagten die fünf Gestalten zum Pförtner. Wir nickten und schlossen uns ihnen möglichst unauffällig an. Nachdem wir es durch die Tür geschafft hatten, stieß ich einen Seufzer aus, erleichtert, noch mal Teil der magischen Theaterwelt sein zu dürfen.

Die holzgetäfelte Kantine füllte sich rasch. Nur an unserem Tisch waren noch zwei Stühle frei, und zwei Männer mit kleinen schwarzen Werkzeuggürteln und je einem Berliner Pilsner in der Hand kamen herübergeschlendert und beäugten uns wohlwollend. »Hallo. Ist hier noch frei?«, fragte der ältere, grauhaarige auf Deutsch.

»Ja!«, antwortete Hailey freudig. Die Männer setzten sich und fingen an sich zu unterhalten. Hailey beugte sich vor, warf ihnen ihren *Fick mich*-Blick zu und fragte nach einer Zigarette, wobei sie kokett ihr rotes Haar zurückwarf. Die beiden nickten. Schon waren wir integriert.

»Hast du das Stück gesehen?«, fragte der Ältere.

»Ja, es war so schön!«, antwortete Hailey und schlug mit der flachen Hand auf den Tisch, wie es die Betrunkenen auf der Bühne getan hatten. Ich saß unterdessen stumm da und versuchte krampfhaft, mir eine Antwort auf Deutsch zurechtzulegen, gab es dann jedoch auf.

Ich entschuldigte mich, ins Englische wechseln zu müssen, und wandte mich dann an den Jüngeren. »Ja, das Stück war unglaublich. Hast du es auch gesehen?«, fragte ich, obwohl offensichtlich war, dass er ein Theaterangestellter war.

»Ja und nein – ich arbeite hier«, erklärte er prompt und plusterte sich auf wie ein Vogel.

»Oh, als was denn?«

»Requisiteur.«

»Und was macht ein Requisiteur?«

»Na ja, ich muss zum Beispiel genau wissen, wo sich jeder Gegenstand, den die Darsteller verwenden, auf der Bühne befindet, sämtliche Zigaretten, die geraucht werden, die Gläser, die Münzen ... Für die Nebelmaschinen bin ich auch verantwortlich.«

»Nach der ganzen Anstrengung tut so ein Bier bestimmt gut«, flirtete ich. Er war attraktiv auf eine etwas alberne Bad-Boy-Art, mit langen schwarzen Haaren, dichten Bartstoppeln, schlammbraunen Augen und einer ständig brennenden Zigarette in der Hand. Wahrscheinlich versteckte er irgendwo unter seinem Slayer-T-Shirt einen tätowierten Wolf oder Adler. In meiner Vorstellung waren Requisiteure so etwas wie weniger selbstgefällige Bildhauerjungs – wenigstens diente im Theater alles einem bestimmten Zweck und dem übergeordneten Stück. Er begann, uns stolz die Geschichte der Volksbühne zu erzählen, die 1913 von Arbeitern für Arbeiter erbaut worden war. Das Theater des kleinen Mannes. Hailey hörte ihm nicht zu, sie war mit einem Mann vom Nebentisch ins Gespräch gekommen, der ihr gerade Schnaps einschenkte. Es war der Schauspieler, der den Reinhold gespielt hatte, der deutsche Wortwechsel zwischen ihnen wurde immer angeregter. Plötzlich sprang sie auf ihren Stuhl und schmetterte die Anfangsverse von »Seasons of Love«: »*Five hundred twenty-five thousand six hundred minutes.*« Der ganze Tisch brach in Gelächter aus. Es war nicht ganz klar, ob die Leute *mit* ihr oder *über* sie lachten – Hailey verbeugte sich jedenfalls selbstgefällig.

In der Kantine zu sitzen, fühlte sich an wie eine Zeitreise, als würden wir irgendeinen unterirdischen prähistorischen Berliner Fluss hinuntertreiben. Hailey und ich sahen uns immer wieder mit großen Augen an. Die Atmosphäre hier passte zu unserer Energie, zu den Rollen, die wir neuerdings für Beatrice spielten. Ich tauschte mit dem Slayer-Shirt Nummern aus und entschuldigte mich dann. Nach dem buttrig-weichen Licht der Kantine kam mir das grelle Neonlicht in der Toilette, gepaart mit den weißen Fliesen, fast schon futuristisch vor.

Während ich pinkelte, starrte ich auf den Namen des Requisiteurs in der kantigen Pac-Man-Schrift meines Nokia-Handys: Mathias.

Als Hailey und ich taumelnd in dieses Jahrhundert zurückkehrten, war es schon weit nach zwei Uhr morgens. Der Nachtbus nach Hause kam uns vor wie ein Partybus. Alle waren jung und betrunken und brüllten während der Fahrt nach Schöneberg in verschiedenen Sprachen durcheinander. Wir stanken nach Zigaretten und unterhielten uns aufgeregt, bis wir vor unserer Wohnungstür ankamen. Der chemische Liliengeruch lag in der Luft, scharf wie ein Rasiermesser. Wir tauschten vielsagende Blicke und steckten vorsichtig den Schlüssel ins Schloss.

Der Faden hing nicht mehr an meinem Laptop. »Hailey«, schrie ich, »sie war hier!«

»Pssst!«, zischte Hailey.

Panik stieg in mir auf.

Hailey kam zu mir herüber und flüsterte: »Mein Tagebuch wurde verschoben, man merkt es kaum, aber ich weiß, dass es vorher anders dalag.«

Bisher hatte ein Teil von mir noch immer geglaubt, die Sache mit Beatrice sei reine Spinnerei, und es gäbe für alles eine vernünftige Erklärung. Doch nun war es nicht mehr zu leugnen. Mir kam ein Gedanke, der mich schlagartig nüchtern werden ließ: Wie würde Beatrice auf den Tagebucheintrag und die Fotos reagieren? Auf die Ungeheuerlichkeit, dass wir einfach eine riesige Party in ihrer Wohnung veranstaltet hatten? Sie konnte uns problemlos vor die Tür setzen oder Schlimmeres. Erst jetzt wurde mir klar, wie verletzlich wir uns durch unser Spielchen gemacht hatten.

»Sie hat angebissen, das steht fest! Unglaublich. Einfach unglaublich.«

Mein Magen verkrampfte sich. »Warum flüsterst du? Ist sie noch dort hinten? Was machen wir denn jetzt? O Mann, wahrscheinlich ist sie stinksauer, weil wir hier eine Party geschmissen haben.« Ich steigerte mich immer mehr hinein. »Wir sollten nachsehen, ob sie in dem geheimen Hinterzimmer ist! Oder meinst du, dass sie jetzt doch Kameras installiert hat?« Ich fing an, durch die Wohnung zu rennen und weitere Anzeichen für ihr Eindringen zu suchen.

Hailey stürzte auf mich zu und packte mich beim Handgelenk, ihre Stimme war so leise, dass ich sie kaum verstand: »Das haben wir doch schon überprüft. Wir wissen, dass sie sich nur in die Wohnung schleicht. Wir müssen weitermachen, müssen einen Spannungsbogen aufbauen. Dann kriegen wir unseren Roman schon. Sie darf nicht wissen, dass wir von dem Hinterzimmer wissen, du darfst es nie wieder erwähnen. Versprich es mir!«

Hailey ließ mein Handgelenk nicht los, bis ich es versprochen hatte. Also tat ich ihr den Gefallen.

Mit einem irren Funkeln in den Augen marschierte sie ins Badezimmer und putzte sich derart heftig die Zähne, dass sie anschließend einen roten Zahnpasta-Halbmond ins Waschbecken spuckte. Ich ging in mein Zimmer und schloss die Tür hinter mir, überlegte verwirrt, was für eine Art »Spannungsbogen« Hailey gemeint hatte. Vielleicht könnten wir unsere Aufregung in eine Geheimsprache umwandeln, damit wir so schwer durchschaubar und faszinierend auf Beatrice wirken würden, wie *Berlin Alexanderplatz* auf mich gewirkte hatte. Ich verbrannte meine Theaterkarte für Ivy im Kohleofen und kauerte mich vor die Öffnung, sah zu, wie der Rauch an der Rückwand aufstieg und ein interessantes Stück deutschsprachige Theaterkunst ins Jenseits schickte.

An der vergoldeten Haustür der Breitbachs begrüßte mich Beata mit ihrer üblichen misstrauischen Grimasse, die ich inzwischen regelrecht genoss. Im zweiten Stock angekommen, stülpte ich meinen Mantel über einen Kleiderbügel und wurde fast von Savannah umgeworfen, die mit ihrem Einhorn-Steckenpferd vor dem Körper herumwedelte, als wäre er ein Schwert. »Ich muss wissen, wie die Monstergeschichte weitergeht! Was wurde aus Hailey? Ist sie immer noch im Wattebausch-Monsteruniversum? Ich verstehe nicht, warum dort niemand sprechen kann. Und was ist mit der gruseligen Eule, die Hailey und Zinfandel beobachtet? Ist sie gut oder böse? Bestimmt böse.« Alle vier Mädchen hatten den starken Charakter ihrer Mutter geerbt. Obwohl sie darauf bestanden, sich wie puderrosa Prinzessinnen anzuziehen, hatten sie eine grimmige Entschlossenheit an sich, eine *Mit mir ist nicht zu spaßen*-Attitüde, der in Diskussionen über Hausaufgaben, Fernsehprivilegien oder Erzählkonstruktionen kaum beizukommen war.

»Das werdet ihr alles noch rechtzeitig erfahren. Aber zuerst müssen wir schauen, ob ihr noch Hausaufgaben zu erledigen habt.«

Ich kontrollierte die Schultaschen und öffnete dann den Kühlschrank, um das für heute vorgesehene Abendessen herauszuholen. Claire und Tobias hatten einen deutschen Koch, der alle zwei Wochen kam, um den Gefrierschrank mit ordentlich beschrifteten Glasbehältern aufzufüllen: MAULTASCHEN, ZEHN MINUTEN ANBRATEN. Idiotensicher. Ich fragte mich, wie es wohl für mich gewesen wäre, so aufzuwachsen – in einer Welt, in der alles perfekt vorbereitet war. Die Mädchen würden unweigerlich zu Femmes fatales im Hosenanzug heranwachsen, Immobilienmogulinnen, Anwältinnen, vielleicht Diplomatinnen mit medikamentös sedierten Vorzeigemännern und akribisch vorausgeplanten Urlauben mit Dutzenden Rimowa-Koffern im Schlepptau. Sie würden nie Käse im Supermarkt klauen, sondern für immer mit makelloser Haut auf ergonomischen Tempur-Matratzen schlafen. Fast taten sie mir leid.

Nach dem Abendessen scheuchte ich die Mädchen in das Badezimmer-Mausoleum, gab ihnen je ein Vitamin-Gummie und nahm mir selbst auch eins. Außerdem steckte ich mir eine Handvoll importierte extrastarke Schmerztabletten aus der Hausapotheke in die Tasche, weil ich inzwischen fast durchgängig an Kopfschmerzen litt. Vermutlich handelte es sich um eine Nebenwirkung meines häufigen Alkoholkonsums und der Bulimie. Nachdem die jüngeren beiden Mädchen in ihren Betten lagen, machten es sich die älteren auf dem danebenstehenden geblümten Kindersofa bequem, und wir widmeten uns der Monstergeschichte.

»Die Sache ist die: Hailey glaubt, dass die gruselige Eule sie beobachtet. Und sie wird immer misstrauischer, denn ihr fallen ständig merkwürdige Dinge auf – ein fehlendes Buch oder ein seltsamer Geruch –, die in ihr den Verdacht wecken, dass die gruselige Eule heimlich in ihr Zuhause kommt.«

»Die gruselige Eule ist also böse, oder?«

»Das weiß Hailey nicht so genau.«

»Stellt sie ihr eine Falle?«

»Ja, das tut sie.«

»Was will die gruselige Eule eigentlich von ihr?«

»Das weiß bisher noch niemand. Aber sie hat ein geheimes Zimmerchen ...«

Irgendwann waren drei der Mädchen eingeschlafen, und ich brachte die todmüde Serena in ihr Bett und deckte sie zu. Sie packte meinen Arm und murmelte mit schlaftrunkener kindlicher Stimme: »Ich hoffe, Hailey ist nicht verrückt.«

Ich erschrak. »Das hoffe ich auch«, flüsterte ich.

Ich nahm mir eine Tüte getrocknete Ananasstückchen aus der Speisekammer und schlenderte ins Fernsehzimmer, um wie üblich SportsCenter zu schauen. Als die Alarmanlage einige Stunden später ein Hicksen von sich gab, wusste ich, dass Tobias und Claire zurück waren. Ich setzte mich auf und strich die Wolldecke am Fuß des Sofas glatt. Die beiden verharrten im Eingangsbereich, ihre Stimmen hallten durch den Flur. Offenbar stritten sie. Es dauerte gut zehn Minuten, bis Claires klappernde Stilettoabsätze zu hören waren, Tobias schwere Lederschuhschritte folgten ungefähr dreißig Sekunden danach. Er nickte mir mit dem Grunzen eines schlechtgelaunten Flusspferds zu, bevor er weiter den Flur entlangwatschelte. Claire ging direkt zum Kühlschrank und nahm eine große Flasche Wein heraus.

»Willst du auch ein Glas?«

Sie wirkte verzweifelt. Ich nickte, und sie schenkte seufzend zwei bauchige langstielige Gläser voll, deren Kelche fast so groß waren wie mein Kopf. »Sorry, ich bin nur müde. Eigentlich … eigentlich ist alles okay. Tobias ist einfach … schlecht gelaunt. Er kann ein ziemliches Arschloch sein«, sagte sie und zeigte in den Flur, durch den er verschwunden war.

»Ich … ich weiß.« Der Satz klang bedeutungsvoller, als ich beabsichtigt hatte.

Claire verharrte mitten in der Bewegung und stieß dann ein trauriges Lachen aus. »Was hat er getan?«

»Nichts.«

»Sag es mir«, forderte sie mich ernst auf.

»Nicht der Rede wert, wirklich.«

»Ich bin nicht dumm, Zoe. Hältst du mich für dumm?«

»Nein.«

»Dann sag mir die Wahrheit.«

»Er … er hat mich in dem Zimmer mit der altmodischen Bar angebaggert, an meinem dritten Abend hier.« Ich sah, wie ihre silberhellen Augen glasig wurden und sich mit Tränen füllten.

»Das ist typisch für ihn.« Sie sammelte sich, strich eine Falte in ihrem Kleid glatt.

»Er hat seine Hand auf meinen Oberschenkel gelegt, das war alles.«

Sie seufzte erneut und blickte hinaus, starrte auf die Schatten der Bäume unten auf der Straße, erzeugt vom gnadenlosen Licht der Straßenlaternen. »Das ist gut.« Sie hielt inne. »Dass er nicht mehr versucht hat, meine ich. Und lass mich dir eins versprechen: Ich sorge dafür, dass es dabei bleibt.«

»Aber wie ist das für Sie? Kommen Sie damit zurecht?«, fragte ich leise.

»Irgendwo in seinem Inneren steckt ein Mann, den ich aufrichtig liebe, ein Mann, der mir intellektuell ebenbürtig ist. Aber seit er seine Firmenanteile verkauft hat, vergeudet er seine Zeit nur noch mit teuren Hobbys – und mit jungen Frauen. Es ist, als wäre ich mit einem Neunzehnjährigen verheiratet.« Ihre Stimme klang nun mechanisch, als hätte sie diese Erklärung vor dem Spiegel eingeübt. »Versteh mich nicht falsch: Monogamie interessiert mich nicht. Mir ist vollkommen bewusst, in welche Schwierigkeiten der Mensch durch seine fleischliche Lust geraten kann. Ich war früher Staranwältin, so habe ich Tobias auch kennengelernt. Ich habe ihn damals vor dem Scheidungsrichter vertreten, also hätte ich es wissen müssen. Unsere Ehe basiert auf gewissen Regeln, musst du wissen. Ich selbst habe auch meinen Spaß, aber es gefällt mir gar nicht, wenn so etwas hier bei uns zu Hause passiert. Und es tut mir unendlich leid, dass du mit hineingezogen wurdest. Danke, dass du so ehrlich zu mir warst.«

»Ich habe ihm gesagt, dass ich lesbisch bin«, platzte ich heraus.

»Und? Bist du das wirklich?« Sie sah mich neugierig an, und ihre Tränen waren nun vollends auf dem Rückzug.

»Vielleicht. Er war der erste Mensch, dem ich es je so gesagt habe.«

»Das ist schon fast wieder witzig – nicht dass du lesbisch bist, sondern dass du ausgerechnet vor ihm dein Coming-out hast …« Sie zögerte, und ich spürte, dass sich etwas zwischen uns veränderte. Wir betraten neues Territorium, die samtenen Konturen einer Freundschaft zeichneten sich ab.

»Erzähl mir was aus deinem Leben. Es ist schön, ausnahmsweise mal nicht nur ihn reden zu hören.« Erwartungsvoll sah mich Claire an.

Nach ein paar Schlucken Wein sprudelte alles aus mir heraus. Ich erzählte ihr von Jesse. Von Ivys Ermordung. Von der quasi nonexistenten Uni hier in Berlin. Von Holiday. Claire schenkte mir nach, während ich ihr erklärte, dass die Frau, die uns ihre Wohnung untervermietete, manchmal hereinkam, wenn wir nicht da waren. In Claires steinerner Festung in Mitte hatte ich das Gefühl, ganz weit weg zu sein von meiner eigenen Berliner Realität, und diese Distanz ermöglichte es mir, ihr all diese Dinge preiszugeben.

»Aber … du meinst also wirklich, dass diese Beatrice in eure Wohnung kommt und das Tagebuch deiner Mitbewohnerin liest? Und deine E-Mails?«

»Ja. Wir haben eine kleine Wohnung im Hinterhaus entdeckt, die durch eine versteckte Tür mit unserer Wohnung verbunden ist.«

»Das ist sehr beunruhigend. Und definitiv illegal. Ihr solltet Beweise gegen sie sammeln.«

Ich nickte. Wir hatten inzwischen die ganze Flasche ausgetrunken, und Claire ging zum Edelstahlkühlschrank, um eine zweite herauszuholen. Sie torkelte bereits ein wenig. »Weißt du, was? Ich war früher eine richtig gute Anwältin. Nein, falsch – ich war die beste.«

»Warum haben Sie hier nicht damit weitergemacht?«, fragte ich.

»Könnte ich, die deutsche Zulassungsprüfung habe ich bestanden, aber …« Sie wedelte mit dem Arm im Raum herum, als erwartete sie, dass die glänzende Küche ihren Satz für sie zu Ende brachte. Dann sagte sie: »Tobias wollte, dass ich mich ganz den Kindern widme, während er arbeitet. Dieser Mistkerl. Und jetzt sieh ihn dir an, wie er in seinem Tonstudio herumdaddelt. Falls er je auf einer eurer Partys auftaucht – und das wird er –, dürft ihr ihn auf keinen Fall reinlassen. Versprich es mir.«

Ich schwor es ihr hoch und heilig. Als ich das nächste Glas zur Hälfte leergetrunken hatte, fiel mir ein, dass ich dringend zur U-Bahn musste.

Viola war von ihrer »Recherchereise« nach Barcelona zurück, und wir hatten uns alle im Wald verabredet. Ich umarmte Claire zum Abschied.

Es war Haileys letzte Schicht an der Theke. Da wir nun die *Beatrice*-Partys hatten, war sie der Ansicht, dass Der Wald »seinen Zweck erfüllt« hatte. Als ich in die Bar kam, machte Hailey ein gelangweiltes Gesicht, während Viola vor Begeisterung nur so sprühte.

»Und, wie wars in Barcelona?«, spielte Hailey die höfliche Wirtin.

»Absolut umwerfend!«

Langes Schweigen.

»Was hast du so gemacht?«

»Proben von der Stadt gesammelt.«

Damit meinte sie normalerweise, mit ihrer teuren Hasselblad-Kamera Fotos zu schießen. Sie zog ihr neues iPhone heraus und zeigte uns die Bilder. Gaudís Architektur. Kirchen, die in einen tiefblauen Himmel aufragten. Kleine Kupferschälchen, auf denen sich fettiges Essen türmte.

»Die Tapas waren so lecker!«

»Ist Gaudí nicht von einer Straßenbahn überfahren worden, als er auf die Straße trat, um sein eigenes Gebäude zu betrachten?«, fragte ich.

Viola ignorierte mich. »Oh, hier. Seht mal: Paella!«

»Ich will ein iPhone«, verkündete Hailey mit bleierner Stimme.

Constance stürmte mit Kopfhörern zur Tür herein und

wiederholte laut deutsche Sätze: »*Wollen Sie mit mir kommen? Können Sie mit mir kommen?*«

»Übst du gerade Anmachsprüche?«, fragte Hailey, die sichtlich erleichtert darüber war, Viola keine Fragen zu Barcelona mehr stellen zu müssen. Sie schenkte Constance ein Glas Rotwein ein.

»Ja. Anmachsprüche bilden die wichtigste Grundlage der Michel-Thomas-Methode. Und ich habe mit Lucas Schluss gemacht, es ist also dringend.«

»Ich hab mir überlegt, dass wir für die nächste Party eine Nebelmaschine mieten sollten«, wechselte Hailey das Thema.

»Das wäre vielleicht ein bisschen übertrieben«, antwortete Constance lachend.

Viola öffnete den Mund, hielt jedoch inne und drehte ihr Weinglas zwischen Daumen und Zeigefinger. Dann fragte sie: »Habt ihr keine Angst, dass Beatrice das mit den Partys herausfindet?«

»Ich glaube, sie würde sich für uns freuen. Ernsthaft jetzt«, antwortete Hailey mit einem Grinsen.

»*Freuen* ist vielleicht das falsche Wort, aber man muss schon ein ziemlicher Freak sein, um als erwachsener Mensch ein Kussmund-Sofa im Wohnzimmer zu haben«, erwiderte Constance und wickelte sich das Kopfhörerkabel ums Handgelenk. »Ach ja: Ich hab neulich zwei Bücher von Beatrice mitgenommen. Ich bring sie zurück, sobald ich sie gelesen habe.«

»Wehe, wenn nicht«, sagte Hailey und schnalzte mit der Zunge. »Was hast du dir ausgeliehen?«

»*Medea* von Euripides und irgend so einen durchgeknallten Achtziger-Jahre-Thriller, den Titel hab ich vergessen.«

Als ich mit Hailey von der Bar nach Hause fuhr, zählte

sie mir sämtliche Gründe dafür auf, dass das Leben während Violas Abwesenheit besser gewesen sei.

»Ich meine, wieso zeigt sie uns bitte ein Foto von einer *Paella*?«

Ich hantierte gerade mit einem Lippenbalsam und hielt mitten in der Bewegung inne. »Du weißt schon, dass wir mit niemandem befreundet sein müssen, den wir nicht mögen?«

Hailey schnaubte. »Wir sind hier alle Opfer der Umstände, Zoe.«

Nachdem wir unsere Einladung für die nächste Party verschickt hatten, erhielten wir zweiundvierzig Antworten innerhalb der ersten Viertelstunde. Ich hatte den Großteil der Woche damit verbracht, mit Hailey das Mixen von Drinks zu üben, was dazu geführt hatte, dass wir ständig entweder betrunken oder verkatert waren.

An Jaques, unseren Weinhändler, gerieten wir durch Adnan, den Musiker, der Constance seine Wohnung untervermietete. Jaques war ein in die Jahre gekommener, volltätowierter Punk, der sich auf wohlschmeckende, aber günstige deutsche Weine spezialisiert hatte und gern von seinen Clubzeiten als Tontechniker im SO36 schwärmte. Nachdem er die Sackkarre mit unserer ersten Bestellung die Treppe zur Wohnung hochgewuchtet hatte, fragte er, ob er mit einem Freund zur Party kommen könne. Wir sagten natürlich ja.

»Kommt es eigentlich komisch, wenn man dem Typ, der einem die Flasche verkauft hat, ein Glas Wein andreht?«, fragte Hailey, nachdem sein Lastwagen die Straße entlang davongerumpelt war. Ich zuckte die Achseln und warf eine Schmerztablette ein.

Mit der Sorgfalt einer Apothekerin inspizierte sie die Weinetiketten und blickte dann zu mir auf. »Wir müssen langsam für Konflikte sorgen, das ist dir hoffentlich klar.« Sie war immer noch der Ansicht, dass wir uns einen Spannungsbogen für Beatrice' Roman ausdenken mussten. Ich fand, dass die Partys schon genug Erzählstoff boten.

»Ich dachte, wir versuchen einfach, einen besseren Handlungsrahmen zu schaffen. Und den haben wir doch jetzt«, erwiderte ich und machte eine Handbewegung durch den Raum.

Sie schnaubte missbilligend. »Wir brauchen Zündstoff, es muss richtig knallen.«

Ich hatte gerade Gläser abgespült und wischte mir die Hände an einem Geschirrtuch ab, das in meinem Hosenbund steckte. Dann drehte ich mich zu ihr um. »Ich hab mir überlegt, dass wir vielleicht zusätzlich Kunst-Performances hier stattfinden lassen könnten oder Lesungen. Als Programmpunkte, meine ich. Ich hab da so eine kroatische Tänzerin kennengelernt, die …«

Sie machte ein angewidertes Gesicht. »Nein. Wir brauchen einen für ein literarisches Werk angemessenen Konflikt – eine Dreiecksbeziehung oder einen Mord. Oder Inzest.«

»Igitt.«

Sie seufzte. »Was wir aber tatsächlich machen könnten, wäre ein Amanda-Knox-Abend. Jeder müsste die ihm zugewiesene Rolle spielen, es gäbe da eine Menge zur Auswahl, dramaturgisch gesehen. Dazu Polizeiabsperrband als Deko und überall Kunstblut auf dem Boden, damit es wie ein Tatort aussieht.«

Ich wandte mich ab und spielte an meinen Nagelhäutchen herum, während ich die Küche verließ.

»Foxy Knoxy ist wahrscheinlich die einzige andere Austauschstudentin, die genauso berühmt ist, wie wir es nach Beatrice' Buch sein werden!«, rief mir Hailey hinterher.

Der Freitag kam. Wir bauten eine improvisierte Bar aus einer Holztür und zwei Sägeböcken, die wir im Keller gefunden hatten. Nach ausgiebigen Diskussionen beschlossen wir, die zwei babyblauen David-Bowie-Anzüge zu tragen. Außerdem förderte ich die Perücken zutage, die ich beim Kostümverkauf hatte mitgehen lassen, indem ich sie ganz unten in meinen Stoffbeutel gestopft hatte: einen kurzen schwarzen Bob, der Beatrice' Frisur ähnelte, und eine Perücke mit langen roten Locken, die Haileys echten Haaren glich. Ich setzte die rothaarige Perücke auf und imitierte mithilfe von Haarnadeln Haileys unordentlichen Dutt. Wir hätten Schwestern sein können.

Als Nächstes tauchte Sam auf. Sie durchwühlte die Kisten mit den Kleidern von Tobias' Mutter und wählte den mit Kunstperlen besetzten schwarzen Neckholder-Einteiler aus, den ich in der Volksbühne getragen hatte. An ihr sah er viel besser aus, wofür ich sie insgeheim hasste. Sam war bereits das schlaue Spice Girl, da erschien es mir ungerecht, dass sie auch noch das heiße Spice Girl sein sollte. Wer war Sexy Spice? Ginger Spice – das musste Hailey sein. Viola war natürlich Posh Spice. Gab es überhaupt ein schlaues Spice Girl? Für mich blieben Sporty oder Baby Spice übrig. Die unbedeutenderen. Die Niemande.

Die Hinrichtungs-Klingel ertönte, und eine Minute später stapfte Constance herein, eine Ikea-Tüte mit einer Zimmerpflanze über der Schulter, deren sattgrüne Blätter ihr Gesicht einrahmten. »Du siehst echt heiß aus«, sagte sie atemlos zu Sam. Dann zeigte sie auf Hailey und mich mit unseren identischen Outfits und urteilte: »Aber ihr zwei erinnert mich an die Diane-Arbus-Zwillinge. Die Perücke ist echt gruselig.«

Sam lachte. »Was hat es mit der Pflanze auf sich?«

»Die habe ich bei Craigslist entdeckt und gerade abgeholt. Ich hatte keine Zeit mehr, sie nach Hause zu bringen. Außerdem hab ich euch was mitgebracht.«

Constance stellte die Pflanze ab und zog eine fußballgroße Diskokugel aus der blauen Tüte. »Die war übrig von einer Installation in der Galerie.«

Begeistert hängten wir die glitzernde Kugel über das Klavier.

Auf meinem Laptop, den wir vor uns auf den Waschtisch stellten, googelten wir nach einem Foto von David Bowie und versuchten, seinen knalltürkisen Lidschatten und seinen flamingopinken Lippenstift zu imitieren. Unterdessen kam ein pickeliger Teenager, auf dessen T-Shirt ICE MAN stand, mit drei Styroporkisten hereingeschlurft, die exakt denselben blauen Farbton hatten wie unsere Anzüge. Wir bezahlten den Jungen und setzten uns anschließend rittlings auf die Kühlboxen, um Fotos für Facebook zu machen. Dann traf Otto ein. Ich machte ihm einen knallorangefarbenen Spritz, er bedankte sich leise und wandte sich dann dem Klavier zu. Um elf nahm die Party allmählich Fahrt auf. Hinter der Bar führte ich die perfekte Schattenexistenz, zurückgezogen und dennoch begehrt. Ich war selbst überrascht, wie unterwürfig ich klang. Wenn jemand einen Drink bestellte, antwortete ich mit: »Ja natürlich, kommt sofort.«

Der angebliche ehemalige Mitbewohner von Mary-Kate Olsen, der blonde Galerist mit dem Kleinkindgesicht, der bei der letzten Party zehn Flaschen Wodka organisiert hatte, kam mit zwei gut frisierten Männern in gestärkten Hemden zur Bar. Offenbar handelte es sich um seine Vorgesetzten, ebenfalls stockschwul. Die drei bestellten Wodka Sodas mit extra Zitronenscheiben. Die Hemdenträger wirkten aufgeregt, bewegten sich unruhig durch den Raum wie zwei Haie. »Wir haben alle ihre Bücher in unserem Sommerhaus in der Provence«, gurrte der kleine Braunhaarige, dessen Haut sich straff über seinem teuer aussehenden Gesicht spannte. Nachdem er sich eine goldgerahmte Brille aufgesetzt hatte, studierte er die Buchrücken an der Wand. »Habt ihr keine Angst, dass euch jemand was klaut?«

Ich tat so, als müsste ich nachdenken, und antwortete dann: »Ich glaube, ihr seid die Einzigen, bei denen ich mir da Sorgen machen müsste.«

Sie lachten und begannen dann mit hoher Stimme durcheinanderzuplappern: »Beatrice Becks ist wirklich die vollkommene Mischung aus Trash und Klasse, wir sind geradezu vernarrt in *On Blue Peak*!« Ich nickte, als hätte auch ich es gelesen und fände es toll.

Eine junge Frau in einer durchsichtigen Netzbomberjacke führte ein Tänzchen vor dem Lippensofa auf und zog den Überwurf mit jedem Absenken ihres wackelnden Hinterns ein Stück weiter herunter. Das schiefe Lächeln war schon beinahe freigelegt. Ich rannte hinüber, um die Abdeckung wieder hochzuziehen, und begegnete ihrem Blick. Ihre Augen waren groß wie Untertassen und trübe vor Drogen, was meinen Verdacht bezüglich des Typs mit dem Gepardenrucksack bestätigte, in dessen Begleitung sie gekommen war. Als Hailey an mir vorbeieilte, versuchte ich, sie zu fragen, wer er war. Sie schüttelte mich ab, weil sie gerade damit beschäftigt war, Kleingeld zu zählen, aber als sie zurückkam, um es bei mir in Scheine umzutauschen, probierte ich es erneut.

»Hey, ist der Typ mit dem hässlichen Rucksack etwa Dealer?« Ich zeigte auf den jungen Mann, der gerade einem Kerl mit gewachstem Schnurrbart eine offenbar äußerst spannende Geschichte erzählte.

»Ach, das ist Mel, er ist auch für ein Austauschjahr hier – aus Providence.«

»Verkauft Mel Drogen?«

»Nur Ecstasy. Ich hab gehört, er ist ein Kennedy.«

»Warum sollte ein Kennedy Ecstasy verkaufen?«

Hailey zuckte mit den Schultern. »Ich schreibe jedenfalls ein Persönlichkeitsprofil über ihn in mein Tagebuch. Drogendealer hier zu haben, ist doch gut. Das wirkt so schön *noir.*« Sie winkte mir mit einem Bündel Fünf-Euro-Scheinen zu und flitzte dann davon. Ecstasy erklärte die Energie im Raum, alle bewegten sich wie durch Wackelpudding, zappelten dämlich herum und berührten sich gegenseitig.

Ein Typ im gelben Cardigan kam zur Bar geschlendert und stellte sich hinter zwei hochgewachsene Brünette. Er sah sich im Raum um, wobei er die Unterlippe vorschob und nickte, als hätte man ihm gerade eine vornehme Hotelsuite gezeigt und als wollte er wortlos zum Ausdruck bringen: *gar nicht übel.* Er bestellte einen Moscow Mule, und während ich das Glas mit Eiswürfeln füllte, machte er Witze darüber, dass Berlin »die letzte Haltestelle der New Yorker L-Linie« sei. Ich ignorierte ihn und blickte erst auf, als er mit einstudierter Bescheidenheit die Stimme hob und erklärte, dass er gerade ein City-Profil über die Hauptstadt schreibe, und zwar für die *New York Times.* Ich lächelte höflich. Er fing prompt an, mir Fragen über Berlin zu stellen, die klangen, als handele es sich um eine junge Frau, der über den Sommer Brüste gewachsen waren und die noch nicht wusste, wie begehrenswert sie war.

»Warum sind all die jungen Künstler so verrückt nach ihr?«

»Wohin wird sie sich entwickeln, was meinst du?«

»Ist sie wirklich so amüsant, wie alle behaupten?«

»Was passiert in zehn Jahren, wenn sie erwachsen geworden ist?«

Ich fühlte mich an meinen Zeichenprofessor in New York erinnert, der einmal gesagt hatte: »Das Problem der Kunstwelt sind nicht die Künstler, sondern die Menschen um sie herum. Für sie sind wir wie Schafe, müsst ihr wissen. Die Galeristen und Kunstkritiker scheren uns kahl und spinnen Garn aus unserer Wolle. Und was bleibt uns? Nichts als ein schlechter Haarschnitt.«

Ich riet dem gelben Cardigan, sich mit Hailey zu unterhalten. Er nickte und schlenderte davon, wobei er an seinem Drink nippte und weiter sein *Gar nicht übel*-Gesicht machte.

Gegen zwei Uhr morgens erreichte die Party ihren Höhepunkt. Das Bier war nicht mehr kalt, und die Überreste der Eiswürfel hatten sich in eine wässrige Minestrone verwandelt. Sam hielt ungefähr zwanzig ungeduldige Leute an der Tür zurück. Die Klavierklänge aus meinem Zimmer mischten sich mit dem Techno aus den Computerlautsprechern neben der Bar. Hailey übernahm kurz für mich, damit ich auf die Toilette konnte. Sich einen Weg durch die grüppchenweise herumstehenden Partygäste zu bahnen, fühlte sich an, als würde ich mit dem Kanu durch einen dröhnenden Dschungel voller Ochsenfrösche, Grillen und Papageien schippern.

Constance, die am Roulettetisch noch immer das Spiel am Laufen hielt, verlieh der heutigen Party einen besonderen Glamour. Sie hatte sich von Sharon Stones

Siebziger-Jahre-Schick aus *Casino* inspirieren lassen und trug ihre Haare zu einem hohen voluminösen Pferdeschwanz frisiert. Travis, der Kanadier, stand wie festgenagelt an einer Ecke des Tischs, diesmal ohne Steel.

Viola wartete ganz vorne in der Badezimmerschlange. Ich ging mit ihr hinein und beschloss, diesmal lieber zu warten, statt die Badewanne zu besudeln. Im Spiegel überprüfte ich meinen Lippenstift, bevor ich einen flüchtigen Blick in Violas Richtung warf und in Gelächter ausbrach, weil ihr weißer Hintern fast einen halben Meter über der Toilettenbrille schwebte. Mit gebeugten Knien kauerte sie da, die Knöchel eingedreht, damit ihre schwarze Hose nicht auf den Boden rutschte.

»Viola, du kannst dich ruhig hinsetzen, das ist immer noch meine Wohnung.«

»Ich setze mich nie auf Toiletten, noch nicht mal in meiner eigenen Wohnung«, gab sie zurück und wischte sich gründlich ab.

Ich ließ mich demonstrativ auf die Klobrille plumpsen, während sie sich die Hände wusch.

Viola fing an, vor dem Spiegel Mascara aufzutragen, wobei sie den Mund zu einem kleinen gekräuselten Kreis zusammenzog. »Fickt Hailey eigentlich nur Promis?«, fragte sie, nachdem sie fertig war und die Wimperntusche wieder zugeschraubt hatte.

»Was?«, fragte ich überrascht. Viola benutzte sonst nie Kraftausdrücke.

»Ich meine ja nur. Erst der von Habsburg, und jetzt ist sie ganz besessen von Mel, der übrigens kein Kennedy ist. Ich weiß, sie ist deine Mitbewohnerin, aber …« Sie zog eine Sicherheitsnadel aus ihrer Handtasche und trennte mithilfe der Nadelspitze sorgsam Wimper um Wimper voneinander. »Warum schmeißt du überhaupt diese Partys? Ich dachte, du willst Künstlerin werden.« Ihre Wimpern sahen jetzt aus wie ausgerissene Spinnenbeine. Sie schielte zur Seite und suchte im Spiegel meinen Blick. »Nimm dich selbst doch mal ein bisschen ernster.«

»Hailey fickt keine Promis, und die Partys sind … Kunst.«

Viola lächelte und klappte ihre Handtasche zu. »Nein, sind sie nicht.«

Sie ließ mich im Badezimmer stehen, und ich blickte in den Spiegel und grinste. Viola war nur eifersüchtig. Mich überkam plötzlich Dankbarkeit. Ich war Hailey dankbar für die Partys, für unsere Freundschaft, für diese große Welt, die wir gemeinsam geschaffen hatten. Viola konnte mich mal.

Als ich endlich zur Bar zurückkehrte, entdeckte ich Mathias, den Requisiteur aus der Volksbühne. Ich hatte schon fast vergessen, dass ich ihn eingeladen hatte. Er trug ein nordisch aussehendes Metalshirt von einer Band, die ich nicht kannte, hatte seine langen schwarzen Haare zu einem Pferdeschwanz zurückgebunden und zündete sich gerade eine Zigarette an.

»Hallo, Mathias.«

»Äh.« Er hielt zögernd inne. »Oh, hi! Die Perücke … Ich dachte erst, du wärst Hailey.« Er grinste nervös.

»Ich hätte nicht gedacht, dass du kommst«, sagte ich und bekam unerwartet Herzklopfen.

»Na ja, ich war natürlich neugierig.«

Mathias wirkte uncool neben all den gestylten Modemenschen und bewusst schmuddelig aussehenden Kunstleuten. Das half mir dabei, mich zu entspannen. Ich machte ihm einen Wodka-Mate. Er rückte langsam immer näher, lehnte sich schließlich neben mir gegen die Wand hinter der Bar. Wir unterhielten uns über das Theater. Ich gestand ihm, dass mir die Kantine wie eine Zeitmaschine vorgekommen war, und er scherzte, dass das eine sehr amerikanische Aussage sei. Wir lachten beide ein wenig verkrampft. Dann erzählte er vom Haus seiner Eltern in Mecklenburg.

»In Mecklenburg kommt alles erst fünfzig Jahre verspätet an, wenn du also wirklich mal Lust auf eine Zeitreise haben solltest, ist das der perfekte Ort dafür.«

Ich rechnete nach: »In Mecklenburg ist jetzt also 1959.«

Er blickte auf seine Uhr. »Jap. Da steht noch nicht mal die Mauer.«

Ich lachte zittrig. Hailey hatte uns entdeckt und tänzelte herüber. Sie musterte Mathias von Kopf bis Fuß. »Wie ich sehe, bist du allzeit bereit.« Sie zeigte auf das Taschenmesser an seinem Gürtel, das er auch an dem Abend bei sich getragen hatte, als wir ihn kennengelernt hatten.

»Klar, ich bin Boy Scoot.«

»Ach ja, wer kennt sie nicht? Die guten alten *Boy Scoots*!«, zog ihn Hailey bissig auf. Vermutlich durfte sie sich ungestraft über sein Englisch lustig machen, weil sie seine Muttersprache beherrschte.

Hailey und Mathias stürzten sich in einen rasanten deutschen Wortwechsel, dem ich nicht folgen konnte. Ich hatte zwar gerade mit einem Online-Sprachkurs begonnen, doch der bestand hauptsächlich darin, dass ein knallgrüner Wurm seinen Kopf aus einem Apfel streckte und mich abfragte. Bisher hatte sich dieser Wurm nur auf Alltagssituationen konzentriert, und Hailey schien Mathias keinen Laib Brot abkaufen zu wollen. Nach einigem Hin und Her stellte ihm Hailey offenbar eine Aufgabe, und er nahm die Herausforderung an. Nachdem er zu Beatrice' einzigem »richtigen« Bücherschrank aus Eiche hinübergegangen war, machte er die Glastür auf und kniete sich auf den Boden. Er zog eine kleine Pinzette hervor und machte sich an der verschlossenen Schublade zu schaffen. Ohne Erfolg. Er stand auf, drehte sich um und kam auf mich zu. Wir sahen uns in die Augen. Er fuhr mit seinen Fingern durch meine rote Perücke und zog zwei Haarnadeln daraus hervor. Hailey beobachtete ihn dabei, und ihre Augen leuchteten auf wie Straßenlaternen. Ich lief rot an. Mathias kehrte zum Schubladenschloss zurück, und jemand spielte Michael Jacksons »Thriller« über unsere billigen Computerlautsprecher ab. Fünfundvierzig Sekunden später war die Schublade offen.

Hailey klatschte, und Mathias verbeugte sich stolz. Sie ging hinüber, um in die Schublade zu blicken. Darin lag ein Stapel Dokumente, den sie herausnahm und durchzublättern begann. Da sowieso alle auf Ecstasy waren und ich kaum Alkohol verkaufte, schlüpfte ich hinter der Bar hervor und spähte über ihre Schulter. Es handelte sich um irgendwelche rechtlichen Urkunden. Und die Bestätigung eines Zahlungseingangs über zweihundertfünfzigtausend Dollar an eine gewisse Betsy Conely in North Carolina.

»Ta-da!«, rief Hailey.

Eine ungute Vorahnung überkam mich. »Leg es zurück!«, flehte ich.

»Nein, das behalten wir.«

»Hailey, bitte, leg es einfach zurück!«, fuhr ich sie an, völlig außer mir, weil wir ausgerechnet vor einem Raum voller Menschen eine weitere Grenze zu Beatrice' Privatsphäre überschritten hatten. Hailey gab nach und bat Mathias, die Schublade wieder zu verschließen. Dann wandte sie sich ab, als wäre sie nie wirklich daran interessiert gewesen. Wir kehrten beide auf unsere Posten zurück.

Gegen vier Uhr morgens begann ein Massenexodus

zu einem Club. Jacken, Taschen und Handschuhe fanden wieder zu ihren Besitzern. Ein Mädchen in einem Kunstleder-Hoodie erklärte, es handele sich um einen Underground Club, und zwar buchstäblich, er sei nämlich in einem Keller. Constance hatte ihre Zimmerpflanze bereits bei uns geparkt, um in einer Wolke aus giftigem Plastikparfüm zu einem Date mit einem Künstler aufzubrechen, der 3D-Scans von griechischen Skulpturen erstellte. Ich stand in der Küche bei Hailey und Sam, die beide noch loswollten und mit der Präzision zweier Kunststudentinnen ihren Lippenstift nachzogen.

»Du hattest übrigens recht, Hailey: Viola ist scheiße.«

»Was ist passiert?«

Ich fasste unser Gespräch im Badezimmer für sie zusammen.

»Das schreit nach Rache. Streichen wir sie ab nächster Woche von der Gästeliste.«

Ich stimmte zu, gähnte demonstrativ und verkündete, dass ich später nachkommen würde. Die beiden hoben die Augenbrauen und grinsten sich mit ihren übertrieben geschminkten Mündern an, wohlwissend, dass Mathias nebenan saß und auf seinem Handy Snake spielte.

»Tschüss!«, riefen sie fröhlich und hüpften die Treppe hinunter. Nachdem die Tür endlich hinter ihnen zugefallen war, wandte ich mich Mathias zu, der angefangen hatte, die Reste aus den Flaschen hinter der Bar in ein Glas zu gießen und das Ganze mit einer halben Flasche Club-Mate aufzufüllen.

Er hielt mir das Gebräu hin. »Hier – wie nennt ihr das noch mal? Long Island Ice Tea.«

Ich nahm einen Schluck und spuckte ihn sofort wieder aus. Als ich das Glas abstellen wollte, ließ ich es versehentlich fallen, und sein Inhalt ergoss sich wie Tinte über den Boden. Ich würde die Sauerei später wegwischen. Während wir zu meinem Bett taumelten, nieste Mathias, es klang wie winzige Vulkanausbrüche. Ich lachte, und er erklärte entschuldigend, das passiere ihm immer, wenn er »geil« sei. Nachdem er meine blaue Hose aufgeknöpft hatte, schob er seine Hände hinein und drückte so wild auf mir herum, als würde er noch immer Snake spielen. Vielleicht hätte es sich besser angefühlt, wenn ich betrunkener gewesen wäre. Ich vermisste Jesse. Ich wollte Holiday.

Unsere Wohnung kam mir nur nach Partys so richtig warm vor, und ich hatte seit unserem Einzug nicht mehr nackt im Bett gelegen. Meine Beine sahen fremd aus in dem grauen Licht, das durch die von Schweiß und Atemluft beschlagenen Fensterscheiben sickerte. Eine U-Bahn rumpelte vorbei und färbte meine Oberschenkel gelb. Ich blickte zu Mathias hinüber, dessen lange schwarze Haare jetzt offen waren, und stellte fest, dass ich recht gehabt hatte: Auf seiner Schulter prangte tatsächlich ein faustgroßes Spinnen-Tattoo. Blinzelnd wachte er auf, und wir rollten erneut auf dem Bett herum. Mathias war stark und drückte mich mühelos auf die Matratze.

Wenn noch jemand bei mir in der Wohnung war, linderte das ein wenig den Schrecken der geheimen Tür, die ähnlich wie meine Kopfschmerzen ständig bereit schien, meine Gedanken zu durchbohren. Seit Fritz sie aufgespürt und geöffnet hatte, war es unmöglich geworden, wirklich allein zu sein. Beatrice schwebte über allem. Und vielleicht war sie auch jetzt dort in der kleinen Wohnung, saß über einen Liebesroman gebeugt an ihrem Danish-Modern-Schreibtisch und lauschte unserem Stöhnen. Die Situation erinnerte mich an eine Performance von Vito

Acconci, die wir uns im Kunstgeschichtsseminar angesehen hatten: Er hatte eine niedrige schräge Holzrampe in einer Galerie aufgebaut, gerade hoch genug, dass er sich darunterlegen und masturbieren konnte, während er über Lautsprecher die Bewegungen der Galeriebesucher kommentierte.

Mathias erzählte mir von seiner Metalband DEATH LORD. Er balancierte gerade meinen Laptop auf seiner nackten Brust und zeigte mir ein Musikvideo, als der durchdringende Ton der Klingel ertönte. Die eiskalte Luft des Treppenhauses strömte um mich herum in die Wohnung, als mir ein kleiner DHL-Mitarbeiter ein seltsam geformtes Pappobjekt überreichte. Es sah aus wie ein deformierter Wal.

Mathias zog die Bettdecke wieder über mich und nahm mir das Paket aus der Hand. »Das ist ja unglaublich, eine Seekuh!«

Ich wiederholte das deutsche Wort: »Zeeee-kuh. *Manatee* heißt das bei uns.«

Er fuhr mit dem Zeigefinger die Kanten der Kartonskulptur entlang. »Das ist richtig gut gemacht.«

»Stimmt …«

Ich blickte auf mein Handy, die Glut unseres gemeinsamen Morgens war erloschen. Ich wusste nicht, ob es an Mathias lag oder an meinem Kater, aber der Brechreiz, der mich stets unterschwellig begleitete, machte sich lautstark bemerkbar. Ich wollte mich in Ruhe übergeben, wollte Mathias loswerden. Also behauptete ich, ich müsste in die Uni.

»An einem Samstag?«, fragte er überrascht und suchte das Bett nach seinem Shirt ab.

»Ja«, log ich.

Er bot an, mich in der folgenden Woche in ein Theaterstück zu schmuggeln. Ich antwortete, ich müsse erst nachschauen, wie mein Stundenplan nächste Woche aussehe, was er mit Sicherheit als Lüge erkannte. Trotzdem küsste er mich zum Abschied.

Nachdem er gegangen war, nahm ich erst richtig wahr, wie sehr es in der Wohnung stank – nach Zigaretten und fauligem Alkohol. Ich sank zurück ins Bett und schloss die Augen. Ein paar Minuten später hörte ich ein dumpfes Geräusch aus Haileys Zimmer. Ich wusste, dass sie noch unterwegs war und feierte. Meine Kehle schnürte sich zu. War Beatrice hier? Vielleicht würde die ständige Anspannung endlich nachlassen, wenn ich sie auf frischer Tat ertappte. Ich könnte Wasser aufsetzen, und wir könnten uns gemeinsam in die Küche setzen – das Buch durchsprechen, zusammen brainstormen. Erneut ertönte ein dumpfer Schlag, und ich wurde fast verrückt vor Angst. Ich nahm meinen ganzen Mut zusammen und schlich auf Haileys Zimmertür zu.

»Beatrice?«, fragte ich leise, während ich die Tür öffnete. Der Klang meiner eigenen Stimme erschreckte mich. Doch der Raum war leer, nur das Chaos der Partynacht blickte mir entgegen. Ich stöpselte meinen Laptop ein, drehte Lil Wayne auf und übertönte die Geräusche des Hauses. Im Badezimmer wischte ich die Badewanne mit einem Geschirrtuch sauber, ließ Wasser ein und salutierte dann mit zwei Fingern in Richtung Geheimtür, bevor ich mir ebenjene Finger in den Hals steckte und einen triumphierenden Schwall gelblicher Galle in die Toilettenschüssel entließ.

Während ich anschließend im heißen Wasser lag, schrieb mir Holiday endlich zurück.

Willst du nächste Woche was trinken gehen?

12

Am nächsten Morgen wachte ich auf und entdeckte eine Reihe fieser Kommentare unter den Facebook-Fotos von mir auf der letzten Party. Die Ntte hat mich nur ausgenutzt, hoffentlich bleibst du f. immer in deinem Sch… Berlin! Wie schön das du so verfckt glücklich bist. Ich fragte Hailey, ob ich die Kommentare löschen sollte, sie waren von Jesse, der beim Schreiben offenbar betrunken gewesen war. Oder stoned. Es fiel mir nicht schwer, mir vorzustellen, wie er in der Garage seines Vaters gierig an seiner Bong zog, träge und dennoch vor Wut schäumend. Nicht mal *Nutte* konnte er richtig schreiben. Seine Kommentare hatten den Besucherverkehr auf meiner Seite angekurbelt, der Thread unter einem Foto von mir und Sam im Badezimmerspiegel war bereits zweiundzwanzig Kommentare lang und umfasste zahlreiche Reaktionen auf Jesses nachlässige Rechtschreibung. »Auf gar keinen Fall darfst du das löschen! Die Kommentare sind Gold wert. Sie unterstreichen die Aussagekraft der Bilder. Außerdem: Wenn du sie entfernst, weiß er, dass es dir was ausmacht. Lässt du sie stehen, verewigst du ihn in seiner Ohnmacht.«

Ich war törichterweise davon ausgegangen, dass zwischen Jesse und mir alles geklärt war. Schließlich hatte *er* mit *mir* Schluss gemacht.

Später am Vormittag, als ich gerade darüber nachdachte, ob ich meinen Frühstücksmuffin wieder hochwürgen sollte, kreischte Hailey plötzlich hinter ihrem Laptop hervor: »O MEIN GOTT, DIE ZEITSCHRIFT *PURPLE* WILL AUF UNSERER NÄCHSTEN PARTY FOTOS MACHEN – DIESEN FREITAG!«

Selbst ich kannte das *Purple*-Magazin, in Berlin gehörte es zur Standardliteratur. Das französische Kunst-, Kultur- und Modemagazin hatte stets entweder ein fast nacktes androgynes Model auf dem Cover oder einen gutgekleideten männlichen Filmstar. Chloë Sevigny tauchte ebenfalls ständig darin auf. Hailey drehte die Musik auf und fing mit ausgestreckten Mittelfingern an zu tanzen. Ich hatte sie noch nie so glücklich gesehen.

»Wir habens fast geschafft, du *Nutte*!« Sie küsste mich auf die Wange und rannte dann in die Küche, um Kaffee zu kochen. Ich versuchte unterdessen herauszufinden, was sie damit gemeint hatte: *Wir habens fast geschafft*. Vermutlich meinte sie unsere Inszenierung für Beatrice. War dies der letzte Gipfelsturm? Würden wir, wenn uns der Fotograf wie eitle Rauchfahnen auf Papier gebannt hatte, endlich wahrhaftig existieren?

Es musste jedenfalls unsere bisher beste Party werden. Wir bestellten echte Weingläser und einen Scheinwerfer, den wir auf die Diskokugel richten konnten. Ich bestand außerdem darauf, dass wir einen Kühlschrank für die Bar kauften. Hailey fand einen auf eBay, und wir holten ihn bei einer uralten Dame ab, deren Wohnung nach verfaulten Äpfeln roch. Bevor sie uns gehen ließ, mussten wir ihr versprechen, dass wir den Kühlschrank erst zwei volle Tage nach dem Transport in Betrieb nehmen würden. Wir versprachen es, ohne jede Absicht, uns daran zu halten.

»Und? Bist du in Mathias verliebt?«, fragte Hailey, während wir das Gerät unser Treppenhaus hinaufschleppten.

Ich blieb schwer atmend stehen. »Ich glaube nicht. Ich meine, ich mag ihn schon, er ist echt in Ordnung. Aber ich stehe mehr auf Holiday. Sie ist nur leider undurchschaubar und verschwindet ständig.«

»Tja, eine Liebschaft kommt selten allein.«

»Irgendwas Neues von dem von Habsburg?«, fragte ich und bückte mich, um den Kühlschrank wieder anzuheben.

Hailey ächzte. »Wenn er mich in der *Purple* sieht, werde *ich* wahrscheinlich diejenige sein, die seine SMS ignoriert. Kommt Holiday zur Party?«

»Sie mag keine Kunstleute.«

Hailey kaute nachdenklich auf ihrer Unterlippe herum. »Musikmenschen sind solche Snobs. Genau wie Otto. Der denkt auch, er wäre total interessant und altruistisch, weil er ein nutzloses Medium studiert.«

»Kunst ist jetzt auch nicht gerade megazweckmäßig.«

»Schlechte Kunst nicht, nein.«

»Ich gehe am Sonntag was mit ihr trinken.«

»Oh …« Ihre Stimme war hart geworden, sie weigerte sich, meinem Blick zu begegnen. Im Laufe mehrerer ähnlich verlaufender Gespräche hatte sich herausgestellt, dass Hailey Holiday aus irgendeinem Grund nicht mochte. Vielleicht war sie eifersüchtig. Wir hatten noch einen ganzen Treppenabschnitt vor uns.

Als ich am Abend Fotos für eine Collage aus der Zeitung schnitt, sah ich, dass sich die rosa Website von *Perez Hilton* in Haileys Lesebrille spiegelte. Sie drehte ihren Laptop zu mir um. »Schau dir Britney an …«

Es lief ein Video, in dem Britney Spears in L.A. in einem leeren Geschäft shoppte, ohne Hose und offenbar mitten in der Nacht. Ihre schwarze Pilotenbrille reflektierte die Blitzlichter der Paparazzi, ihre übertrieben gebräunten Beine waren in zerrissene Netzstrümpfe gezwängt und ihre Unterhose war mit irgendetwas beschmiert.

»Ist das Menstruationsblut?«

»Vielleicht auch Barbecue-Soße.« Hailey stieß ein heiseres Seehundlachen aus. »Weißt du, dass sie ihren Kopf letztes Jahr genau an meinem Geburtstag kahlrasiert hat?«

»Nein, das wusste ich nicht.«

»Für mich war das ein kosmisches Zeichen.«

»Wofür?«

»Dafür, dass wir miteinander verbunden sind. Was die meisten Leute nicht kapieren, ist, dass sie absolut genial ist. Sie hat keine Managerin, keine Agentin, keine Pressesprecherin und ganz sicher keine Stylistin. Was du siehst, ist alles zu einhundert Prozent sie selbst.«

Ich nickte und beobachtete Britney dabei, wie sie einen weißen Sneaker inspizierte, während die Paparazzi Fragen brüllten.

Hailey fuhr fort: »Dafür verdient sie mehr Anerkennung. Sie ist einfach da draußen und lebt ihre Fiktion.«

Wir verbrachten den Donnerstag damit, die Wohnung vorzubereiten, und am Freitag planten wir unsere Outfits mit dem Eifer der Bennet-Schwestern aus *Stolz und Vorurteil* vor dem Ball in Netherfield. Erst als der gesamte Boden mit Stoffknäueln bedeckt war, entschied ich mich für das Kettenhemd, einen schwarzen Spitzen-BH und Strumpfhosen. Hailey schlüpfte in das grüne viktorianische Kleid, das ihre Augen zum Leuchten brachte, und krönte das Ganze mit einer Kristallhalskette und künstlichen Wimpern. Auf diese Weise herausgeputzt, stakste sie durch die Wohnung und bellte Befehle. Zu Sam sagte sie kaum hallo, als diese eintraf.

»Zoe, räum das Badezimmer auf«, herrschte sie mich an und zeigte auf den Waschtisch, der mit Schminkutensilien übersät war. Ich atmete tief durch und dachte: *Ommmmm.*

Constance kam zu mir und schlüpfte in ihren korallroten Hosenanzug. »Können wir den mal reinigen lassen?«

»Zu teuer«, erteilte ihr Hailey eine Absage.

Constance zwickte ihr in den Hintern. »Wer Geschäfte machen will, muss auch investieren, Madam.«

»Zoe, ich brauche einen Wodka-Mate – und bereite mehr Orangenscheiben vor, letztes Mal sind sie uns ausgegangen«, blaffte Hailey. Da war es wieder, mein unterwürfiges »Ja, natürlich, kommt sofort«. Ich fischte vier Eiswürfel aus der gerade geöffneten Tüte und griff nach einer Flasche Absolut Vodka, sah der Flüssigkeit dabei zu, wie sie durch die Öffnung ins Glas rann. Sam musterte Hailey kritisch, bis diese im anderen Zimmer verschwand.

»Du lässt dich von ihr herumkommandieren.« Sie hielt inne, um sich zu bücken und an ihren Strümpfen zu zupfen. »Aber das weißt du bestimmt.«

»Wenn die Leute bei mir Drinks bestellen, ist das meine Standardantwort«, verteidigte ich mich.

»Das meinte ich nicht. Geschäftliche Unterwürfigkeit ist völlig normal.« Sie zeigte auf Hailey, die durchs Nebenzimmer stolzierte. »Die Dynamik zwischen euch beiden ist was vollkommen anderes. Es geht mich natürlich nichts an, aber mir kommt das Ganze vor wie ein ungesundes Abhängigkeitsverhältnis. Du solltest dich damit auseinandersetzen, damit du nicht irgendwann durchdrehst.«

Mir war bewusst, dass ich seit Ivys Tod orientierungslos herumtrieb. Ich hatte zugelassen, dass Jesse mich nach Wyoming schleifte, und jetzt stand ich kostümiert in einem Berliner Wohnzimmer und servierte Cocktails. Auch wenn Sam nicht unrecht hatte mit ihrer Analyse: Ich hatte meinen Spaß, und ich brauchte Hailey. Also rief ich mir in Erinnerung, dass Sam Psychologie studierte, und redete mir ein, dass sie nur mit ihrem Wissen aus dem Grundstudium angeben wollte und ihre Pseudoweisheiten mit Vorsicht zu genießen waren. Ich wechselte das Thema: »Was war eigentlich Nates Fetisch?« Ich überraschte mich selbst mit dieser kühnen Frage.

Sie verengte ihre silbern umrandeten Augen und versuchte abzuschätzen, ob ich mit ihrer Antwort würde umgehen können. »Der übliche Ödipuskomplex.«

Ich nickte und machte ein Gesicht, das ausdrücken sollte: *Überrascht mich nicht.*

»Alle reichen Söhnchen schleppen Mama-Ballast mit sich herum. Na ja, eigentlich sind es Kindermädchen-Traumata. Wie bereits gesagt: Meine Arbeit war rein verbal, es war also hauptsächlich das typische Schuljungen-Demütigungszeug: *Wo sind deine Hausaufgaben, bla, bla, bla.*«

»Ich habe zugelassen, dass er mich mit einer Zucchini fickt, weil er mir unbedingt einen Fetisch andichten wollte. Er wollte mir seinen nur verraten, wenn ich auch einen hätte. Also habe ich das mit dem Gemüse erfunden, aber danach wollte er immer noch nicht mit seinem herausrücken.«

Sam spuckte einen kleinen Rest ihres Getränks zurück ins Glas, um dann prustend loszulachen. Ich spürte, wie ich vor Scham puterrot anlief.

»Unfassbar peinlich, ich weiß.«

Sie sammelte sich wieder. »Du hast versucht, bei etwas mitzumachen, das ihm wichtig zu sein schien. Und er war nicht stark oder intelligent genug, offen mit dir zu kommunizieren.« Die klinische Gewissheit, mit der sie es sagte, beruhigte mich. »Wie auch immer – vergiss, was ich über dich und Hailey gesagt habe. Was ihr beide hier macht, ist toll.« Sie drückte meine Schulter und machte sich auf den Weg zu ihrem Posten an der Wohnungstür.

Die ersten vereinzelten Gäste trafen ein, warfen ihre Jacken ab und schnappten sich eisgefüllte Gläser. Otto spielte einen Song, den ich nicht einordnen konnte und der alles wie vorgespult erscheinen ließ. Stimmen und Klavier gemeinsam im vollen Galopp. Mel, »der Kennedy«, bestellte einen Whiskey Soda und machte es sich dann in einer Ecke bequem, wo er seinen Geparden-Rucksack bewachte. Ein paar Typen, die ich aus der *Star Wars*-Bar kannte, hatten ihren iPod an die Lautsprecher angeschlossen und begannen, in einem dichten Kreis zu Soulja Boy zu tanzen, mit wippenden Armen und vorpubertärem Elan. *Now watch me yuuuuuuu!*

Und dann, als sei die Platte gesprungen, standen plötzlich vier breitschultrige Polizisten vor der Tür. Ein »Pssst« ging durch die Menge. Die Soulja Boys zogen hastig ihr iPod-Kabel heraus, Mel schob seinen Rucksack unter mein Bett, ich versteckte die Getränkeliste und die Kasse, wobei ich immer wieder in Gedanken den Satz wiederholte, den Hailey mir beigebracht hatte: *Das ist nur eine private Party.* Oder hieß es: *Dies ist nur eine Privatparty?* Hailey war geduldig mit mir gewesen, und ihr hübscher Mund hatte deutlich die mir fremden Laute geformt. Ich versank in einer tiefschwarzen Untergangsstimmung. Vielleicht würde uns Beatrice aus der Wohnung werfen. Vielleicht würden wir sogar das Land verlassen müssen!

Hailey marschierte zur Tür, das Gesäßpolster ihres viktorianischen Kleids raschelte selbstbewusst im Takt ihrer Schritte. Sie begrüßte die Beamten mit einem knappen

Nicken und einem professionellen Lächeln und begleitete sie bei ihrem Rundgang durch die Wohnung. Ich stellte mich ein Stück weg von der Bar und behielt den Fuß auf der versteckten Kasse. Mein Handy vibrierte, eine SMS von Sam: Sie haben zwei Anrufe erhalten?? Lärmbeschwerde + illegaler Club :(

Später erfuhr ich, dass Hailey den Männern mit den kugelsicheren Westen in etwa Folgendes sagte: »Wir sind Studenten der Berliner Universität der Künste und produzieren gerade einen Film. Heute Nacht wird eine Partyszene gedreht. Wie Sie sehen können, machen wir gerade die Stellprobe, damit wir später losfilmen können. Gibt es ein Problem?« Die Polizisten wirkten zunächst skeptisch, aber unsere historischen Kostüme schienen Haileys Behauptung zu stützen, und nach minutenlangem Hin und Her akzeptierten sie zögernd die Situation und kündigten an, dass sie später noch einmal vorbeischauen und die Sache überprüfen würden.

Hailey schloss die Tür hinter ihnen, und ihre ganze Selbstbeherrschung löste sich in Luft auf. »Fuck! Der Fotograf ist noch nicht da, oder?« Ich schüttelte den Kopf.

»Und Jens?«, fragte sie und raste wie eine Formel-1-Pilotin durch das Dickicht aus Körpern davon. Constance zeigte auf Jens, der auf dem Fensterbrett im Erker saß und auf sein Handy starrte.

»Jens, wir müssen zur Uni, um Beleuchtungs- und Kameraequipment auszuleihen!« Jens sah sie perplex an.

»Ich erkläre dir alles im Taxi.«

Die Party ging unter Volldampf weiter, angeheizt vom Reiz des Illegalen. Constance gab mir vom Roulettetisch aus ein Zeichen, sie wollte einen Drink. Ich schenkte ihr ihre übliche Mischung ein: Wodka, Soda, Limette. Es war gerade nichts los an der Bar, deshalb brachte ich ihr das Glas persönlich.

»Danke. Such dir eine Zahl aus«, forderte sie mich lächelnd auf und zeigte auf das Rouletterad.

»Sechs, Rot.«

Sie drehte am Rad. Die Kugel landete auf der roten Zwölf.

»Das war knapp.«

»Knapp daneben ist auch vorbei.«

Ich verdrehte die Augen. »Sagst du den Spruch häufiger?«

»Ständig«, gab sie lachend zurück.

Bevor ich zur Bar zurückkehrte, warf ich einen Blick durch das Erkerfenster und war wie vom Blitz getroffen: Das war sie, auf dem Bahnsteig des U-Bahnhofs. Ohne jeden Zweifel. Dieser Uma-Thurman-Haarhelm und die roten Lippen. Es war Beatrice in einem seidig glänzenden, bodenlangen braunen Mantel. Ich stand wie versteinert da und wusste nicht, wie ich reagieren sollte. Beatrice' Blick war wie ein Laserstrahl auf das Fenster des Nebenzimmers gerichtet. Ich überlegte, ob ich mich verstecken sollte, mich unter den Fensterrand ducken, damit sie mich nicht sah. Im nächsten Moment durchfuhr ein Zucken ihr alabasterweißes Gesicht, sie sah seltsam aus, wirkte plötzlich älter. Sie legte den Kopf schräg und machte einen Schritt nach hinten, wurde von der Dunkelheit der Bahnhofstreppe verschluckt. Ich stand da und wartete darauf, dass sie zurückkehrte, hatte panische Angst, dass sie auf der Straße auftauchen und auf die Tür zugehen würde.

»Zoe, die mixen sich gleich selbst die Getränke, wenn du nicht …« Constance schnippte mit den Fingern vor meinem Gesicht herum und durchbrach meine Starre. Ich nickte und nahm mir einen letzten Moment Zeit, um den Blick über die leere Straße schweifen zu lassen. *Sie beobachtet uns,* dachte ich. *Wahrscheinlich hat* sie *die Bullen gerufen.*

Etwa fünfzig gemixte Drinks später kehrten Hailey und Jens mit neun Hartplastikkoffern aus dem Filminstitut der Uni zurück. Jens fing an, Metallstative aufzustellen, und Hailey klappte Reflexschirme auf, schraubte Beleuchtungskörper fest, mit weißen Fingerknöcheln und verkrampften Handgelenken. »Hailey, ich hab Beatrice gesehen! Sie war dort draußen und hat zu uns reingespäht«, erzählte ich aufgeregt und zeigte auf den U-Bahnhof.

Otto stürzte sich in eine mitreißende Version von »November Rain« von Guns N' Roses, und der Schweizer Maler mit der tiefen Stimme führte einen derben Chor aus Mitgrölenden an. Hailey nickte. »Das wundert mich nicht. Wahrscheinlich hat *sie* die Polizei gerufen, um für mehr Spannung zu sorgen. Ich wusste, dass so was früher oder später passieren würde. Sie will sehen, wie wir reagieren.«

»Aber bedeutet das nicht, dass sie vollkommen übergeschnappt ist? Sollten wir nicht lieber …?«

Die weißglühenden Studioleuchten erwachten eine nach der anderen zum Leben, und die Partygäste verwandelten sich in aufgeregte Nachtfalter, die sich an ihren letzten Flügelschlägen ergötzten, bevor sie im Licht verbrannten. Ich versuchte, meine Bedenken erneut zum Ausdruck zu bringen, aber Hailey winkte ab. »Das ist doch gut. Genau das wollen wir.« Ihr Kleid raschelte, als sie kehrtmachte und jede weitere Diskussion über Beatrice im Keim erstickte.

Der Fotograf, ein Typ mit zurückgegelten Haaren und

großen dunklen Knopfaugen, betrat den Raum genau in dem Moment, als Jens den letzten Reflexschirm einstellte. Ich bot ihm einen Drink an, er lehnte ab. In schwarze Stoffbahnen gehüllt und mit Silberschmuck behängt, wirkte er wie ein Gothic-Eichhörnchen. Mit einem widerwärtigen Grinsen betrachtete er den grellbeleuchteten Raum und fragte: »Ihr Süßen, habt ihr das alles etwa für mich vorbereitet?«

Hailey bedachte ihn mit einem scheuen, unterwürfigen Lächeln, woraufhin das Eichhörnchen mit einem einzigen Handgriff die Kamera, die um seinen Hals hing, ans rechte Auge hob und zu knipsen begann. Der Schweizer Künstler hing am Türrahmen, Sam posierte mit in die Hüften gestemmten Armen, drei Mädchen, die Wind davon bekommen hatten, dass es sich um ein Fotoshooting für *Purple* handelte, ließen sich ein Bad einlaufen, stiegen in ihren schwarzen Strümpfen hinein, und ihre Brustwarzen lugten aus dem schaumigen Wasser, während sie Duck Faces für die Kamera machten.

Als die Polizisten wiederkamen, kehrte vorübergehend Stille ein. Jens sprang auf einen Stuhl neben der Videokamera und tat so, als würde er Regie führen, wobei er die Arme hob wie Nixon beim Aussteigen aus einem Flugzeug. »Also, Zoe, sprich bitte laut und deutlich«, rief er. »Wenn ich *Action* sage, rufst du Constance deinen Text zu. Weißt du noch, was du sagen musst?« Ich nickte, hatte aber natürlich keine Ahnung. »*Action*!«

»Sechs, Rot!«, rief ich Constance zu.

Constance reagierte sofort und betätigte das Rouletterad. »Zweiundzwanzig, Schwarz.«

»Knapp daneben«, schrie ich.

»Knapp daneben ist auch vorbei.« Constance grinste.

Jens fuchtelte wieder mit den Händen. »*Cut!* Ihr anderen feiert bitte einfach weiter. Denkt dran: Ihr seid auf einer Party, benehmt euch auch so. Und bitte!«

Die Polizisten standen schweigend da, während sich der vermeintliche Filmdreh vor ihren Augen abspielte. Nach dem nächsten Cut baten sie Hailey höflich, auf die Lautstärke zu achten, was sie mit einem Knicks versprach. Das Eichhörnchen überredete die vier uniformierten Beamten sogar, für ihn zu posieren, und Hailey drängelte sich dazwischen und schmiegte sich stolz an ihre steifen kugelsicheren Westen, die Lippen zu zwei zufriedenen Wülsten vorgeschoben. Als die Wohnungstür endlich hinter den Polizisten zugefallen war, brach die ganze Party in Applaus aus, und Jens verbeugte sich tief auf seinem Regiestuhl. Der Rest der Nacht verging wie im Flug. Der zusätzliche Kühlschrank hielt das Bier kalt, es gab genug Eis, und im Raum war es so hell, dass niemand merkte, wie der Morgen hereinbrach.

Mein Bett war nass vor Bier, deshalb warf ich ein Handtuch darauf. Hailey und ich schliefen ein, ohne vorher aufzuräumen oder sauberzumachen, warteten bis zum nächsten Abend, um diese widerliche Aufgabe in Angriff zu nehmen. Mich erstaunte immer wieder, dass die Leute alles auch nur ansatzweise konkave als Aschenbecher benutzten – Flaschendeckel, Löffel, Bananenschalen. Jeder dieser Gegenstände war wie eine mit Asche gefüllte Bombe, die nur darauf wartete, zu explodieren, wenn man sie aufzufegen versuchte. Hailey fand ein Fläschchen hinter dem Sofa, das Koks zu enthalten schien. Ich feuchtete meinen Daumen an und probierte ein wenig. Es schmeckte bitter. »Jap.« Wir schoben uns auf dem Cover eines von Beatrice' Romanen ein paar Lines zusammen und säuberten die Wohnung anschließend mechanisch wie Roboter.

Am nächsten Morgen war unser Eintrag im *Purple Diary* online:

> FEGEFEUER DER EITELKEITEN: Es ist eine extrem exklusive Party, und du musst dich fragen: Bin ich eingeladen? Wer wird alles da sein? Was soll ich anziehen? Was ist das überhaupt für eine Location? Ein Privathaus oder ein Club? Du weißt nur, dass du alles tun würdest, um reinzukommen. Der Boden ist mit EasyJet-Tickets übersät, die Badezimmerschlange ist länger als die vorm Berghain, und beleuchtet ist das Ganze wie eine Waschmittelreklame. Zeit, dir einen Drink zu schnappen und dich in Pose zu werfen. Du wirst es nicht bereuen.

Der Text besaß die Raffinesse einer Sechstklässler-Geburtstagseinladung, aber zum Glück sahen auf den Fotos des Eichhörnchens alle so aus, als gehörten sie eigentlich auf die Seiten eines Modemagazins.

»In Zukunft müssen wir kontrollieren, was die schreiben. Lahm ist noch untertrieben für diesen Text«, jammerte Hailey.

»Er hat irgendwas mit meinen Wangenknochen angestellt«, murmelte ich und hielt mir meinen Laptop dicht vors Gesicht. Die Spiegelung in Haileys Brillengläsern verriet, mit welcher fieberhaften Geschwindigkeit sie durch die Bilder scrollte. Dabei murmelte sie vor sich hin: »Das – sind – wir. Das – sind – wir.«

Erschrocken zeigte ich auf meinen Bildschirm. »Hailey.«

»Was?«, unterbrach sie ihren Sprechgesang.

»Das ist sie.«

»Wer?«

Ich senkte meine Stimme. »Beatrice.«

Wortlos drehte ich meinen Laptop in Haileys Richtung. Im Hintergrund eines der Fotos, in einer Ecke von Haileys Zimmer, war ein pilzförmiger rabenschwarzer Haarhelm zu sehen, darunter ein halb der Kamera zugewandter Rücken. Das Gesicht wurde von der Schulter eines großen Typs im grünen Pullover verborgen. Sie trug denselben bodenlangen braunen Mantel, in dem ich sie auf dem U-Bahnsteig gesehen hatte.

»Bist du sicher?«

»Ja.«

Wir suchten sämtliche Fotos ab, doch der braune Mantel tauchte nicht wieder auf. »Sie war hier.«

Ich stand auf und ging zu der Ecke von Haileys Zimmer, in der Beatrice gestanden hatte. Versuchte, mir die Situation vorzustellen. Was hatte Beatrice gedacht? All diese Leute in ihrem Schlafzimmer. Hatte sie Angst gehabt, dass wir sie sehen könnten? Oder war genau das Sinn und Zweck ihres Auftauchens gewesen?

Hailey folgte mir.

»Was machst du?«

»Ich denke über sie nach. Hier, wo sie gestanden hat.«

Erneut überkam mich Beklommenheit. Die Tatsache, dass Beatrice das Risiko eingegangen war, persönlich auf der Party zu erscheinen, bedeutete, dass sich etwas verändert hatte. Ich wurde schreckhaft. Die Stuhllehne, der Kleiderstapel in einer Zimmerecke, alles verwandelte sich in Beatrice – ihr Schatten war plötzlich überall.

»Ich hab kein gutes Gefühl bei der Sache«, sagte ich.

»Also *ich* genieße das Gefühl, beobachtet zu werden.« Hailey lachte und marschierte ins Bad, wo sie das heiße Wasser aufdrehte und sich nackt auszog, ohne sich die

Mühe zu machen, die Tür zu schließen. Jetzt performte sie sogar schon für mich.

Am Abend hatte ich mein Date mit Holiday. Sie wollte mich in einer queeren Bar am Kottbusser Tor treffen. Ich brach viel zu früh auf, weil ich nervös war und davon ausging, dass ich mich – wie üblich – verlaufen würde. Nachdem ich die Bar am Rande einer gewaltigen, in Gelb und Weiß gehaltenen Wohnanlage entdeckt hatte, spähte ich zaghaft durchs Eckfenster. Keine Spur von Holiday. Sie sollte mich auf keinen Fall draußen warten sehen, also zog ich an der linken der beiden Türen, aber sie war abgeschlossen. Der Barkeeper zeigte auf die andere Tür, und ich lief rot an. Ich atmete tief durch, zog am Griff der rechten Tür und versuchte, selbstbewusst zu wirken. Es war Sonntag, noch dazu früher Abend. Die Bar war fast leer, bis auf ein paar vereinzelte Gäste, die schweigend an ihren Getränken nippten. Die Beleuchtung bestand aus einer Reihe spinatgrüner unter Satellitenschüsseln festgeschraubter Glühbirnen, in deren Licht die hölzernen Barhocker wie widerspenstige Quallen wirkten. Ich bestellte ein Bier und setzte mich. Ein Mann mit silbergrauen Haaren saß zwei Hocker weiter und lächelte mir zu. Ich erwiderte sein Lächeln. Stumm hockten wir da. Nach einer gefühlten Ewigkeit glitt Holiday auf den Platz neben mir und legte den Arm um meine Schultern. Mein Herz schlug heftig, und ich betete, dass mir meine Nervosität nicht ins Gesicht geschrieben stand.

»Wie ich sehe, hast du schon Oscar kennengelernt«, sagte sie und zeigte auf den grauhaarigen Mann. »Er ist ein hervorragender Dichter. Hat er versucht, dich anzubaggern?«

»Äh. Nein … hat er nicht«, stammelte ich.

»War nur ein Witz.« Sie lachte und bestellte ein Bier, indem sie lässig den Zeigefinger in die Luft streckte.

»Magst du Gedichte?«, fragte mich Oscar.

»Ja, mag ich«, antwortete ich.

Holiday bedachte mich mit einem verschmitzten und gleichzeitig liebevollen Lächeln. Meine Antwort schien Oscar zufriedenzustellen, denn er wandte sich mit katzenhaftem Schweigen wieder seinem Bier zu.

»Euer Moulin Rouge für Arme scheint gut zu laufen«, stellte Holiday kichernd fest und imitierte eine der lächerlichsten Posen des *Purple*-Fotoshootings, indem sie ihre dünnen Beine wild in Richtung Satellitenschüsseln hochstreckte.

»Ja, ja, ja.«

Sie alberte weiter herum und glich mit jeder Pose mehr der jungen Madonna. Ich fing an zu lachen und verspürte plötzlich Erleichterung darüber, mit jemandem zusammen zu sein, der sich weder für Kunst noch für Beatrice noch für den Spannungsbogen unserer »Geschichte« interessierte.

»Ich will deine Musik hören.«

»Niemand bekommt meine Musik zu hören.«

»Ach nein?«, fragte ich überrascht. »Und warum nicht?«

»Weil sie noch nicht fertig ist«, erklärte sie mit einer wegwerfenden Handbewegung und bestellte zwei Wodka.

Als Holiday aufstand, um auf die Toilette zu gehen, betrachtete ich sie eingehend von hinten. Sie trug dasselbe schwarze Neckholder-Top, das sie auch im Berghain angehabt hatte, dazu enge Camouflage-Hosen und glänzend rote Doc Martens. Ihre Silhouette löste ein flattriges Gefühl in mir aus. Ich vermisste sie während der wenigen

Minuten, die sie weg war. Wie konnte das sein? Die Bar begann sich zu füllen. Als sie endlich zu ihrem Hocker zurückkehrte, hatte sie eine frisch gekaufte Schachtel Zigaretten dabei und schüttelte zwei davon heraus. Ich rauchte eigentlich nicht, nahm aber trotzdem eine. Sie zündete sie mit einem hellbraunen Feuerzeug an, ich inhalierte und musste husten. Das brachte sie so sehr zum Lachen, dass sich ihr ganzes Gesicht in Falten legte. In diesem Moment ging schwungvoll die Tür der Bar auf, und eine Gruppe britischer Kerle taumelte herein und verbreitete den Gestank einer Ryanair-Reisegruppe auf Sauftour. Der Barkeeper erstarrte. Holiday beugte sich zu mir und erklärte, dass das Personal nicht mehr gut auf Auswärtige zu sprechen sei, vor allem nicht auf heterosexuelle, seitdem *Lonely Planet* die Bar als »beste Kneipe Kreuzbergs« bezeichnet hatte. Die Neuankömmlinge waren adrett gekleidet auf eine schnöselige und ein wenig prollige Art, die schon von weitem *Date Rape* schrie, mit hässlichen bunten Hemden und hochgestellten Kragen. Sie bestellten Bier und zogen sich in eine Ecke zurück, um dort lautstark herumzugrölen.

Holiday schielte in ihre Richtung. »Das sind genau die unkultivierten Affen, die mich in Brixton *Scheißlesbe* genannt und nach Strich und Faden verprügelt haben. Die trinken hier nur über meine Leiche.« Es überstieg meine Vorstellungskraft, dass irgendjemand Holiday etwas Böses wollen könnte, sie war solch ein offensichtliches Geschenk an die Menschheit. Sie riss den Mund weit auf und tippte gegen einen ihrer Zähne, der heller war als die übrigen.

»Vielleicht habe ich diesen Arschlöchern sogar meinen Zahnersatz zu verdanken.«

Wie aufs Stichwort begann einer der Männer, auf pseudoschwule Art seinen Hintern an der Wand zu reiben.

»O nein. Nicht mit mir«, fauchte Holiday und schwang sich wutentbrannt von ihrem Hocker, um auf den Tisch der Saufkumpane zuzusteuern. »Euch ist aber schon klar, dass das hier eine queere Bar ist, oder?« Verblüfftes Schweigen. Holiday wirkte plötzlich dreimal so groß, ihre Worte knallten wie Ohrfeigen. »Und weil es eine queere Bar ist, fühlen sich die Leute wegen euch unwohl.«

Der am wenigsten Aggressive der Gruppe flüsterte auf den Rest der Runde ein, er wirkte peinlich berührt und hatte rote verschwitzte Wangen. Die Männer leerten ihre Biergläser und zogen ihre Jacken wieder an.

Holiday kam zurück.

»Die Chancen standen fifty-fifty: Entweder sie brüllen zurück, und es kommt zum Streit, oder sie hauen einfach ab. Zum Glück waren sie noch nicht völlig betrunken, daher …«

Oscar, der Dichter, beugte sich herüber. »Das macht sie jeden Abend.«

Besorgt überlegte ich, ob ich vielleicht ebenfalls nicht lesbisch genug war und sie mich hinauswerfen würde.

»Danke für gar nichts!«, grölte der Dickste der Stehkragentypen, bevor die Tür hinter ihm zufiel.

»Lutsch mir den Schwanz!«, rief Holiday. Alle in der Bar lachten. Ich bestellte noch zwei Shots, und wir wurden immer betrunkener. Irgendwann folgte mir Holiday auf die Toilette und fickte mich, während ich an der klebrigen glänzenden Tapete lehnte. Ohne Vorwarnung überfiel mich ein heftiger Orgasmus – wie ein Sonderkommando der Polizei, das eine Vorstadttür sprengt.

13

Anfangs waren hauptsächlich Kreative und Studenten auf unsere Partys gekommen, was auch einleuchtend war, aber jetzt schrieben uns plötzlich Galeristen und Kuratoren an und fragten, ob sie ihre Afterpartys im Beatrice abhalten könnten. Je weiter die Partyfreitage fortschritten, desto mehr schick gekleidete Menschen mit kokainverkrusteten Nasenlöchern und teuren Steaks im Magen strömten herein. Alles beschleunigte sich. Ich ließ ständig den Blick durch die Räume schweifen, doch Beatrice tauchte nicht wieder in der Menge auf. Ein fast blinder Galerist brach sich die Nase, als er von einem Stuhl auf einen Tisch springen wollte, eine deutsche Künstlerin betätigte einen Feuerlöscher im Hausflur, und ein Maler aus Boise zeichnete im Badezimmer ein »ironisch gemeintes« Hakenkreuz an die Wand, das sich erst mit der vierten Schicht Farbe übermalen ließ. Und eines Freitags tauchte Tobias Breitbach mit einer anzugtragenden Entourage auf, und ich konnte mein Versprechen gegenüber Claire einlösen und ihm, ungeachtet seiner Proteste, von Sam eine Absage erteilen lassen.

Wir feierten Haileys einundzwanzigsten Geburtstag – ich hatte ihr einen Red-Velvet-Cake gebacken –, und sie weinte in der Küche, weil sie das Gefühl hatte, dass Europäer, die quasi von Kindheit an legal Alkohol tranken, die monumentale Bedeutung eines einundzwanzigsten

Geburtstags nicht nachvollziehen konnten. Und Hailey entdeckte Deko Behrendt, ein großes Geschäft für Partyzubehör, Kostüme und Scherzartikel, das nur ein paar Straßen südlich unserer Wohnung lag und sogar Requisiten verlieh, darunter ein riesiges Burlesque-Martiniglas, das ich viel zu kitschig fand.

»Soll sie ein Champagnerbläschen darstellen?«, fragte ich, während ich über Haileys Schulter hinweg auf die Homepage des Dekogeschäfts blickte, auf der eine Frau im Inneren des Plastikglases Spagat machte.

»What good is sitting alone in your room?«, trällerte Hailey.

»Was?« Ich starrte sie verständnislos an.

»Das ist aus *Cabaret.*«

Ich rollte mit den Augen. Ich hatte es aufgegeben, meine Verärgerung über ihre ständige Überdrehtheit zu verbergen.

»Wir würden nicht darin tanzen – wir würden es nur mit Kunstblut oder Campari oder so was füllen.«

Ich schüttelte den Kopf.

Hailey hatte sich angewöhnt, wie ein ungeduldiges Kind schon am Donnerstag mit dem Dekorieren zu beginnen. Sie klebte Lamettavorhänge an Türrahmen, hängte zum Valentinstag rote Herzen in unseren Zimmern auf. Heliumtanks und Nebelmaschinen trafen in der Hektik des Nachmittags ein, Ballons schwebten über unseren schlafenden Köpfen und stießen sanft gegen die Decke.

Die Wochentage zwischen den Partys vergingen mit Nachos, dem Aufgeben von Getränkebestellungen, dem Schrubben sämtlicher Oberflächen und dem Beantworten von Anfragen. Wir standen hoch im Kurs, genau wie Berlin. Man konnte keine amerikanische Zeitung oder Zeitschrift aufschlagen, ohne auf einen schick aufgemachten Artikel über die Partymetropole Europas zu stoßen. Berlin hatte das gewisse Extra – einerseits verströmte es noch immer den Zauber der wilden hedonistischen Zeiten nach dem Mauerfall, andererseits waren die Hotels luxuriös und die Taxifahrer sprachen gut genug Englisch. Hailey war perfekt vorbereitet auf das Interesse der Medien, sie liebte PR, und ihr makelloses Deutsch erweckte den Eindruck, dass sie hervorragend integriert war. Sie hatte eine mystische Sensibilität entwickelt, einen astrologischen sechsten Sinn dafür, im richtigen Moment das Richtige zu sagen, und hatte außerdem immer eine gute Schlagzeile und Fotos aus unserem Fundus parat, die die fantastische Reise der Partybesucher durchs wohlausgewogene Chaos illustrierten. Die meisten Beiträge über uns hatten wir vermutlich allein der Tatsache zu verdanken, dass Hailey als Einzige immer bereitstand – in der illegalen Partyszene wimmelte es ansonsten nicht gerade von Menschen, die schnell auf E-Mail-Anfragen antworteten. Aber sie betrachtete unser Erscheinen in der Presse lediglich als Appetizer. »Jeder Vollidiot kann es in die Presse schaffen«, hatte sie einmal gesagt und von ihren Fingernägeln zu mir aufgeblickt. Sie lackierte sie gerade in einem karamelligen, an Crème brûlée erinnernden Orange. »Über uns wird ein ganzes Buch geschrieben.«

An einem Dienstag war Hailey besonders aufgeregt, weil *Interview*, die Zeitschrift, die Andy Warhol Ende der Sechziger Jahre gegründet hatte, uns in einem Artikel mit dem Titel **DIE 10 BESTEN NEUEN LOCATIONS IM BERLINER NACHTLEBEN** erwähnte.

»Ich verstehe nicht, warum sie kein richtiges Interview mit uns machen wollen«, nörgelte sie, während sie die E-Mail der Zeitschrift zum fünften Mal durchlas.

»Das ist ein Listicle, da werden nicht alle aufgezählten Locations einzeln porträtiert«, tadelte ich sie.

»Aber *Interview* ist bekannt für Interviews. Ich will ein Interview.«

Hailey war nie zufrieden. Am Vorabend hatte sie völlig entrüstet auf Sams Bemerkung reagiert, das Thema ihrer Abschlussarbeit habe sich verlagert und würde sich nun auf die in Berlin lebenden Ex-Pats und ihre Berufsbilder innerhalb der Kulturbranche konzentrieren. Ich war gerade in die Badewanne gestiegen, und sie brüllte über das einlaufende Wasser hinweg, sie habe das Gefühl, Sam benutze die Partys nur als Zugang zur »Szene«, dabei sei es *unsere* Szene, nicht ihre.

Obwohl wir nun in der Berliner Kunstwelt präsent waren, stellte ich kaum noch eigene Kunst her. Nicht einmal Collagen. Eigentlich fotografierte ich nur noch auf den Partys. Im Berghain und in den meisten anderen Berliner Clubs waren Fotos verboten, aber bei uns war es anders. Jede Nacht war ein einziges ekstatisches Bilderflimmern. Ich liebte die vom Blitzlicht aufgeschreckten Menschen in der Badezimmerschlange, Constance, wie sie grünen Lippenstift auftrug, Haileys prachtvoll funkelnde Kristallkette, Mel, der sich ein Glas vors Gesicht hielt und eine Grimasse schnitt. In den leeren Nachmittagsstunden scrollte ich oft durch die Alben, als wären sie Stummfilme. Jede Nacht ließ sich endlos wieder abspielen.

Doch egal, was ich tat – ob ich mir gedankenlos die dunklen Ansätze nachfärbte, Quittungen für die Partyanschaffungen durchsah, Erdnussbutter auf eine Scheibe Toast schmierte, durch Facebook surfte –, im Grunde wartete ich immer nur darauf, dass Holiday mir zurückschrieb. Ich kam mir albern vor, als wäre ich wieder ein

Teenager mit Zahnspange. Bestimmt war ich nicht cool genug für sie. Im Kaufhaus hatte sie mir geraten, mir auch die Haare abzurasieren. Ich fuhr mir mit den Händen über den Kopf, er war viel zu uneben. Es war fast fünf Wochen her, dass sie mich in der Toilette der Bar gefickt hatte, und drei Wochen seit ihrer letzten SMS. Ich schrieb ihr erneut. Was, wenn sie erwartete, dass ich mich beim nächsten Mal revanchierte? Ich hatte noch nie eine Frau mit den Fingern zum Höhepunkt gebracht, nur mich selbst. Und geleckt hatte ich auch noch keine. Also googelte ich nach Tutorials zum Thema »Wie befriedige ich ein Mädchen oral?«. Lass dir Zeit. Kreisende Bewegungen. Beständigkeit. Necken und warten lassen. Wieder vergingen fünf Tage ohne Antwort von ihr. Ich überlegte, ob ich einfach zu der queeren Kneipe in Kreuzberg gehen sollte. Würde es komisch wirken, wenn ich allein dort auftauchte? Hailey konnte ich nicht mitnehmen. Sie hätte sich in Schale geworfen und eine Show abgezogen. Nachdem ich bei einem Glas Weißwein ein wenig gegrübelt hatte, beschloss ich, Holidays Funkstille als das zu betrachten, was sie war: das Signal, dass Holiday mich nicht sehen wollte. Ich musste sie abhaken und nach vorn blicken. Ein paar Stunden später schrieb Mathias und fragte mich, ob ich Lust hätte, mir umsonst ein Theaterstück anzusehen. Ich dachte: *Warum nicht? Scheiß auf Holiday.*

Es war eine kalte schwarze Nacht, und die Volksbühne brannte wie eine Fackel. Das Stück spielte in einer Hotellobby, die Hauptfigur war eine flatterhafte Nachtpförtnerin. Wieder brüllte das Ensemble herum und schuf eine fast durchgängige Lärmkulisse. Ich vermutete, dass es um Sex ging, vielleicht auch um Politik. Obwohl ich nicht viel verstand, gefiel mir die Inszenierung sehr, ich fühlte mich wie auf einem anderen, besseren Planeten, wo nur extreme Gefühle etwas galten.

Als das Stück vorbei war, war ich wacklig auf den Beinen, als würde ich nach einem Jahr auf See aufs Festland zurückkehren. Mathias wartete in der Nähe des Ausgangs. Er führte mich durch die gewundenen Kanäle des Theaters zur Kantine, ein undurchsichtiges Labyrinth aus Leitern, Requisiten, Kulissen, schiefen Treppen, Kostümständern und schwarzgestrichenen Holzplanken. Wir tranken goldgelbes Bier an einem Ecktisch, und er beschwerte sich über einen Beleuchter, der immer zu spät kam. Nachdem ich ordentlich betrunken war, fragte ich ihn, wo im Theater der beste Ort für Sex sei. Er lachte. Ich beteuerte, dass ich es ernst meinte. Er brach in aufgeregtes Niesen aus und nahm dann meine Hand, um mich eine der schiefen Treppen hinunterzuführen.

Ich fühlte mich billig. Auf der Fahrt nach Hause richtete ich den Blick fest auf den mit blau-schwarz-rotem Tarnmuster gepolsterten U-Bahn-Sitz und schwor mir beschämt, nie wieder aus reiner Boshaftigkeit mit jemandem zu schlafen. Sex mit Männern war für mich immer schon ein Schaltknüppel gewesen, eine Möglichkeit, die Richtung zu bestimmen. Ich kam mir kindisch vor. Mit Holiday hatte ich mich anders gefühlt, näher an meinem wahren Ich, hatte mich nicht hinter Kleidern, Geschichten oder falschen Beweggründen versteckt. Selbst wenn sie mir nicht zurückschrieb, es würde andere Holidays geben.

Als ich die Wohnungstür aufschloss, weinte Hailey in gewaltigen feuchten Schluchzern vor sich hin. Mein erster Gedanke war, dass jemand gestorben sein musste, wie immer seit Ivys Tod.

Schniefend stieß sie hervor: »Meine Eltern haben gerade angerufen.« Erneut ein nach Luft ringendes, vor Rotz triefendes Schluchzen. »Biggles ist pleite, alle Supermärkte müssen schließen. Sie können sich meine Studiengebühren nicht mehr leisten. Sie haben das Haus verloren – und die Autos und …« Sie drehte sich mit hängenden Schultern in meine Richtung, und der Schnodder sammelte sich in der Vertiefung unter ihrer Nase. »Das ist auch der Grund, warum meine Mom aufgehört hat, mir LaMer zu schicken.«

Ich umarmte sie und öffnete dann rasch eine Flasche Wein. Mit wirrem Blick sah sie mir beim Einschenken zu. Ich gab ihr ihr Glas, und sie trank schweigend daraus.

Ich nutzte die Pause, um ihr mit ruhiger Stimme zu erklären: »Es gibt Stipendien. Ich hab selbst eins, daher weiß ich, dass es immer eine Möglichkeit gibt, zusammen mit der Uni eine Lösung zu finden.« Ich legte meine Hand auf ihr Knie. Sie schüttelte sie ab, stemmte sich vom Sofa hoch und fing an, im Kreis herumzulaufen wie ein Tiger im Käfig. Bei jeder Kurve verschüttete sie fast ihren Wein.

»Du verstehst es nicht!« Sie blieb stehen und holte mit einem schrillen Pfeifen Luft. »Ich bin für ein ganzes Jahr hier an dieser Pseudo-Uni und habe dafür die vollen Studiengebühren bezahlt. Weißt du, wie viel Studenten hier in Berlin zahlen müssen? Zweihundertfünfundachtzig Euro pro Semester.« Sie kochte vor Wut. »Und was haben meine Eltern gezahlt? Zweiundvierzigtausend Dollar an eine Uni in New York, damit ich für dieses Schwachsinnsjahr hierherkommen kann.« Sie zeigte auf mich.

Ich saß wie erstarrt da. Warum war sie wütend auf mich? Sie marschierte zu ihrer Zimmertür und knallte sie energisch zu, drehte sich wieder zu mir um und zischte:

»Wehe, die verdammte Zeit hier ist das Geld nicht wert. Wehe, das alles hier lohnt sich nicht, Zoe.« Sie spuckte meinen Namen förmlich aus. »Das hier ist meine Performance. Das Buch, das Beatrice schreibt – es basiert auf MEINEM Tagebuch. Auf meiner Story. Das ist dir klar, oder? Es ist MEIN KUNSTWERK, und es ist alles, was mir noch bleibt.«

Hailey schäumte vor Zorn, ihre Augen funkelten düster, beinahe mordlustig. Ich lehnte mich im Sessel zurück und versuchte, die Puzzleteile zusammenzufügen. Meiner Ansicht nach war es nicht wirklich Kunst, was wir hier taten. Die Partys waren für mich nur eine Freizeitbeschäftigung, und ich hatte mich nie dafür interessiert, sie nie danach gefragt, was sie seit unserem ersten gemeinsam verfassten Eintrag in ihr Tagebuch geschrieben hatte. Hailey war die treibende Kraft hinter allem. Beatrice' bedrohliche Gegenwart war für mich ein simpler Vorwand, eine abstrakte, Angst einflößende Gottheit, der wir in unserer absurden Traumwelt huldigten.

Ich gab mir Mühe, so beruhigend zu klingen wie die Verhandlungsführer in Filmen, wenn sie mit einem Geiselnehmer sprachen. »Hör zu, Hailey, was sie da schreibt, gehört einzig und allein dir. Was auch immer dir das alles bedeutet – es ist deins.«

Erleichterung machte sich in ihrem Gesicht breit. Ich konnte nicht glauben, dass es das war, was sie hatte hören wollen. Sie setzte sich wieder und schenkte sich mehr Wein ein.

In der Nacht tat ich kein Auge zu, Haileys Zusammenbruch hatte ein beunruhigendes Gefühl hinterlassen, wie Ölspuren auf der Fahrbahn. Irgendwann klappte ich meinen Laptop auf und schaute mit Kopfhörern eine Folge

Gossip Girl. Die Upper-East-Side-Serie kam mir lahm vor verglichen mit Haileys theatralischem Ausraster. Danach konnte ich immer noch nicht schlafen. Gegen vier Uhr morgens hörte ich Schritte in der Küche. Hailey stand nachts nur selten auf. Ich versteifte mich vor Angst und schloss die Augen, zu erschöpft, um nachsehen zu gehen. Ich hatte keine Ahnung, wen ich lieber vorgefunden hätte.

Der Fotograf von *Interview* sollte um zwölf Uhr mittags auftauchen, also tappte ich um kurz vor elf schniefend in die Küche. Hailey machte gerade Kaffee.

»Hey, mir gehts nicht gut, ich denke, du machst das lieber allein. Ich helfe dir, die Wohnung vorzubereiten, und lege mich dann wieder hin.« Es war ein zaghafter Versuch, ihr das Rampenlicht allein zu überlassen. Sie sah mich finster an. Ich hatte nicht gelogen, mein Gesicht war verquollen, und ich hatte dunkle Halbmonde unter den Augen.

»Wie, ist dir jetzt plötzlich alles egal? Kaum wird es mal ein bisschen kompliziert, lässt du mich allein? Wir müssen das Image der *Beatrice*-Partys aufrechterhalten. Und dieses Image sind wir *beide*.« Ich nickte und holte meine Teedose aus dem Schrank, unfähig, diese Aussage mit ihrem Beharren auf alleinigen Besitzanspruch vom Vorabend in Einklang zu bringen.

Sie fuhr fort: »Du solltest den Anzug mit der Halskrause anziehen.«

Ich zuckte die Achseln und ging in mein Zimmer, um mich umzuziehen. Was auch immer mir an alldem mal Spaß gemacht hatte, hatte sich endgültig in Luft aufgelöst. Ich war in Haileys und Beatrice' Spinnennetz gefangen.

Der Fotograf, ein eleganter Italiener, der aussah, als wäre er gerade einem Motorboot am Comer See entstiegen, kam eine Stunde zu spät. Sein Eau de Cologne stank nach Grapefruit und Terpentin.

»*Ciao, belle.* Ihr macht mir die Arbeit so leicht!«

Er fing an, die Beleuchtung aufzustellen. Sein Zitrusgeruch war so penetrant, dass ich ein Fenster aufriss. Hailey marschierte zu ihm hinüber. »Warum will uns die Zeitschrift eigentlich nicht interviewen?«

»Baby, das ist nicht meine Abteilung. Ich bin nur hier, um dafür zu sorgen, dass ihr umwerfend ausseht.«

»Kann ich bitte mit der zuständigen Redakteurin sprechen?«

»Schätzchen, dafür bin ich wirklich nicht der richtige Ansprechpartner.«

Hailey gab widerstrebend auf und zog sich vor den Spiegel im Badezimmer zurück. Als sie herauskam, trug sie die Kristallkette und die schwarze Bobperücke, die ich beim Kostümverkauf hatte mitgehen lassen. Sie starrte mich wütend an. Ich sagte nichts. Sie hatte sich sogar ein Muttermal ins Gesicht gemalt – Beatrice mit einem Hauch von Liza.

Die Zeitschrift wollte zwei Fotos: ein »verspieltes« am Roulettetisch, und ein »ernstes« am Klavier. Hailey hatte eine dicke Schicht ihres »Bauern-Make-ups« aufgetragen, das im Licht betrachtet drei Nuancen zu dunkel wirkte. Sie warf sich zwei Schmerztabletten ein, erwischte mich dabei, wie ich sie anstarrte, und zeigte zum Klavier. Ich atmete ein, ging hinüber und kam mir absurd vor mit meiner ausladenden puderrosa Halskrause – Shakespeare für Arme, ein Hund mit Halsband.

Der Ausdruck *Party* fühlte sich immer unzutreffender an. Es erschien mir zunehmend wie das, was es war: ein Rave in meinem Schlafzimmer, eine Sauerei, die ich wegputzen musste, bevor ich schlafen gehen konnte. Ich stand immer noch gern hinter der Bar, fand es schön, Constance in ihrem roten Anzug am Roulettetisch zu beobachten, und fühlte mich sicher, solange Sam die Tür bewachte. Nur Hailey schwebte wie ein Gespenst durch die Nächte und weigerte sich, zu arbeiten oder irgendetwas anderes zu tun, als sich mit Leuten zu unterhalten, die sie für wichtig hielt. Wenn sie doch mal mit mir redete, faselte sie in aufgeblasenem Tonfall davon, dass Beatrice' Roman sie zu einem »Star der Kunstszene« machen würde. Sie wollte so massenkompatibel wie möglich sein – Artikel in Bordmagazinen, Jutebeutel von Urban Outfitters, Sponsorenverträge mit Absolut Vodka. Ständig redete sie von der angeblichen Kluft zwischen Pseudokünstlern, echten Künstlern und der schlimmsten Sorte: »Mittelklassekünstlern«, deren Arbeit nur in der Kunstwelt selbst etwas zählte.

Der Konkurs von Biggles hatte in Hailey etwas ins Rutschen gebracht. Ich war davon ausgegangen, dass der Vulkan mit der Zeit wieder abkühlen würde, doch ihr Zorn schien immer nur größer zu werden. Je geringer ihre Selbstkontrolle wurde, desto mehr forcierte sie ihre PR-Bemühungen. Sie fing an, Fotos von unseren Partys auf willkürlichen Facebook-Seiten zu teilen, bombardierte Blogs mit Nachrichten. Sie schickte sogar unaufgefordert ein selbstverfasstes Interview an die Zeitschrift *Interview,* als Ergänzung unseres Fotoshootings.

»Die wären bescheuert, wenn sie es nicht nutzen würden. Ich habe die Fragen genommen, die Glenn O'Brien damals Andy Warhol gestellt hat, und sie selbst beantwortet. Das Interview hat heute Kultstatus. Ich habe mich in Andy hineinversetzt und mir überlegt, was er getan hätte: Er hätte ein verdammtes Interview gegeben! Meine Antworten habe ich erst aufgenommen und dann transkribiert, damit alles möglichst spontan wirkt. Die bringen es, das weiß ich.« In ihrer Stimme schwang eine Verzweiflung mit, die mich nervös machte.

Ich hatte keine Ahnung, was ich mir von den *Beatrice*-Partys versprach. Vielleicht machte mich das zur Mittelklassekünstlerin. Jeder außer mir schien zu wissen, was er wollte. Sam hatte die Recherche für ihre Abschlussarbeit inzwischen intensiviert und notierte sich auf der Gästeliste auch Nationalität und Beruf der geladenen Partybesucher.

Es war früh am Freitagabend, und ich hatte gerade mit Jens unsere nagelneuen Boxen installiert. Hailey war erst bereit gewesen, die an die Steinstatuen von der Osterinsel erinnernden Kolosse zu kaufen, nachdem uns das Online-Magazin *Electronic Beats* verrissen hatte. Die Redaktion hatte unter ein Foto unserer gut gefüllten Tanzfläche die Frage geschrieben: Die Partys sind gut, aber wie viel Spaß kann es machen, zu Desktop-Lautsprechern zu tanzen?

Sam saß auf dem Sofa und schlug die Zeit tot, bis sie zur Tür musste, während ich hinter der Bar Limetten in Scheiben schnitt. »Witzig, wie viele Schweizer es in Berlin gibt, oder?«, sagte sie, ohne von ihrem Klemmbrett mit der Gästeliste aufzublicken.

»Was stimmt mit Zürich nicht? Ist es da so langweilig?«, fragte ich.

Sam schnaubte verächtlich. »Wenn man Geld hat, ist Berlin einfach der perfekte Ort, um in der Menge unterzugehen.«

»Wie meinst du das?«

»Hier wird niemand dafür verurteilt, dass er nicht arbeitet, schließlich schuftet hier keiner so wirklich. Du weißt schon: Wenn du nach New York ziehst und dort nichts tust, außer Ketamin zu ziehen und Picasso-Bildbände durchzublättern, bist du ein Freak. Aber hier ist das vollkommen normal. Es gibt nicht mal besonders viel, wofür man sein Geld ausgeben könnte, Berlin hat eigentlich nur ein richtig nobles Restaurant …«

Ich lachte. Sam warf einen Blick auf die Uhr und schlenderte dann Richtung Tür davon.

Es war eine eher unaufgeregte *Beatrice*-Nacht, bis eine junge Frau an die Bar kam, um mir freundlich mitzuteilen, dass jemand in die Badewanne erbrochen habe. Ich sah mich nach Hailey um, weil so etwas in ihren Zuständigkeitsbereich fiel, aber sie war natürlich wieder irgendwo abgetaucht. Constance erklärte sich bereit, ein Auge auf die Bar zu werfen, und ich machte mich kochend vor Wut auf den Weg zum Badezimmer. Während ich mit gelben Gummihandschuhen Kotze von der Badewanne in die Toilette schaufelte, entschuldigte sich das rotgesichtige Mädchen, die die ananasstückige, glibberige Pampe zu verantworten hatte, überschwänglich. Als ich ihr zunickte, um ihr zu bedeuten, dass das schon okay sei – ich konnte mich nur allzu gut in jeden hineinversetzen, der sich in diesem fensterlosen Raum übergab –, lächelte sie matt und wischte sich das Gesicht ab. Um irgendetwas zu sagen, fragte sie mich, was ich beruflich machte. Ich antwortete, ich sei Künstlerin, und sie wollte wissen, was für eine Art von Kunst ich produzierte. Ich lachte und zeigte auf die dritte Handvoll Erbrochenes, die ich gerade von Wanne zu Toilette transportierte: »Eigentlich nur die hier.«

Holiday schickte mir endlich eine SMS. Sie schrieb, sie hätte eine Grippe gehabt, und entschuldigte sich dafür, mir nicht geantwortet zu haben. Ich glaubte ihr nicht wirklich, aber im Grunde war mir ihre Ausrede egal. Ich konnte es nicht erwarten, aus der Wohnung zu kommen, weg von Beatrice' Schatten und Haileys schwermütigem Ehrgeiz.

Holiday und ich begannen, uns fast jeden Abend zu sehen. Wir trafen uns in irgendwelchen Spelunken und knutschten herum, schlichen uns manchmal auf die Toilette, um Sex zu haben. Sie liebte die Jukebox in der Roten Rose, wo die Alkoholiker Tag und Nacht tranken, ohne jegliches Zeitgefühl. Sie spielte Tracy Chapmans »Fast Car« fünfmal hintereinander und drehte sich im Kreis, bis sie weinte. Und sie erzählte mir von ihrem Vater, der an Frühdemenz litt, und dass ihre Exfreundin Irena, eine ihrer Mitbewohnerinnen, nächste Woche endlich nach Spanien zurückgehen würde. Ich wiederum erzählte ihr von Ivy, davon, dass ich fast gänzlich damit aufgehört hatte, Kunst zu machen, weil die Partys mittlerweile mein ganzes Leben dominierten. Von Beatrice sagte ich ihr lieber nichts, weil es mir wie ein Verrat an Hailey vorgekommen wäre. Außerdem erschien mir die ganze Geschichte inzwischen selbst surreal, geradezu lächerlich. Holiday hätte es bestimmt nur als narzisstisches Hirngespinst abgetan. Und vielleicht war es das ja auch.

Zu Hause hatte sich Haileys ganzes Verhalten verändert, sie weigerte sich, zu arbeiten oder irgendetwas anderes zu tun als »Pressearbeit«, und sobald die Partys vorbei waren und wir aufgeräumt hatten, blieb sie bei geschlossener Tür in ihrem Zimmer. Sie verließ die Wohnung nur noch, um Lebensmittel und ihre endlosen Packungen Kaugummi zu kaufen. Ihre bevorzugte Marke Dentyne Ice war in Deutschland nicht zu bekommen, also wechselte sie zu Airwaves, die ebenso scharf waren und nach Hustenbonbons rochen. In der Wohnung hing stets ihre Minzwolke, eine in der Nase kribbelnde grüne Gewitterfront, die in der Nähe lauerte, aber nie heraufzog. Auf allem hinterließ sie ihre fertiggekauten Kaugummis, weiße Seepocken, die an Tellern hingen, in der Seifenschale schwammen, unterm Fensterbrett klebten, in Papierfetzen gedrückt oder um Bleistiftenden gewickelt waren. Eines Abends spülte ich nach dem Essen ab und zerbrach bei dem Versuch, angetrockneten Schmutz wegzuschrubben, noch eins von Beatrice' achteckigen Weingläsern. Ich stürzte in Haileys Zimmer und präsentierte den leeren Stiel wie eine tote Ratte, genau, wie sie es vor all den Monaten getan hatte. Unser alter Running Gag: »BEATRICE BRINGT UNS UM!« Hailey saß über ihr Tagebuch gebeugt da, sah mit einem Auge hin und stieß dann einen langen Seufzer aus, in den sich ein halbherziges »Haha« mischte. Ich schloss die Tür.

Holiday nahm mich zu einem LGBTQ-Solidaritätsmarsch mit. Sie trug eine knallgrüne Perücke mit kurzem fransigem Pony und sah damit aus wie ein Lolli. Während ich Arm in Arm mit ihr und den anderen Teilnehmern durch die Straßen lief, fühlte ich mich mir selbst ganz nah. Die glänzenden bunten Fahnen, die Plastikblumen und Regenbogen – endlich war ich da, wo ich wirklich sein wollte, zusammen mit einer Person, deren Gegenwart mir guttat. Die vor Selbstekel den Finger in den Hals steckende Bulimikerin wirkte plötzlich meilenweit entfernt. Ich wünschte, ich hätte mit Hailey sprechen können – über Holiday, über alles –, aber ich hatte Angst vor ihr, Angst vor ihrer merkwürdigen Zielstrebigkeit, vor den geheimnisvollen Dingen, die sie hinter ihrer verschlossenen Zimmertür tat. Wenn ich doch mal etwas zu ihr sagte, ihr erzählte, wo ich gewesen war oder was Holiday und ich gemacht hatten, verdrehte sie nur die Augen. Ich verabschiedete mich nicht mehr, wenn ich die Wohnung verließ, gab mir Mühe, die Tür so leise wie möglich hinter mir zuzuziehen.

An einem Dienstag kam ich gegen zwei Uhr morgens nach Hause. Wir waren auf ein paar polnische Bier in der queeren Bar gewesen, und ich stank nach Zigaretten. Nachdem ich mich ins Bett gelegt hatte, griff ich nach meinem Laptop, weil ich mich dunkel daran erinnerte, meiner Mutter eine E-Mail versprochen zu haben. Es dauerte einen Moment, bis der Bildschirm aufleuchtete, dann erschien Ivys Facebook-Seite. Es fühlte sich an wie ein Schlag ins Gesicht. Seit Beatrice meine Mail an Molly Webster gelesen hatte, merkte ich mir genauestens, welche Seiten ich geöffnet hatte. Das Bild, das mir nun entgegenstarrte, stammte aus einem Album mit Fotos von einem Schulball – ich in einem scheußlichen lila Kleid mit Spaghettiträgern und Ivy in einem Neckholder-Kleid aus Denim. Wir trugen beide Schmetterlingsspangen im Haar, und Jesse, damals noch mit Ivy zusammen, grinste im Hintergrund. Ich wusste, dass ich dieses Foto nicht angeklickt hatte. Und ich wusste auch, dass Hailey die Wohnung nicht verlassen hatte, Beatrice hätte also nicht unbemerkt hereinschleichen können. Es musste Hailey gewesen sein.

Unsicher, wie ich sie damit konfrontieren sollte, ignorierte ich sie einfach, und ihr schien das Schweigen zwischen uns nur recht zu sein. Die nächste Party bereiteten wir wie ferngesteuert vor, redeten nur miteinander, wenn es sich absolut nicht vermeiden ließ.

Constance spürte sofort, dass etwas nicht stimmte. »Ist *chez Beatrice* alles in Ordnung? Hailey wirkt ein bisschen … ääääh …« Sie legte den Kopf schräg und wies mit dem Kinn stirnrunzelnd Richtung Küche, wo Hailey gerade die Gästeliste durchging.

Ich nahm immer noch an, dass der Auslöser für Haileys neuerdings so düstere Stimmung die finanzielle Situation ihrer Eltern war, und sie hatte mir das Versprechen abgenommen, mit niemandem darüber zu reden. Also schnaubte ich einfach nur gleichgültig.

»Na ja, wenn du jemanden zum Reden brauchst, bin ich jedenfalls da.« Constance hielt inne und sah mich ernst an. »Das weißt du, oder?« Ich war überrascht. Überrascht, dass es so schlimm um uns stand, dass es nach außen hin erkennbar war, und auch darüber, dass Constance inzwischen eine so enge Freundin war, dass sie es merkte. Ich drückte ihre Hand.

Zwei Gäste feierten in dieser Nacht in ihre Geburtstage hinein, und so hatte sich gegen halb zwölf bereits eine unerträgliche After-Vernissage-Meute bei uns versammelt. Die Wohnung war brechend voll. Ich war damit beschäftigt, Gläser mit Prosecco zu füllen und sie den Gästen in die Hand zu drücken, die größtenteils oben ohne tanzten. Alle schwitzten, als befänden sie sich in einem Schmelzofen, überall hüpften Brustwarzen, lauter Techno dröhnte aus den neuen Boxen. Mitten im Einschenken entdeckte ich Mathias auf dem Flur. Sam wusste, dass ich ihn nicht sehen wollte, normalerweise hätte sie per SMS meine Zustimmung eingeholt.

Er kam zur Bar herübergeschlendert. Ich gab ihm ein höfliches europäisches Küsschen auf die Wange. Hailey erblickte ihn von der anderen Zimmerseite und wurde plötzlich munter. Sie rannte herüber und schlang die Arme um seinen Hals, schmiegte sich demonstrativ an ihn. Die beiden benahmen sich, als wären sie zusammen. Sie sagte etwas auf Deutsch, er lachte und fuhr mit dem Zeigefinger ihr Schlüsselbein nach. Es war fast schon pornografisch. Der Techno wurde noch lauter, es klang, als würde jemand immer wieder unter Wasser gegen eine Metallstange schlagen. Menschliche Kanonenkugeln schossen im Rhythmus durch den Raum. Mir wurde alles zu viel. Ich konnte die betrunkene Serbin kaum verstehen, die direkt vor mir stand und einen Gin Tonic bestellte. Während ich Eiswürfel in ein Glas füllte, versuchte ich, Hailey und Mathias im Auge zu behalten. Offenbar wollte sie, dass er erneut die Schublade des Eichenschranks aufbrach. Er wühlte in ihren Haaren nach einer Haarnadel, und mir wurde heiß vor Wut. Genau wie damals marschierte er auch jetzt mit geschwellter Brust zum Schrank und kniete sich hin, um sein Kunststück zu vollführen. Kurz darauf stand Hailey der Schrecken ins Gesicht geschrieben. Die Schublade war leer.

Über das tobende Chaos hinweg sah sie mir in die Augen, zum ersten Mal seit Tagen. Warum war sie so erschrocken? Ich verstand es nicht. Wir wussten doch, dass Beatrice uns beobachtete. Wäre ich eines Morgens aufgewacht und sie hätte sich über mein Bett gebeugt, ich wäre nicht überrascht gewesen. Warum war es so schlimm für Hailey, dass die Dokumente verschwunden waren? Ihr war doch sonst nichts mehr heilig. Leichenblass bat sie Mathias, die Schublade wieder zu verschließen, dann rammte sie ihre Zunge in seinen offenen Mund. Die Serbin klopfte mit ihrem Geldbeutel auf die Bar. Ich hatte vergessen, ihr das Wechselgeld herauszugeben. Erneut wurde ich von einer Welle des Zorns überspült. Was machte Hailey da? Mathias schlenderte ins andere Zimmer, und ich stürzte hinter der Bar hervor, packte Hailey beim Handgelenk, zog sie Richtung Badezimmer davon und brüllte sie an: »FICKST DU IHN? IST DAS DEIN ERNST?«

Ich schob vier Schlange stehende Partygäste aus dem Weg und riss die Tür auf. »Hailey, fickst du ihn?«

Sie ignorierte mich und frischte seelenruhig ihren Lippenstift auf. Ich stellte meine Frage erneut, und sie fuhr damit fort, ihren zufrieden geschürzten Schmollmund lachsfarben anzupinseln. Ich hasste es, wie sie sich selbst im Spiegel bewunderte. Genau so überprüfte sie auch immer ihr Spiegelbild im U-Bahn-Fenster, mit gesenktem Kinn, vorgeschobenen Lippen und dem toten Blick einer Sexpuppe.

»Wen ich ficke, ist gerade unser kleinstes Problem. Beatrice …«

Wütend unterbrach ich sie, das Blut pochte in meinen Schläfen: »Mir ist dieses blöde Spiel mittlerweile vollkommen egal. Genau wie Beatrice und das, was sie hinter ihrer kleinen Geheimtür auf ihre Karten kritzelt. Was mir nicht egal ist, bist du, ist unsere Freundschaft, unser echtes Leben. Schläfst du mit ihm? Bist du deshalb in letzter Zeit so komisch?« Ich zeigte in Richtung Party auf einen unsichtbaren Mathias.

Sie starrte mich an und ließ zickig ihren Lippenstift zuschnappen. »Warum interessiert dich das?« Sie machte mit den Fingern Hasenohren hinter ihrem Kopf und wackelte sarkastisch damit herum. »Du bist doch lesbisch.« Sie knallte die Tür zu.

Ich blieb allein im Badezimmer zurück und schrieb Holiday eine Nachricht. Sie war im Berghain. Ich stürmte zur Tür hinaus, ließ die Bar unbesetzt zurück, wohlwissend, dass Hailey sich darüber ärgern und gezwungen sein würde zu arbeiten.

Als ich vor dem ehemaligen Industriegebäude ankam, war die Warteschlange mindestens zweihundert Leute lang. Umso besser, so hatte ich Zeit zum Nachdenken. Was war mit Hailey los? Sie benahm sich wie eine Irre. Wenn sie mit Mathias schlief, war das zwar nervig, spielte aber letztlich keine Rolle. Was mich beunruhigte, war alles andere – dass ihre Augen voller Hass waren, wenn sie mich ansah, dass sie heimlich an meinen Laptop ging, ihr Beharren auf Theatralik. Was war nur mit uns passiert? Ich war umgeben von laut schwatzenden, zappelnden Touristen und dem üblichen Clubvolk, und nun meldete sich auf einmal mein flauer Magen. In letzter Zeit war mir ständig schlecht. Ich warf ein DayQuil ein, das letzte aus meinem Vorrat aus Amerika, und stellte mir vor, wie die knallorangefarbene Tablette in meinem Magen explodierte, wie ihr Inhalt durch meine Adern strömte, eine Superkraft. In Deutschland waren freiverkäufliche Medikamente ein Witz, ohne Rezept bekam man quasi nur Salbeitabletten und Eukalyptusbonbons. Ich vermisste Florida. Inzwischen war ich an der Tür angekommen, und der Piratentürsteher mit den Gesichtstattoos ließ mich mit einem Nicken herein. Meine Ehre war gerettet. Ich dachte an die Australier in unserem Hostel, daran, wie wir mit Christopher aus Connecticut zurückgewiesen worden waren. Noch immer hatte ich das Gefühl, dass mich eine starke Strömung über einen Felsvorsprung spülte. *Jede versäumte Nacht in Berlin ist eine versäumte Nacht in Berlin.*

Das Motto des Abends war »oben ohne«. Ich fand Holiday auf der von Lichtern durchzuckten Tanzfläche, ihre perfekten kleinen Brüste lagen frei. Sie sprang in die Luft, als sie mich sah. Nachdem wir mehrere Stunden getanzt hatten, nahm sie mich mit zu sich nach Hause. Irena, die

Exfreundin, war durch einen Musiker aus Thailand ersetzt worden, ich konnte die Wohnung jetzt also betreten, ohne mich vor fliegenden Gegenständen in Acht nehmen zu müssen. Holiday nannte die Wohnung eine »WG« und erklärte mir, dass sie ausschließlich queere Mitbewohner aufnähmen. Die WG befand sich in einem der Hochhäuser in der Nähe des Kottbusser Tors, von Holiday liebevoll »Kotti« genannt. Ich kam mir vor, als würde ich eine Kirche betreten, getragen von einer großen Ernsthaftigkeit – die Geschirrstapel in der Spüle erschienen mir bedeutungsvoll, die kreuz und quer in der Küche herumliegenden Bücher heilig.

Wir nahmen eine Flasche Schnaps mit in ihr kleines Zimmer, das kaum größer als ihre Matratze und voller vertrockneter Blumen war. Ich fühlte mich wie im Himmel. Wir schliefen glückselig miteinander, und ihr dünner Hals tauchte ab zu meiner Möse. Ich liebte es, wie sie *Möse* sagte, als ob es sich gleichzeitig um einen Ort und einen Vorgang handelte, eine Privatinsel und ein in die Nacht feuerndes Sturmgewehr. Am nächsten Morgen aßen wir Cantaloupe-Melone mit Joghurt und lauschten einem ihrer Mitbewohner, der von seinem neuen bisexuellen Freund erzählte. Dieser versuchte offenbar gerade, seine Exfreundin zu schwängern, die unbedingt Kinder wollte, und Holidays Mitbewohner konnte nicht verstehen, warum die beiden dazu tatsächlich miteinander schlafen mussten und wieso man »den Truthahn nicht einfach anders stopfen könne«. Holiday lachte sich halb schlapp. Wir kehrten wieder in ihr Bett zurück.

Im Nebel des frühen Abends ging ich schließlich zu Fuß nach Hause und spielte die vergangenen Stunden noch einmal in Gedanken durch, glücklich, dass mich

Holiday endlich in ihr Reich gelassen hatte. Als ich die Wohnungstür aufschloss, hörte ich ein Krachen, gefolgt von einem verzweifelten Heulen. *Wahrscheinlich wieder schlechte Nachrichten von Biggles*, dachte ich. An dem Gestank nach fauligem Bier und Zigaretten erkannte ich, dass Hailey seit der Party noch nicht mal ein Fenster geöffnet hatte. Ich zog meine Jacke aus und stellte mich auf eine weitere leidgetränkte Geschichte von zu Hause ein. Leise klopfte ich an ihren Türrahmen. Hailey hob den Kopf, sie war aschfahl und wirkte orientierungslos. Um sie herum türmten sich die zerbrochenen Überreste von Sektgläsern, überall klebte feuchtes Konfetti.

»Sieh dir das an!«, forderte sie mich atemlos auf und warf mir ein ausgedrucktes Blatt zu, das bereits sichtlich gelitten hatte. Ich griff danach und strich es auf meinem Oberschenkel glatt. Es dauerte eine Weile, bis meine Augen sich an das Halbdunkel im Zimmer gewöhnt hatten. Es handelte sich um ein Interview mit Beatrice, das in einem Blog erschienen war. Ihr schneidender Blick wurde von den Knitterfalten des Papiers verunstaltet. Ich überflog die Seite.

BB: *Im Grunde geht es in meinem nächsten Buch um Narzissmus und Verzweiflung. Man kann die beiden Hauptfiguren nicht lieben, weil sie zu zwanghaft danach streben, geliebt zu werden.*

QL: *Und wer sind die beiden?*

BB: *Zwei junge Frauen, die auf ihrer verzweifelten Suche nach Anerkennung immer tiefer in einen Sumpf aus Alkohol, Drogen und Partys hineingeraten. Das*

Buch folgt ihrem Denkprozess … wie ihre Überzeugungen ins Wanken geraten, sich in sich selbst auflösen. Sie betrachten sich als Prominente … was sie natürlich nicht sind.

QL: *Es ist also eher so etwas wie ein Psychodrama?*

BB: *Es ist vom Grundsatz her ein Psychodrama, ja. Ist es das bei Mitbewohnerinnen nicht immer? Aber es geht auch um Sex, um eine pikante Dreiecksgeschichte. Wichtig ist mir jedoch vor allem, zu zeigen, dass dem Verhalten der Facebook-Generation eine Doktrin des gegenseitigen Beeindruckens zugrunde liegt, des füreinander Performens. Meine Leserinnen und Leser sollen die Schattenseiten erkennen, die damit einhergehen. Meine Figuren sind sozusagen abschreckende Beispiele dafür, wie man auf keinen Fall sein und was man auf keinen Fall tun sollte! [lacht]*

QL: *Ein bisschen wie eine moderne Tragödie, oder? Und was hat Sie zu diesem Buch inspiriert?*

BB: *Dramatische Geschichten wie diese bleiben an mir kleben wie an einer Fusselrolle. Ich denke, dass dieses Verhalten, und, wichtiger noch, diese Sorte junger Frauen, heutzutage überall zu finden ist. Man muss nur die Augen aufmachen. Ich beleuchte sozusagen die dunkle Seite des Banalen. [lacht].*

QL: *Aber ist das Buch inzwischen vollständig fertiggestellt? Die alles entscheidende Frage, ich weiß.*

BB: *Ich arbeite noch am Ende. Einer überraschenden Wendung kann ich nie widerstehen. Sie werden das Buch lesen müssen, um herauszufinden, wie die Geschichte ausgeht.*

QL: *Letzte Frage: Gibt es schon einen Titel?*

BB: *Eine gute Frage. Es wird* The Dull and Dead *heißen,* Die Geistlosen und Toten. *Das ist natürlich eine Anspielung auf den Klassiker von Fitzgerald,* Die Schönen und Verdammten.

QL: *Großartig. Dann halten wir im kommenden Herbst also nach* The Dull and Dead *Ausschau!*

»Die hält uns für bescheuert! *Die Geistlosen und Toten!* Ihr ist anscheinend nicht klar, dass … Ich weiß alles über sie …«

Mein Kater machte sich bemerkbar. Ich hatte Schwierigkeiten, Haileys wütenden Ergüssen zu folgen.

»Ich bin nicht dumm. Ich weiß genau, wie sie es bei ihrem anderen Buch gemacht hat«, fuhr Hailey in atemlosem Tempo fort. »Sie hält sich für wahnsinnig schlau und denkt, sie kommt damit ungeschoren davon. Damit, dass sie … dass sie Geschichten klaut und sie … und sie so verdreht wie … wie …«

Die letzten Fäden, die Hailey noch zusammengehalten hatten, waren nun endgültig durchtrennt. Sie stürmte in die Küche und riss die Geheimtür auf, Liebesromane prasselten auf den Linoleumboden. Ich folgte ihr in die versteckte Wohnung, wo sie die beiden vergitterten Werkstattleuchten einschaltete. Auf den ersten Blick wirkte der Raum unberührt, Hailey schoss zum Schreibtisch. Dann sah auch ich es: Dort lag nichts mehr. Keine Karteikarten, kein Montblanc-Füller. Hailey holte wutschnaubend Luft und warf dann mit beiden Händen den Holzschreibtisch um. Er landete mit einem unspektakulären dumpfen Geräusch in der Mitte des Zimmers.

»Sie soll merken, dass wir Bescheid wissen«, fauchte sie und zeigte auf den umgekippten Schreibtisch. »Ich werde sie mit ihren eigenen Waffen schlagen!«

Hailey rauschte zurück in unsere Wohnung, ich hinterher. Im Licht der Küche las ich erneut das Interview und versuchte, daraus schlau zu werden. Die ganze Situation löste nichts als Abscheu in mir aus. Beatrice' Buch hätte auch von zwei beliebigen jungen Frauen in Berlin handeln können. Alle feierten Partys. Alle posteten Fotos davon auf Facebook. Ich atmete tief ein, um einen klaren Kopf zu bekommen. Die übelriechende Luft löste Brechreiz in mir aus. Ich stand auf, um ein Fenster aufzumachen, aber Hailey rannte hinterher und knallte es wieder zu, wobei sie fast meine Finger im Rahmen einklemmte.

»Sie kann nicht einfach meine Story nehmen und sie gegen mich verwenden! Ich bin nicht *geistlos*! Ich bin ein verdammtes Genie!« Ihr wütendes sommersprossiges Gesicht war bis aufs Äußerste angespannt, es wirkte wie geliftet. Hailey war um eine Ecke verschwunden, von deren Existenz ich nichts geahnt hatte, lebte in einer Welt, die ich nicht länger verstand, ob nun von ihr erfunden oder real. Und es kümmerte mich auch nicht mehr.

»Hailey, ich komme nicht mehr hinterher. Das kann uns doch alles egal sein. Lass Beatrice machen, was sie will. Du übertreibst es maßlos.« Ich schüttelte den Kopf und rieb mit dem Zeigefinger an meinen Nagelhäutchen herum.

Sie funkelte mich wütend an. »Ach, Zoe. Was haben sie dir in New York noch mal für einen Spitznamen verpasst? Dumpster? Du hältst dich für dermaßen cool. Lass mich und unsere gemeinsame Geschichte ruhig im Stich und geh dich stattdessen mit *Holiday* vergnügen. Wir wissen alle, dass du damit nur versuchst, dich interessanter zu machen.« Ein angeekelter Ausdruck trat in ihr Gesicht. »Dabei ist das einzig Interessante an dir, dass du am Abend der Beerdigung deiner besten Freundin ihren Freund gevögelt hast – im Grunde hast du Glück, dass Ivy tot ist, sonst hättest du nämlich überhaupt keine Story.«

Ich wollte ihr mit meinem Laptop den Kiefer zertrümmern und ihr anschließend das Beatrice-Interview in den Hals stopfen. Ich wollte ihr mit der Kante des Klavierhockers die Zähne ausschlagen und mit einem Holzlöffel ihr Gehirn auslöffeln. Ich wollte sie mit Frischhaltefolie ersticken und ihrer straffgespannten Haut all das zufügen, was ich in zehntausend Folgen *Law & Order* gelernt hatte. Stattdessen holte ich erneut tief Luft, machte kehrt und stürmte zur Wohnungstür, wobei ich meine malträtierten Hände in die Luft warf.

»Du bist eine durchgeknallte Schlampe, Hailey!« Meine Stimme hallte durchs Treppenhaus, das noch immer mit Leergut und Zigarettenstummeln übersät war.

Die frische Luft auf der Straße tat mir gut. Inzwischen war die Bülowstraße grünlich schwarz, und die Straßenlaternen tanzten einen wilden Cancan, als ich zurück zu Holiday wankte. Mit einem müden »Hey« machte mir ihr

Mitbewohner Laith in einem *Ren und Stimpy*-Shirt die Tür auf. Ich kroch zu Holiday ins Bett und fühlte mich sicher. Ich erzählte ihr von Hailey, dass ich sie für das, was sie gesagt hatte, am liebsten umbringen würde und dass ich nie mehr dorthin zurückwollte. Holiday säuselte im Halbschlaf: »Heteros spinnen.«

Am Sonntagmorgen kochte Holiday ein Butternusskürbis-Risotto, und wir lagen im Bett und knutschten entweder oder blätterten in Büchern über Okkultismus. Irgendwann steckte sie zwei Finger in mich hinein. Wir versuchten, leise zu sein, weil ihre Mitbewohner da waren, aber Holiday war niemals leise. Als es dunkel wurde, gingen wir in die queere Bar, wo Oscar eine Lesung veranstaltete. Er stand auf dem Betontresen, mit der einen Hand stützte er sich an einer Metallstange ab, während er in der anderen ein dünnes graues Buch hielt. Beim Lesen wiegte er sich sanft hin und her, hielt ab und zu mit seinem kräftigen Bariton inne, um wie eine Sphinx nach unten auf die Zuhörer hinabzulächeln. Ich hatte dreiundzwanzig verpasste Anrufe von Hailey, und es war mir egal. Ich wollte für immer in Oscars Gedichten leben, in dieser Bar, in meinem Bierglas.

Holiday und ich verbrachten die Woche im Bett. Mein ganzer Körper entspannte sich. Keine Kopfschmerzen. Keine Paranoia. Am Freitag tauchte ich nicht zur *Beatrice*-Party auf, sondern nahm den Akku aus meinem Handy und schaute mir mit Holiday Wong-Kar-Wai-Filme an. Mit der Hilfe von Holidays israelischer Mitbewohnerin Yael färbte ich mir die Haare in einem giftigen Blauton. Ich wollte mich erneuern. Wollte die trockene, böse zugerichtete Haut abstreifen, die mich mit Hailey verband. Ich ging auf die Toilette, während Holiday in der

Küche Popcorn machte. Alles im gelbgekachelten Badezimmer der WG war dreckverkrustet, der Spiegel war mit bröckeliger Zahnpasta bedeckt. Ich starrte mich an. Meine ungekämmten Haare, die frischgebackene blaue Medusa. Es gefiel mir, vom Dreck dieser Menschen umrahmt zu sein. Was auch immer das zwischen mir und Hailey gewesen war, es war vorbei. Das hier war ich.

Als wir am nächsten Morgen bei gepufftem Quinoa-Müsli zusammensaßen, erzählte Yael, die klein und muskulös war von unzähligen Stunden Hatha-Yoga, dass sie an einem zweiwöchigen Meditationscamp teilnehmen würde, und bot mir für diese Zeit ihr Zimmer an. Ich warf Holiday einen Blick zu. Sie schien schon mit Yael darüber gesprochen zu haben, denn sie lächelte mich erwartungsvoll an.

»Wenn du sowieso jeden Tag hier bist, brauchst du wenigstens ein bisschen Platz für dich. Hols Zimmer nennen wir WG-intern *die Besenkammer.*«

Es war himmlisch. Ich schrieb Constance und Sam eine Mail und behauptete, ich sei im Urlaub. Das stimmte ja auch fast. Claire schrieb ich, dass ich mich auf die Uni konzentrieren müsse und in nächster Zeit nicht babysitten könne. Holiday und ich schauten Filme, aßen, hatten Sex und rauchten Zigaretten. Die Tage wurden allmählich länger. Der Frühling stand vor der Tür – grüne Triebe lugten aus der harten schwarzen Erde, und die Vögel zwitscherten. Ich war glücklich.

Aber nach zwei Wochen hielt ich es nicht mehr aus: Ich wollte nicht mit Hailey sprechen, aber ich musste wissen, wie sie und die anderen ohne mich zurechtkamen. Also sah ich nach, was sie von der letzten *Beatrice*-Party auf Facebook gepostet hatten. Da war nichts. Die Facebook-

Seite unseres Clubs war unauffindbar. Zuerst dachte ich, dass Hailey sie vielleicht vor lauter Wut gelöscht hatte. Holiday erklärte mir jedoch, dass man normalerweise nur blockiert worden sei, wenn irgendjemand oder irgendetwas plötzlich aus den sozialen Medien verschwand. Sie hatte damit jede Menge Erfahrung wegen ihrer Ex Irena, die sich je nach Laune verflüchtigt hatte oder wieder aufgetaucht war. Ich suchte nach Haileys Facebook-Seite. Nichts. Als ob sie nie existiert hätte. Ich war aus dem *Beatrice*-Universum und aus Haileys persönlichem Umfeld ausgeschlossen worden. Mit einer ihrer Zeitlupenohrfeigen war zu rechnen gewesen.

Am Donnerstag organisierte ein Techno-Label, das Holiday toll fand, eine Party im KitKatClub, und sie freute sich wie verrückt. Sie hatte uns beiden Tickets gekauft und besorgte uns zwei Bier, die wir trinken konnten, während wir anstanden. »Die besten Partys finden immer in Sexclubs statt«, sagte sie und öffnete mir mein Pils mit einem Feuerzeug, woraufhin es überschäumte und auf meine Stiefel tropfte. Wir nippten an unseren Flaschen und betrachteten die Menschen in der Warteschlange – Lederstrapse lugten unter Mänteln hervor, man sah Plateausohlen, Netzstrümpfe und dicke Schichten Glitzerpuder. Als wir endlich drinnen waren, zogen wir die meisten unserer Kleider aus und verstauten sie in einer durchsichtigen Plastiktüte, die wir an der Garderobe abgaben. Mein Stringtanga von Gap hatte ein Loch im Schritt, aber niemand schien zu bemerken, dass meine gekräuselten Schamhaare daraus hervorlugten. Der Club erstreckte sich über den gesamten Häuserblock. Wir schlängelten uns tiefer in die höhlenartigen Räume hinein, durch eine Reihe kleiner Grotten und Bars, die in Gängen unterhalb des Main-Floors versteckt waren. Schließlich fanden wir uns vor einem türkisblauen Pool wieder, an dessen Ränder sich menschliche Körper schmiegten wie Nacktschnecken.

»Da darfst du auf keinen Fall drin schwimmen«, warnte mich Holiday mit einem Grinsen. Es klang eher herausfordernd. »Allerdings würdest du ziemlich gut reinpassen mit deinen neuen Haaren.« Ich versicherte ihr, dass ein Wasserbecken in einem Sexclub kein Ort war, an dem ich mich jemals wiederfinden wollte. Jens hatte mir von einem Meningitis-Ausbruch erzählt, den es dort vor einem Jahr gegeben hatte. Mir lief ein Schauder über den Rücken.

Es war unmöglich, einen Besuch im KitKatClub mit Holiday zu genießen, sie war alarmierend schnell und hüpfte aufgeregt von Raum zu Raum. In einer von Schwarzlicht beleuchteten Nische entdeckte sie ihren Lieblings-Ketamindealer Donnie, dem man die Drogen mit seiner Flokati-Hose und seinem pinken Netztanktop schon von weitem ansah. Wir kauften ein kleines Tütchen. »Gerade genug zum Tanzen«, sagte sie und bot mir das Ketamin von der kleinen Einkerbung am Ende des silbernen Venussymbols an, das sie um den Hals trug. Nachdem sie ihren Teil geschnupft hatte, hob sie endgültig ab. Tinkerbell auf Kerosin. Ich hechtete hinter ihrem rasierten Kopf her, der mir immer gerade so entwischte.

Bald begann sich der Boden zu wölben, und die Wände fühlten sich weich an wie Körper. Ich verlor Holiday gänzlich aus den Augen. Nachdem ich eine Weile umhergeirrt war, setzte ich mich hin und lehnte den Kopf gegen ein Metallgeländer. Die Zeit entglitt mir. Mir war schlecht, die Droge hatte meine Verdauung durcheinandergebracht. Ich umklammerte meinen Bauch, stand auf und drängte mich durch den Main-Floor, auf dem Hunderte Menschen zu krachendem Techno tanzten. Dann schleppte ich mich zu einer Bar im Untergeschoss. Keine Holiday. Ich duckte mich und kroch unter zwei Nebelmaschinen hindurch, die inmitten von dicken, immer wieder gegeneinanderstoßenden Bären standen. Ihre haarigen Bäuche prallten gegen meine Schultern, noch immer keine Holiday. Ich musste mich hinsetzen, ließ mich auf einer Steintreppe nieder. Entweder ich fiel gleich in Ohnmacht, oder ich würde mir in die Hose kacken. Nach ein paar Minuten stand ich auf, geriet in einen Raum mit lautem Gruppensex auf Krankentragen, wo ich mich suchend im Kreis drehte, und stieß schließlich wieder auf den lethargischen Drogenpool, an dessen Rand eine junge Frau den Fuß eintauchte und das blaue Kräuseln beobachtete. Dann sah ich auf einer roten Kunstlederbank in der Ecke die Rückseite eines rasierten Kopfes, verschwommen und in Bewegung. Ihre Beine waren um eine andere Frau geschlungen, sie knutschten wild. Holiday hielt inne, drehte den Kopf in meine Richtung, sah mich jedoch nicht. Mein Magen verkrampfte sich.

Sollte ich sie zur Rede stellen? Sollte ich einfach zu den beiden hinübergehen? Ich spürte, wie sich mein Anus weitete. Am liebsten wäre ich gestorben. Ich schaffte es kaum, mich bei der Garderobe anzustellen. Mir war klar, dass ich keine andere Wahl hatte, als zurück in die Bülowstraße zu gehen. Selbst in meinem dumpfen Zustand schmerzte dieser Gedanke – aber es war besser, als irgendwo auf der Straße zusammenzubrechen oder zu Holidays WG zu gehen. Also schleppte ich mich zur U-Bahn.

Schon vom Gehweg aus sah ich, dass die Wohnung dunkel war. Ich war zu fertig, um zu zögern. Als ich endlich die letzten Treppenstufen hinter mich gebracht hatte, schob ich leise den Schlüssel ins Schloss, öffnete die Tür und ging direkt ins Badezimmer. Der kalte Keramikrand der Toilette unter meinen Oberschenkeln war das Letzte, an das ich mich noch erinnerte, bevor alles schwarz wurde.

Als ich wieder zu mir kam, steckte ich in einer Waschmaschine – alles drehte sich, ich schwitzte, mein Gesicht klebte an der Bodematte. Ich stemmte mich hoch. Die Wände schienen sich immer noch zu wölben, und meine Hände waren klebrig. Meine Augen hatten Mühe, sich an die Badezimmerbeleuchtung zu gewöhnen, ich beugte mich vor und spritzte mir Wasser ins Gesicht. Als ich mich ein wenig besser fühlte, ging ich hinaus in den Flur und blieb vor dem Türrahmen zu Haileys Zimmer stehen, weil meine Socken feucht wurden. Ich blickte hinunter: Eine rote Flüssigkeit bildete Lachen auf dem Boden. Der Drogenpool vom KitKatClub tauchte vor meinem inneren Auge auf, offenbar halluzinierte ich. Zitternd schaltete ich das Flurlicht ein und sah, dass die Geheimtür offen stand, dass überall Absperrband gespannt war, und rote Ballons durch die Wohnung waberten. Was war hier los?

Dann entdeckte ich das riesige Martiniglas mitten in Haileys Zimmer – eines ihrer Beine ragte dramatisch unter ihrer Bettdecke hervor. Ihre Sommersprossen, ihr Perlenfußkettchen. Jetzt wusste ich, was es mit alldem auf sich hatte: das Tatort-Partymotto. Diese Psychoschlampe musste tagelang dekoriert haben. Ich tappte durch die Pfützen und zog mir einen Stuhl vor Haileys Bett. Es tat gut, mich hinzusetzen. Die Ränder des Zimmers flatterten, als könnten sie jeden Moment zuklappen und mich einschließen. Die vorbeirauschende U-Bahn warf einen gelben Lichtblitz herein. Alles kam mir elastisch vor, ich seufzte.

Ich hatte auf eine Gelegenheit gewartet, Hailey zur Rede zu stellen, sie auf unseren Streit und die eisige Stimmung zwischen uns anzusprechen, aber so hatte ich mir die Situation nicht vorgestellt. Andererseits war es bei ihrem Faible fürs Theatralische inmitten dieses Bühnenbilds vielleicht genau richtig. Die umgebrachte Austauschstudentin, na klar. Ich bückte mich, um meinen Finger in eine der roten Lachen zu tauchen – die Flüssigkeit schmeckte süß, wie der Zuckerersatz aus den rosa Tütchen, die in jedem Diner auslagen.

»Ist das Kunstblut? Hailey, das ist echt … schräg.«

Es fühlte sich gut an, endlich mit ihr zu reden. »Ich weiß, dass zwischen uns nicht alles in Ordnung ist. Wir haben beide Sachen gesagt, die … Ich verstehe nur nicht wirklich, was du mit alldem in mir auslösen willst.« Ich sah mich um – überall waren Bücher, Papier, Kleider verstreut. Ihr Laptop bildete einen glatten Stein in einem roten Teich.

»Verlangst du eine Entschuldigung?« Ich wartete auf eine Antwort. Nichts. »Okay, es tut mir leid. Falls es das ist, was du von mir willst. Es tut mir leid, dass …«

Wieder drehte sich alles um mich herum, ich war müde. Vielleicht schlief ich bereits. Eine weitere U-Bahn fuhr platschend vorbei, der Boden leuchtete auf, es konnte auch alles nur ein Traum gewesen sein.

»Wie sollen wir das je wieder sauber kriegen?« Sie sollte mir endlich antworten. »Ich weiß, du hasst Beatrice, aber das ist echt eine Riesensauerei.«

Sie hatte sich nicht bewegt, oder? Ich erinnerte mich nicht mehr. Mein Denkvermögen kehrte zurück, mein Gehirn fuhr langsam wieder hoch. Ich musste sie dazu bringen, mir zu antworten.

»Hailey, komm schon. Jetzt übertreibst du es wirklich ...«

Ich gab auf und ließ mich neben dem Stuhl auf die Knie fallen, sodass das zuckrige Blut in alle Richtungen spritzte. Dann kroch ich zu ihrem Bett, halb darauf hoffend, mich ebenfalls hineinkuscheln zu können, halb mit dem Vorhaben, eine Antwort aus ihr herauszuprügeln. Ich riss die Bettdecke von ihrem Körper, ihr Gesicht war weißlich blau, und sie hatte eine Reihe rötlich brauner Schnittwunden auf der Brust. Es roch plötzlich anders, metallisch, nach echtem Blut. Die Erkenntnis traf mich wie ein Peitschenhieb, ich packte ihre Schultern. Sie war schlaff und kalt, ich ließ sie zurück aufs Bett fallen.

Ich kannte noch nicht mal die Notrufnummer. Aber das deutsche Wort *Hilfe* fiel mir noch ein, also taumelte ich die Treppe hinunter und stieß es krächzend hervor. Draußen wurden meine Hilfeschreie von einer alten Dame erhört, die gerade mit ihrem Hund Gassi ging. Sie wählte mit zitternden Fingern die Nummer der Polizei, während ihr Dackel die roten Spritzer auf meinen Beinen ableckte. Als die Straße endlich von näher kommendem Blaulicht erfüllt war, schloss ich die Augen.

14

Die Beamten warteten ungeduldig darauf, anfangen zu können, und gingen vor der Tür auf und ab, während sie ein großer unbeholfen wirkender Arzt über meinen Zustand informierte. Eine Woche lang hatte ich immer wieder das Bewusstsein verloren. Eine Woche lang hatte sich die Geschichte ohne mich abgespielt, und Informationsfetzen waren wie harmlose Seifenblasen an mir vorbeigeschwebt, während Schläuche und Nadeln in meinen Körper eingeführt worden waren. Die beiden Kriminalbeamten durften auch jetzt nur deshalb zu mir, weil sich die Klinik dem Druck der ermittelnden Polizeibehörde gebeugt und den Besuch widerstrebend abgenickt hatte.

Die beiden Männer betraten mein kleines Zimmer, ich lächelte. Hailey hätte sich sofort in den jüngeren verknallt, der dichte Haare mit ausrasierten Seiten und zu viele fernsehweiße Zähne hatte. Er sah mich freundlich an. Ich wusste sofort, dass er der nette Cop war, meine Olivia Benson, und wartete unbewusst auf die Titelmelodie zur Einleitung der heutigen Folge.

In sanftem Englisch mit britischem Akzent bot mir Olivia Benson einen Pappbecher mit Wasser an. Ein untersetzter Glatzkopf schlenderte hinter ihm herein, er war der strenge Cop, mein Ice-T, nur mit schlechtsitzendem Hemd und fleckiger Hose. Ice-T begrüßte mich mit einem knappen Nicken und hielt ein glänzendes rechteckiges Foto hoch. Die langen Neonröhren an der Zimmerdecke spiegelten sich darin, er korrigierte den Winkel. Haileys gekrümmter Körper wurde sichtbar, in einem Tal aus Blut. Ungewollt stieß ich ein leises Lachen aus, was Ice-T mit einer halben Drehung seiner Oberlippe in Richtung seines Kollegen zur Kenntnis nahm. Ich hatte nicht vorgehabt zu lachen, aber Haileys dünner Körper in all dem flüssigen Purpur hatte etwas derart Glamouröses an sich – wie eine Haute-Couture-Doppelseite in der Weihnachtsausgabe der italienischen *Vogue* –, dass ich einfach nicht anders konnte. Sie hätte das Foto geliebt.

»Was ist daran so lustig?«

»Entschuldigung«, murmelte ich und kehrte abrupt in die Realität zurück.

»Ihre Freundin ist tot.«

Ich nickte ernst und senkte erneut den Blick auf das Foto.

»Wir versuchen zu rekonstruieren, in welcher zeitlichen Abfolge die Ereignisse stattgefunden haben. Einiges verstehen wir noch nicht so ganz und bräuchten daher Ihre Hilfe«, sagte Olivia Benson und zog mit vorsichtigen Bewegungen einen Kugelschreiber hervor, als hätte er Angst, ein scheues Tier aufzuschrecken.

»Wann sind Sie letzten Donnerstag nach Hause gekommen?«

»Gegen vier Uhr morgens …«

»Warum haben Sie bis Viertel nach fünf gebraucht, um die Polizei zu alarmieren?«, fragte Ice-T.

»Vielleicht …« Ich hielt inne. »Vielleicht habe ich mich geirrt? Meine Erinnerung ist ein bisschen verschwommen. Vielleicht war es auch schon fünf?«

Die beiden Beamten tauschten Blicke aus.

»Wann haben Sie Hailey das letzte Mal gesehen?«

»Vor ein paar Wochen, bei uns zu Hause.«

»Und?«

»Da schien es ihr gutzugehen«, log ich. Die letzten Worte, die ich zu ihr gesagt hatte, kehrten schlagartig in meine Erinnerung zurück: *durchgeknallte Schlampe.*

»Verschiedene Zeugen haben ausgesagt, Sie hätten bei der letzten Party, auf der Sie waren, mit ihr gestritten.« Ice-T sah mich so streng an, dass meine Füße eiskalt wurden und Panik in mir aufstieg. Ich erinnerte mich an die Party zurück, daran, wie ich Hailey beim Handgelenk gepackt und brüllend ins Badezimmer gezogen hatte.

»Wir haben nur ein ernstes Gespräch miteinander geführt.«

»Um was ging es?«

»Einen Mann. Es war lächerlich«, versuchte ich abzuwinken.

»Um welchen Mann?«

»Mathias Fischer. Er arbeitet bei der Volksbühne als Requisiteur.«

Olivia Benson machte sich Notizen.

»Auf Haileys Mobiltelefon haben wir SMS an Sie gefunden, über Tage hinweg. Sie haben nie geantwortet, worüber sie sich sehr aufzuregen schien.«

»Ich habe den Akku aus meinem Handy genommen. Wie gesagt, ich hatte sie schon seit Wochen nicht mehr gesehen.« Das defensive Näseln in meiner Stimme erstaunte mich.

»Wussten Sie von dem Buch?«

»Welchem Buch?«

»Dem, das Hailey veröffentlichen wollte.«

Ich bohrte den Zeigefinger in meinen Daumen, bis der

Nagel blutunterlaufen war. »Wir haben schon lange nicht mehr miteinander gesprochen. Ich habe keine Ahnung, was sie …« Ich brach ab, mir schwirrte der Kopf. »Ich war bei Holiday Roberson. Hailey hatte sich in letzter … Ich weiß auch nicht, sie hatte sich komisch verhalten, und ich brauchte Abstand von ihr. Dazu können Sie gern Holiday befragen«, stammelte ich und verspürte plötzlich einen Stich, weil ich an ihren Mund dachte, der im KitKatClub mit dem jenes anderen Mädchens verschmolzen war.

»Das haben wir bereits«, erwiderte Ice-T selbstzufrieden. Ich hasste die Vorstellung, dass dieser grobschlächtige Kerl in ihrer Nähe gewesen war. Was hatte sie gesagt? Wusste sie, wo ich jetzt war? Interessierte es sie überhaupt? Ich ging davon aus, dass die Cops von dem Ketamin wussten. Sollte ich ihnen sagen, dass ich in der Wohnung umgekippt war, dass mein Zeitempfinden einem unsteten, ausufernden Fluss glich?

Ice-T zeigte erneut auf das Foto von Hailey. »Was hier zu sehen ist, ist größtenteils Kunstblut. Haben Sie eine Ahnung, warum?«

Mir kam der rosa Süßstoffgeschmack wieder in den Sinn. Ich schloss die Augen. Dann erzählte ich den Beamten von der Tatort-Party und Haileys Besessenheit von Amanda Knox, von ihrer Idee, das Martiniglas mit künstlichem Blut zu füllen.

»Und als Sie letzten Donnerstag in die Wohnung kamen? Haben Sie da irgendetwas gesucht?«

»Nein, wieso?«

»Die Wohnung war …« Er zögerte und schien nach dem richtigen englischen Ausdruck zu suchen. »Auf den Kopf gestellt.«

»Beatrice Becks hat Hailey umgebracht«, sagte ich.

Ice-T warf Olivia Benson einen vielsagenden Blick zu. »Können Sie uns erklären, warum Sie das denken?«

Ich teilte ihnen geduldig mit, dass Beatrice sich heimlich in die Wohnung geschlichen hatte, wenn wir nicht da gewesen waren, und dass sie die kleine Wohnung hinter der Geheimtür dazu benutzt hatte, uns auszuspionieren. Dass sie Haileys Tagebucheinträge gelesen hatte, die Hailey im Grunde nur für sie schrieb. Und dass Beatrice' nächstes Buch von uns handelte. Olivia Benson und Ice-T sahen sich an. Ice-Ts Oberlippe erhob sich erneut, eine aus dem Wasser ragende Haiflosse. Langsam, wie wenn man nach und nach seine Gesichtszüge im beschlagenen Badezimmerspiegel ausmachen kann, wurde mir bewusst: Ich klang vollkommen geistesgestört.

Ice-T sagte etwas auf Deutsch. Olivia Bensons Handy klingelte, er meldete sich schroff und trat auf den Flur hinaus. Ice-T ergriff die Gelegenheit und herrschte mich rot vor Wut an: »Hailey hatte Angst, dass Sie sie umbringen würden!« Er ließ diese Aussage eine Weile sacken und fügte dann hinzu: »Das sind ihre Worte, nicht meine.« Er warf mir ein geheftetes Manuskript in den Schoß.

»Steht alles dadrin.« Er blickte aus dem Fenster. »Und eins noch: Die Anordnung der Stichwunden auf Haileys Brust ist fast identisch mit der vom Mord an Ihrer Freundin Ivy Noble.«

Mir wurde übel. War das ein Witz? Ich kannte die Anordnung der Stichwunden auf Ivys Brust nicht einmal.

Ich starrte auf das Manuskript. Auf dem Cover prangte eine Kopie meiner Collage – der Collage, die ich Hailey geschenkt hatte, erstellt aus dem Polaroid, das ich im Hotel von ihr geschossen hatte. In großen altdeutschen

Buchstaben stand darüber der Titel: *HOSTEL STAR von Hailey Mader.*

Ein beigefarbenes Gerät fing an zu piepsen.

Nachdem ich auf der Bülowstraße ohnmächtig geworden war, war ich ins Krankenhaus gebracht und direkt in eine hyperbare Sauerstoffkammer gerollt worden. Dort hatte ich bewusstlos auf einer Krankentrage gelegen und in dreistündigen Intervallen hundertprozentigen Sauerstoff verabreicht bekommen. Als ich endlich das Bewusstsein wiedererlangt hatte, hatte ich verwirrt durch die kleinen runden Fenster beobachtet, wie weiß- und blaugekleidete Gestalten wie Meeresbewohner um mich herumgeschwommen waren – Kraken und Kalmare mit Klemmbrettern. Nachdem ich in mein Krankenzimmer verlegt worden war, hatte man mir erzählt, ich hätte Glück gehabt. Glück, dass ich die vergangenen Wochen außerhalb der Wohnung verbracht hatte und so dem Schlimmsten entgangen war. Glück, dass ich aus der Wohnung getaumelt war, um Hilfe zu rufen. Glück, dass man mich sofort in das hyperbare U-Boot gesperrt hatte.

In meinem Blut waren Ketamin, Überreste von Koks, an dessen Konsum ich mich nicht erinnern konnte, und Anzeichen für eine Kohlenmonoxidvergiftung gefunden worden. Paranoia ist eine Nebenwirkung einer solchen Vergiftung genau wie viele andere Formen des geistigen Verfalls, was mir drei Tage nach meiner Einlieferung ins Krankenhaus von einem kleinen Arzt mit großer sonnenverbrannter Nase erklärt wurde.

»Die Rohre und das Rauchabzugssystem Ihrer Wohnung sind offenbar seit Jahren nicht mehr gereinigt worden, dadurch waren Sie beide tagtäglich einer geringen, aber dennoch schädlichen Dosis Kohlenstoffmonoxid ausgesetzt.«

Alles um mich herum wurde still. Ich schloss die Augen und dachte an all die lodernden Winterfeuer, die die empfindlichen Nervenbahnen unserer Gehirne beschädigt hatten. An die *New York Times*, die sich in den Flammen gekräuselt und orange gefärbt hatte. An die Kohleberge im Keller. Unser Leben war nach und nach zu öligen schwarzen Briketts verdichtet worden. Sie bildeten das Maß für unsere Freundschaft. Eine Tonne.

»Haben Sie sich in der Wohnung zu irgendeinem Zeitpunkt seltsam gefühlt?«, fragte mich der Mann mit der sonnenverbrannten Nase. Alles in dieser Wohnung hatte sich seltsam angefühlt. Ich nickte.

»Kopfschmerzen? Schwächegefühl?«

Ich nickte wieder.

»Halluzinationen? Stimmen? Ungewöhnliche Geräusche?« Ich dachte an das Poltern zurück, die eigenartigen Schreie, all die Geräusche, die wir als das Knarren und Ächzen des alten Gebäudes verbucht hatten. »Übelkeit oder Erbrechen?«

Die verlockende weiße Toilettenschüssel in Beatrice' Wohnung tauchte vor meinem inneren Auge auf. Die Stunden, die ich kauernd davor verbracht hatte, um meinem Rachen meinen Mageninhalt abzuringen und mir Erleichterung zu verschaffen.

Der Arzt redete weiter, ich hörte nur noch mit halbem Ohr zu. »Hunderte Menschen sterben jedes Jahr an dieser Art von Vergiftung. Letzten Winter war ich auf einer Einladung zum Abendessen, wir waren zu sechzehnt. Der Gastgeber versuchte, auf einem Kohleofen Kaffee zu kochen. Zwei Gäste starben, den anderen ging es extrem schlecht.«

Ich nickte und versuchte, mir die Dinnerrunde vorzustellen. Waren die Gäste wie wir gewesen? Hatten sie sich kostümiert und für die Kameras posiert? Ein widerliches Spiel gespielt so wie wir? Wem war als Erstes schlecht geworden? Der Baronin von Porz im Esszimmer?

»Eine angemessene Durchlüftung ist von entscheidender Bedeutung.« Der Arzt redete immer noch.

All die schrecklichen Katertage in jener vergifteten Schmuckschatulle von einer Wohnung – natürlich war es uns dort nie gutgegangen. Natürlich hatten wir unsere Plastikfläschchen mit Schmerztabletten im Handumdrehen geleert, um die Schwellung unserer unbelüfteten Gehirne wenigstens vorübergehend zu lindern.

In den Tagen darauf versuchte ich, mich selbst abzufragen, um meine verbleibende Gehirnleistung zu testen. Wer war der Präsident der USA? Welches Jahr hatten wir gerade? Wie lauteten die Anfangszeilen von *Stolz und Vorurteil*? Das meiste konnte ich beantworten, aber einige Dinge waren einfach verschwunden. Ich konnte mich nicht mehr an die Adresse unserer Wohnung erinnern, auch nicht daran, wo genau ich in New York studiert hatte. Namen hatte ich mir noch nie gut merken können – jetzt schwebten sie wie Ballons ohne Schnüre vor meiner Nase, unerreichbar. Eine Information, die ich nicht wieder vergaß, sosehr ich es auch versuchte, war, dass Hailey vierzehnmal in die Brust gestochen worden war, genau wie Ivy. Ich versuchte, die Zahl aus meinen Gedanken zu verbannen, doch egal, was ich tat, sie tauchte immer wieder auf, rammte ihre Spitzen in meinen Schädel. Ich atmete tief ein – endlich Sauerstoff –, hatte das Gefühl, nie genug zu bekommen. Dann wandte ich mich dem Heft auf meinem Schoß zu.

HOSTEL STAR

Auf die Fensterscheibe prasseln Regentropfen. Soweit Zoe sich erinnern kann, reihen sich Nächte wie diese endlos aneinander, seit sie ihr kleines Provinznest in Florida verlassen hat. Zoe betrachtet ihr Spiegelbild im dunklen Fenster, sie ist hübsch, wenn auch keine Helena von Troja, wegen der einst tausend Schiffe in den Krieg gesegelt waren. Sie könnte von Glück sagen, wenn für sie ein einsames Kajak in den Kampf aufbräche. Das weiß sie, seit sie ein kleines Mädchen ist. Sie hat braune Haare, helle Haut und das Temperament einer Dienstmagd. In einem Raum voll ausgelassener Menschen geht sie sang- und klanglos unter. Zoe atmet tief ein und wendet sich wieder ihrem unordentlichen Wohnheimschreibtisch zu. Sie stößt einen traurigen Seufzer aus. Dies ist nicht das Leben, das sie sich immer gewünscht hat, ganz und gar nicht. Im Grunde möchte sie nur eins: das Leben einer anderen.

Dabei hat sie es wirklich versucht. Sie hat sämtliche Folgen Sex and the City *geschaut, ist durch die Bars Manhattans gezogen und hat Cosmopolitans bestellt, aber offenbar reichte das nicht aus, damit auf ihr Dasein als junge Erwachsene endlich Glitzerkonfetti regnet. Zoe redet sich oft ein, dass die Kunstfakultät ein guter Ort für psychisch gestörte Menschen sei, und sie fühlt sich dort tatsächlich wohler als je zuvor. Und doch tanzt stets ein dunkler Schatten am Rande ihres Sichtfelds – ihre beste Freundin.*

Ivy und Zoe sind zusammen aufgewachsen, konkurrierend und gleichzeitig miteinander verschmolzen. Die beiden Mädchen haben ihre Jugend damit verbracht, Arm in Arm durch die Palmen und tropischen Blumenrabatten ihres Heimatorts Sebastian zu schlendern. Aber Zoe ist schon immer die Nummer zwei gewesen, in den Schatten gestellt von ihrer besten Freundin Ivy, dem Vorzeigemädchen, der Primaballerina, die mit zwölf Jahren bereits beste Tänzerin des Bundesstaats gewesen ist und sich mit sechzehn im Voraus einen der heißbegehrten Plätze für die beste Tanzausbildung Amerikas gesichert hat. Sie ist das Mädchen, das alle sein wollen: stark, witzig, wunderschön. Hätte sich Zoe nicht damit zufriedengeben können, ihre beste Freundin zu sein, ihre engste Vertraute? Hätte sie nicht einfach glücklich darüber sein können, mit ihr in der Mall shoppen gehen zu dürfen? Auf dem Beifahrersitz mitzufahren? Über ihre Witze zu lachen? Sie ist es gewesen … bis Jesse auftaucht.

In diesem Ton ging es weiter. Ich kochte innerlich, beruhigte mich wieder. In gewisser Weise war es brillant, was Hailey da fabriziert hatte. Sie hatte all die abgedrehten Romane von Beatrice gelesen, und als keiner mehr übrig gewesen war, hatte sie die Bibliothek katalogisiert. Da war es der nächste logische Schritt gewesen, selbst ein Buch zu verfassen. Warum nicht? Eine Konzeptarbeit, ein Bindeglied, das den Kreislauf zwischen Beatrice und ihr vervollständigte. Darin hatte sie unser Leben zu kaum wiedererkennbarem Kitsch verarbeitet, gemischt mit qualvoll detaillierten Beschreibungen der Partys, die wir veranstaltet hatten – mit mir als funkelnder, durchtriebener Schurkin. Ich lehnte mich auf meinem Krankenbett zurück. All die Geheimnisse, die ich Hailey je anvertraut hatte, schrillten mir von den Seiten ihres Manuskripts entgegen wie wütende Alarmglocken.

Auf der Beerdigung gibt sich Zoe größte Mühe, traurig zu wirken, aber sie kennt die Wahrheit und fragt sich, ob sie ihr wohl ins Gesicht geschrieben steht. Es ist erst neun Tage her, dass sie das Jagdmesser ihres Onkels durch Ivys samtene Haut gestoßen hat, und sie empfindet keine Reue.

Zoe hat sich höflich geweigert, eine Trauerrede zu halten, unter dem Vorwand, zu schüchtern zu sein. In Wahrheit weiß sie, dass man ihr die Schuld beim Reden anmerken würde. Während der Predigt des Pfarrers versucht sie zunächst vergeblich zu weinen und entscheidet sich dann für eine hoffentlich schmerzverzerrte Grimasse. In ihrem Inneren herrscht freudige Erregung. Sie schlüpft von der Kirchenbank, um auf der Toilette ihr Make-up aufzufrischen. Der schicksalhafte Moment, wenn Jesse sie endlich sehen, sie endlich wirklich wahrnehmen wird, steht kurz bevor, das spürt sie! Sie streicht sich das mausbraune Haar glatt, überprüft noch mal ihr trauriges, pflichtbewusstes Stirnrunzeln und kehrt zum Gottesdienst zurück, der sich qualvoll in die Länge zieht. Sie fragt sich: Warum üben tote Mädchen so eine Faszination auf die Leute aus?

Zoe atmet tief ein und aus. Sie sammelt sich, kommt zur Ruhe. Sie hat alles genau geplant. Jetzt muss sie nur noch geduldig sein. Schon bald wird sie sich die Haare blond färben, Ivys Kleider tragen – und mit Jesse zusammen sein.

Hailey hatte alles in bizarre Stücke zerteilt und aus den Zutaten eine Metasuppe gekocht. Mathias, der mir so wenig bedeutet hatte, spielte die Rolle meiner großen Liebe. Holiday, für die sich Hailey schlicht nicht interessiert hatte, kam überhaupt nicht vor. Ich war geistesgestört und natürlich obsessiv veranlagt. Schwerpunkt der Handlung war die Dreiecksbeziehung zwischen Mathias, Hailey und mir. Wonach hatte Hailey immer gestrebt? Nach Drama. Sie hatte es mir selbst oft genug gesagt. Ich hatte ihr nicht zugehört, vielleicht war es mir auch egal gewesen. Aber

Hailey beließ es nicht dabei, unser Leben in Berlin ad absurdum zu führen, sie trat auch noch meine Vergangenheit breit, inklusive sämtlicher markanter Details, die sie meinen Facebook-Fotos entnommen hatte – bis hin zu den Ansteckssträußchen aus lila Orchideen und dem Gewitter, das uns gezwungen hatte, die Fotos unserer Abschlussball-Outfits in Ivys Garage aufzunehmen.

Mathias ist in mich verliebt, und ich in ihn. Ich habe panische Angst, weil ich zunehmend das Gefühl habe, genauso zu enden wie Ivy, wenn ich nicht aufpasse. Ich versuche, das Gefühl abzuschütteln, gehe joggen, mache mir einen Salat, schenke mir ein Glas trockenen Weißwein ein. Meist ist mir so bang ums Herz, dass ich den Salat nicht herunterbekomme. Mathias besucht mich nachts, er wirft Steine an mein Fenster. Dann öffne ich leise die Rollläden, in der Hoffnung, dass Zoe nicht aufwacht. Er steht unten auf der Straße und bedeutet mir winkend, zu ihm zu kommen, damit wir zusammen im Schnee herumtoben können. Ich schleiche die Treppe hinunter und denke nur: Sie wird mich umbringen. Meine Mitbewohnerin wird mich umbringen, genau wie sie ihre beste Freundin Ivy umgebracht hat.

Das Buch gipfelte in einer letzten *Beatrice*-Party, bei der Hailey in dem riesigen mit Kunstblut gefüllten Martiniglas sitzt und eine Lesung abhält, während rote Ballons »spannungsvoll« an der Decke wippen und Absperrband im »unheilverkündenden« Wind flattert. Sie hatte alles genauestens geplant. Es folgte die große Auflösung, in der sie den Anwesenden enthüllt, dass ich Ivys Mörderin sei – und ihnen die erschütternde Geschichte erzählt, wie sie mir ein Schnippchen geschlagen und nur so ihren eigenen

Tod abgewendet hat. Natürlich endete das Buch damit, dass ich ins Gefängnis wanderte.

Eine Pflegerin mit krausem Haar, die aussah wie Cathy aus dem gleichnamigen Comic, rauschte herein und nahm mir Haileys Manuskript aus den Händen.

»Das reicht.«

Ich protestierte nicht. Sie hatte recht.

»Wenn Sie sich stark genug fühlen, bringe ich Sie zum Telefon«, bot sie an.

Ich bewegte probehalber meine Beine und nickte. Meinen Muskeln fehlte es noch an Kraft, aber ich war verzweifelt. Mein Nokia-Klotz war von der Polizei konfisziert worden, und ich musste dringend mit meiner Mutter sprechen. Die Pflegerin half mir in einen grauen Rollstuhl und schob mich den Krankenhausflur entlang zu einer Telefonzelle.

»Mommy.«

»Mein Schatz. Es tut mir so leid.«

Wir saßen beide da und schwiegen in die Leitung, getröstet von den Atemzügen der jeweils anderen. »Wie fühlst du dich?«

»Ganz okay«, log ich.

Ich wollte, dass sie mir von den Blumen im Garten erzählte, erkundigte mich nach dem Wetter, danach, ob sie am Strand gewesen sei oder mal wieder in dem Burgerrestaurant, dessen Curly Fries sie so mochte. Meine eigene Realität hätte ich am liebsten vollkommen ignoriert.

»Das mit … Das mit Hailey tut mir unendlich leid. Unvorstellbar, was ihre Eltern jetzt durchmachen.« Sie hielt inne. »Aber was sie in diesem Buch über dich geschrieben hat, ist schrecklich.«

»Woher weißt du, was in ihrem Buch steht?«, fragte ich erschrocken.

»Schätzchen …«, begann sie eine Spur zu sanft. Ihre Nervosität war nicht zu überhören. »Sie hat es in merkwürdigen tierförmigen Kartons an verschiedene Redaktionen verschickt. Die Meldung war überall in den Nachrichten.«

Ich ließ meinen Kopf gegen die Wand der Glaskabine sinken.

»Pass bitte auf dich auf, ja? Du musst viel trinken. Ich versuche, eine Anwältin zu finden, aber die deutschen Verhältnisse sind ziemlich verwirrend. Ich komme so schnell ich kann zu dir.«

Wenn man mich allein gelassen hätte, und ich in Ruhe über Haileys Verrat und ihren Tod hätte nachgrübeln können, hätte ich ihr vielleicht verzeihen können. Zumindest hätte ich um sie trauern können. Ich wusste, dass Amanda Knox' Gefängnistagebuch an die Öffentlichkeit gedrungen war, aber wenigstens war es ihre eigene Stimme gewesen, ihre eigene traurige Lyrik in ihrer quirligen amerikanischen Handschrift, wenigstens hatte sie Gelegenheit gehabt, es mit *MY PRISON DIARY ⋆IL MIO DIARIO DEL PRIGIONE⋆* zu überschreiben. Ich hingegen hätte nicht mal gewusst, was *prison diary* auf Deutsch hieß. Es hatte bestimmt nicht lange gedauert, bis die Medien verstanden hatten, dass die zusammengehefteten Kopien im Inneren der noguchiähnlichen Tierkartons ein posthumes Geschenk von einem Mädchen darstellten, über dessen Tod sie alle bereits berichtet hatten. Ich fand keinen Schlaf, wusste nicht, wie ich mein Gehirn herunterfahren sollte. Hailey hatte mich eiskalt ans Messer geliefert.

Dass meine Mutter versuchte, eine deutsche Anwältin

für mich zu finden, machte mir Angst. Googelte sie gerade *lawyer Germany*? Würde meine rechtliche Vertretung Englisch sprechen? Konnte Mom sich das überhaupt leisten? Gab es hier so etwas wie Pflichtverteidiger? Gab es die Todesstrafe? Ich geriet in eine regelrechte Gedankenspirale. Nein, ich musste selbst aktiv werden und die Initiative ergreifen. Erneut spielte ich sämtliche Ereignisse durch. Ich wusste, dass Hailey für ihre »Story« fast alles getan hätte, aber ich wusste auch, dass sie bestimmt nicht vorgehabt hatte, am Ende zu sterben.

Ich wartete bis nach dem Abendessen und schlüpfte dann aus dem Bett, tappte den leeren Flur entlang und sank in die verglaste Telefonzelle. Dort blätterte ich durch die hauchdünnen gelben Seiten des ausliegenden Telefonbuchs. Die Breitbachs waren verzeichnet. Auch wenn sie zu dem Zeitpunkt betrunken gewesen war, war Claire die Einzige, der ich von Beatrice erzählt hatte.

»Hi … Claire. Ich bins, Zoe.«

»O mein Gott. Wie geht es dir? Wo bist du?«

»Im Krankenhaus.«

»Ich kann das alles gar nicht glauben«, sagte sie, als würde sie gerade wie gebannt auf einen Fernseher starren, auf dem mein Leben parallel zu unserem Telefonat in seine Einzelteile zerlegt wurde. »Du bist überall. Es ist so … bizarr … Hailey … deine Mitbewohnerin …«

Ich überlegte, ob sie wohl Haileys Buch gelesen hatte, traute mich jedoch nicht, sie zu fragen. »Claire, du bist die Einzige, der ich von Beatrice erzählt habe.«

Sie zögerte. Ich hörte förmlich, wie sie nachdachte. Die Mädchen schrien im Hintergrund herum.

Ich fuhr fort: »Beatrice ist die Täterin, das weiß ich! Und ich …«

»Wir können den Fall gewinnen«, unterbrach sie mich. »Ich kann es kaum erwarten!« Ihre Stimme klang überschwänglich wie die einer Volleyballtrainerin, die ihre Mannschaft anfeuert.

Claire tauchte zwei Stunden später in einem knallorangefarbenen Powersuit auf, in der Hand eine schillernde silberne Aktentasche, die Haare halboffen und so stylish frisiert, dass ich überlegte, ob sie auf dem Weg beim Friseur haltgemacht hatte. Meine persönliche Verteidigungsbarbie. Sie verkündete atemlos: »Entschuldige, dass es so lange gedauert hat. Savannah und Serena haben meinen Autoschlüssel irgendwo versteckt, und ich habe das langsamste Taxi der ganzen Welt erwischt. Du musst mir alles erzählen!« Sie beugte sich vor, um mich zu umarmen. Ihr üppig aufgetragenes Chloé Eau de Parfum wirkte seltsam tröstlich auf mich, eine Erinnerung an weibliche Eitelkeit, an eine idiotische Welt, in die ich irgendwann zurückzukehren hoffte.

»Danke«, stammelte ich.

»Zoe, deine Haare«, sagte sie, offenbar enttäuscht von meinem blauen Haarfärbeexperiment. Ich hatte es schon fast vergessen.

»Also: Ich habe ein paar Auszüge aus dem Buch gelesen, das Hailey geschrieben hat, und ich habe größtenteils verfolgt, was über euch in der Presse und im Fernsehen berichtet wurde. Die Situation ist brandgefährlich, vom juristischen Standpunkt her betrachtet. Ich bin froh, dass du angerufen hast, du brauchst eine ordentliche Anwältin. Haileys Tagebuch zeichnet ein vernichtendes Bild von dir.« Claire stöckelte im Zimmer umher, sie war zappelig, warf ihre Haare zurück, zählte die Artikel auf, die sie gelesen hatte, verkündete ihre Meinung über die Journalisten – »niederträchtig wie überall« –, die ermittelnde Polizeibehörde – »faul und unterbesetzt« –, das Rechtssystem – »elendig langsam« – und alle möglichen Ausgänge der Geschichte. »Ich nehme dich als meine Mandantin an. Kostenlose Rechtsvertretung ist hier verboten – lächerlich, nicht wahr? Wir einigen uns einfach auf ein sehr geringes Honorar, aber du musst genau das machen, was ich dir sage, okay?«

Ich nickte, aber ihr Elan machte mich nervös. »Es war Beatrice«, platzte ich heraus.

Claire hielt inne und sah mir tief in die Augen, sie schien nach etwas zu suchen. »Weißt du noch, als du mir von ihr erzählt hast? Ich habe dir geraten, Beweise dafür zu sammeln, dass sie sich heimlich in eure Wohnung schleicht. Bitte sag mir, dass du auf mich gehört hast!«

Ich schüttelte beschämt den Kopf.

Sie zog ihr Handy aus der schillernden Aktentasche, drückte auf Aufnahme und schob dann ihren Stuhl vor die Tür. »Okay. Beatrice überlassen wir vorerst der Polizei. Unsere Aufgabe besteht jetzt darin, eine Verteidigung aufzubauen. Du musst wissen, dass das Rechtswesen hier in Deutschland anders funktioniert als in Amerika. Es gibt keine Geschworenen, was in deinem Fall eine gute Nachricht ist. Und man kann keine Deals mit dem Richter schließen. Alles bewegt sich … nun ja … im Schneckentempo. Der Fall könnte Jahre in Anspruch nehmen. Haftstrafen sind verhältnismäßig mild, für Totschlag kommt man nur fünf bis fünfzehn Jahre hinter Gitter, aber darüber machen wir uns erst mal keine Gedanken.«

Ich rang überfordert nach Luft.

»Erstens: Wo warst du in der Nacht des Vorfalls, und zweitens: Gibt es Zeugen?«

»Ich war im KitKatClub mit Holiday …«

Claire hob die rechte Augenbraue, sie kannte den Club offenbar. »Und Holiday ist eine Person?«

»Sie ist das Mädchen, mit dem ich … mich ab und zu getroffen habe.«

»Kein ideales Alibi, aber immerhin gut, dass es dort jede Menge Zeugen gab.« Sie hatte in ihrer Aktentasche herumgewühlt und blickte nun auf. »Was war deine letzte Interaktion mit Hailey?«

Ich erzählte ihr von unserem Streit, von der Sache mit Mathias. Von den verpassten Anrufen. Meine Stimme versagte fast, als ich ihre letzten Worte an mich wiederholte: *»Du hast Glück, dass Ivy tot ist, sonst hättest du nämlich überhaupt keine Story.«*

»Dieses Miststück. Und wie kam es dazu?«, drängte mich Claire. Ich versuchte mich zu erinnern, was Hailey mir noch vorgeworfen hatte, aber ihre Worte waren hohle, leere Hülsen.

»Und was ist mit Beatrice? Gab es konkrete Hinweise darauf, dass sie sich Zutritt verschaffte?«

»Ja, ein Stapel Dokumente in einer Schublade. Im Februar haben wir das Schloss geknackt und sie entdeckt, und ein paar Wochen später, als wir die Schublade erneut aufmachten, waren sie weg. Und ihre Karteikarten in der geheimen Wohnung sind auch verschwunden.«

»Okay …« Claire schürzte nachdenklich die Lippen.

»Und sie war auf einer unserer Partys, was wir erst hinterher herausgefunden haben, weil sie auf einem der Fotos von der *Purple*-Website zu sehen war – man erkennt ihr Gesicht nicht, aber sie ist es eindeutig.«

»Gut. In der Nacht, in der du Haileys Leiche gefunden hast, was ist da passiert? Erzähl es mir Schritt für Schritt.«

Ich berichtete ihr von Holiday, vom KitKatClub, von der U-Bahn-Fahrt nach Hause. Und dann verstummte ich. Ich sagte ihr nicht, dass mir ein großes Stück Erinnerung fehlte, weil ich ihr keinen Grund geben wollte, an mir zu zweifeln. Ich erinnerte mich noch an die gewölbten Wände und dass ich auf dem Badewannenrand gekauert hatte. Später hatte ich dann inmitten der roten Lachen auf einem Stuhl gesessen. Aber ich wusste nicht mehr, was dazwischen passiert war, was diese Erinnerungsfetzen miteinander verband. Laut dem Krankenhauspersonal war das vollkommen normal in meinem Zustand. Aufmerksamkeitsstörungen, Stimmungsschwankungen, Schwächegefühle, die Unfähigkeit, Erinnerungen abzurufen.

»Kohlenmonoxidvergiftungen sind noch recht unerforscht«, hatte eine Ärztin mit rötlich braunen Haaren zu mir gesagt, während sie mein Krankenblatt studierte. »Es gibt immer noch vieles, was wir nicht verstehen. Schäden am Gehirn können dauerhaft die Arbeitsfähigkeit beeinträchtigen, die zwischenmenschlichen Beziehungen, alles.« Sie hatte aufgeblickt und mein Entsetzen bemerkt. »Oder das Gehirn regeneriert sich wieder vollständig, was allerdings unwahrscheinlich ist.« Ich sehnte mich nach der amerikanischen Art, den Leuten zu erzählen, was sie hören wollten, nach Menschen, bei denen das Glas halbvoll war statt halbleer.

Claire forderte mich mit einem Nicken zum Weiterreden auf.

»Ein paar Wochen nachdem wir eingezogen waren, kam ich nach Hause, und Beatrice saß auf dem Sofa. Ich glaube, da hatte sie gerade Haileys Tagebuch eingesteckt.« Ich hielt inne. »Unsere E-Mails hat sie auch gelesen.«

»Woher weißt du das?«

»Ach, das war eigentlich total dumm …«

»Raus damit.«

»Bevor sie ging, meinte sie zu mir, dass mit Essstörungen nicht zu spaßen sei.«

Claire runzelte die Stirn.

»Ich habe mich zu der Zeit regelmäßig übergeben und einer Freundin in einer Mail davon erzählt. Die muss sie gelesen haben, sonst hätte sie nichts davon wissen können.«

»Es wird nicht leicht werden, das zu beweisen. Aber Bulimie könnte uns dabei helfen, eine durch Drogen ausgelöste Psychose als schuldmindernden Umstand zu etablieren. Aber eins nach dem anderen. Fürs Erste wenden wir uns lieber wieder dem zeitlichen Ablauf zu.«

Ich starrte auf die glänzenden Jadeperlen, die an einer dicken gedrehten Silberkette um Claires Hals hingen. Sie sahen teuer aus. Vermutlich ein Geschenk von Tobias nach einem seiner Fehltritte. *Dieser* zeitliche Ablauf hätte mich auch brennend interessiert: Diamantarmband für die Barkeeperin im King Size, Mercedes S-Klasse für die Stripperin in Basel, Oscar-de-la-Renta-Kleid nach der Stewardess über dem Atlantik. Wahrscheinlicher aber war, dass Claire einen Vertrag mit ihm ausgehandelt hatte, der ihn dazu verpflichtete, für jeden Fauxpas einen gewissen Betrag auf ihr persönliches Bankkonto zu überweisen. Claire räusperte sich, um meine Aufmerksamkeit zurück auf ihre Fragen zu lenken. Ich versuchte mich zu konzentrieren, aber alles schien plötzlich verschwommen.

»Als ich Hailey das letzte Mal gesehen habe, meinte sie, sie wollte Beatrice mit ihren eigenen Waffen schlagen.«

»Inwiefern? In welchem Verhältnis standen Beatrice und Hailey zueinander? Haben Sie regelmäßig korrespondiert?«

»Ja, Hailey hat den gesamten E-Mail-Verkehr bezüglich der Wohnung übernommen. Allerdings mit Janet, Beatrice' Mutter.«

»Wir werden Kopien von sämtlichen Mails brauchen, die auch dich betreffen. Was genau könnte sie mit *eigenen Waffen* gemeint haben?«

»Dass Beatrice uns ausspioniert hat?«

Claire ging hin und her, ihre weißen Pumps machten saugende Geräusche auf dem Krankenhausboden.

»Zoe, warum das ganze Theater? Das Kunstblut? Die Amanda-Knox-Deko? Und warum hat sie ihr Buch an so viele Zeitungen verschickt?«

»Alles, was Hailey getan hat, war eine Performance für Beatrice. Die Partys dienten nur dazu, uns zu interessanteren Figuren für ihren Roman zu machen.«

»Welchen Roman?«

»Den Roman, den Beatrice über uns schrieb. Wir haben Interviews mit ihr gelesen, und es war ziemlich eindeutig, dass ihr nächstes Buch von uns handelt – es sollte darin um zwei amerikanische Kunststudentinnen in Berlin gehen. Und dann sagte sie in ihrem neuesten Interview, ihr Buch würde *The Dull and Dead* heißen und uns wie … wie Idiotinnen aussehen lassen. Hailey war stinksauer.«

»Aber warum wollte Hailey dir mithilfe des Tagebuchs ihre eigene Ermordung anhängen?«

Ich blies einen dünnen Luftstrahl aus. »Sie wollte einen besseren Spannungsbogen – deshalb hat sie alles aufgebläht.«

Claire runzelte die Stirn. »Du sagst, Beatrice hätte sie umgebracht. Warum?«

»Weil sie ihr Manuskript zuerst rausgebracht hat?«, antwortete ich mit zittriger Stimme.

»Wieso? War das nicht auch Publicity für Beatrice' eigenen Roman?«

Ich zuckte mit den Schultern. »Sie hat es jedenfalls getan.«

»Wir … wir gehen also davon aus, dass Beatrice die Stichwunden, die sie Hailey zugefügt hat, genauso angeordnet hat wie bei Ivy, damit der Verdacht auf dich fällt. Meine Güte …« Claire brach ab und verfiel dann wieder in ihren munteren Volleyballtrainerinnen-Tonfall: »Nun ja, wir werden versuchen, dass der Fall gar nicht erst vor Gericht landet. Ein echtes PR-Desaster, das Ganze.« Sie blickte auf ihr Handy. »Für mein Empfinden ist es äußerst unethisch von diesen Nachrichtenagenturen, so etwas im Vorfeld eines Verfahrens zu veröffentlichen. Was Haileys Buch angeht, werden wir Seite für Seite durchgehen und besprechen müssen, was wahr ist und was Fiktion, damit wir den Sachverhalt richtigstellen können.« Sie klappte ihre Aktentasche zu und streckte ihre Arme Richtung Zimmerdecke, wobei sie geräuschvoll ausatmete. »Mein Gott, fühlt sich das gut an, wieder zu arbeiten!«

Allgemeiner Konsens in Fernsehen und Presse war, dass ich den Sexclub verlassen hatte – das Wort *Sexclub* wurde von den Reportern genüsslich zischend in die Länge gezogen: Sssssexclub –, im Ketaminrausch wutentbrannt zu unserer Wohnung gestürmt war, Hailey bei den Vorbereitungen für ihre Buch-Release-Party angetroffen und auf sie eingestochen hatte. Es war nicht gerade förderlich, dass die gesamte Partygesellschaft einige Wochen zuvor unseren Streit mitbekommen hatte, die Tatsache, dass ich sie am Handgelenk zum Badezimmer gezerrt und wegen Mathias auf sie eingeschrien hatte. Trotzdem versuchte ich, ebenjenen Streit gedanklich zu rekonstruieren – wie

Hailey mich beharrlich ignoriert hatte, während sie sich im Spiegel bewunderte. Mich erneut in diesen Moment hineinzuversetzen, gab mir das Gefühl, dass wir uns immer noch versöhnen könnten. Wenn ich eine Zeitreise machen und ihr wieder dabei zusehen könnte, wie sie den lachsfarbenen Lippenstift über ihre trotzig vorgeschobenen Lippen gleiten ließ, was würde ich zu ihr sagen? Ich hatte keine Ahnung. Ich würde ihr sagen, sie solle in allen Räumen die Fenster aufreißen.

In gewisser Weise war *Hostel Star* genial. Es war die Aneinanderreihung in Blausäure getunkter boulevardtauglicher Halbwahrheiten: War ich mit dem Exfreund meiner besten Freundin zusammengekommen, nachdem diese ermordet worden war? Ja. War es falsch von mir gewesen, am Abend von Ivys Beerdigung mit Jesse zu schlafen? Die ganze Welt schien auch diese Frage mit Ja zu beantworten, genau wie *Perez Hilton*. Hatte ich mir die Haare gefärbt, um wie Ivy auszusehen? Ja, hatte ich. Und war ich nur wenige Monate später mit Haileys Kleidern auf einer Party aufgetaucht? Es gab Facebook-Fotos, die es bewiesen. Hatten Hailey und ich mit demselben Mann geschlafen? Offenbar. War die Beziehung zwischen uns von zu viel öffentlicher Aufmerksamkeit belastet gewesen? Allerdings. War ich von ihr besessen gewesen, hatte ich Collagen von ihren Fotos angefertigt? Amanda Knox wirkte dagegen wie eine Heilige.

Auf Claires Beharren löschte ich meinen Facebook-Account, um die Jagd nach Fotobeweisen für Haileys Behauptungen ein wenig schwieriger zu machen, auch wenn die Bilder natürlich noch zu finden waren, wenn jemand anderes mich darauf markiert hatte. Ich dachte an die Diashow auf Ivys Beerdigung zurück, die Präsentation ihrer stolzesten Momente. Bei mir war es das genaue Gegenteil: ich im Bikini, wie ich eine Zigarette rauchte und den Mittelfinger hochhielt; ich als Zebra verkleidet an Halloween, wie ich mir einen Zombie aus Pappmaché über den Kopf hielt; ich mit verschmiertem Eyeliner beim Trinken aus einer Wodkaflasche. Unterdessen hatte Chelsea Benedict, die Cheerleaderin, mit deren früherem Freund Brock ich ja praktischerweise ebenfalls geschlafen hatte, endlich ihre Berufung gefunden und gab fleißig Interviews. Außerdem postete sie ihre typischen Ergüsse, die zu gleichen Teilen aus Empfehlungen fürs Seelenheil und »Ich hatte euch gewarnt« bestanden.

Johannes 3:20
Jeder, der Böses tut, hasst das Licht und kommt nicht zum Licht, damit seine Taten nicht aufgedeckt werden.
**** Nur eine morgendliche Erinnerung daran, dass jede Wahrheit irgendwann ans Licht kommt. Manchmal wachsen wir Seite an Seite mit dunklen Gestalten auf, aber wir stehen vereint gegen das Böse, und als Gemeinde ist es unsere Aufgabe, jene zu bestrafen, die für den Teufel arbeiten. Wir verlangen Gerechtigkeit für *** Ivy!
**** Stilvoll bleiben, Sebastian! Hört euch mein Interview an, in dem ich mich zu Zoe Beech und der Ermordung ihrer Mitbewohnerin in Deutschland äußere: heute Nachmittag um drei bei Wild95.5!

Es war nie ein Problem gewesen zu beweisen, dass ich mit Ivys Tod nichts zu tun hatte, aber die aktuellen Spekulationen der Medien riefen auch das Sebastian Police Department auf den Plan, das ein offizielles Formular nach Deutschland schickte, auf dem ich erneut meine Aussage machen sollte. Ich war dankbar, als ich die einfachen englischen Sätze und das hässliche TO-PROTECT-AND-SERVE-Wappen meiner Geburtsstadt auf einem US-Letter-Papier sah. Auf die Frage nach meinem Aufenthaltsort zum Zeitpunkt von Ivy Nobles Tod schrieb ich:

> *Ich war in New York City. An besagtem Abend war ich bei Erica Oh auf der Geburtstagsfeier von Jessica Easter. Dort wurde ich von den beiden Genannten und ihren anderen Gästen gesehen.*

Weder Erica Oh noch Jessica Easter hatte ich je wirklich gemocht, doch in diesem Moment vermisste ich sie beide sehr. Ich trug die Namen sämtlicher Zeugen, an die ich mich erinnern konnte, in das Formular ein, mit schnörkeliger Schönschrift, als würde ich sie zu meinem eigenen Geburtstag einladen. Beim Gedanken daran, dass Ivy in diesen Albtraum hineingezogen wurde, fühlte ich mich, als hätten sich radioaktive Parasiten unter meiner Haut eingenistet. Ivy gehörte nicht nach Berlin, nicht nach Europa, nicht auf die Titelseiten von Zeitungen, nicht in fremde Münder.

Ich versuchte, die echte Ivy in mir lebendig zu halten, unversehrt und menschlich. Sie war nicht die Cheerleaderin auf dem Foto der Todesanzeige – schwarzweiß und stark verpixelt. Sie war eine Bewegungskünstlerin. Schweißbedeckt und muskulös. Eine Athletin mit bandagierten Füßen. Eine Freundin, die immer zurückschrieb. Ein Mädchen mit wechselndem Musikgeschmack, das »Float on« von Modest Mouse dreiundzwanzigmal hintereinander auf eine einzige CD brannte. Unser letzter Freitagnachmittag im Frozen-Yogurt-Laden am Union Square kam mir wieder in den Sinn – sie hatte ihre Portion mit Kuchenteiggeschmack bestellt, und ich hatte mich über sie lustig gemacht. Als Puristin orderte ich meinen Frozen Yogurt wie immer ohne Schnickschnack.

Was wäre passiert, wenn ich ihr das Armkettchen für Grandma Jane nie gegeben hätte? Wenn ich sie nicht gedrängt hätte, nach Hause zu fliegen? Was, wenn sie sich das Kettchen mit dem kleinen goldenen Namensschild nicht übers Handgelenk gestreift und sich damit im Fenster bewundert hätte? Was, wenn ich ihr geraten hätte, sich ganz auf ihre Abschlussprüfungen zu konzentrieren? Ich hätte sie retten können.

Meine Entlassung aus dem Krankenhaus stand bevor. Ich sollte alle zwei Wochen für Untersuchungen zurückkommen, damit die Ärzte sich von meinen weiteren Fortschritten überzeugen konnten. Als Folge der Kohlenmonoxidvergiftung litt ich noch immer unter Gedächtnisverlust und eingeschränkter Motorik. Gut möglich, dass es mir bald besser ging. Oder schlechter. Vielleicht würde es mich in einer Woche schon weniger Konzentration kosten, die Gabel zum Mund zu führen, vielleicht würde es auch deutlich länger dauern. Endlich traf meine Mutter ein. Sie sah klein und verloren aus auf dem graubraunen Krankenhausflur, aber die Erleichterung erfasste mich wie eine warme Welle. Mütter sind dazu da, alles wieder in Ordnung zu bringen. Ich überlegte, ob wir einfach abhauen, ein Taxi zum Flughafen nehmen und nie wieder über Berlin sprechen könnten. Ich ließ mich in ihre Arme sinken. Während sie mich umschlang, hielt sie ein Büschel meiner blauen Haare hoch und runzelte die Stirn. Ich sagte ihr, es tue mir leid. Alles tue mir leid.

Statt zum Flughafen fuhren wir mit dem Taxi zum Park Inn, dem Hotel, in dem Constance die Silvesternacht verbracht hatte. Vom Zimmer meiner Mutter im zweiunddreißigsten Stock aus wirkte Berlin wie eine Spielzeugstadt. Winzige Menschen mit noch winzigeren Einkaufstüten wuselten umher, und sogar die Hotelkissen wirkten unecht, zu dünn und zu breit. Nachdem meine Mutter ihren Koffer ausgepackt hatte, setzte sie sich aufs Bett, und ich rollte mich neben ihr zusammen und legte meinen Kopf in ihren Schoß.

»Was ist nur passiert?«, fragte sie mit tränenerstickter Stimme und strich mir über die Stirn.

Ich hatte keine Antwort.

»Zoe?«, flehte sie.

»Ich weiß es nicht … Ich weiß es nicht«, flüsterte ich.

»Ist schon okay«, sagte sie mit sanfter Stimme, doch wir wussten beide, dass das nicht stimmte.

Ich war erschöpft, genau wie sie. Sie schlief, ich konnte nicht, starrte nur an die Decke und lauschte ihren feuchten Atemzügen. Ich war dankbar für meine Mutter, für ihren mit Muscheln bedruckten Koffer und die Pelikankette, die sie auf ihren Nachttisch gelegt hatte.

Drei Tage später kamen mich Olivia Benson und Ice-T im Park Inn besuchen. Der kleine Raum füllte sich mit ihren fremdartigen Männergerüchen: holziges Aftershave, Currywurst, Zigaretten, Schweiß. Ich hatte panische Angst, wusste nicht, ob sie gekommen waren, um mir Handschellen anzulegen, oder ob sie mich nach Amerika entlassen würden. Wo blieb Claire?

»Mein Name ist Müller«, sagte Olivia Benson und streckte meiner Mutter höflich die Hand hin.

»Und das ist mein Kollege Graf«, sagte er und zeigte auf Ice-T, der mit seinem Handy beschäftigt war. Ich fand es schrecklich, dass sie jetzt real waren, dass es sich nicht mehr nur um eine Folge von *Law & Order* handelte. Sie hatten tatsächlich Namen.

Graf blickte noch immer nicht von seinem Handy auf.

»Wie geht es Ihnen?«, fragte mich Müller freundlich.

»Sie beantwortet keine Fragen, solange ihre Anwältin nicht da ist«, sagte meine Mutter angespannt. Sie trug eine mit Hibiskusblüten bedruckte Tunika und schwang nervös auf einem Drehstuhl vor dem Fenster hin und her. Weder sie noch die Tunika waren für eine derartige Stresssituation gemacht. Wir saßen schweigend da. Das Grollen eines Flugzeugs mischte sich unter das leise Quietschen des Stuhls. Dann kam Claire, die in ihrem giftgrünen Kostüm an eine Football-Kommentatorin erinnerte, zur Tür herein.

»Also dann, fangen wir an«, sagte Müller sanft. »Wir haben ein paar Fragen an Sie, aber zunächst …« Er wartete, bis Ruhe eingekehrt war, und ließ dann die Bombe platzen: »Als offizielle Todesursache von Hailey Mader wurde eine Kohlenmonoxidvergiftung festgestellt.«

Hoffnungsvoll sah ich zu Claire. Vielleicht waren die Stichverletzungen ja doch nur mit Theaterkleber befestigte Silikonwunden gewesen, und Hailey war schlicht und ergreifend von einer toxischen Kohlenmonoxidwolke dahingerafft worden – ein tragisches Missverständnis. Keine zweite Ivy.

»Mord ist also vom Tisch?«

Graf schnaubte. »Es war zwar post mortem, aber es wurde trotzdem auf sie eingestochen.«

»Post mortem?«, fragte ich.

Claire warf mir einen Blick zu, der mich zum Schweigen bringen sollte.

»Ja. *Jemand* hat vierzehnmal auf ihre Leiche eingestochen«, erwiderte Graf.

»Mord ist also vom Tisch?«, fragte Claire erneut, diesmal mit Nachdruck.

»Warum sollte jemand so etwas …?«, murmelte ich.

»Das ergibt doch gar keinen Sinn«, flüsterte meine Mutter und griff nach meiner Hand.

Müller übernahm wieder das Kommando: »Wie Sie bereits wissen, bestand im ganzen Gebäude ein Problem mit Rußansammlungen in den Rohren. Die Verstopfung in Haileys Kohleofen ist dennoch verdächtig – eine Manipulation lässt sich nicht ausschließen. Was uns zu unserer ersten Frage bringt: Wir müssen wissen, ob Hailey Probleme mit ihrem Ofen hatte. Hat sie diesbezüglich irgendetwas zu Ihnen gesagt?«

»Wollen Sie etwa andeuten, Zoe hätte etwas mit der Verstopfung zu tun?«, fragte Claire.

»Nichts ist *vom Tisch*«, haute ihr Graf ihre eigenen Worte um die Ohren.

»Hatten Sie Probleme mit den Öfen?«, hakte Müller nach. Claire verzog das Gesicht, bedeutete mir jedoch, ihm zu antworten.

»Die Kohleöfen waren kompliziert zu bedienen, aber wir dachten eigentlich, wir hätten es im Griff. Insofern: nein. Sie hat nichts Außergewöhnliches bezüglich des Ofens gesagt.« In Wahrheit hatte sie in den letzten Wochen überhaupt nichts mehr zu mir gesagt, ob nun die Öfen betreffend oder nicht. »Haben Sie Beatrice schon ausfindig gemacht?«, fragte ich.

Graf stieß ein verärgertes Keuchen aus. »Beatrice

wurde während der letzten fünf Monate jeden Morgen im Café Mozart in Wien gesehen. Sie hat zahlreiche Zeugen, die ihren Verbleib für die gesamte Dauer ihres Aufenthalts bestätigen können. Beatrice Becks steht nicht unter Verdacht.«

Ich fühlte mich, als hätte mich ein Lastwagen überrollt.

»Aber sie hat gelogen und behauptet, sie hätte dort ein Aufenthaltsstipendium!«

»Sie *war* in Wien«, schoss Graf zurück.

»Und was ist mit der Wohnung hinter der versteckten Tür?«, fragte ich wütend. Die Wohnung allein erschien mir Grund genug, sie hinter Gitter zu bringen.

»Die Wohnung war frisch geputzt, von Hailey, wie wir annehmen, weil sie mit Absperrband und Ballons dekoriert war.«

Müller mischte sich ein: »Beatrice sagt, sie hätte nichts von der Wohnung gewusst, auch nichts von dem geheimen Zugang.«

»Das kann nicht sein«, bellte Claire.

»Sie muss davon gewusst haben!« Auch meine Mutter klang verärgert.

»Beatrice hat sich mehrmals Zugang zu der Wohnung verschafft, die sie Hailey und Zoe untervermietet hatte – ohne deren Erlaubnis«, erzählte Claire und sah mich an, damit ich fortfuhr.

»Vor Weihnachten kam ich nach Hause, und sie saß auf dem Sofa. Sie hat Haileys damaliges Tagebuch gestohlen. Sie war nicht in Wien!«, stammelte ich. »Außerdem haben wir noch etwas gefunden, einen Stapel Dokumente. Wir haben das Schloss einer Schublade aufgebrochen und die Dokumente darin entdeckt, und beim nächsten Mal waren sie dann plötzlich verschwunden. Sie hat sie mitgenommen. Sie muss in der Wohnung gewesen sein!«

»Was für Dokumente?« Müllers Interesse war geweckt.

Was den Inhalt der Schublade betraf, herrschte in meinem Gedächtnis noch immer gähnende Leere. »Ich erinnere mich leider nicht mehr genau.«

Die Kriminalbeamten tauschten Blicke aus. Sie verfielen in Schweigen, dann räusperte sich Graf. »Wir müssen Ihnen mitteilen, dass Ihre Fingerabdrücke die einzigen anderen Abdrücke waren, die außer Haileys auf der Tatwaffe gefunden wurden.«

Claires Augenbrauen wanderten nach oben. »Natürlich sind ihre Abdrücke auf der Tatwaffe. Zoe, wie viele Küchenmesser gab es in der Wohnung?«

»Eins«, antwortete ich.

»So ist es. Da müssen Sie sich schon etwas Besseres einfallen lassen.«

Graf schnaubte verächtlich und fragte mich: »Haben Sie Haileys Buch gelesen?«

Ich nickte und sah hilfesuchend zu Claire.

»Es ist ein fiktionales Tagebuch, verfasst von einer psychisch labilen jungen Frau, die noch dazu an den Langzeitfolgen einer Kohlenmonoxidvergiftung litt«, sagte sie und legte mir ihre Hand auf die Schulter.

»Und es dient uns als wichtiges Beweisstück«, ergänzte Graf. »Es fehlen zweihundert Exemplare des Tagebuchs sowie das Original.«

»Und?«, fragte Claire.

»Wir haben eine Quittung von Copy Trigger über den Ausdruck von zweihundertfünfzig Exemplaren ihres Tagebuchs. Fünfzig davon konnten wir verschiedenen Presseagenturen zuordnen, an die sie sie geschickt hat. Die zweihundert übrigen Ausgaben wollte sie, so ist es ihren Posts zu entnehmen, auf ihrer Release-Party am Freitag verteilen. Und jetzt sind sie verschwunden. Genau wie das Originaltagebuch. Zoe, wissen Sie, wo sie sein könnten?«

»Ich habe keine Ahnung«, sagte ich bitter. Der Gedanke, dass Hailey zweihundert Exemplare von ihrem psychotischen Buch die Treppe zu unserer Wohnung hinaufschleppt hatte, um sie anschließend unseren Freunden und Partygästen zu schenken, machte mich aggressiv. Wie hatte sie sich das Ganze vorgestellt? Hatte sie erwartet, dass ihr Publikum applaudierte, während sie sich in ihrem Cartoon-Martiniglas räkelte und laut aus ihrem Werk vorlas? Und wie hätte ich ihrer Meinung nach darauf reagieren sollen, wenn ich es herausgefunden hätte? Es schweigend hinnehmen? Fuchsteufelswild werden? Oder über ihre Konzeptarbeit, ihren Beatrice-Becks-Verschnitt lachen, als wäre alles nur ein großer Witz? »Beatrice muss die zweihundert Ausgaben entsorgt haben, weil ihr nicht klar war, dass Hailey bereits fünfzig Exemplare verschickt hatte. Und die Wohnung war so durcheinander, weil sie sie auf der Suche nach dem Original auf den Kopf gestellt hat«, stieß ich wütend hervor. Es war doch alles so offensichtlich!

Claire drückte meine Schulter, damit ich den Mund hielt.

Graf fragte, ob er die winzige durch eine Milchglasscheibe abgetrennte Toilette des Hotelzimmers benutzen dürfe. Wir saßen schweigend da und mussten mit anhören, wie er in geräuschvollen Schüben pinkelte. Er zog weder ab, noch wusch er sich die Hände. Nachdem er wieder aufgetaucht war, kündigte Müller an, dass sie wiederkommen würden, falls weitere Fragen aufkämen. Die beiden bedankten sich und gingen. Meine Mutter verschwand hinter der Glaswand und betätigte die Spülung. Dann ließ sie den Kopf hängen und stieß einen stummen Seufzer aus. Ihr Haar schien plötzlich grau geworden zu sein.

Claire holte Luft. »Okay, es gibt eine Menge zu verarbeiten. Was wir gehört haben, ist positiv. Wirklich. Dass die Ermittler eine Manipulation an Haileys Kohleofen nachweisen, ist völlig ausgeschlossen. Es würde mich überraschen, wenn der Fall jetzt noch als Mord oder Totschlag vor Gericht landet. Ein Grund zum Feiern.« Sie hielt inne. »Stattdessen wird jetzt vermutlich wegen Leichenschändung ermittelt.«

»Was?«, fragte meine Mutter mit halb erstickter Stimme. Claire und ich sahen sie besorgt an.

Leichenschändung. Das Wort kam mir vor wie in Bronze gegossen.

»Nun ja, Zoes Fingerabdrücke sind ja tatsächlich auf dem Messer.« Sie holte Luft. »Im Grunde sind es aber gute Neuigkeiten, dass die Anklage nicht mehr auf Mord lautet.«

»Aber irgendjemand hat auf das arme Mädchen eingestochen«, murmelte meine Mutter.

Ich hätte sie am liebsten korrigiert. Hailey war kein »armes Mädchen« – sie war ein Monster, das sich seine eigene Bühne gezimmert hatte, Nagel für Nagel. Doch ich schwieg.

»Dass Beatrice ein solides Alibi hat, ist natürlich ein Problem.« Claire sah mich forschend an.

»Sie war es. Beatrice ist …« Claire warf einen Blick auf ihr Handy. »Du glaubst mir doch, oder?«

»Zoe, meine Aufgabe besteht schlicht darin, genügend Zweifel an der Anklage zu säen.«

Meine Mutter warf nervöse Blicke in meine Richtung und sah dann Claire an. »Aber sie darf doch nicht als *Leichenschänderin* dastehen, es muss eine Möglichkeit geben, das zu widerlegen!«

»Der für den Fall zuständige Richter, Viktor Hofmann, wird zunächst prüfen, ob der Fall oder wichtiger noch die von der Anklage vorgelegten Beweise überhaupt einen Prozess erfordern. Ich kenne Viktor – was die Justizszene angeht, ist Berlin ein Dorf. Er war mit Tobis Vater befreundet. Die beiden kannten sich noch aus Zeiten des Kalten Kriegs«, erzählte Claire.

Meine Mutter wartete begierig darauf, dass sie zum Punkt kam.

»Es besteht zwar nur eine winzige Chance, aber wir versuchen es dennoch: Ich weiß, dass Viktor regelmäßig die Sendung von Greta Meyer schaut. *Wenn* es uns gelingt, den Dialog in eine andere Richtung zu lenken, dann dort. Möge Greta uns Glück bringen«, sagte Claire. Ihr Handy klingelte, ein mechanisches Piepsen. Sie stellte es stumm.

»Normalerweise würde ich mich um jeden Preis von den Medien fernhalten, aber hier geht es darum, deine Zurechnungsfähigkeit zu beweisen und unsere Seite der Geschichte darzulegen. Außerdem müssen wir Beatrice aus ihrem Versteck locken.«

»Leichenschändung«, wiederholte ich, noch immer starr vor Schock.

Claire nickte, als würde sie lediglich die Uhrzeit bestätigen.

»Und wir müssen deine Haare braun färben – natürlich, glaubwürdig, normal. Ich mache dir einen Termin bei Udo, die Mädchen lieben ihn. Sein Salon ist im Westen.« Sie hielt inne, um sich auf ihrem Handy eine Notiz zu machen. »Stimmt es, was Hailey geschrieben hat? Hast du dir die Haare wirklich blond gefärbt, um wie Ivy auszusehen?«

Ich nickte. Ich hatte den Versuch aufgegeben, all die Versionen meiner selbst zu erklären.

Da wir nicht riskieren wollten, von Paparazzi fotografiert zu werden, bestellten wir etwas beim Zimmerservice. Das Mittagessen traf ein, meine Mutter zog eilig Platzdeckchen hervor und fing an, Sandwiches und fettige Pommes auf Papierservietten anzurichten. Währenddessen erklärte uns Claire, dass sie als meine Anwältin Zugriff auf sämtliche Unterlagen der Staatsanwaltschaft hatte, darunter auch Zeugenaussagen. Nachdem sie ein kleines Blatt Papier aus ihrer Tasche gezogen und eine Kunstpause eingelegt hatte, teilte sie mir mit, dass Holiday mein Alibi im Sexclub leider nicht bestätigen könne. Claire biss in ihr Sandwich, bevor sie mir erklärte, dass Holiday zwar mein Betreten des Clubs gegen Viertel vor zwölf bekräftigen könne, jedoch laut ihrer bei der Polizei gemachten Aussage nicht mehr wisse, wann genau sie mich danach noch im Club gesehen habe, oder um wie viel Uhr ich gegangen sei.

Ich starrte aus dem Fenster auf die neblige Stadt. Holiday war irgendwo dort draußen. Bestellte Falafel. Sah sich im Bett einen Film an. Kümmerte es sie überhaupt, wie es mir ging? Ich hatte verzweifelt nach ihr gesucht, nur um sie dabei zu erwischen, wie sie einem anderen Mädchen das Gesicht ableckte. Mir war klar, dass wir uns in einem Sexclub befunden hatten, ich war schließlich nicht dumm. Natürlich hätte ich nicht so schockiert sein dürfen. Davonzulaufen war meine eigene Entscheidung gewesen. Wenn ich mich einfach darüber gefreut hätte, dass sie sich so gut amüsierte, wenn ich vielleicht sogar mitgemacht hätte, wäre alles anders gekommen. Wir hätten zu dritt nach Hause gehen können. Der Dreier, zu dem es nie gekommen war, spielte sich vor meinem inneren Auge ab. Überall Mösen und Münder. In ihrer Aussage hatte Holiday der Polizei mitgeteilt: »Wir haben Schlange gestanden, sind zusammen reingegangen, haben Drogen genommen, uns ab und zu gesehen.« Es klang wie die Beschreibung unserer ganzen Beziehung.

»Das Schlimmste kommt aber noch«, sagte Claire und wischte sich mit einer Serviette den Mund ab.

»*Warum ist Zoe bei Ihnen eingezogen?* Holidays Antwort: *Es gab Spannungen mit ihrer Mitbewohnerin Hailey Mader. Hatten Sie je den Eindruck, dass Zoe Beech ihrer Mitbewohnerin schaden wollte?* Holidays Antwort: *Ja, einmal ist sie zu mir gekommen und meinte, sie würde sie am liebsten umbringen.*«

Claire blickte zu mir auf. »Sag mir, dass das nicht wahr ist.«

»Das war doch nur so dahingesagt – ich war sauer wegen dem, was mir Hailey an den Kopf geworfen hatte. Ernst gemeint war es natürlich nicht.«

»Trotzdem – das ist gar nicht gut.«

»Ich weiß.«

15

Nach der endgültigen Obduktion wurde Haileys Leiche in die Vereinigten Staaten ausgeflogen. Ihre Eltern konnten sich nicht entscheiden, wo sie begraben werden sollte, und ließen sie daher einäschern und ihre Asche in all den Bundesstaaten verteilen, in denen sie aufgewachsen war: Rhode Island, Nebraska, Kentucky und Colorado. Winzige Partikel von ihr würden für immer den Weg des zusammengebrochenen Biggles-Imperiums nachzeichnen. Ich glaubte nicht, dass sie es so gewollt hätte, und überlegte, ob ich ihr ein Flammenopfer darbringen sollte. Andererseits war ich es leid, Flammen dabei zuzusehen, wie sie züngelnd Collagen auffraßen oder Kohlebriketts. Ihre Eltern wollten mich nicht treffen, auch nichts von mir hören, ein Gesuch, das an Claire weitergeleitet wurde und das ich nur allzu gern respektierte.

Es fiel mir schwer, die Sache mit Hailey zu verarbeiten. »Mein Herz ist gebrochen.« Sätze wie diesen sagte ich, wenn mich jemand danach fragte. Doch in Wahrheit zog ich noch immer an der glühenden Zigarette des Hasses. Sie hatte meine Trauer um Ivy, meine Liebe zu Jesse pervertiert, hatte beide Gefühle in etwas Grausames, Düsteres verkehrt, das nur ihr gehörte. Es war unmöglich, das Mädchen, das derart schreckliche Dinge in ihr Tagebuch geschrieben hatte, von demjenigen zu trennen, das mir einst am Hauptbahnhof mit seinem sommersprossigen Arm zugewunken hatte. Manchmal schien es, als wäre Hailey noch immer bei mir und würde darüber grinsen, wie sich die Handlung fortentwickelte. Als wäre jede Frage von Müller und Graf, von den Ärzten, von meiner Mutter und Claire von ihr vorausgeplant. Bald würde sie hinter dem Vorhang hervortreten und ihren Applaus einfordern. Und sie würde ihn bekommen. Er würde donnernd sein wie das Hufgetrappel einer Pferdeherde, die über eine Zinnbrücke galoppiert. Sie würde sich verbeugen und sich an den kribbelnden Fingerspitzen ihres Publikums ergötzen, eines Publikums, das die weltweit bedeutendste Konzeptkünstlerin feierte, Hailey Mader, die ihren eigenen Tod vorgetäuscht und aus der Theatralik und Sensationsgier der Medien eine für die Kinoleinwand wie geschaffene Handlung gesponnen hatte. Die Saat ihres PR-Wahnsinns war aufgegangen, die Bombe, an der sie über Monate gebastelt hatte, explodiert.

Meine Mutter baute, trotz ihrer ständigen Beschwerden, sie hätte zu wenig Geld, ihren Stress durch Shopping ab. Sie hatte entdeckt, dass es in Deutschland T.K. Maxx gab, und unser kleines mit Teppichboden ausgelegtes Hotelzimmer füllte sich rasch mit rutschfesten Backunterlagen, grobgestrickten Morgenmänteln, Fleecejacken und hässlichen Tischdecken. Ich war mir nicht sicher, auf wessen Zukunft sie sich vorbereitete, meine oder ihre. Vielleicht dachte sie auch, dass wir den kleinen Raum nie wieder verlassen würden. Wir taten es nur selten. Tagsüber sahen wir stundenlang fern, saßen schweigend nebeneinander. Und während unserer Mahlzeiten, die wir grundsätzlich aufs Zimmer bestellten, unterhielten wir uns. Ich erzählte ihr alles, Stück für Stück – angefangen bei meiner Ankunft in Berlin bis zum heutigen Tag –, und sie schwor, dass sie mir glaubte. Sie wollte sogar die Fotos von den Partys sehen und alle Namen erfahren. Ja, auch sie fand, Viola sähe aus wie ein Snob. Constance am Roulettetisch wirke wie jemand, mit dem man Spaß haben konnte, und Hailey habe eindeutig nicht mehr alle Tassen im Schrank. Dennoch war ihr unerklärlich, warum Beatrice sie hätte umbringen wollen.

Ich hatte einen Untersuchungstermin im Krankenhaus. Es ging mir besser. Mein Erinnerungsvermögen wurde jedoch nach wie vor als »unzuverlässig« eingeschätzt, und der Arzt mit der sonnenverbrannten Nase sorgte sich um meine »psychische Verfassung«. Er sollte für den Richter eine Einschätzung meines Zustands abgeben und wollte dazu eine Spezialistin heranziehen. Mir blieb keine andere Wahl, als zuzustimmen.

Also wartete ich mit verschränkten Armen in einem graugrünen mit Luftaufnahmen vom Schwarzwald vollgehängten Raum. Während sich die Minuten quälend in die Länge zogen, kratzte ich am weißen Lack meiner Stuhllehne herum. Ich hatte noch nie eine Therapie gemacht und war nervös, weil ich wusste, wie wichtig es war, dass ich möglichst normal wirkte. Wie benahmen sich normale Menschen? Ich versuchte, mich an BD Wong zu erinnern, der in *Law & Order* den Psychologen spielte. Er erkannte immer, ob die Kriminellen, die er vor sich hatte, verrückt waren oder nicht, indem er sie nach ihren Eltern fragte. Ich überlegte, was ich über meinen Vater erzählen sollte – wenn ich wahrheitsgemäß antwortete, dass er mit seiner anderen Familie drei Bundesstaaten weiter lebte, und dass meine Mutter ihm nie von meiner Existenz erzählt hatte, erweckte ich bestimmt den Eindruck einer Psychopathin. Ich würde also lügen müssen.

Als die Tür aufging, war ich enttäuscht: Frau Klein war ganz und gar kein BD Wong.

Sie war das Gegenteil von fernsehtauglich. Ihre Haut hing lose an ihrem platten Gesicht, und sie trug riesige unförmige Kleider. Nachdem sie mich kurz gemustert hatte, räusperte sie sich und erkundigte sich dann nach meinem Befinden. Ich nickte und behauptete, es gehe mir gut. Sie kam direkt zur Sache und fragte mich nach meiner Beziehung zu Hailey, worauf ich gelassen lächelte. Normale Menschen lächelten, normale Menschen hatten keinen Grund, nervös zu sein. Ich umriss die groben Fakten: dass Hailey meine Mitbewohnerin gewesen sei, und ich sie vor Berlin nicht gekannt hätte. Frau Klein nickte und kritzelte mit einem blauen Stift etwas in ein schmales Notizbuch. Dann verriet ich ihr auch den Rest: dass Beatrice uns von der geheimen Wohnung aus beobachtet und mit uns durch Interviews kommuniziert habe. Dass sie unsere E-Mails gelesen habe, alles nur eine Performance für sie gewesen und Haileys Buch als Kunstwerk zu verstehen sei. Dass die Karteikarten mit den eigenartigen Zeichen verschwunden seien, und die Wohnung nach Beatrice' Parfüm gerochen habe. Als ich fertig war, fühlte ich mich erleichtert, als hätte ich gerade gebeichtet oder mein großes Geschäft erledigt. Frau Klein fragte nicht nach meinen Eltern.

Zurück im Hotel ließ mich Claire den Ordner mit den Zeugenaussagen durchlesen. Ich bekam fast Schluckauf vor Überraschung: Bevor sie ihren feinen Zwirn eingepackt hatte und aus Berlin geflüchtet war, hatte Viola ausgesagt, *sie* hätte wegen uns schon vor Monaten die Polizei alarmiert, nämlich in der Nacht des *Purple*-Shootings. Es war also Viola gewesen, nicht Beatrice. Ich hatte ganz vergessen, dass Hailey sie von der Gästeliste gestrichen hatte. In ihrer Aussage hatte sie eine Tirade darüber losgelassen, dass nichts von alldem passiert wäre, wenn die Polizisten unseren Partys, wie von ihr verlangt, ein Ende gesetzt hätte. Hätten sie es doch nur getan.

Sam schrieb mir wenigstens eine direkte E-Mail und erklärte, sie müsse sich von »der Situation« fernhalten, da sie ihre Abschlussarbeit bereits an einen Verlag verkauft habe und ihre Recherchen nicht »emotional oder sonst wie« belasten wolle. Sie hoffe, ich könne ihr Bedürfnis nachvollziehen, »neutral zu bleiben und für niemanden Partei zu ergreifen«. Nachdem ich ihre E-Mail gelesen hatte, war ich erschöpft vor Wut. Sie tat so, als wäre ich nur eine überfütterte Laborratte, die in einem Labyrinth falsch abgebogen war. Noch mehr schmutzige Details, die an die Öffentlichkeit gelangen würden. Sam kannte eine Menge davon, schließlich hatte sie die verbale Domina für meinen Exfreund Nate gespielt und sich während ihrer Arbeit als Türsteherin detailliert Notizen zu unseren Partygästen gemacht.

Sogar von der Zucchini hatte ich ihr erzählt.

Eines frühen Abends sehnte ich mich nach frischer Luft und willigte ein, mit meiner Mutter in eine Weinbar zu gehen, die nur zwei Straßen entfernt war. Wir trugen Baseballkappen, und ich behielt meine Sonnenbrille auf. Trotzdem wurden wir, ohne es zu merken, durchs Fenster fotografiert. Am nächsten Morgen lautete die Schlagzeile: MÖRDERIN LÄSST SICH WEINCHEN MIT MAMA SCHMECKEN. Claire hinterließ eine wutschnaubende Nachricht auf meiner Mailbox, auf der sie die Wichtigkeit des »äußeren Eindrucks« betonte und zum Schluss beinahe schreiend fragte: »Wie schwer ist es, einfach im Hotelzimmer zu bleiben?!« Ich malte mir aus, wie sich Amanda Knox in ihrem italienischen Gefängnis zurücklehnte und erleichtert aufatmete – es gab jetzt eine Amerikanerin, die noch böser war als sie und noch anzüglichere Fotos, noch verfänglichere Aussagen und eine noch längere Liste von Exfreunden vorzuweisen hatte.

Ich schlief kaum noch, mein Gesicht wirkte immer ausgezehrter. Claire hielt es für wichtig, dass ich einen gesunden Eindruck machte und nicht aussah wie »ein Grufti«, weshalb sie darauf bestand, dass ich Make-up trug. Ich kam mir vor wie ein Clown. Als wir am nächsten Morgen beim Frühstück saßen, das meine Mutter auf ihren kürzlich erstandenen geblümten Tellern angerichtet hatte, erklärte uns Claire, dass ich nicht »von Natur aus mitfühlend« wirke und die Tendenz habe, meine Lippen zu einer schmalen Linie zusammenzupressen, wenn ich mich konzentriere, was mich »wenig vertrauenswürdig« erscheinen lasse. Wir übten ein seriöses Lächeln ein. »Du musst auftreten wie eine Person, die eine schmerzliche Erfahrung verarbeitet, jedoch selbst keine Schuld daran trägt. Trauer, nicht Scham«, sagte Claire, legte ihre Gabel beiseite und ging zum Schrank, wo sie diejenigen meiner Kleidungsstücke heraussuchte, die sie für akzeptabel hielt.

»Sie macht den Eindruck, als würde sie das alles genießen«, sagte meine Mutter, nachdem Claire das Zimmer verlassen hatte.

»Wie meinst du das?«, fragte ich.

»Ich weiß auch nicht … Als wäre sie froh, dass all das passiert ist, weil es ihr … Macht verleiht.«

Ich zog die Nase kraus. Claire war alles, was wir hatten.

»Dabei hat sie doch noch nie jemanden in Deutschland vertreten, oder? Weiß sie überhaupt, was sie da tut?

Mir kommt es vor, als wäre das Ganze in ihren Augen ein Schönheitswettbewerb oder so was.«

Unfähig, eine alternative Herangehensweise in Erwägung zu ziehen, lehnte ich mich zurück und stellte den Fernseher lauter.

Nachts durchforstete ich das Internet nach Neuigkeiten, surfte auf den glitschigen Wellen unserer zu Boulevardfutter umfunktionierten Fotos. Ein Lieblingsbild der Presse war das von Hailey und mir, wie wir Seite an Seite in unseren David-Bowie-Anzügen dastanden, meine Perücke passend zu ihren Lava-Haaren. In den Bildunterschriften ging es um »Besessenheit« und »Hysterie«. Wir sahen gut aus. Jung und strahlend. Meine Mutter versuchte, mich davon abzuhalten, zu lesen, was die Presse über mich schrieb, aber im Internet sah ich, dass die Zeitschrift *Interview* doch noch das gesamte von Hailey unaufgefordert eingeschickte Interview gedruckt hatte. Ich schlich mich hinunter zum Bahnhof am Alex, kaufte mir eine Ausgabe und schloss mich im Badezimmer ein, um es zu lesen.

GLENN O'BRIEN: Was war Ihr erstes Kunstwerk?

HAILEY MADER: Mein Tagebuch.

GO: Wie alt waren Sie da?

HM: Zwölf.

GO: Hatten Sie gute Noten während des Kunststudiums?

HM: Ja, ich war gut in der Uni. Ich bin gut in allem, was ich mir vornehme.

GO: *Was haben Sie als Teenager in Ihrer Freizeit gemacht?*

HM: *Filme im Keller meiner Eltern produziert.*

GO: *Wer war die erste Künstlerin oder der erste Künstler, der sie beeinflusst hat?*

HM: *Britney Spears.*

GO: *Glauben Sie, die Kunstwelt ist tot?*

HM: *Natürlich, sie ist eine wandelnde Leiche. Aber wandelnde Leichen sind immer noch interessanter als die meisten Lebenden.*

GO: *Wen halten Sie für die größte lebende Künstlerin oder den größten lebenden Künstler?*

HM: *Mich.*

Ich kauerte auf dem Boden unseres kleinen Badezimmers, unfähig, das Interview zu Ende zu lesen. Sie hatte es geschafft, sie war ein Star der Kunstszene geworden. Es hatte sie alles gekostet, aber in diesem Moment, als ich meine Wange gegen die kalten Fliesen presste, wusste ich, dass sie glücklich gewesen wäre. Glücklich, dieser Welt mit einer derart heftigen rotglühenden Explosion entschwunden zu sein.

Constance kam mit einer fettigen Plastiktüte unter dem Arm zu uns ins Hotel. Sie hatte die ganze Zeit fest zu mir gehalten, meine einzige echte Freundin. Der Polizei hatte sie erzählt, dass Hailey durchgedreht sei und in den Wochen vor ihrem Tod Anzeichen für Paranoia gezeigt und mir gegenüber ein feindseliges Verhalten an den Tag gelegt habe. Jetzt zog sie drei kalt gewordene Falafeln aus der Tüte, während meine Mutter den Tisch deckte. Ich lehnte mich zurück und wartete darauf, dass sich der Raum mit Constance' oberflächlichem Geplapper füllte, mit ihren Männergeschichten und dem Geruch nach frittierten Kichererbsen. »Sharon, hier ist deine Portion, extrascharf.«

»Danke, Schätzchen.«

»Also, er heißt Andrea. Klingt wie ein Mädchenname, ich weiß. Er ist Italiener und der absolute Wahnsinn. Leider auch ein ziemlich schlimmer Finger, wie sich herausgestellt hat. Wir sind jetzt schon ein paar Wochen zusammen. Na ja, zusammen eigentlich nicht. Wir schlafen miteinander. Sharon, du hast nichts dagegen, dass ich das so offen sage, oder?«

Meine Mutter schüttelte den Kopf. Sie war zutiefst dankbar für Andrea, seinen mädchenhaften Namen, diese vorübergehende Ablenkung.

»Andrea ist Schriftsteller.« Meine Mutter war sichtlich beeindruckt.

»Er schickt mir Bücher per Kurier. Das hat er jetzt schon dreimal gemacht, total romantisch. Er schreibt immer eine kleine Widmung hinein.«

Sie zog einen Gedichtband aus ihrem Stoffbeutel, schlug ihn auf und las laut vor:

> *Meine liebste Constance, ich denke, du wirst an* Die Dame von Shalott *deine Freude haben. Du funkelst genauso wie ihre Perlenkrone. Ich hoffe, es geht dir besser. Treffen wir uns bald zum Abendessen? xx Andrea*

Sie hielt inne, um einen Schluck Wasser zu trinken, und rülpste dann anmutig. »Dazu muss man wissen, dass *Die Dame von Shalott* eine ziemlich deprimierende Ballade über eine Frau ist, die in einem Turm festsitzt. Er hat mir das Buch geschickt, nachdem ich eine Woche krank zu Hause lag. Na ja, wie auch immer. Gestern hat er mir dann das hier zukommen lassen …«

Sie zog eine nagelneue Ausgabe von *Lolita* hervor, und ich kicherte vielsagend. Constance warf mir einen Blick zu, der besagte: »Ganz genau, das dachte ich auch.« Dann gab sie das Buch meiner Mutter, die zunächst das Cover betrachtete, auf dem ein kindlicher offener Mund zu sehen war, in dem ein herzförmiger Lolli ruhte. Constance nahm das Buch und las uns die Widmung vor:

Liebste Birgit! Ich musste an dich denken, während ich das hier las. Es steckt etwas von dir in dem Buch. Treffen wir uns bald zum Abendessen? xx Andrea

Meine Mutter schlug die Hände vor den Mund. Dann stimmte sie in unser Gelächter ein.

»Andrea ist also Geschichte.«

»Arme Birgit. Meinst du, sie ist erst zwölf?«

Constance zuckte die Achseln.

Nachdem sie gegangen war, schlief meine Mutter ein. Mein neues Nokia-Handy vibrierte, es lag auf dem Tisch, der noch fettig war vom Mittagessen. Auf dem Display leuchtete eine deutsche Nummer, und ich erkannte seine Stimme sofort. Es war Mathias. Er war nervös und redete über das Wetter. Ja, es werde endlich warm in Berlin. Nein, antwortete ich, ich sei noch an keinem der Seen gewesen. Er erzählte, wie ihn Müller und Graf zwei Stunden lang verhört hatten. Dabei habe er gestanden, auf Haileys Verlangen hin mehrere Kanister mit Kunstblut von der staatlich finanzierten Volksbühne gestohlen zu haben, woraufhin Graf eine Bemerkung darüber gemacht habe, dass das »nicht auf die leichte Schulter« genommen werde, es sei schließlich »das Blut des Steuerzahlers«. Mathias lachte. In ernsterem Ton, als würde er nun endlich zum entscheidenden Punkt kommen, teilte er mir mit, dass in Haileys und in meinem Bett sein Sperma gefunden worden sei, eine Tatsache, über die mich bereits die Polizei informiert hatte. Mit einem Hauch von Stolz in der Stimme erklärte er, er habe sich von den Beamten meine neue Nummer geben lassen, um »es mir persönlich zu sagen«.

Fast hätte ich laut gelacht. Wusste er denn nicht, dass er nur ein Statist in Haileys kranker Version von *Cabaret* gewesen war? Oder glaubte er ernsthaft, dass er eine Hauptrolle gespielt hatte? Beim Gedanken daran, wie die Spurensicherung mit ihren UV-Lampen über die intimen Bereiche der Wohnung gefahren war und sein Sperma zum Vorschein gebracht hatte, schüttelte es mich. Mathias beendete das Gespräch mit einem Witz darüber, dass er sich in Zukunft von Amerikanerinnen fernhalten würde, wobei er mehrmals nieste. Ich legte auf.

Am nächsten Tag war das Live-Interview mit Greta Meyer, und ich wusste, dass alles davon abhing. Also nahm ich am Abend eine Schlaftablette, die ich im Kosmetiktäschchen meiner Mutter gefunden hatte. Sie wirkte nicht. Ich verbrachte die frühen Morgenstunden damit, über einen anonymen Account die Facebook-Fotos von unseren Partys durchzuklicken. Als die Sonne aufging, waren meine Augen blutunterlaufen.

Um Punkt acht Uhr kam Claire in unser Hotelzimmer

gestürmt, gefolgt von einem Assistenten mit einem großen violetten Muttermal unter dem Auge. »Das Taxi ist hier, fahren wir.«

Meine Mutter und ich zogen unsere Jacken an.

Die Paparazzi warteten schon vor dem Hotel, eine kleine Armee aus Männern, die ihre Kameralinsen auf die Drehtür richteten und uns mit Fragen bombardierten, die Klicks der Kameras ihre grammatikalische Munition.

»Wie fühlen Sie sich, Zoe?« *Klick-klick.* »Was ist wirklich mit Hailey passiert?« *Klick-klick.* »Zoe, Sie sehen toll aus, schauen Sie hier rüber!« *Klick-klick.* »Haben Sie mit Haileys Familie gesprochen?« *Klick-klick-klick.* »Haben Sie ihr Buch gelesen?« *Klick-klick.*

Meine Mutter und ich zogen die Köpfe ein, den Blick fest zu Boden gerichtet. Nachdem wir hastig ins Taxi gestiegen waren, marschierte Claire zu der Wand aus Blitzlichtern und zog ihre schwarze Prada-Sonnenbrille ein Stück nach unten. »Sparen Sie sich Ihre Berichterstattung doch bitte für die Sendung von Greta Meyer auf, dort werden alle Ihre Fragen beantwortet.« Sie setzte ein strenges Lächeln auf, bis die Tür des Großraumtaxis hinter ihr zugeglitten war.

Während die Fotografen und ihre phallischen Apparate hinter uns verschwanden, setzte Claire zu einem Monolog an: »In zwei Tagen treffe ich mich mit Viktor, dem Richter. Er wird heute Gretas Sendung sehen, im Grunde ist es also ganz einfach: Du wirst deine Version der Geschichte erzählen und eine ganz konkrete Abfolge der Ereignisse liefern. Wir müssen das bestehende Narrativ mit einem neuen bekämpfen. Es darf allerdings nichts sein, was zu paranoid klingt. Du sagst einfach, dir wäre klar gewesen, dass Beatrice' nächstes Buch auf eurem Leben basieren würde, und zählst die entsprechenden Hinweise auf, von denen es ja eine Menge gibt. Und – das ist das Wichtigste – du stellst klar, dass Haileys Tagebuch *Hostel Star* ein fiktionales Werk und ein Präventivschlag gegen Beatrice' Buch ist, weiter nichts. Ich habe dir farbige Karteikarten mit potenziellen Fragen und passenden Antworten vorbereitet.«

Ich nickte und nahm den Kartenstapel entgegen.

F: *Wie würden Sie Ihre Beziehung zu Hailey beschreiben?*

A: *Liebevoll und freundschaftlich. Wir haben uns gegenseitig unterstützt. Sie konnte ein bisschen anstrengend sein, aber das hat es gerade so spannend gemacht. Man wusste nie, was sie als Nächstes aushecken würde.*

F: *Was hat Hailey dazu bewegt, in ihrem Buch zu schreiben, Sie hätten etwas mit Ivys Tod zu tun gehabt?*

A: *Das Buch ist ein Konzeptkunstwerk. Hailey war eine gute Geschichtenerzählerin. Ich nehme an, sie hat sich einfach einen Spaß daraus gemacht, unser Leben zu Fiktion zu verarbeiten.*
Dass ihr Buch so ernst genommen werden würde, konnte sie ja nicht ahnen.

Ich verdrehte die Augen und schob die Karten in meine Tasche. Claire war davon überzeugt, dass das Interview an einem Ort mit »Format« stattfinden sollte, daher hielt unser Taxi kurz darauf vor dem Ritz Carlton Hotel, in dem sie eine Suite organisiert hatte. Wir gingen auf die glänzende gläserne Eingangstür zu, und Claire holte tief Luft, sichtlich erleichtert, den noblen Sauerstoff des Ritz zu atmen.

»Die Visagistin kommt in zwanzig Minuten. Gehen wir hoch, dann kannst du dich umziehen.«

Der Portier führte uns zu einem mit Teppich ausgelegten Aufzug, und wir glitten geräuschlos nach oben. Die Aufzugtüren gingen vor einer galerieweißen Wand auf, an der sieben abstrakte Gemälde auf Leinwand hingen, flankiert von schweren Vorhängen und zwei Ledersesseln. Ich fuhr mit den Fingern über eine Bronzeskulptur, die am Eingang zum Wohnzimmer der Suite stand.

»Nicht anfassen!«, flüsterte meine Mutter.

Alles an der Suite kam mir vor, als wäre es von einer fremden Spezies mit Zugang zu höherwertigeren Materialien erschaffen worden. Der Assistent mit dem Muttermal führte mich ins Schlafzimmer und stellte sich vor, sobald wir allein waren: »Josef. Ich stehe übrigens komplett auf Ihrer Seite.« Er zog mehrere tropische Farbexplosionen aus ausladenden Kleidersäcken hervor, so grellbunt wie Claires eigene Garderobe. Josefs überzeugter Glaube an meine Unschuld entlockte mir ein mattes Lächeln, aber meine Nerven lagen dennoch blank.

»Ach, fantastisch, Zoe, ich würde dich gern in diesem Outfit sehen!«, rief Claire und zeigte auf einen Zweiteiler, der mich an ein Schmetterlingskostüm erinnerte.

»Meinst du nicht, dass das ein bisschen übertrieben ist?«, fragte ich und kniff nervös in die steifen Ärmel des Blazers. Ich fühlte mich plötzlich in unser Badezimmer zurückversetzt, wo ich mich mit Hailey für unsere Partys zurechtgemacht hatte, hörte wieder ihre herrische Stimme: *Zieh das goldene Kleid an!*

»Wir versuchen, dein Image zurechtzurücken. Es gibt Hunderte düstere Drogenfotos auf Facebook, gegen die wir ankämpfen müssen.«

»Aber der Anzug ist rosa«, murmelte ich. Für mich lag klar auf der Hand, dass das eine unangemessene Farbe war.

»Nein, das ist ein lebhaftes Nude.«

Ich verzog das Gesicht und begann mich umzuziehen. Die Hose passte, aber die Jacke saß viel zu eng und kratzte. Die gepolsterte Schulterpartie war mit kleinen Federn besetzt. Claire nickte zustimmend und hob dann die Hand an ihr Ohr, sie wurde angerufen. Ich blickte müde in den Spiegel und versuchte, einen mitfühlenden Gesichtsausdruck zu machen. Nachdem ich die Unterlippe vorgeschoben und das Kinn gesenkt hatte, sah ich aus wie eine ältere Version der ermordeten Kinder-Schönheitskönigin JonBenét Ramsey. Schaudernd wandte ich mich ab.

Kora, die Visagistin, erschien mit einem Köfferchen voll öliger Schminkutensilien und fing an, mein Gesicht mit einem Schwämmchen zu bearbeiten.

»Sind Sie sicher, dass das eine gute Idee ist?«, fragte meine Mutter Claire und zeigte auf mein rosa Outfit, aber ich wusste, dass sie sich auch darauf bezog, was gleich vor laufenden Kameras passieren würde. »Vielleicht ist sie noch nicht bereit für so etwas.«

Claire sah mich an. »Zoe, fühlst du dich gut vorbereitet?«

Ich wurde gerade mit einem Pinsel abgepudert und sah meine Mutter schulterzuckend an, zu erschöpft, um Einwände zu erheben. Mir war immer schon schleierhaft gewesen, wie meine New Yorker Kommilitonen nach einer durchfeierten Nacht im Seminarraum auftauchen und sogar noch vollständige Sätze bilden konnten. Mein Gehirn funktionierte ohne Schlaf nicht. Ich warf einen Blick auf die Uhr. Es war acht Uhr fünfundvierzig. Hatte ich in den letzten zwei Tagen überhaupt ein Auge zugemacht? Ich konnte mich nicht erinnern.

»Sharon, ich weiß es zu schätzen, dass Sie sich Sorgen machen, aber Greta ist die deutsche Diane Sawyer. Sie ist eine einflussreiche und gleichzeitig sehr einfühlsame Persönlichkeit, und sie steht auf unserer Seite. Die Leute müssen mit eigenen Augen sehen, dass Zoe vertrauenswürdig ist und nicht das Monster, als das Hailey sie dargestellt hat.«

Meine Mutter wollte noch etwas dazu sagen, ließ es dann jedoch bleiben und zog sich zurück.

Die Hotelsuite füllte sich rasch mit dem weißen Licht der Studiobeleuchtung. Claire optimierte den Winkel des Sofas, meine Mutter verdrückte sich in eine Nische neben einer Tiffany-Lampe mit Libellenmuster.

»Setz dich dorthin, Zoe, dann können wir kontrollieren, ob dein Gesicht gut ausgeleuchtet ist. Denk dran: Du sollst selbstbewusst wirken, aber nicht aggressiv. Vergiss dein Kinn nicht«, instruierte Claire und überprüfte, wie ich auf dem Bildschirm aussah. Ich fühlte mich alles andere als selbstbewusst, versuchte mich an einem Mona-Lisa-Lächeln und überlegte gerade, warum jedes berühmte Lächeln der Kunstgeschichte ein geheimnisvolles war, als Greta Meyer den Raum betrat. Alle Blicke wandten sich ihr zu.

Sie sah aus wie der Inbegriff von Bildung und Aufklärung, eine menschliche Version der Göttin Athene. Ich setzte mich aufrechter hin. Sie lächelte.

»Hallo, Zoe, ich bin Greta.«

»Hallo, Greta«, antwortete ich und gab mir Mühe, ausgeschlafener zu wirken, als ich war.

Claire eilte hinzu und streckte Greta die Hand hin. »Und ich bin Claire Breitbach, ihre Anwältin.«

Greta und Claire besprachen die Fragen, während ich im angrenzenden Schlafzimmer auf dem Bett lag und mit trüben Augen die Karteikarten durchblätterte.

F: *Wenn Sie Hailey noch irgendetwas sagen könnten, was wäre das?*

A: *Ich würde ihr sagen, wie viel sie mir bedeutet.*

Schließlich nahmen wir unsere Plätze im Wohnzimmer ein, Greta auf einem Tweedsofa mit muschelförmiger Lehne, ich in einem Ledersessel. Die Kamera richtete sich auf mein Gesicht, es ging los. Greta stellte mich vor, ich schob die Lippen vor, nickte teilnahmsvoll, senkte mein Kinn.

»Die ganze Welt hat *Hostel Star* gelesen, das posthum veröffentlichte Tagebuch von Hailey Mader, Ihrer Mitbewohnerin …«, sie lächelte mir wohlwollend zu, »… und Freundin.«

Ich nickte. Sie fuhr fort: »Die Handlung ist komplex und zeichnet ein eher verstörendes Bild von Ihrer Beziehung. Allerdings steht außer Frage, dass Hailey sich bei Ihrer Darstellung einige Freiheiten erlaubt hat. So lässt sich beispielsweise leicht beweisen, dass Sie mit dem Tod Ihrer engen Freundin Ivy Noble in Sebastian, Florida, im Mai letzten Jahres nichts zu tun haben. Und genau auf dieser Anschuldigung basiert ja ein Großteil der Geschichte.«

»Ja, ich war zum Zeitpunkt ihrer Ermordung in New York. Als ich davon erfuhr, war ich am Boden zerstört und bin zur Beerdigung nach Florida geflogen.«

Claire nickte zufrieden. Ich schien mich wacker zu schlagen.

»Aber in Haileys ganz eigener Mischung aus Tatsachen und Fiktion finden sich natürlich auch ein paar Wahrheiten. Das wird jetzt vielleicht ein wenig unangenehm für Sie, aber ich muss die Frage stellen: Sind Sie wirklich direkt nach der Beerdigung mit Ivys Exfreund zusammengekommen?«

Ich schluckte. »Ja.«

»Und es scheint auch so, als hätten Sie Ihr Erscheinungsbild an Ivys Aussehen angepasst, so wie es Hailey in ihrem Tagebuch dargestellt. Das wissen wir von zahlreichen Fotos wie zum Beispiel diesem.«

Ein Foto von Jesse und mir tauchte auf einem Bildschirm zu meiner Rechten auf. Ich saß irgendwo in Nebraska auf der Motorhaube seines Autos, und er lächelte und fuhr mir durch die blonden Haare. Der Daumen des Tankwarts, der das Foto aufgenommen hatte, verdunkelte die rechte obere Ecke.

»Die Story von Ihnen und Jesse hat Menschen rund um den Globus gefesselt. Aber Hailey beschreibt auch die Partys, die Sie beide hier in Berlin geschmissen haben – die Exzesse junger Ex-Pats, die Drogen, den Alkohol …«

»Na ja, wir haben wöchentliche Events veranstaltet, aber als exzessiv würde ich sie eigentlich nicht bezeichnen. Die Partys waren unsere Reaktion auf Beatrice Becks, die uns ihre Wohnung untervermietet hatte. Sie beobachtete uns heimlich, und wir wollten für sie eine Show abziehen, weil wir mitbekommen hatten, dass es in ihrem nächsten Buch um uns gehen sollte …«

Ein Foto von Beatrice' Wohnung voller feiernder Mittzwanziger tauchte auf dem Bildschirm auf. Ich entdeckte einen weiteren, kleineren Bildschirm, auf dem der Live-Feed der auf mich gerichteten Kamera zu sehen war, und betrachtete die Miniaturversion meiner selbst mit ihrem Anzug in »lebhaftem Nude«. Ich sah aus wie eine geistig Verwirrte. Greta stellte mir eine weitere Frage, aber ich hörte sie nicht, starrte nur gedankenverloren auf meinen Mund. Panik breitete sich auf meinem Gesicht aus, sie wiederholte ihre Frage.

»Ich denke, was uns alle brennend interessieren würde, wäre, was Hailey dazu bewegt hat, dieses Buch zu schreiben.«

Ich konnte meinen Blick nicht von dem kleinen Bildschirm abwenden, auf dem sich mein Mund bewegte, als hätte jemand seinen Arm durch meinen Hintern geschoben und mich in eine willenlose Handpuppe verwandelt. Ich versuchte, Haileys Beweggründe zu erklären, meine Lippen flatterten. Es schien unmöglich.

»Beatrice hat uns beobachtet, sie war da … wenn Sie ein Interview mit ihr lesen … darin erwähnt, dass ihr nächstes Buch … äh …«

Redete ich etwa mit Südstaatenakzent? In meinem Kopf drehte sich alles. Ich sah plötzlich ein Bild vom Set der *Sesamstraße* vor mir, Puppenspieler, die sich unter Tischen und hinter künstlichen Bäumen versteckten, um jene bizarren Plüschwesen zum Leben zu erwecken. Wer war mein Puppenspieler? Als Nächstes wollte Greta wissen, was in der Nacht, in der ich Hailey gefunden hatte, passiert war. Ich versuchte vergeblich, mich an die richtige Antwort von Claires Karteikarte zu erinnern. Hatte sie diese Frage überhaupt genehmigt? So viele Menschen hatten in letzter Zeit meine Fäden gezogen, so viele Arme hatten sich in mich hineingeschoben.

»In welchem geistigen Zustand befanden Sie sich?«

»Wie fühlte sich das an?«

Greta war wie ein Dosenöffner, und aus meinem fusseligen Handpuppenhirn quollen die Antworten. Während mein Mund weiterplapperte, konnte ich nur an eins denken: wie Hailey das alles geplant hatte – es war ihre Hand, die meinen Mund steuerte, ihr Körper, der sich hinter dem Sessel verbarg. Warum hatte sie das getan? Ich war nur eine Figur in ihrer Erzählung, eine stumpfsinnige knopfäugige Plüschversion meiner selbst, gezwungen, mich vor jedermann zu rechtfertigen.

»Hailey hat bekommen, was sie wollte«, stieß ich aggressiv hervor. Der Kameramann schwenkte zu mir zurück. Als sich das Objektiv seiner Kamera heranzoomte, geriet ich in Panik, nahm mein Wasserglas und warf es gegen die Linse.

16

Ich hatte vor laufenden Kameras einen »psychischen Zusammenbruch« erlitten, wie es später hieß. Der Richter, die Ärzte und Frau Klein, die bereits vermutet hatte, dass ich an einer Form von paranoid-narzisstischer Persönlichkeitsstörung litt – sie alle beschlossen, dass es am besten sei, mich der Obhut einer geschlossenen Einrichtung anzuvertrauen, während das Gerichtsverfahren seinen Lauf nahm.

»Das kann Jahre dauern«, hatte Claire mit ernster Miene gesagt, während sie über einen der gewundenen Flure im Backsteingebäude des Gerichts gestöckelt war. Ich hatte genickt, schließlich kannte ich die Witze über die deutsche Bürokratie. In meiner Vorstellung trieben die Unterlagen zu meinem Fall in Zeitlupentempo von Büro zu Büro, wie Schaum auf einem toten Gewässer. Claire und ich wussten beide, dass sie nicht mehr viel für mich tun konnte, nachdem ich live im Fernsehen gesagt hatte, Hailey habe »bekommen, was sie wollte«. Meine Mutter, die es sich nicht leisten konnte, für unbestimmte Zeit im Land zu bleiben, war natürlich am Boden zerstört. Sie war der Ansicht, dass man mich in eine Einrichtung in meiner Heimat überweisen müsse, doch ich versicherte ihr, dass eine Klinik in Deutschland die bessere Option sei, weniger sektenartig, weniger christlich geprägt als in Florida. »Bestimmt wird es wie in einer Kurklinik«, sagte ich. Also nannten wir es so.

Constance war in ihrer Galerie von der Praktikantin zur bezahlten Assistentin befördert worden und verbrachte den Sommer in Berlin. Sie beschäftigte sich mit ihren Liebhabern und ihrer Fotokunst und besuchte mich regelmäßig in der »Kurklinik«, um mich über alles, was das Personal und Frau Klein mir nicht erzählen wollten, auf dem Laufenden zu halten. Sie war immer ehrlich und behandelte mich nicht wie eine Verrückte. Stattdessen hörte sie sich bereitwillig meine Theorien zum Hergang an und teilte mir ihre mit. Aber sie hatte bereits ihr Rückflugticket nach Montreal gebucht. Vor ihrem letzten Besuch wartete ich geduldig im Gemeinschaftsraum auf sie, bemüht, die Gestalten, die sich um mich herum bewegten, zu ignorieren.

Normalerweise mied ich die Gemeinschaftsbereiche der Kurklinik und zog die Abgeschiedenheit meines Zimmers oder andere Ecken und Winkel des Gebäudes vor, in denen ich mir vorstellen konnte, ich wäre woanders. Die Besuchstage waren am schlimmsten, denn dann kochten die Emotionen hoch. Meist waren es die Angehörigen, die für Gefühlsausbrüche unter den Patientinnen sorgten, weil sie nur das sahen, was ihre Töchter oder Schwestern nicht mehr waren. Die Tränen meiner Mitinsassinnen flossen vor, während und nach den Besuchen, und das Personal versuchte eilig, das Chaos in den Griff zu bekommen, während die Eltern glotzend danebenstanden.

Constance betrat den Gemeinschaftsraum in ihrem üblichen schwarzen Sweatshirt. Ihre zu einem losen Dutt geschlungenen Haare waren mit einem Stift fixiert, dessen Radiergummispitze genau nach Norden zeigte. Sie trug einen Stapel Bücher, den sie schwungvoll auf dem vor mir stehenden Plastiktisch absetzte. Ein paar der abgenutzten

Cover erkannte ich, darunter das von *Medea*. Neben den aus Beatrice' Bibliothek stibitzten Werken waren auch einige Bücher dabei, die vermutlich mit einer Widmung von Andrea, dem italienischen Ex-Lover, versehen waren. Ich schlug *Die Erziehung der Gefühle* auf, und tatsächlich stand dort in der unsicheren Handschrift eines kleinen Jungen:

Liebste Constance, hier ein kleiner Flaubert als Appetitanreger. Sollen wir irgendwann diese Woche die Paris Bar ausprobieren?

Wir brachen in Gelächter aus.

»Ich hab schon zu viel Mist, den ich mit nach Hause schleppen muss. Du hast hoffentlich nichts dagegen, dass ich die Bücher bei dir lasse«, sagte Constance und schob den Stapel wieder zusammen. Dann machte sie es sich in einem Sessel bequem, der in Form und Farbe einer zu weich gegarten Karotte glich.

Die meisten Möbelstücke in der Kurklinik glichen gekochtem Gemüse. Eine der Patientinnen hatte mir erklärt, dass der ganze Laden so aussehe wie Berlin vor dem Mauerfall.

»Und? Was entwickelst du gerade in der Dunkelkammer?«, fragte ich und war neidisch darauf, dass Constance in Kürze nach Montreal zurückkehren durfte, in eine Welt, in der es zwei Drinks zum Preis von einem gab und man nach Herzenslust Künstlerbedarf einkaufen konnte.

Sie blickte auf den abblätternden lila Nagellack auf ihren Fingernägeln und sagte: »Ich habe beschlossen, das Studienfach zu wechseln.«

»Oh.« Ich war überrascht.

»Ich möchte Anwältin werden.«

»Du willst keine Künstlerin mehr sein?«

»Ich habe den Großteil meines Sommers damit verbracht, im Hinterzimmer der Galerie Hustenbonbons einzukochen, um damit Drogen für einen der ausstellenden Künstler herzustellen. Und nach alldem hier« – sie machte eine Handbewegung durch den Raum – »hab ich erst mal genug.«

Ich lachte und fügte nach kurzem Nachdenken hinzu: »Du wirst eine richtig gute Anwältin, das weiß ich.«

»Ach ja, das hier musst du dir unbedingt noch anschauen.« Constance zog einen BlackBerry mit gesprungenem Display aus ihrer Flickentasche. »Beatrice im Frühstücksfernsehen. Total seltsam. Meinst du, du kommst damit klar?«

»Ja. Zeig her.«

Ich spürte, wie mir heiß wurde. Beatrice war seit Haileys Tod untergetaucht, hatte keine Interviews gegeben, nicht mal eine öffentliche Erklärung zu den Vorfällen verfasst. Aber bei ihrem letzten Besuch hatte mir Constance erzählt, dass Beatrice' Verlag inzwischen die Lesereise für ihr neues Buch angekündigt hatte.

Constance beugte sich zu mir und drehte die Lautstärke des BlackBerry herunter, damit die Pflegerinnen, die in ihren blauen Kitteln den Ausgang bewachten, nicht auf uns aufmerksam wurden.

Beatrice thronte auf einem hohen Stuhl in einem Fernsehstudio. Ihr schwarzer Haarhelm glänzte im hellen Licht, ihre Lippen waren blutrot geschminkt, und ihre Nase so stark gepudert, dass man sie kaum noch sah. Ihre Fußknöchel hatte sie so elegant übereinandergeschlagen, als wäre sie die Königin von England. Die Moderatorin, eine kräftige Frau mit strengem Pferdeschwanz und einem breiten, freundlichen Gesicht, das perfekt dazu geeignet schien, den Kummer anderer mitzuempfinden, saß zu ihrer Rechten.

»Herzlich willkommen, Beatrice Becks!«

Das Publikum applaudierte, und Beatrice nickte. Ihre gut gepuderte Zurückhaltung schmolz dahin, sobald sie den Mund aufmachte. »Danke, dass Sie mich heute eingeladen haben. Ich werde es kurz machen: Ich möchte diesen Moment nutzen, um zu verkünden, dass ich mein neues Buch aus Respekt vor Familie Mader nicht veröffentlichen werde.«

Die Frau mit dem Pferdeschwanz runzelte die Stirn. »Das kommt ein wenig überraschend, Beatrice.« Sie zog ein Blatt Papier hinter ihrem Stuhl hervor und wedelte damit vor der Kamera herum. »Die Pressemitteilung Ihres Verlags sagt etwas ganz anderes.«

Beatrice wandte den Blick ab, holte tief Luft und presste die Lippen zusammen. »Ich habe *heute* beschlossen, keinerlei Texte mehr zu veröffentlichen, die mit dem Fall Zoe Beech und Hailey Mader zu tun haben.«

Die Moderatorin nickte erstaunt und tippte dann mit dem Finger auf den Tisch, als wollte sie mit jemandem hinter der Kamera kommunizieren. Auf dem Bildschirm hinter ihr erschien ein weißes Buchcover, auf dem in gewölbten knallpinken Buchstaben stand: *Blood-Sex-Death-Berlin*.

»Sie wollen uns also wirklich erzählen, dass *Blood-Sex-Death-Berlin*, das Buch, das sie noch vor fünf Minuten hier promoten wollten, nicht herauskommen wird.«

Beatrice nickte nachdrücklich. Die Dame mit dem Pferdeschwanz wandte ihre Aufmerksamkeit der Pressemitteilung zu, die sie vor sich auf den Tisch gelegt hatte. »Ihr Verlag behauptet, es handle sich um *das Buch des Jahrhunderts*, und Sie teilen uns nun mit, dass wir es nie zu lesen bekommen werden? *Eine tragische und wahre Geschichte, die in meinem eigenen Wohnzimmer spielt, meine Version des skandalösen …*«

Beatrice unterbrach sie: »Wie gesagt, ich werde es aus Rücksicht auf Familie Mader nicht veröffentlichen.«

In dem Bemühen, das Interview noch zu retten, verfiel die Moderatorin in einen ernsten Tonfall. »Dann lassen Sie uns doch darüber sprechen, was Sie ausgerechnet heute Morgen zu dieser Entscheidung bewogen hat. Hatten Sie Kontakt zu Familie Mader?«

»Ich habe alles gesagt, was ich zu sagen hatte.« Beatrice stand auf, entfernte das Ansteckmikrofon und verschwand aus dem Bild. Ihre Interviewpartnerin gab sich Mühe, den Beitrag vernünftig zu Ende zu bringen, bevor sie ihr Publikum in die Werbepause entließ.

Constance stellte ihr Handy stumm und packte es wieder ein. Ich richtete mich in meinem dottergelben Sitzsack auf. »Warum?«

»Na ja, das Seltsame ist, dass ihr Verlag am nächsten Tag ein Statement herausgegeben und betont hat, dass das Buch sehr wohl herauskommen wird. Sie muss vertraglich zur Veröffentlichung verpflichtet sein, aber der Termin wurde erneut verschoben.«

»Warum hat sie ihre Meinung geändert?«

Constance zuckte mit den Schultern. »Vielleicht hat sie ein Fünkchen Anstand in sich entdeckt?«

»Das bezweifle ich.«

Wir saßen beide schweigend da. »Tut mir leid, aber ich muss bald los. Ich hasse Abschiede.«

»Schreibst du mir?«, fragte ich kläglich.

»Natürlich.«

Wir umarmten uns. Ich sank zurück in den Sitzsack und sah ihr nach, bis ihr schwarzer Haarknoten hinter dem rechteckigen Fenster der Sicherheitstür verschwand. Dann war sie weg. In der Leere dieses Moments wurde mir der Lärm um mich herum schmerzlich bewusst. Das hier war keine Kurklinik. Ich hatte versucht, die Geräuschkulisse als normal zu empfinden – die hysterischen Ausbrüche, die zuckenden, kratzenden, brüllenden Insassinnen. Jetzt war ich plötzlich von ihnen umzingelt, ein Chor der gepeinigten Seelen, mein persönliches Crescendo.

Was hatte es mit Beatrice' Sinneswandel auf sich? Für Anstand war es reichlich spät. Beatrice hatte Hailey für ihre Story umgebracht, sie war völlig skrupellos. Die Familie Mader war ihr egal. Das Ganze musste Teil eines Spiels sein, vielleicht um noch mehr Presse für ihr Buch zu generieren. In meiner dumpfen Wut warf ich den Bücherstapel um, den Constance auf dem Tisch zurückgelassen hatte. Eine Pflegerin schimpfte mit mir, und ich kniete mich auf den Boden, um die Bücher wieder einzusammeln. Dabei fiel mir eine Karteikarte auf, die aus *Medea* gerutscht war. Sie war von derselben Sorte wie die, die mit seltsamen Symbolen beschriftet auf dem Schreibtisch in der geheimen Wohnung gelegen hatten. Hastig hob ich die Karte auf, in der verzweifelten Hoffnung, dass sie mir eine Antwort liefern könnte. Aber die Karte war leer bis auf die dünnen türkisfarbenen Linien. Sie pulsierten wie Gitarrensaiten, die darauf warteten, angeschlagen zu werden.

Als es Zeit für meine Therapiestunde war, ging ich zu Frau Kleins Büro. Mir war unklar, wie man sich meine

Genesung in der Kurklinik vorstellte. Es schien keinen richtigen Plan zu geben. Frau Klein sagte mir nur immer wieder, ich sei hier, um mich »auszukurieren«. Wovon? Hailey war tot. Ivy war tot. Reden machte sie auch nicht wieder lebendig. Die Physiotherapie und meine Gedächtnisübungen waren kein Problem für mich. Aber in Frau Kleins beigefarbenem Zimmer mit dem grauen Teppichboden und den spießigen Topfpflanzen herumzusitzen, noch dazu irgendwo im Nirgendwo, erschien mir grotesk. Immer wenn Frau Klein sich langweilte oder vielmehr wenn sie keine Lust mehr darauf hatte, sich meine detaillierten Erklärungen darüber anzuhören, wie Beatrice uns ausspioniert hatte, wuchtete sie ihren Kartoffelsackkörper aus dem Stuhl, griff nach einer silbernen Kanne mit langem Ausguss und wässerte die grünen Stängel. Jede Pflanze schien zu einem speziellen pseudotherapeutischen Zweck ausgewählt worden zu sein, als hätte ihr irgendein Gartenguru weisgemacht, die Monstera in der Ecke hätte eine beruhigende Wirkung auf depressive Alkoholikerinnen.

Frau Klein wollte da weitermachen, wo wir bei unserer letzten Sitzung aufgehört hatten, und erneut über meine Beziehung zu Hailey sprechen. Ich hatte Mühe, mich zu konzentrieren, weil mir das Interview, das mir Constance gezeigt hatte, nicht mehr aus dem Kopf ging.

»Zoe, hören Sie mir zu?«

Ich nickte.

»Wir beobachten das oft bei Menschen, die ihre sexuelle Gesinnung noch nicht gänzlich akzeptiert haben. Es findet eine Art …« Sie hielt inne und ihre Lippen verschwanden, sie sah aus wie Mrs. Potato Head ohne Mund. »Es findet eine Art Übertragung auf Freundschaften mit dem heimlich begehrten Geschlecht statt.« Sie atmete aus, und ihre Lippen tauchten wieder auf.

Dass ich die Augen verdrehte, notierte sich Frau Klein sofort in ihrem Notizbuch. Sie trug ein Jutekleid über einem weißen Rollkragenpullover, und ihr Interesse an meinem Sexualleben war wenig überraschend, da sie ganz offensichtlich selbst keines hatte. Meine Homosexualität war im Rahmen der Medienhysterie um Hailey öffentlich seziert worden, dabei fing ich selbst gerade erst an, sie zu verstehen. Ich hatte keinerlei Lust, sie zusammen mit Frau Klein auseinanderzunehmen.

»Aus dem, was Sie mir über Ihre Beziehung zu Ivy erzählt haben und zu Hailey … Beide Beziehungen lassen Anzeichen für obsessives absorbierendes Verhalten erkennen. Räumen Sie das ein?«

Ich zuckte mit den Schultern. Mir war klar, dass sie nicht ganz unrecht hatte. Für Holiday hatte ich mich in eine blauhaarige Nymphe verwandelt, aber ich sah keinen Grund, Frau Klein ein weiteres Ass zuzuspielen. In ihren Augen war ich auch so schon durchgeknallt genug, um die Leiche meiner Mitbewohnerin mit vierzehn Messerstichen zu schänden. Verrückt genug, um zu glauben, dass Beatrice uns beobachtet hatte. Weit genug fortgeschritten in meiner geistigen Umnachtung, dass ich mich über den Liliengeruch auf den Fluren der Kurklinik beschwerte, weil er mich an Beatrice' Parfüm erinnerte. Der Geruch löste inzwischen regelmäßig Panikattacken in mir aus, die Frau Klein in ihrer Position bestärkten, dass ich Antipsychotika nehmen sollte. Was ich auch vorbrachte, sie war der unumstößlichen Überzeugung, dass ich, getrieben von einer unterdrückten, durch Ivys Ermordung ausgelösten Wut, Haileys Leiche durchlöchert hatte. *Posttraumatische*

Belastungsstörung. Traumainduzierte Wut. Sie liebte diese Ausdrücke, säuselte sie vor sich hin wie den Text einer Softrockballade.

Ich kehrte verärgert in mein Zimmer zurück, wo mich der Bücherstapel erwartete, den Constance mitgebracht hatte. Lesen war die einzige Beschäftigung, an der ich noch Freude fand, aber es fühlte sich falsch an, etwas von Beatrice in meinem Zimmer zu haben. Ich stieß mit dem Zeigefinger gegen *Medea* und überlegte, ob ich das Buch in kleine Fetzen zerreißen sollte. *Beatrice.* Wenn sie *Blood-Sex-Death-Berlin* tatsächlich nicht herausbrachte, was hatte sie dann vor? Würde sie überhaupt nicht mehr schreiben? Mir ging schlagartig auf, dass ich etwas Entscheidendes versäumt hatte: Ich hatte noch nie etwas von ihr gelesen. Hailey hatte unzählige Nächte auf dem grinsenden Sofa verbracht, und die Thriller-Romanzen waren zum Bindeglied zwischen den beiden geworden. Zwei Tage später bewilligte Frau Klein meinen Antrag. »Der einzige Weg hinaus ist mitten hindurch«, sagte sie und nickte lobend. Beatrice' Bücher könnten Teil meiner Heilung sein und mir – ich hasste sie für diese Formulierung – aus meiner »zunehmenden Paranoia hinaushelfen«. Ich selbst hatte in Wahrheit keinerlei Interesse an meiner »Heilung«. Ich wollte Beatrice' Stimme verstehen, damit ich dahinterkam, was in Haileys Kopf vorgegangen war. Frau Klein gab die Bestellung auf.

Eine Woche später traf ein Karton voller Romane mit den gleichen farbenfrohen Buchrücken ein, die in Beatrice' Regalen gestanden hatten. In meinen Augen waren sie dort bunte abstrakte Streifen gewesen, hatten lediglich die Kulisse für ein schreckliches Jahr gebildet. Ich nahm mir einen Moment Zeit, um die Aneinanderreihung von Orange,

Rot, Hellblau und Kaugummirosa zu betrachten. Die Titel auf den Buchcovern waren mit geprägter Schrift hervorgehoben. Beeindruckt vom schieren Umfang von Beatrice' Werk zog ich ein Buch mit erdbeerrosa Rücken hervor: *Roses for my Dead.* Warum nicht? Die Geschichte spielte in Kalifornien, und jedes Mal wenn ich den Namen des Bundesstaats las, hörte ich innerlich Beatrice' vollmundige Art, ihn auszusprechen, *Kali-fooor-nien,* mit dieser übertriebenen Eleganz, mit der ich nichts anzufangen wusste.

Roses for my Dead war das blutrünstige, schillernde Porträt von Lila DeFranc, einem Filmstar der siebziger Jahre. Lila ermordet jeden Kritiker, der es wagt, ihre Filme negativ zu besprechen, sie ist schlau und gerissen, isst massenhaft Salat und trinkt literweise trockenen Chardonnay, was Haileys Prosa im Nachhinein eine gewisse Logik verlieh. Natürlich verführt Lila den Detective, der in ihrem Fall ermittelt, und entgeht so einer Verhaftung. Hier nahm der Roman eine düstere Wendung: Nach einem unsicheren Zwiegespräch mit ihrem eigenen Spiegelbild beschließt Lila, als letzten Tötungsakt sich selbst umzubringen.

Ich zog das nächste Buch hervor, das *Breathing Bottles* hieß. Es spielte Ende der neunziger Jahre auf einem Weingut in *Kali-fooor-nien.* Hauptfigur war Bryce, ein junger Winzer aus einer alten Weinbauerndynastie, der sich in Lander verliebt, die liebreizende Tochter eines konkurrierenden Weinguts. Es handelte sich um einen ziemlich billigen Neuaufguss von *Romeo und Julia* mit einer Prise »eifersüchtiger Exliebhaber und Bodenkundler dreht durch«. Am Ende sind Lander und Bryce tot und beide Weinberge verdorrt. Die Bücher waren wie Pfadfinderkekse: substanzlos, aber mit verstörendem Suchtpotenzial. Ich schlug den nächsten Roman auf: *Closed Blinds.*

Ich las sechs von Beatrice' Büchern in vier Tagen. Danach war *On Blue Peak* an der Reihe, ihr berühmtestes Werk. Die Ich-Erzählerin hieß Frannie Colins und war ein junges Mädchen aus den Blue Ridge Mountains. Ihre Stimme war so eindringlich, dass ich das Gefühl hatte, sie wäre bei mir im Zimmer. Alles fing damit an, dass Daniel Dupree, ein reicher junger Mann aus North Carolina, sich in Frannie verliebt. Sie ist erst siebzehn und zögert zunächst, doch bald darauf heiraten die beiden und beschließen, nach New York City zu ziehen. Frannie ist eine typische Südstaatenschönheit, offenherzig und fröhlich, und wickelt die kühlen Nordstaatenbewohner mit ihren honigsüßen Geschichten um den Finger. So schafft sie es, eine Kolumne in einer berühmten New Yorker Zeitschrift zu ergattern. Während sie ihre Texte verfasst und überarbeitet, hat sie zunehmend das Gefühl, dass ihr Ehemann ihr entgleitet. Eines Abends kommt sie nach Hause und erwischt ihn beim Liebesspiel mit seinem besten Freund Hank. In einem unkontrollierbaren Wutanfall holt Frannie eine Waffe, die sie in der Wohnung versteckt hat, und zielt damit auf Hank, doch der Schuss geht daneben und tötet stattdessen ihren Mann Daniel. Frannie wird daraufhin verrückt und muss in eine Anstalt eingewiesen werden, wo sie weiterhin schreibt, von Reue und Schuldgefühlen geplagt, aber auch erfüllt von einer scharfsinnigen, geistreichen Liebe.

Ich verschlang auch den Rest von Beatrice' schablonenhaften Liebeskrimis, sie waren so süchtig machend wie dämlich. Keine der Figuren besaß das Format oder die Menschlichkeit von Frannie aus *On Blue Peak*.

Es war Zeit für meine nächste Therapiesitzung. Ich hatte keine Lust, war kurz davor, meine Periode zu bekommen. Außerdem war Schnitzeltag, und ich hasste Schnitzel. Am meisten aber ärgerte mich, dass ich keine geheime Verbindung zwischen Beatrice und Hailey in den Romanen entdeckt hatte. Auch Frau Klein war enttäuscht darüber, dass die Bücher mir nicht dabei geholfen hatten, mit der Sache »abschließen« zu können.

»Ist es Ihnen denn wenigstens gelungen, die Romane als fiktionale Werke zu betrachten?«

Ich zuckte die Achseln.

»Ich bin nur neugierig, weil wir ja bereits über das Verschwimmen von Wahrheit und Fiktion gesprochen haben.«

Es hatte keinen Sinn, mit ihr zu diskutieren. Ich lehnte mich auf dem Sofa zurück und weigerte mich, weitere Fragen zu beantworten.

Als ich zum Abendessen ging, fühlte ich mich verlorener denn je. Der Bratfettgeruch schlug mir schon von weitem entgegen. Ich setzte mich auf meinen Lieblingsplatz an einem Ecktisch in der Nähe der Fenster, die stets geschlossen waren und keinerlei Linderung von dem Gestank nach geklopftem Schweinefleisch boten. Er würde mit meiner Kopfhaut verschmelzen und sich erst durch eine heiße Dusche am nächsten Morgen wieder entfernen lassen. Das Essen war hier fast immer braun oder beige und wurde von einer ebenfalls braunen oder beigefarbenen Sauce begleitet. Das Schnitzel stach mit seinem nikotingelben Ocker hervor und wurde mit grünlicher Bratensauce serviert. Ich aß langsam.

Es war eine bewusste Entscheidung meinerseits, mich nicht für die Namen der anderen Patientinnen in der Kurklinik zu interessieren. Stattdessen lebte ich in selbsterwählter Isolation. Es gab jedoch eine neue Insassin, eine junge Frau mit wilden blondierten Haaren und Schmollmund, die am anderen Ende der Fensterfront saß. Ich hatte sie schon ein paarmal dabei beobachtet, wie sie mit hängenden Schultern und vorgeschobenen Schlauchbootlippen durchs Gebäude geschlurft war. Genau wie ich verhielt sie sich ruhig, legte keine sichtbaren Gefühlsausbrüche an den Tag. Ich taufte sie Scarlett Johansson und tat so, als würden wir beide gerade ein Studium in Oxford beginnen, neu in einem fremden Land und noch unsicher, weshalb wir beschlossen hatten, mit niemandem zu reden. Wir würden versuchen, unter die Besten des Jahrgangs zu kommen, und die Weihnachtsferien herbeisehnen, in denen wir zurück nach Hause konnten.

Nach meinem stummen Abendessen lag ich im Bett, starrte an die Decke und versuchte, mich an den Stuck in Beatrice' Wohnung zu erinnern. Ich vermisste den Alkohol. Ich vermisste es, mit Freunden zu reden, die Nächte durchzufeiern, Drogen zu nehmen, Sex zu haben. Dann tauchte plötzlich, wie eine beleuchtete Folie im abgedunkelten Raum des Kunstgeschichtsseminars, Haileys Leiche vor mir auf, in einer Lache leuchtend roten Kunstbluts. Ich setzte mich auf, ich brauchte Ablenkung. Nachdem ich mein kleines Bücherregal durchsucht hatte, zog ich ein dünnes Taschenbuch hervor: *Ein Zimmer für sich allein* von Virginia Woolf. Das Buch war vor zwei Wochen bei mir eingetroffen, zusammen mit anderen Uni-Unterlagen, die mir meine Mutter in dem verzweifelten Versuch, mir meinen Aufenthalt ein wenig normaler zu gestalten, geschickt hatte.

Der zitronengelbe Aufkleber der New Yorker Buchhandlung leuchtete mir entgegen, eine Erinnerung an die naive Kunststudentin, deren größte Angst es gewesen war, von einer Gruppe Bildhaueridioten ausgelacht zu werden. Ich überflog die erste Seite und überlegte, für welchen Kurs ich das Taschenbuch gekauft hatte. Vielleicht für das Feminismus-Seminar, das ich letztendlich wieder von meinem Stundenplan gestrichen hatte? Ich las die Einleitung, in der erklärt wurde, der Text basiere auf einem Vortrag, den Woolf gehalten habe, nachdem man sie gebeten hatte, über das Thema Frauen und Literatur zu sprechen.

> *Der Titel* Frauen und Literatur *könnte bedeuten, und vielleicht hatten Sie das auch so vorgesehen, »Frauen und ihre Besonderheiten« oder »Frauen und die von ihnen verfasste Literatur« oder »Frauen und die Literatur, die über sie verfasst wird« oder aber, alle drei Bedeutungen sind auf irgendeine Weise untrennbar miteinander verbunden.*

Ich las weiter. Woolf war wütend. Wütend, weil Frauen keinen Zugang zu größeren Bibliotheken hatten, wütend über die Probleme, mit denen sich ihre Schwestern seit Jahrhunderten herumschlugen, ohne sich einen Moment der Ruhe zum Schreiben leisten zu können, ohne Zugriff auf das Wissen, das Männern ohne weiteres zur Verfügung stand. Und wütend über die Geringschätzung, mit denen die Stimmen dieser Frauen in der akademischen Welt behandelt wurden, wenn sie es endlich geschafft hatten, sich Gehör zu verschaffen. Woolf beschrieb die in ihrer Heldin Jane Eyre zum Ausdruck kommende Sehnsucht Charlotte Brontës, die Welt jenseits ihrer eigenen vier Wände zu erleben, Städte zu erkunden, Menschen und Geschichten, die für die Frauen ihrer Zeit unerreichbar gewesen waren. Sie erzählte, wie Jane Austen ihre Manuskripte dank einer knarrenden Wohnungstür rechtzeitig vor jedem verstecken konnte, der ihre Stube betrat, und anhand der Unterbrechungen ihren Schreibprozess wie Satzzeichen strukturieren ließ. Weiterhin malte sie sich aus, wie es einer hypothetischen Schwester Shakespeares ergangen wäre, wäre sie so talentiert gewesen wie er und ihrem Wunsch gefolgt, ans Theater zu gehen: Sie wäre aus dem Haus gejagt, von einem Schauspieler vergewaltigt und geschwängert worden, um sich irgendwann aus lauter Verzweiflung das Leben zu nehmen.

> *Alles, was ich Ihnen anzubieten habe, ist meine These zu einem einzigen untergeordneten Punkt: Eine Frau muss Geld und einen Raum für sich haben, um Literatur zu verfassen. Und diese These lässt, wie Sie sehen werden, die Frage nach dem wahren Wesen der Frauen und dem wahren Wesen der Literatur unbeantwortet.*

Ich legte das Buch beiseite. Im Gegensatz zu Charlotte Brontë war es mir möglich gewesen, ins Ausland zu reisen. Ich war eine Austauschstudentin gewesen, der jeder Winkel der Welt offengestanden hatte, und dennoch war ich hier gelandet, mundtot gemacht worden. Es mochte sein, dass ich die Welt entdeckt hatte, aber die Welt hatte auch mich entdeckt. Alles, was in den vergangenen eineinhalb Jahren passiert war, war auf schreckliche Weise an die Öffentlichkeit gezerrt worden, jeder hatte seine eigene Interpretation der Ereignisse. Ich versuchte mir vorzustellen, was Amanda Knox alles würde tun müssen, welche Anstrengungen sie würde unternehmen müssen, um sich ihre Geschichte zurückzuerobern. Wie lange würde es dauern, bis sich über die zahllosen bizarren Versionen ihrer Story

Staub gelegt hatte, damit sie ihre eigene erzählen konnte? Würde ihr irgendjemand glauben? Sie war überzeugender als Dämonin denn als Heilige, genau wie ich.

Ich holte tief Luft und vertiefte mich wieder in Woolfs Wut, ein Sprudelbad der Boshaftigkeit, in dem ich mich zu Hause fühlte. Nach einer Weile brach ich in lautes Gelächter aus, weil mir aufgegangen war, dass ich dank der großzügigen Unterstützung des deutschen Staats ein Zimmer für mich hatte und mir übers Kochen und Putzen oder über Kindererziehung keine Gedanken machen musste. Ich hatte nicht nur die Freiheit zu schreiben, ich war auch ungewollt dazu verdammt, Fiktion zu produzieren, schließlich betrachtete ich vermeintlich alles durch das knallbunte Kaleidoskop des Wahnsinns. Jedes Wort, das ich zu Papier brachte, würde das Erzeugnis eines wüsten Verstands sein, klinisch getestet und für unglaubwürdig erklärt. Seis drum. Dies würde meine Antwort auf die Frage nach der wahren Natur von Frauen und Literatur sein. Ich sprang vom Bett und suchte nach einem Stift.

17

Am Montag war der Liliengestank in dem L-förmigen Flur, der zur Cafeteria führte, so widerlich und beißend, dass ich die Beherrschung verlor. Der Geruch, der vom frisch gereinigten Boden auszugehen schien, beschleunigte den üblichen Film, der vor meinem inneren Auge ablief – ein Film über Hailey und das ganze Grauen des vergangenen Jahrs. Er mutierte zu einer Horrorshow im Zeitraffer, und ich brauchte dringend frische Luft. Verzweifelt rüttelte ich an einem der Fenster, obwohl ich wusste, dass sie selbst jetzt im Hochsommer fest verriegelt waren. Der Liliengestank kratzte in meiner Lunge wie durch die Luft schwirrende Glasfasern, und mein Verstand schwamm rückwärts. Haileys Augen flackerten vor mir auf, dann Bilder von Beatrice' Wohnung – die Partys, Hailey im Pyjama, Hailey auf dem grinsenden Sofa, über ihren Schreibtisch gebeugt, umgeben von Blutlachen. Ich hielt es nicht mehr aus. In meiner Gier nach Sauerstoff packte ich einen kackbraunen Plastikstuhl mit Metallbeinen und fing an, damit gegen das Fenster zu hämmern. Trotz wiederholter Schläge blieb die Panzerglasscheibe völlig unbeeindruckt, ich kreischte los. Eine dicke Pflegerin mit Akne am Hals stürzte von der Cafeteria herbei, packte mich bei den Schultern und versuchte, mich vom Fenster wegzuziehen. Ich versetzte ihr einen Fausthieb mitten ins Gesicht, sie stürzte, und ich schmetterte weiter den Stuhl gegen das Fenster. Mein Verhalten wurde später als Selbstmordversuch verbucht. Frau Klein erhöhte die Dosis meiner Antipsychotika, und ich wurde für den Rest der Woche »unter Beobachtung« in meinem Zimmer eingesperrt. Die Mahlzeiten wurden mir gebracht, Stifte und andere spitze Gegenstände entfernt.

Die hellgrünen Tabletten, die ich nun nehmen musste, machten mich halb wahnsinnig, ich hätte also gar nicht schreiben können, selbst wenn ich einen Stift gehabt hätte. Benommen starrte ich auf den Papierstapel auf meinem Schreibtisch. Im Laufe der letzten Wochen hatte ich zweihundert Seiten geschrieben, und durch den Schreibprozess kamen die Erinnerungen zurück, die Schlaglöcher des vergangenen Jahres füllten sich allmählich. Aber ich hatte noch immer kein Ende für meine Geschichte.

In meinem verwirrten Dämmerzustand malte ich mir oft aus, was Klaus Simons fünfzehnköpfige Klasse wohl sagen würde, wenn sie in meinem winzigen Zimmerchen um mich herumstehen und versuchen würde, der Anordnung meiner persönlichen Gegenstände eine Bedeutung zu entlocken: den willkürlich gestapelten Büchern, dem überquellenden Wäschekorb. Die Russin würde das Ganze vermutlich als traurig bezeichnen. Der Schwan würde mir empfehlen, Sylvia Plaths *Die Glasglocke* zu lesen. Irgendjemand würde mich wahrscheinlich dazu ermuntern, genauso weiterzumachen, und Klaus Simons würde urteilen, dass alles größer sein könnte, und diesmal würde ich ihm recht geben.

Ich war nicht vollkommen allein mit meinen Tagträumen. Obwohl ich unter Beobachtung stand, bekam ich Post. Das meiste wurde mir – vermutlich aus Mangel an Englischkenntnissen in der Poststelle – völlig unzensiert überbracht: Heiratsanträge von Männern und auch ein paar Frauen, Briefe von satanischen Sekten und wütenden Kirchgängern aus dem Mittleren Westen. Das Personal durchsuchte die Umschläge und Pakete nach Waffen und Schmuggelware, ohne darauf zu achten, was mir im emotionalen Sinne gefährlich werden könnte. Im Allgemeinen war ich dankbar für die Abwechslung – sogar für die Postkarte mit der Freiheitsstatue von Carol Gaynor, meiner Studienberaterin: *Ich hoffe, es geht dir bald wieder besser und du kannst Berlin genießen!*

Es war gerade erst Anfang September, die Sonne brannte. Irgendwer musste Berlin also gerade tatsächlich genießen. Es gab Seen am Stadtrand, Mathias hatte mir davon erzählt. Außerdem hatte einer von Constance' Liebhabern sie vor ihrer Abreise mit an den Liepnitzsee genommen, nur eine halbe Stunde von der Kurklinik entfernt. Die Vorstellung fiel mir schwer: Menschen, die auf Luftmatratzen herumtrieben, lauten Techno hörten und in der Sonne Drogen nahmen. In meinen Augen war Berlin kalt und grau, und das Nachtleben war so tief im Untergrund verborgen, dass es eine eigene nebulöse Parallelwelt bildete. Ich fragte mich, ob auch Holiday dort draußen auf einer Luftmatratze herumschwamm. Falls ja, weigerte sie sich bestimmt, einen Badeanzug zu tragen. Es schmerzte mich, dass ihre Gummibonbon-Nippel vielleicht nur dreißig Minuten von mir entfernt in der Sonne schmorten. Ich redete mir ein, dass ich das alles nicht bräuchte, kein Interesse daran hätte, mir nackte Beine im Sand anzuschauen. Ich wollte, dass Berlin tiefgefroren blieb, in Dunkelheit gehüllt. Zu meinem Glück schienen die Wände der Kurklinik trotz des üppigen Grüns vor ihren Toren jegliche Farbe zu absorbieren, jeden Sonnenstrahl zu dämpfen, der es hineinschaffte.

Meine Tür blieb abgeschlossen, außer wenn die Pflegerinnen nach mir sahen, was nur etwa alle drei Stunden der Fall war. Trotz meines kleinen Stuhltanzes am Fenster wurde ich aufgrund meines relativ guten Benehmens als geringe Gefahr für mich und andere eingeschätzt. Wenn ich nicht gerade völlig benebelt war von den Antipsychotika, versuchte ich, mich für die Personalbesuche in nichtverrückte Posen zu werfen: im Bett sitzend und ein Buch lesend, fleißig am Schreibtisch, beim Yoga. Wenn ich hingegen narkotisiert war, war mir alles scheißegal.

Am darauffolgenden Tag war ich tatsächlich vollkommen weggetreten. Ich versuchte zu masturbieren, ohne mich darum zu kümmern, dass ich erwischt werden könnte. Doch wie sehr ich meine Klitoris auch rieb, ich kam nicht zum Höhepunkt. Ich überlegte, ob Scarlett Johansson wohl auch in ihrem Zimmer masturbierte. Benommen malte ich mir aus, sie in der Kantine zu vögeln, ihre Schlauchbootlippen gegen die Fensterfront zu drücken und mich mit meinem ganzen Gewicht in sie hineinzustemmen, bis wir die Glasscheibe durchbrechen und auf einem Bett aus Wolken und Körpersäften entkommen würden – aber es nützte nichts, der Orgasmus blieb aus.

Am Mittwochmorgen weckte mich ein sanftes Klopfen an der Tür, das ich kaum als solches erkannte. Mein Bewusstsein hielt gerade Winterschlaf, ein verkrüppelter Krebs am Grund meines Drogensees. Ich nickte der Pflegerin, die mir das Frühstück brachte, ausdruckslos zu. Sie roch nach Körperpuder und Haarspray und reichte mir ein schlaffes Käsebrot. Bevor sie wieder verschwand, beugte sie sich zu ihrem Rollwagen mit den Plastikrädern hinunter und zog einen ramponierten katzenförmigen Pappkarton aus dem unteren Fach. Ich bedankte mich, und sie rollte davon. Wie vom Blitz getroffen saß ich da und starrte auf den Gegenstand auf meinem Schoß.

Die Katze war überraschend schwer, eine mit Zollaufklebern bedeckte und mit schwarzweißem Zollklebeband strangulierte Zombie-Piñata. Die Adresse meiner Mutter in Florida, wo das Paket ganz offensichtlich nie angekommen war, war in Haileys Handschrift auf die Seite geschrieben. Den übereinandergeklebten Etiketten war zu entnehmen, dass das Paket zu Beatrice' Wohnung zurückgeliefert worden war, wo niemand es entgegengenommen hatte, woraufhin man es mir in die Kurklinik nachgeschickt hatte. Die inzwischen beinahe enthauptete Katze war vom Zoll inspiziert, und vom Pflegepersonal nach Schmuggelware durchsucht worden. Aber da war es, in einem Stück, dasselbe Tier, das mit Jolly Ranchers und Starbursts gefüllt gewesen war. Ich holte ehrfürchtig Luft.

Nachdem ich das schwere Paket auf dem Schreibtisch abgestellt hatte, setzte ich mich auf mein Bett. In meinem Kopf hämmerte es. Ich versuchte, gegen die ätherische Blödheit anzukämpfen, die die Medikamente in mir auslösten, zwang mich, geistig anwesend zu bleiben, langsam vorzugehen, mich in Molly Webster, die bulimische Tierärztin hineinzuversetzen, mit ihren lackierten Fingernägeln und ihrer chirurgischen Geduld. Ich fing an, das Tier zu sezieren. Zuerst entfernte ich mehrere Lagen Seidenpapier vom Kopf, der bereits vom Zoll geöffnet und wieder zugeklebt worden war. Ich arbeitete mit äußerster Vorsicht, weil ich davon ausging, dass alles, was ich aus diesem Pappkörper ziehen würde, wichtig sein konnte. Ein potenzielles Indiz. Dutzende *New York Times*-Ausgaben von vor Haileys Tod waren zusammengeknüllt in den Karton gestopft worden. Sorgfältig strich ich sie glatt.

OBAMA. RETTUNG DER INVESTMENTBANK BEAR STERNS. SELBSTMORDATTENTAT AUF DAS MARRIOTT HOTEL IN ISLAMABAD. TEILCHENBESCHLEUNIGER AM EUROPÄISCHEN KERNFORSCHUNGSZENTRUM. Etwas Schweres lag ganz unten im Paket. Ich drehte es um, und Haileys Ledertagebuch fiel heraus, auf dem Cover klebte meine Collage.

Ich setzte mich mit dem roten Buch auf mein Bett. Es fühlte sich schwerer an als an dem Tag, als ich es auf dem Flohmarkt gekauft hatte. Vielleicht lag es an der Tinte, mit der es vollgeschrieben war, oder dem Schaden, den es angerichtet hatte. Ich holte Luft und schlug es auf, blätterte die von ihrer Handschrift gefurchten Seiten um, las ein paar Sätze. Es schien sich Wort für Wort um den Text zu handeln, den sie veröffentlicht hatte – Haileys wahnwitzige Version unseres Lebens. Ich blätterte ganz nach hinten – auf die Innenseite des Einbands hatte sie eine Notiz geklebt, die sich auseinanderfalten ließ, und auf der Seite gegenüber lachte mir, wellig vom Flüssigkleber, unser *letztes Foto im Jahr 2008* entgegen. Unser Partygirl-Lächeln verriet Vorfreude. Wir hielten uns im Arm und kickten die Beine in die Luft, jenem neuen, verheißungsvollen Jahr entgegen. Darunter hatte Hailey gekritzelt: *Das Beste an einem Bild ist, dass es sich nie ändert, auch wenn die Menschen darin sich ändern.*

Ich seufzte, noch ein Warhol-Zitat. Dann betrachtete ich das Foto – in jenem Moment hatte sie nur mir gehört, bevor alles schiefgelaufen war zwischen uns. Es war unerträglich, sie – oder uns – so glücklich zu sehen. Also verbarg ich das Bild unter meiner schwitzenden Hand und las die Notiz.

Zoe,
ich schreibe dir bei Copy Trigger, vor mir stehen lauter Hippies. Hier dauert sowieso immer alles ewig, und die Hippies sind total unentschlossen und kennen sich nicht mit Technik aus – mir bleibt also nichts anderes übrig, als mich von ihrem Patschuli-Gestank einnebeln zu lassen. Du fragst dich wahrscheinlich, warum ich dir schreibe. Ich will mich nicht entschuldigen, das würde ich nie tun. Der Grund ist, dass ich mich langweile (die Hippies, die Papierstaus, die leeren Tonerkartuschen) und dass … na ja … ich weiß, du wirst mir das jetzt nicht glauben, aber … dass du mir sehr viel bedeutest.
Die Release-Party für Hostel Star *ist morgen Abend. Ich wünschte, sie würde im Barnes & Noble am Union Square steigen, aber Beatrice' Wohnung tut es auch. Wenn sich diese Diabolo spielenden Schwachköpfe doch nur beeilen könnten mit ihren Anti-Atomkraft-Flugblättern! Ich will zweihundert Kopien von* Hostel Star *drucken und habe vor, die ganze Amanda-Knox-Tatort-Party doch noch in die Tat umzusetzen und alles mit Kunstblut und vielleicht einem Plastikscheißhaufen in der Toilette zu dekorieren. UND ich miete das riesige Martiniglas. Plitsch-platsch. Es wäre schön, wenn du auch dabei wärst, aber deine Abwesenheit und deine Weigerung, auf meine Anrufe zu reagieren, machen ziemlich deutlich, dass du wohl eher nicht auftauchen wirst. Außerdem wirst du mich wahrscheinlich sowieso hassen, wenn du das Buch gelesen hast. Dabei hätten wir es doch eigentlich zusammen schreiben und berühmt werden sollen. Aber du bist einfach gegangen, bist verschwunden, als ich dich gebraucht hätte.*
Ist das Buch also eine Racheaktion? Nein, so würde ich es nicht nennen. Es ist lediglich eine Neuanordnung der Fakten. Deiner Fakten, meiner Fakten. Im Grunde eine Collage, damit kannst du sicher was anfangen. Die meisten dieser Dinge hast du ja

tatsächlich getan, genau wie ich, aber unser Leben war nur der Keilrahmen für die Leinwand, die es zu bemalen galt. Ich habe unsere Story bis zum Ende durchgezogen, für Beatrice, für dich und mich. Habe die Torpfosten für das Spiel gesetzt. Im Gegensatz zu dir bin ich nie aus der Rolle gefallen. Sogar mit Mathias habe ich geschlafen, einzig und allein, um für Drama zu sorgen, was ja auch – LOL – geklappt hat. Die Moral der Geschichte ist genau das, was ich dir von Anfang an gesagt habe: Wir brauchten einen besseren Spannungsbogen! Versteh bitte, Zoe, dass es mir bei dem, was ich geschrieben habe, nicht um Ivy an sich ging, sondern um Ivy als pikante Zutat – ihr tragischer Tod hat sie zum Gemeingut gemacht, zu Senf und Mayonnaise, zu Britney und Lindsay, zu Amanda und Meredith.

Ich habe dafür gesorgt, dass unsere Geschichte lesenswert wird. Dass wir fantastisch werden! Und ich hatte gar keine andere Wahl – ich musste mein Buch fertigbekommen, bevor Beatrice ihre Version veröffentlichte, und es musste richtig einschlagen. Ich hoffe, du kannst ihm irgendwann den Witz abgewinnen, den ich in ihm sehe. Entspann dich, Z. Hol tief Luft und genieß unseren Ruhm.

Wie auch immer, was ich dir schon eine Weile unbedingt erzählen will: Ich hab ein bisschen recherchiert, was diese geheimnisvollen verschwundenen Dokumente aus der einzigen abgeschlossenen Schublade angeht. Anscheinend ist das, was Beatrice mit uns gemacht hat – o Mann, die Sache ist so brisant, ich krieg richtig Gänsehaut! –, früher schon mal vorgekommen! On Blue Peak *basiert auf einem Tagebuch, das sie während eines Urlaubs in den Blue Ridge Mountains stibitzt hat. Und sie wurde erwischt! Sie hat sich mit den dortigen Hinterwäldlern außergerichtlich geeinigt. Ich musste nur ein bisschen herumtelefonieren und bingo! Schon hatte ich einen der damaligen Kläger aufgespürt, bei sich zu Hause, betrunken. Obwohl er garantiert eine Vertraulich-*

keitserklärung unterschrieben hatte, hat er mir alles erzählt. Jetzt kommt der Clou der Geschichte: Dieser besoffene Redneck kam immer wieder auf Janet zu sprechen, gab ihr die Schuld an allem und nannte sie eine diebische Schlampe. Wenn man mal genauer darüber nachdenkt, ist das auch vollkommen logisch: Beatrice hätte doch niemals allein so viele Bücher pro Jahr schreiben können – die beiden haben das alles zusammen durchgezogen!
Um endlich wieder die Kontrolle über unsere Geschichte zu übernehmen, habe ich Beatrice und Janet zur morgigen Buch-Release-Party eingeladen und die Einladung mit Lucille Conely unterschrieben – das ist der echte Name des Mädchens, dem Janet das Tagebuch gestohlen hat. Ich mache die beiden fertig, möge die Presseschlacht beginnen!
Ich werde jeder Zeitung und jeder Zeitschrift, die mir einfällt, eine Kopie meines Buchs schicken, in Zanders verrückten Tierkartons. Die hinterlassen bestimmt Eindruck in den Poststellen der Redaktionen. Und ich verwende deine Collage für das Cover, schließlich hast du sie mir geschenkt. Hier hast du das Original zurück.
P.S.: Ich schicke alles zu deiner Mom, weil ich keine Ahnung habe, wo du bist.
Liebe Grüße und tausend Küsse. Und vergiss nie: Jede versäumte Nacht in Berlin ist eine versäumte Nacht in Berlin.
Hailey

Eisige Kälte kroch meine Wirbelsäule herauf, meine Hände zitterten. Hailey hatte nicht nur angekündigt, ihr Tagebuch vor Beatrice' Version der Ereignisse herauszubringen, sie hatte auch *On Blue Peak* bedroht – das letzte schillernde Puzzleteil und vermutlich der Tropfen, der das Fass zum Überlaufen gebracht und Beatrice zum Äußersten getrieben hatte. Selbst mir war aufgefallen, dass *On*

Blue Peak einen ganz eigenen Duktus besaß. Ich versuchte, mir Hailey beim Herumschnüffeln vorzustellen, eine grübelnde Nancy Drew, die die Wohnwagensiedlungen in den Bergen von North Carolina durchtelefonierte und eins und eins zusammenzählte.

Meine Gedanken wanderten zurück zu dem Foto von Janet und der fünfjährigen Beatrice am Pool – das frische Weiß ihrer identischen Blusen, das perfekte Blau des Himmels von Beverly Hills, die düstere Wolke, die über Janet zu schweben schien. Was war passiert? Sie war blutjung Witwe geworden, hatte ein kleines Kind ernähren müssen. Ich kannte die Leere, die in solchen Familien herrschte, schließlich war auch ich allein mit meiner Mutter aufgewachsen. Mir war der Verzicht nur allzu vertraut, das gegenseitige Spiegeln, die Direktheit. Die langen Arbeitsstunden meiner Mutter waren meine langen Stunden Einsamkeit gewesen. Ich überlegte, wer wohl auf die Idee gekommen war, Kriminalromane zu schreiben. Beatrice? Ein verzweifelter Plan, um mehr Geld in die Familienkasse zu spülen? Oder war es Janet gewesen, die das Ganze initiiert hatte, um ihrem Leben Bedeutung zu verleihen? Das erste Buch war 1987 herausgekommen, als Beatrice erst zwanzig gewesen war, und die nächsten drei Bücher waren in rascher Abfolge erschienen.

Ich wusste, dass ich nun damit an der Reihe war, Detektivin zu spielen und die noch verbleibenden Fragezeichen zu beseitigen. Was genau war in welcher Abfolge passiert? Sosehr ich mich auch zu konzentrieren versuchte, mir ging die Stelle in Haileys Notiz nicht aus dem Kopf, in der sie mir mitteilte, wie viel ich ihr bedeutete. Wie sehr hatte ich mich zu Beginn unserer Freundschaft nach ihrer Zuneigung gesehnt, wie sehr hätte ich sie gebraucht!

Ich studierte die albernen Aufwärtsschwünge ihrer Handschrift. Sie erinnerten mich an ihre Stimme, wenn sie aufgeregt war. Ich vermisste es, mit ihr in der Wohnung allein zu sein. Ich vermisste es, wie sie dem Tag durch einen einzigen atemlos hervorgestoßenen Satz eine ganz neue Richtung hatte verleihen können.

Was ich in der Hand hielt, war Beweismaterial. Es bewies nicht nur, dass uns Beatrice in der Tat beobachtet hatte, sondern auch, dass alles, was wir getan hatten, real gewesen war. Hailey war besessen gewesen von Beweisen – all die Fotos, all die Bemühungen um Presse und Aufmerksamkeit. Vielleicht wünschen wir uns das alle: irgendeine Art von Beweismaterial, das uns auch nach unserem Tod am Leben erhält. Da war beispielsweise Ivys Facebook-Seite, ein Cyber-Friedhof, auf dem unsere idiotische Jugend einbalsamiert war. Ivy würde nie die Gelegenheit haben, mit Ende zwanzig einen Akt der digitalen Ausräucherung zu vollziehen und die rotwangigen Fotos von uns beim Trinken unserer ersten Weinschorle zu löschen. Doch mein Impuls, auf ihre Seite zurückzukehren, würde mit der Zeit nachlassen, weniger Nachmittage würden mit einem Sprung in den Nostalgiepool enden. Ivy würde sich Stück für Stück auflösen, in dem Maße, in dem Grandma Jane aufhörte, E-Cards zu posten, und ich vergaß, ihr an ihrem Geburtstag etwas auf die Pinnwand zu schreiben. Ihre digitale Kerze würde flackern und schließlich ausgehen.

Hailey hatte kein Interesse an einer Totenwache bei Kerzenschein, sie wollte ein loderndes Feuer, das ganze Kontinente versengte. Als ich nun ihr Tagebuch in der Hand hielt, wurde mir klar, dass ich trotz allem, was sie getan hatte, trotz all ihrer Manipulationen und der Tatsache, dass sie mir den Mord an Ivy in die Schuhe geschoben hatte, alles für sie in Brand setzen würde. Plötzlich überfielen mich die Erinnerungen regelrecht – Erinnerungen an meine Faszination für sie, an die Kontrolle, die sie über mich ausgeübt hatte. Meine Hailey, natürlich hatte sie mir das Originaltagebuch geschickt und mir so einen Ausweg ermöglicht!

Ich wartete ungeduldig auf den nächsten Besuch einer Pflegerin, doch die Zeit verstrich im Schneckentempo. Endlich senkte sich die silberne Türklinke – es war die breithüftige Pflegerin, die die Tür immer ganz vorsichtig öffnete und dann »Mmmhmmm« machte, sobald sie sah, dass ich nicht mit einem Akt der Selbstverletzung beschäftigt war. Ich fragte sie in meinem höflichsten Deutsch, oder dem, was ich dafür hielt: »Kann ich bitte Frau Klein sehen?«

Die Pflegerin nickte und verschwand, um außerhalb meines Zimmers zu telefonieren. Kurz darauf wurde ich in Frau Kleins haferbreifarbenes Büro gebracht, in dem sie und ihre melodramatischen Pflanzen Audienz hielten. Ich blieb am Rand ihres Schreibtischs stehen.

»Was gibt es denn, Zoe?«, fragte Frau Klein, ohne von ihren Unterlagen aufzublicken.

»Ich habe Haileys Tagebuch.«

Ihre rechte Hand füllte weiter ein Formular aus. Hatte sie mich nicht gehört?

»Es ist das unauffindbare Originaltagebuch.«

»Und wie kommen Sie darauf?«, fragte Frau Klein beiläufig.

Ich ließ das schwere Buch auf ihren Schreibtisch fallen. Endlich hob sie den Kopf und erkannte den Gegenstand. Ihre Stirn runzelte sich, als sie die inzwischen berüchtigte

Collage sah, deren Ränder bereits ganz zerfleddert waren. Sie griff nach dem Buch. »Und woher haben Sie das?«

»Hailey hat es mir geschickt. Es muss unterwegs verlorengegangen sein, es war in einer Katze. In einem Karton, einem Katzenkarton, meine ich – solche tierförmigen Pakete hat ihr Freund ihr regelmäßig geschickt. Damit gab es immer Probleme beim Zoll. Dieses Paket ist jedenfalls nie angekommen …«

Frau Klein hörte mir nicht zu. Sie blätterte aufmerksam durch die Seiten. Ich beobachtete, wie sie ganz hinten ankam, das *letzte Foto im Jahr 2008* betrachtete, dann Haileys Notiz überflog.

Ich konnte mich kaum beherrschen, während sie las, und platzte heraus: »Das ist der Beweis dafür, dass Beatrice und ihre Mutter Janet von der Buchveröffentlichung wussten. Und dass Hailey eine Bedrohung für *On Blue Peak* darstellte, es gibt also ein Motiv. Ich weiß, dass die Polizei Beatrice' Alibi nachweisen konnte, aber hat sie auch das von Janet überprüft? *Sie* hat Hailey umgebracht!«

Der Begriff des *Dunking* kam mir in den Sinn. Ich spürte förmlich, wie meine in Hausschuhen steckenden Füße einen glänzenden Turnhallenboden entlangtänzelten, wie ich mit dem Basketball in der Hand auf den orangefarbenen Rand des Korbs zuschwebte. Frau Klein rührte sich nicht und dachte so angestrengt nach, dass ihre Lippen vollends verschwanden. Sie selbst hätte es »verarbeiten« genannt.

»Ich möchte keinen Fantasiegeschichten Auftrieb geben, aber das hier scheint tatsächlich eine neue Entwicklung zu sein. Ich werde es den zuständigen Behörden weiterleiten.«

Ich wurde von einer neuen Pflegerin aus dem Büro begleitet. Sie hatte eine Stupsnase, graue Haare und mehrere Muttermale auf der Stirn. Die ganze Kurklinik schwirrte vor Aufregung – zumindest tat ich es. Es war Käsespätzle-Tag, mein Lieblingstag.

Ich war gerade bei meinem zweiten Teller Spätzle angekommen, als Scarlett Johansson sich nur einen Tisch entfernt hinsetzte. Ihr Blick war matt, aber ihre wilden blonden Haare waren vorne zurückgekämmt und auf dem Kopf zu einem hübschen kleinen Knoten frisiert. Sie faltete eine Origami-Figur, vielleicht ein Kaninchen oder einen Seehund. In meiner aufgekratzten Stimmung malte ich mir aus, wir säßen in einem deutschen Restaurant in Kreuzberg und hätten zufällig das gleiche Gericht bestellt, zwei Lesben bei ihrem zweiten Date, beide Kreative. Sie würde mir von ihrer Fairtrade-Schmuckkollektion erzählen und ich ihr von meinen neuen Collagen. Wir wären ganz normale Restaurantbesucherinnen.

»Was?«, fragte Scarlett Johansson leise.

Ich kehrte abrupt in meine Spätzleteig-Wirklichkeit zurück. Offenbar hatte ich sie angestarrt.

Sie fragte erneut, diesmal auf Englisch. Ihre Stimme klang etwas nervös, aber freundlich.

Ich schüttelte den Kopf und schob mir weiter Spätzle in den Mund. Als ich wieder aufblickte, sah sie mich immer noch an und streckte die Hand aus, als wollte sie sich mir vorstellen. Ich wurde von plötzlicher Panik ergriffen, nahm mein Tablett und marschierte ans andere Ende der Cafeteria. Ich hatte das Tagebuch. Ich hatte Hailey. Das hier war nicht Kreuzberg, und ich würde niemals ihren Namen erfahren.

18

Drei Tage später wurde ich in Frau Kleins Büro gerufen, bereit für meinen Triumphzug. Sie saß hinter ihrem Schreibtisch und trug ein Kleidungsstück, das aussah wie eine Mönchskutte aus dem siebzehnten Jahrhundert. Ich wertete es als gutes Omen, es passte zu einer feierlichen Prozession.

»Und?«, fragte ich ungeduldig.

»Setzen Sie sich bitte, Zoe. Die Polizei ist den Hinweisen aus dem Tagebuch nachgegangen. Sie hat Janet vernommen, und ich hielt es für das Beste, selbst mit Ihnen über die Ergebnisse zu sprechen. Ich möchte nicht, dass die Polizeibeamten Sie in Ihrer Entwicklung stören.«

Die Orchestermusik in meinem Kopf schwoll an. Streicher. Pauken. Gleich war es so weit.

»Die Polizei hat sowohl mit Beatrice als auch mit Janet über die neuen Informationen gesprochen. Es besteht kein Zweifel daran, dass Janet auf Sylt war, sie hat dort an dem Tag, als Hailey starb, mit einer Freundin gefrühstückt. Und am Abend wurde sie von mehreren Nachbarn bei einem Spaziergang gesehen. Sie war nicht in Berlin. Die Polizei beschäftigt sich auch mit den Plagiatsvorwürfen, aber es gibt keine Möglichkeit, zweifelsfrei nachzuweisen, dass …«

»Nein, das kann nicht sein. Sie muss …«

»Ich schlage vor, dass wir darüber reden, was für eine nette Geste es war, dass Hailey Ihnen das Tagebuch geschickt hat. Ich hoffe, Sie fühlen sich dadurch ein wenig besser und können endlich mit der Sache abschließen.«

»Wie bitte?«, fauchte ich.

»Es tut mir leid, Zoe.«

»Janet hat sie umgebracht! Zusammen mit Beatrice. Die beiden haben …«

Frau Klein unterbrach mich: »Es ist wohl am besten, wenn wir nicht länger um den heißen Brei herumreden. Inzwischen sind Sie stärker und vertragen die ungeschminkte Wahrheit: Sie haben Haileys Leiche gefunden und auf sie eingestochen. Es wird Zeit, dass Sie Ihren Frieden machen mit dem, was Sie getan haben.«

Frau Klein war mir von Anfang an unsympathisch gewesen mit ihrer trägen Ausstrahlung und ihren altbackenen Gewändern. Dennoch hatte ich ein gewisses Vertrauen zu ihr gehabt, weil sie mir immer wieder geduldig zugehört hatte. Jetzt wurde mir klar, dass sie mir nie geglaubt hatte und auch nie glauben würde. Für den Rest unserer Sitzung verharrte ich reglos und starrte zur Decke. Ihre Fragen schwirrten an mir vorbei wie Papierflugzeuge. Ich humpelte zurück in mein Zimmer und wünschte mir Hailey herbei, mein rothaariges Kool-Aid-Männchen, das es schaffte, jede Wand zu durchbrechen.

In der galaktischen Leere meines kleinen Zimmers dachte ich zum ersten Mal in meinem Leben an Selbstmord. Wie könnte ich es anstellen? Bettlaken an der Türklinke? Ersticken mit einer Mülltüte? Dann konnte ich wenigstens wieder bei Ivy und Hailey sein. Ich überlegte, ob die beiden sich wohl im Jenseits zusammengefunden hatten und unsere Pyjamaparty vorbereiteten: Mikrowellen-Popcorn machten, einen Film einlegten. Die folgenden Tage waren ein deprimierter verschwommener

Fleck. Alles kam mir wie eine Einladung zum Tod vor: die rutschigen Kacheln in der Dusche, jeder Bissen meiner Mahlzeiten, das obere Ende der Treppe. Meine Umgebung flehte mich geradezu an auszurutschen, zu ersticken, zu stürzen.

Der Winter fegte eisig und schmutzig herein. Ich war erleichtert über das Dahinwelken der Landschaft und beobachtete die Krähen dabei, wie sie auf den Feldern vor dem Fenster herumpickten. Das immer frühere Verschwinden der Sonne tröstete mich, und an manchem grauen Morgen gelang es mir, alles zu vergessen. Dann wachte ich auf und fühlte mich gut. Mein Bett war bequem, es war warm, es gab keinen Kohleofen, um den ich mich kümmern musste. Ich lag da und hatte mein ganzes Leben noch vor mir. Bis schließlich ein Güllewagen seine Ladung Jauche über meinen nackten Beinen ablud, und die Erinnerung schlagartig zurückkehrte. Ich versuchte die Luft anzuhalten, bis ich erstickte.

Es gab keine Neuigkeiten. Die Anschuldigungen bezüglich *On Blue Peak* hatten nichts ergeben. Was Haileys Ermordung anging, besaßen Janet und Beatrice glaubhafte Alibis. Ich war immer noch die Leichenschänderin. In meinem Zimmerchen mit dem schimmligen Waschbecken spann ich meine eigenen Theorien, entwirrte das Knäuel, wickelte mir den Faden um die Finger und spielte das Abnehmspiel. Ich war überzeugt, dass Beatrice und Janet meinen Tod wollten – sicher waren sie davon ausgegangen, mich ebenfalls leblos in der Wohnung vorzufinden. Während ich mich im warmen Bett zusammenrollte, stellte ich mir vor, wie das Mutter-Tochter-Duo mit Nylongurten und schwarzen Kletterseilen die Mauern der

Kurklinik erklomm. Was würden mir die beiden antun? In den meisten Nächten wünschte ich mir, sie würden es endlich zu Ende bringen.

Claire hatte aufgehört, am wöchentlichen Besuchstag zu erscheinen, was mir nur recht war. Auf diese Weise konnte ich ungestört meinen Winterschlaf halten, ohne mich jede Woche den heulenden Eltern und gestressten Geschwistern aussetzen zu müssen, dem Wirbelsturm aus Enttäuschungen, der durch den Gemeinschaftsraum fegte. Flehende Mütter, stumme Großeltern, die jeden umarmen wollten, herumgeworfene Kekse, ausgespuckter Saft. Von Zeit zu Zeit rief ich meine Mutter an, aber ich hatte ihr nur Dinge zu sagen, die sie erschreckten. Sie fand keinen Gefallen an meinen Theorien. Meiner Paranoia. Einmal kam Jens zu Besuch. Ein paar Tage zuvor war ich auf ein neues Medikament umgestellt worden, das mich zu müde oder vielleicht zu deprimiert machte, um morgens munter zu werden. Ich lag also einfach auf einem Sitzsack, während er mir beim Schlafen zusah. Bevor er ging, strich er mir über den Kopf. Die Berührung reanimierte irgendwelche Zellen in meinem Inneren, und ich hob den Blick und wünschte mir, die Hand nach ihm ausstrecken zu können, doch da schritt er bereits den Flur entlang Richtung Ausgang. Ich fühlte mich alleingelassen. Haileys Plan, mir das Tagebuch zu schicken, damit ich meine Unschuld beweisen konnte, war gescheitert. Das Geflüster, das mir anfangs durch die Flure gefolgt war, war verstummt. Selbst Beatrice' Parfüm suchte mich nicht mehr heim. Auch ich wollte meinen Körper verlassen, wollte vom Fernsehturm springen, mit einem *Platsch* aus dem Krautland verschwinden.

Gegen Jahresende bekam ich ein Medikament, das

mich zumindest halbwegs stabilisierte. Ich war jetzt zu benommen, um deprimiert zu sein. An Silvester schlenderte ich nach dem Abendessen zum ersten Mal in den Gemeinschaftsraum und setzte mich auf ein senffarbenes Sofa, gesellte mich zum Chor der seltsamen Engel. Eine Brünette zählte laut ihre Finger, und ich wippte bei jeder Zahl, die sie mit kehliger Stimme in den Raum entließ, mit dem Kopf. Unterdessen öffnete und schloss eine andere junge Frau immer wieder einen Atlas und erzeugte dabei ein lautes Zischen, dem eine ältere Frau zusätzliche Würze verlieh, indem sie in regelmäßigen Abständen seufzte. Hier und da lagen ein paar Partyhütchen herum, eine Pflegerin kam mit einem Teller Kekse vorbei.

Nachdem die anfängliche Betriebsamkeit Langweile gewichen war, legte ich mir den blauen Atlas, der eben noch als Musikinstrument gedient hatte, auf die Knie und blätterte zu der Seite, auf der Deutschland abgebildet war. Ich legte den Finger auf Berlin und versuchte, die Energie, die von dem roten Punkt auszugehen schien, in mir aufzunehmen. Konnte ich es spüren, all das, wozu diese Stadt fähig war? Ohne nachzudenken, zeichnete ich die Route nach Sylt nach. Ich fuhr über den fünfzehn Zentimeter langen Streifen Grün, der zwischen der Hauptstadt und dem nördlichsten Zipfel des Landes lag. Hatte sie während der Fahrt die Fenster heruntergelassen? Hatte sie Bach gehört? Waren Haileys Manuskripte im Kofferraum herumgeflogen? War das Blut an ihren Händen, die das Lenkrad umfassten, noch feucht gewesen? Ich schloss die Augen und versuchte, mir Janets Gesicht vorzustellen.

»Von Berlin braucht man siebeneinhalb Stunden.« Scarlett Johanssons Stimme ließ mich aus meiner Träumerei aufschrecken. Sie blickte mir über die Schulter, ein silberglänzendes Partyhütchen auf dem Kopf. Sie umrundete das Sofa, um sich neben mich zu setzen. »Meine Oma hat dort in der Nähe gewohnt.«

»Ah«, sagte ich unbehaglich.

Sie machte es sich bequem und fing an, etwas aus einer ausgerissenen Zeitschriftenseite zu falten. Es tat gut, ihre Körperwärme neben mir zu spüren. Nervös wandte ich meine Aufmerksamkeit wieder dem Atlas zu. Das Licht der Neonröhren, das mir sonst immer viel zu grell erschien, fühlte sich plötzlich gemütlich an. Endlich kam ein wenig Feiertagsstimmung auf.

»Ich bin Zoe«, flüsterte ich.

»Und ich Stefanie«, sagte sie und gab mir den Origami-Kranich, den sie gerade fertig gefaltet hatte. Ich hatte meine eiserne Regel gebrochen und einen Namen erfahren. *Stefanie.* Die Schlauchbootlippen und der leere Blick gehörten nun einem dreidimensionalen menschlichen Wesen mit Gefühlen und Gedanken. Sie war nicht länger mein Vektor, meine Leiter nach draußen. Jetzt existierten wir zusammen in dieser ohrenbetäubenden Welt.

Nachdem sie eine Weile durch den Raum geschlurft war, schaltete die seufzende Frau eine Folge von *Die Nanny* ein, in der eine übertrieben synchronisierte Fran Drescher feststellte, dass sie schwanger war. Drei junge Frauen begannen einen Streit, woraufhin sofort zwei Pflegerinnen herbeistürzten, um den Disput aufzulösen. Ich wusste, dass die Anspannung unter den Insassinnen groß war. Morgen war der besuchsreichste Tag des ganzen Jahres, weil ein großer Neujahrsbrunch stattfand. Die Kurklinik würde für Familie und Freunde geöffnet sein, würde Führungen übers Gelände anbieten. Sogar Live-Musik war angekündigt. Ich war froh, dass ich selbst keinen Besuch erwartete, so konnte ich mich dem ganzen Stress entziehen.

Die Pflegerin, die immer nach Puder roch, schob quietschend den Postwagen heran. Die ältere seufzende Frau erhielt einen Brief. Dann warf die Pflegerin auch mir einen Umschlag in den Schoß. Noch bevor ich danach gegriffen hatte, sah ich, dass kein Absender darauf stand. Ich riss ihn auf, und eine Karte glitt zu Boden. Während ich mich bückte, erkannte ich, dass sie mit den gleichen eigenartigen Symbolen bedeckt war wie die Karteikarten in der geheimen Wohnung, eine gekritzelte Aneinanderreihung von Kreisen und Kreuzen. Mir wurde gleichzeitig heiß und kalt. Ich hob die Karte auf und drehte sie um. Auf der Rückseite stand in roten leserlichen Buchstaben ein englischer Text, bei dem es sich offenbar um die Übersetzung der Symbole handelte.

#671
Potenzielles Mordkomplott: die Einleitung von Kohlenstoffmonoxid durch die Rohre eines bereits als fragwürdig geltenden Heizsystems mittels Kanister von einer angrenzenden, darüber oder darunter liegenden Wohnung.

Ich hörte die volle Explosion des Orchesters, Hörner, Schlaginstrumente, Saiteninstrumente. Alles schmetterte gleichzeitig. Ich schrie, und plötzlich waren zwei Pflegerinnen an meiner Seite. Heiße Luft strömte aus meinem Mund. Ich versuchte, mich zu beruhigen, mich zu erklären, zeigte auf die Karte. Sie hörten nicht zu, ich sprang aufs Sofa.

»Das waren Janet und Beatrice, ich bin mir sicher, dass sie …«

»Das … Ich muss mit jemandem reden …«

Noch mehr Geschrei.

»Bitte … ich muss …«

»Hören Sie auf …«

Ich trat um mich. Die nach Puder riechende Pflegerin packte mein Bein, und ich schlug sie weg und verlangte, mit Frau Klein zu sprechen. Die andere Pflegerin, jung und nervös, rief nach Verstärkung. Keine dreißig Sekunden später war sie da – die Dicke mit der Akne am Hals, der ich ins Gesicht geboxt hatte. Auf Rache sinnend und vollkommen unbeeindruckt von meinem Aufstand, umklammerte sie mein Kinn mit ihrer pummeligen Hand, drückte mich mithilfe ihres rechten Ellbogens und Knies zu Boden und hielt mir einen Pappbecher mit einer gelben spermaartigen Flüssigkeit vor den Mund.

»Runterschlucken!«, gurrte sie.

Ich versuchte die Lippen aufeinanderzupressen, wohlwissend, dass ich wieder auf den Grund des dunklen Sees abtauchen würde, wenn ich aus dem Becher trank. Kurz bevor die Flüssigkeit ihre Wirkung entfaltete, ging Stefanie an mir vorbei und zog die Karteikarte aus meiner fast erschlafften Hand. Sie zwinkerte mir zu, und ich schloss die Augen.

Ich atmete ein, meine Nasenlöcher brannten. Der Liliengestank lag wieder in der Luft – intensiv, chemisch, steril. Meine Wimpern kämpften flatternd gegen die getrocknete Flüssigkeit an, die meine Augen verkrustete. Allmählich sah ich den Raum wieder scharf. Ich drehte den Kopf und entdeckte eine Pflegerin auf allen vieren auf dem Boden. Sie blätterte in einem Buch. Vielleicht hatte sie mir Frühstück gebracht.

Die Pflegerin drehte das Buch um und wedelte damit hin und her, als wollte sie eine gepresste Blume daraus hervorschütteln. Auf meinem Schreibtisch stand ein silberner Pappteller mit einem großen Stück Torte mit Schokoladenüberzug.

Ich holte Luft, war noch völlig benommen. Als ich erneut zum Schreibtisch blickte, traute ich meinen Augen nicht – es war keine Pflegerin, die dort auf dem Boden kauerte, es war Beatrice. Sie trug einen rotweißen Weihnachtspullover, ihr schwarzer Bob war ungekämmt. Ich schloss die Augen. Hoffentlich war es nur ein Trugbild, ein Phantom. Ich hörte, wie Beatrice an der Tür rüttelte, sie war abgeschlossen. Sie stieß einen verärgerten Laut aus, versuchte es noch einmal mit mehr Kraft, ging dann zu meinem Wäschekorb und wühlte darin herum, durchsuchte die Taschen meiner Hosen.

Trotz meiner wackligen Beine sprang ich aus dem Bett und sah mich panisch um. Ich hatte keine Ahnung, wann das Pflegepersonal zuletzt nach mir gesehen hatte, aber in drei Stunden würde ich längst tot sein, in Stücke gehackt. Drei Stunden hätten Beatrice sogar genügt, um meine Leiche aufzuessen, sie zu verdauen und wieder auszuscheiden. Ich stürmte an ihr vorbei zur Tür und hämmerte dagegen, bis meine Fingerknöchel brannten.

»Bitte, bitte, bitte!«, flehte ich, den Mund an die schwere Metalltür gepresst, aber ich wusste, dass es nach meinem Zusammenbruch im Gemeinschaftsraum nichts bringen würde.

»Ich will sie einfach nur zurückhaben«, sagte Beatrice streng.

Ich kratzte meinen ganzen Mut zusammen und blickte über die Schulter. Das Herz schlug mir bis zum Hals.

»Gib sie mir.«

»Was?«

»Die Karteikarte. Es war ein Fehler, sie dir zukommen zu lassen«, antwortete sie und wandte mir den Rücken zu, um erst die Decke und dann mein schweißnasses Laken vom Bett zu ziehen. Sie schob ihre Hand zwischen Matratze und Rahmen und ließ sie einmal um das ganze Bett herumgleiten. »Ich kann dir Geld geben.«

Ich blieb an die Tür gepresst stehen und rüttelte weiter an der Klinke. Es war also Beatrice, die mir die Karte geschickt hatte – und nun wollte sie sie wieder zurück.

»Ich will kein Geld.«

»Jeder will Geld«, sagte sie knapp. »Wo ist sie, verdammt noch mal?«

»Ich hab sie der Polizei gegeben«, log ich.

Es dauerte ein paar Sekunden, bis der Satz in ihr Bewusstsein vorgedrungen war. Ich dachte an all die Formen, zu denen Stefanie die Karte gefaltet haben könnte – vielleicht war sie jetzt ein Schwan oder ein Dampfschiff oder ein Känguru. Es war mir vollkommen egal, Hauptsache, sie hatte sie noch. Wie war Beatrice überhaupt in mein Zimmer gekommen? Dann fiel es mir ein: der Neujahrsbrunch. Im Durcheinander der Familiendramen war es offenbar niemandem aufgefallen, dass sie sich mit einem Kuchenteller davongeschlichen hatte.

Beatrice machte unsicher einen Schritt auf mich zu, und ich duckte mich weg und kletterte auf die nun nackte Matratze. Es gab kein Entkommen, was auch immer sie vorhatte. Ich kauerte mich an die Wand und suchte den Raum fieberhaft nach etwas ab, mit dem ich mich verteidigen konnte. Ihre roten Lippen pressten sich zu einer schmalen Linie zusammen.

Sie starrte mich an. Die Stille im Raum wurde immer unerträglicher. Ich musste auf Zeit spielen.

»Erzählen Sie mir, wie alles angefangen hat«, sagte ich und überraschte mich selbst mit dieser Frage. Frau Klein hatte sie während unserer ersten Therapiesitzungen unablässig wiederholt. *Wie hat alles angefangen?* Als ob es irgendeine logische Erklärung dafür gäbe, dass Beatrice und ich am ersten Tag des neuen Jahres zusammen in diesem Zimmer eingesperrt waren.

Beatrice antwortete nicht. Sie lehnte inzwischen an der Tür und hatte den Blick von mir abgewandt. Ich stellte meine Frage erneut und änderte dann die Taktik.

»Schreiben Sie beide die Bücher zusammen? Oder sind Sie nur das Gesicht für Janets Werk?«

»Woher weißt du davon?«, blaffte Beatrice.

Ich schluckte.

»Von Hailey. Sie hat mir einen Brief hinterlassen.«

Als sie Haileys Namen hörte, wurde sie blass.

»Erzählen Sie mir, wie alles angefangen hat.«

»Nein.«

Ich spitzte die Ohren, lauschte auf die Gummisohlen sich nähernder Pflegerinnen. Nichts. Ich musste Beatrice irgendwie dazu bringen weiterzureden.

»Sie haben Hailey umgebracht.«

»Nein, habe ich nicht«, brauste sie auf.

»Dann sagen Sie mir, was passiert ist.«

Beatrice verlagerte das Gewicht und gab dann ein raues verärgertes Lachen von sich. »Also gut. Am Anfang hat sie die Bücher geschrieben, aber sie hatte Probleme, einen Verlag zu finden, also kam ihr die Idee, mich zum Gesicht ihrer Romanserie zu machen. Sie dachte, ein zwanzigjähriges Wunderkind hätte vielleicht mehr Glück.«

Beatrice holte tief Luft, bevor sie mit hasserfüllter Stimme fortfuhr: »Wir waren gut, hatten Erfolg – aber sie musste es wie immer übertreiben.«

»Inwiefern?«, fragte ich, verwundert darüber, dass ich es tatsächlich geschafft hatte, ihr die Wahrheit zu entlocken.

Beatrice blickte durch mich hindurch in die Ferne. »Wir sahen uns sehr ähnlich, sie ist jung Mutter geworden. Also fing sie an …« Sie zögerte. »Sie gönnte mir den Erfolg nicht und fing an, eine Perücke zu tragen, sich für mich auszugeben und in meinem Namen Bücher zu signieren. Damals gab es noch kein Internet, daher fiel es zunächst niemandem auf. Ich fand es nur durch Zufall heraus, als mein Agent mir dafür dankte, dass ich trotz einer Grippe zu einer Signierstunde gekommen war. Meine Mutter versprach mir, damit aufzuhören, aber ich wusste, dass sie der Versuchung nicht immer widerstehen konnte. Im Grunde war Beatrice Becks für uns beide ein Avatar.«

»Wen habe ich vor Weihnachten in der Wohnung angetroffen?«, fragte ich.

»Das war sie. Mit einer schwarzen Perücke.«

Ich nickte. »Sie hat den Kopf weggedreht.«

»Das wundert mich nicht.« Beatrice räusperte sich, und als sie weitersprach, klang ihre Stimme vorwurfsvoll: »Du hast ihr das Schreiben vom österreichischen Bundeskanzleramt gegeben, in dem stand, dass meine Bewerbung für ein Stipendium abgelehnt wurde. So hat sie herausgefunden, dass ich gelogen hatte. Ich war bei Michael, meinem Partner. Ich musste einfach weg von ihr, wollte nicht schon wieder ein neues Buch schreiben. Die Entwürfe, die sie mir geschickt hat, habe ich nie gelesen.«

Ich nickte und ließ mich weiter von Frau Klein inspirieren, versuchte, unser Gespräch in die Länge zu ziehen.

»Als sie das Buch wie geplant im Herbst herausbringen wollte, habe ich versucht, dagegen anzukämpfen, aber der Verlag … Deshalb habe ich dir die Karteikarte geschickt, weil ich wollte, dass es endlich aufhört. Ich habe es satt. Die Polizei hat sie verhört, aber es ist nichts passiert …«

Ihre Atemzüge wurden abgehackt, der Gedanke, dass sie das Verschicken der Karteikarte nicht mehr rückgängig machen konnte, wühlte sie sichtlich auf. Ich fühlte mich immer mehr wie Scheherazade. Wenn ich es schaffte, die Geschichte weiterzuspinnen, würde sich verzögern, was sie Schreckliches mit mir vorhatte. »Sie hat Hailey umgebracht, oder?«

Beatrice hielt inne. »Ich wusste, dass sie bei ihrem Besuch vor Weihnachten Haileys Tagebuch mitgenommen hatte. Alles andere konnte ich mir beim besten Willen nicht vorstellen … bis ich die Karteikarte fand.«

Ihr Blick verdüsterte sich, als wäre ihr gerade etwas klargeworden. Sie kam auf mich zu. »Du lügst, nicht wahr? Du kannst sie gar nicht der Polizei gegeben haben …«

Ich presste mich noch enger an die Wand und wappnete mich für das, was nun kommen würde. In diesem Moment ging leise die Tür auf. Die breithüftige Pflegerin erschien und summte ihr übliches »Mmmmhmmm«. Panik flackerte in Beatrice' Blick auf. Sie schlüpfte rasch in die Rolle der liebenden Tante, reichte mir den Pappteller mit der Torte und strich mir über den Kopf. Ohne die Pflegerin anzusehen, eilte sie aus dem Zimmer und wünschte uns ein frohes neues Jahr, bevor sie den Flur entlang Richtung Cafeteria verschwand.

»Halten Sie sie auf!«, schrie ich. Die breithüftige Pflegerin wirkte für einen Moment verwirrt, dann beschwichtigte sie mich und trat ans Bett. Sie schnalzte missbilligend mit der Zunge, als sie das Durcheinander sah, und brachte in aller Ruhe mein Bettzeug wieder in Ordnung.

»Bitte gehen Sie nicht weg«, flehte ich sie an. Ich wollte nicht allein sein. Sie lächelte nur und schloss dann die Tür, ließ mich in meiner nach Lilien stinkenden Zelle zurück.

Zwei schlaflose Nächte später wurde ich aus der Beobachtung entlassen. Und da war sie, auf dem Weg zu ihrem üblichen Platz am Fenster. Ihr elastischer Hosenbund war so tief heruntergerollt, dass man ihre Hüftknochen und sogar ein paar Schamhaare sehen konnte. Ich trottete schweigend zu ihrem Tisch und setzte mich, wobei ich versuchte, so wenig Aufmerksamkeit wie möglich auf uns zu lenken.

»Hast du die Karte?«

Sie zuckte mit den Schultern und zwinkerte. »Welche Karte?«

»Stefanie!«

Sie lächelte, als ich ihren Namen sagte. Dann zog sie ein gefaltetes weißes Kaninchen aus dem Inneren ihres Hosenbunds und schob es über den Tisch.

19

Ich saß auf dem Parkplatz von Panera Bread im Süden Sebastians und musste mich zwingen, aus dem Auto zu steigen, den schwarzen Asphalt zu überqueren, mich in die Warteschlange einzureihen und ein Ciabatta mit antibiotikafreiem Geflügelsalat zu bestellen. Ich versuchte, in die »Normalität« zurückzukehren, doch selbst die einfachsten Dinge verlangten mir eine Energie ab, die ich nicht mehr aufbringen konnte. Irgendwann überwand ich mich doch, und nach einer Weile standen etwa zehn gebräunte, größtenteils ältere Personen hinter mir, von denen ich keine persönlich kannte. Eine Handvoll von ihnen flüsterte und starrte mich mitleidig an. Ihr Mitgefühl war noch unerträglicher als der blinde Abscheu, der mich in Deutschland begleitet hatte.

Für meine letzten Tage in Berlin war ich zu Claire gezogen, wo sie mir eins der Gästezimmer im zweiten Stock zugewiesen hatte. Tobi und die Mädchen waren in Zürich. Ich badete mehrmals täglich in der großzügigen Badewanne der Breitbachs und bestaunte meinen nackten Körper. Ich hatte vergessen, wie ich aussah, die Form meiner Oberschenkel und Brüste. Ich wirkte älter, meine Haut hatte sich verändert. Nachdem ich mich auf den Granitwaschtisch gesetzt hatte, inspizierte ich mein Gesicht, tippte gegen meine Wangen. Dann schob ich die Lippen vor, wie Hailey es immer getan hatte, wenn sie irgendwo ihr Spiegelbild entdeckt hatte. Auch sie war nun ein Teil von mir, ich erkannte sie in meinen Zügen wieder.

In Claires Wohnturm in Mitte war ich von der Realität auf den Straßen abgeschirmt. Ich wusste, dass ich jetzt wieder tun und lassen konnte, was ich wollte, aber ich litt noch unter den Nachwirkungen meiner Klinikisolation, hatte Angst vor Menschenmengen und hupenden Autos. Ich hätte mit der U-Bahn zur Bülowstraße fahren, mich auf den Gehweg vor Beatrice' Wohnung stellen und dem vergangenen Jahr ins Auge blicken können, doch stattdessen rollte ich mich lieber in der Badewanne zusammen.

Am letzten Abend vor meinem Rückflug schlurfte ich in die Küche, in der Hand meinen offenen Laptop. Meine Haut war noch heiß von einem meiner Schaumbäder. Ich hatte mir ein Handtuch um den Kopf gewickelt und schenkte mir ein Glas Rotwein ein. Der Tag war damit vergangen, dass ich mir immer wieder das zwölfsekündige Video angesehen hatte, in dem Janet nach dem Aussteigen aus dem Polizeiauto zur Wache geführt wird. Sie trägt Handschellen und einen gelben Cardigan, und ihre Lippen umspielt ein kaum merkliches Lächeln. Endlich stand sie im Mittelpunkt der Aufmerksamkeit.

»Schon wieder gebadet?«, fragte mich Claire, die gerade aus dem gläsernen Aufzug stieg. Ich nickte, und das Handtuch um meinen Kopf rutschte herunter.

Claire kam aus dem Büro, wo sie Beatrice' Zeugenaussage durchgearbeitet hatte. Sie stellte ihren ledernen Aktenkoffer ab und marschierte zum Kühlschrank, zog eine Flasche Pellegrino heraus und machte es sich seufzend auf einem Küchenhocker bequem.

»Ganz schön extrem. Die Beziehung zwischen Beatrice und ihrer Mutter, meine ich. Vielleicht muss ich mir an die eigene Nase fassen und mich fragen, ob ich zu streng mit den Mädchen bin?«

Ich schüttelte den Kopf, beeindruckt von Claires Fähigkeit, alles auf sich selbst zu beziehen. Sie schenkte sich gedankenverloren ein Glas Mineralwasser ein.

»Wie läuft es denn mit dem Fall?«, fragte ich, um sie in die Gegenwart zurückzuholen.

»Ach, einerseits ist alles ziemlich eindeutig, andererseits auch wieder nicht. Beatrice behauptet, sie hätte erst erfahren, dass *On Blue Peak* ein Plagiat war, als vor vier Jahren plötzlich ein Rechtsstreit darum entbrannte. Es wurden mehrere Vergleiche mit Geschädigten geschlossen, die beiden mussten über eine Million Dollar dafür hinblättern. Seither weiß sie ganz genau, dass ihre Mutter schon früher zu völlig inakzeptablen Mitteln gegriffen hat. Sie beharrt trotzdem darauf, dass sie keine Kenntnis davon hatte, dass Janet dich und Hailey heimlich beobachtete.«

Ich trank einen großen Schluck aus meinem Weinglas und bedeutete ihr mit einem Nicken fortzufahren.

»Sie behauptet, sie hätte Haileys Tagebuch nach seinem posthumen Erscheinen mit den aktuellen Entwürfen ihrer Mutter verglichen und erst da kapiert, dass Janet es wieder getan hatte. Laut Beatrice' Aussage war es nicht ungewöhnlich, dass eine von ihnen sich allein auf die Arbeit an einem Buch konzentrierte, während die andere an einem zweiten schrieb. Sie schwört, dass sie keine Ahnung von alldem hatte, aber ich bin mir nicht sicher, ob ich ihr glaube.«

Ich gähnte.

»Wird es dir zu viel?«

»Nein, es liegt an den Medikamenten – sie sind immer noch in meinem System. Erzähl weiter.«

»Wo war ich stehengeblieben? Ach ja, halt dich fest:

Anscheinend hat Janet, als Beatrice noch ein Kind war, das Tagebuch ihrer Tochter nicht nur gelesen, sondern es auch überarbeitet und Vorschläge gemacht, wie sie es spannender gestalten könnte. Auch Grammatik und Satzzeichen hat sie korrigiert.«

Ich bekam Gänsehaut beim Gedanken daran, wie Janet sich mit einem Rotstift über Beatrice' plüschiges Mädchentagebuch beugte. Claire fuhr fort: Beatrice sei bekannt gewesen, dass ihre Mutter mehrere falsche Facebook-Accounts betrieben habe, es habe sie immer wieder erstaunt, wie bereitwillig die Leute das Rohmaterial ihres Lebens zum Nulltarif preisgaben. Janet habe sich außerdem oft als Journalistin ausgegeben und trauernde Familien über die Details ihrer Tragödien ausgefragt. Sie sei immer wieder in das Leben ahnungsloser Menschen eingedrungen. Die Partyfotos, die Hailey und ich auf Facebook gestellt hatten, seien für sie ein gefundenes Fressen gewesen.

»Beatrice sagt, sie hätte in jener Frühstückssendung versucht, die Veröffentlichung von *Blood-Sex-Death-Berlin* zu stoppen. Eine Live-Aufnahme sei die einzige Möglichkeit gewesen, die Kontrolle zurückzugewinnen«, erzählte Claire und drehte an ihrem Ehering. Ich starrte weiter auf die roten Ablagerungen in meinem Weinglas. Glaubte ich Beatrice, dass sie keine Schuld traf? Als sie zu mir in die Kurklinik gekommen war, hatte sie vorgehabt, mir etwas anzutun, davon war ich überzeugt. Sie hatte ein letztes Mal für ihre Mutter die Kohlen aus dem Feuer holen wollen, schlussendlich aber ihre Meinung geändert. Fest stand, dass ihr klar gewesen war, in welche düstere Welt Janet abgerutscht war. Ich hatte das Gleiche bei Hailey beobachtet, und auch ich hatte es nicht verhindert. In gewisser Hinsicht war keine von uns unschuldig.

»Offenbar hat Janet Beatrice geschworen, dass sie mit Haileys Tod nichts zu tun habe, und Beatrice hat ihr geglaubt, weil es in dem Gebäude in der Vergangenheit schon Probleme mit verstopften Rohren gegeben hat. Beatrice besteht darauf, dass sie wie die meisten Menschen dachte, du wärst im Ketaminrausch nach Hause gekommen, hättest Hailey an ihrer Kohlenmonoxidvergiftung verendet vorgefunden, ihr Buch gelesen und wutentbrannt auf ihre Leiche eingestochen. Dann hättest du das Originaltagebuch und sämtliche Kopien vernichtet und die Polizei angerufen. So jedenfalls der von ihr angenommene Tathergang, bis sie die Karteikarte fand …«

»Die kann mich mal«, murmelte ich. Es war schrecklich, in dieser Klarheit zu hören, was Beatrice und alle anderen über mich gedacht hatten.

»Verständlich, dass du sauer auf Beatrice bist. Das war strafbare Fahrlässigkeit in ihrer schlimmsten Form. Worüber ich immer noch nicht hinwegkomme, ist, dass Janet sich als ihre eigene Tochter ausgegeben hat. Das ist so pervers.« Sie lachte. »Kinder stehlen einem die Jugend, das weiß ich nur zu gut. Vielleicht war es ihre Art, sie sich zurückzuholen.«

»Was ist mit Janets Alibi?«, fragte ich.

»Sie hat ihr Friesenhäuschen für ein paar Tage ihrer Reinigungskraft überlassen und als Gegenleistung von der Frau verlangt, mit ihrer Jacke und Mütze einen Abendspaziergang zu machen und den Nachbarn von weitem zuzuwinken. Die Anwohner, die zu ihren Gunsten ausgesagt haben, konnten auf die Entfernung ihr Gesicht nicht erkennen. Sie hatten keine Ahnung, dass es nicht Janet war, die da spazieren ging.«

Die Vorstellung, dass Janet sich auf der Kundentoilette

einer Buchhandlung eine schwarze Perücke anzog, um für Beatrice' Fans Bücher zu signieren, war völlig absurd. Andererseits konnte ich mich zumindest ansatzweise in sie hineinfühlen. Auch ich hatte mir Haileys rote Haare übergestülpt. Wie eigenartig, dass ausgerechnet wir vier uns begegnet waren: Beatrice und ihre Mutter, Hailey und ich. Wir waren wie Frauen auf dem Rummelplatz, die man entzweigesägt und nicht wieder zusammengesetzt hatte, verbannt ins Spiegelkabinett. Ich hasste Beatrice, musste ihr jedoch zugestehen, dass sie die größte Hürde von uns allen überwunden hatte: Sie hatte ihre Mutter verraten, die zuvor Hailey verraten hatte, die ihrerseits mich verraten hatte. Alles war dicht miteinander verwoben, Imitation und Original.

Indem sie ihre Mutter doch noch ans Messer geliefert hatte, hatte sie die Veröffentlichung von *Blood-Sex-Death-Berlin* erfolgreich verhindert. Während ich in meinem allerletzten Schaumbad lag und den Kopf unter den Wasserhahn hielt, überlegte ich, was Hailey wohl gewollt hätte. Vielleicht wäre es ihr lieber gewesen, wenn das Buch an Flughäfen auf der ganzen Welt verkauft worden wäre, selbst wenn wir darin wie aufmerksamkeitsheischende Schwachsinnige dargestellt wurden. Nachdem ich zum hundertsten Mal das Video von Janet in Handschellen abgespielt hatte, wusste ich die Antwort: So und nicht anders sah das perfekte Ende unserer Geschichte aus.

Im Rahmen ihrer Zeugenaussage – und im Austausch für Straffreiheit – hatte Beatrice der Polizei dabei geholfen, die vielen Kartons voller Karteikarten zu übersetzen, die man auf Sylt gefunden hatte. Darin kamen Tausende Ideen für Handlungen, überraschende Wendungen, Figuren und potenzielle Mordszenarien zum Vorschein, vom vergifteten Tuba-Mundstück über neurotoxische Räucherstäbchen bis hin zum in einem Handy versteckten Elektroschocker. Janet hatte sich auch Notizen zu realen Mordfällen gemacht, unter anderem zu Ivys – sie hatte die exakte Anordnung ihrer vierzehn Stichwunden vermerkt sowie die Beschaffenheit der Messerklinge, die derartige Verletzungen verursachte.

Claire schnippte mit ihren rosenroten Fingernägeln gegen das grüne Glas der Pellegrino-Flasche. »Ach ja, es kam außerdem heraus, dass sie die seltsamen Symbole ihrer Geheimschrift zusammen mit ihrem Mann erfunden hatte, als dieser im Vietnamkrieg war. Beatrice behauptet, ihre Mutter hätte sie danach weiterverwendet, weil sie panische Angst hatte, dass ihr jemand ihre Ideen stahl – ironisch, was?«

Ich nickte. Mein Glas war inzwischen leer. Auf dem Weg zum Kühlschrank kam mir eine letzte Frage in den Sinn: »Hat Janet das Kunstblut auf dem Boden verteilt?«

Claire nickte. »Sie wollte … *noch* mehr Drama.«

In den Wochen seit meiner Rückkehr nach Florida war das Haar meiner Mutter wieder leuchtend braun geworden, sie war sonnengebräunt, gärtnerte und sang vor sich hin, während sie kochendes Nudelwasser salzte und Freunde – die mir verständnisvoll ihre Hände auf die Schulter legten – zum Abendessen einlud. Erst allmählich wurde mir bewusst, dass sie sich versteckt hatte, nachdem sie aus Berlin zurückgekommen war, sich in Sippenhaft begeben und zu sehr geschämt hatte, um ans Telefon zu gehen oder Besichtigungstermine für Häuser durchzuführen. Eines Abends – ich war schon ein paar Wochen wieder zu Hause – machte sie Conch Fritters, meine Leibspeise, und wir aßen auf der Terrasse. Sie lehnte sich in ihrem Stuhl zurück und sagte seufzend: »Ich hätte nicht gedacht, dass wir hier noch mal so zusammensitzen könnten. Ich dachte, unser Leben wäre vorbei. Und jetzt dürfen wir noch einmal ganz neu anfangen – vielleicht wird es sogar besser als früher.«

Ich entschuldigte mich unter dem Vorwand, etwas aus der Küche holen zu wollen, und kühlte mich im gelben Licht des Kühlschranks ab, unsicher, was das überhaupt bedeutete: noch einmal ganz neu anfangen.

Meine Mutter war nicht die Einzige, die sich zum Positiven veränderte. Claires grellbunte Garderobe war perfekt geeignet gewesen für die kurzen Nachrichtenbeiträge, die sich mit unserem Fall befasst hatten, und sie war als geflügeltes Wunderwesen aus der Sache hervorgegangen, als Einzige, die mir von Anfang an geglaubt hatte. Ihren neuen Ruhm hatte sie dazu genutzt, eine eigene Kanzlei zu gründen. Sie hatte mir sogar ein Selfie geschickt, aufgenommen vor einer gläsernen Doppeltür am Ku'damm, über der frech der Name BREITBACH UND TÖCHTER prangte. Ihren Mann hatte sie inzwischen verlassen. Tobias war nicht mit ihrem Erfolg klargekommen, hatte es nicht ertragen, dass ihre Businesskostüme wieder zum Einsatz kamen.

An einem meiner ersten Tage zurück in der Heimat war ich zur Mall gefahren, derselben Mall, in der ich früher gejobbt hatte. Der Brunnen stank noch immer, und die Klimaanlage lief auf Hochtouren. Ich wollte mir etwas Neues zum Anziehen kaufen, etwas ohne Vorgeschichte. Die elektronische Musik, die aus den Lautsprechern schallte, zog mich in ein Modegeschäft namens Express, und ich suchte mir schwarze Shorts und zwei unscheinbare Tanktops aus. Das Material war synthetisch und klebte am

Körper, es passte perfekt zu meiner Stimmung. Nachdem ich bezahlt hatte, zog ich mich auf der Toilette des Food-Courts um und ließ meine alten Kleider in der Kabine zurück. Dann schlenderte ich zur Parfümabteilung und erkannte den lustlosen geistesabwesenden Blick des mageren Mädchens wieder, das sich auf die von unten beleuchtete Glasscheibe der Auslage stützte.

»Möchten Sie vielleicht Guerlain Cruel Gardenia probieren?«, zwitscherte sie, stellte sich aufrecht hin und zückte den Flakon. Ich schüttelte den Kopf und bat sie um ein Pröbchen von Chanel Mademoiselle.

Im Gegensatz zu Claire und meiner Mutter verwandelte ich mich nicht in eine bessere, strahlendere Version meiner selbst. Ich spürte noch immer das Loch in meinem Inneren, das Loch, in dem Ivy gelebt hatte, gefolgt von Hailey. Ich sprühte mich mit dem winzigen pastellfarbenen Glasröhrchen ein und ließ Haileys Duft auf mich wirken, erleichtert darüber, dass ich sie auf diese Weise besuchen konnte, wann immer mir danach war.

Constance und ich blieben in Kontakt und telefonierten häufig spätnachts miteinander. Sie hatte inzwischen ein vollkommen neues Leben an der University of Ottawa, wo sie Politikwissenschaft studierte und sich auf die juristische Hochschule vorbereitete. Sie las immer noch pausenlos und hatte natürlich mehrere Liebhaber gleichzeitig. Und ich hatte eine neue Therapeutin, Dr. Phillips, die ärmellose Polohemden trug, um mit ihren muskulösen Tennisarmen anzugeben, und mich bat, sie Angela zu nennen. Ich stellte mich nicht stur, wenn sie unangenehme Fragen stellte. Ich investierte Zeit und Mühe. Und sie half mir, mit meinen Schuldgefühlen umzugehen – weil ich Ivy geraten hatte, nach Hause zu fliegen, weil ich mit Jesse zusammengekommen war, weil ich Hailey nicht davon abgehalten hatte, sich in ihren Wahnsinn hineinzusteigern.

»Wie geht es dir, Zoe?«, fragte Angela mich, während im Hintergrund leise ein Rasenmäher brummte.

»Gut«, antwortete ich und verstummte dann.

Jesse hatte mir am Vorabend eine SMS geschickt, und ich wollte Angela eigentlich davon erzählen, wusste jedoch, dass sie mich ermahnen würde, mich nur auf mich selbst zu konzentrieren. »Die Erholung von einem Trauma braucht Zeit«, sagte sie gern. »Mit ein paar Schaumbädern und langen Spaziergängen ist es nicht getan.« Sie bestand darauf, dass es nicht verrückt von mir gewesen sei, mich zu Jesse hingezogen zu fühlen, dass ich einfach nur nach einer Möglichkeit gesucht hätte, meine Trauer zu bewältigen. Trauer hatte mich schon immer aus dem Konzept gebracht. Sie wirkte wie K.-o.-Tropfen auf mich, machte mich benommen, hatte mir mein schwarzes Kleid hochgeschoben, während ich mich auf dem Boden einer heruntergekommenen Männer-WG hatte vögeln lassen.

»Was ist los?«, fragte Angela.

»Jesse hat mir geschrieben und mich um ein Treffen gebeten – offenbar ist er irgendeiner neumodischen Freikirche beigetreten und soll jetzt *Wiedergutmachung* leisten bei den Menschen, denen er Schaden zugefügt hat.«

»Findest du, er hat dir Schaden zugefügt?«, wollte Angela wissen.

Ich blickte zur Decke. »Na ja, unsere Trennung war nicht gerade schön.«

»Und wer profitiert von diesem Treffen?«

»Er«, sagte ich mit der Gewissheit, die sie von mir erwartete.

»So ist es. Du bist ihm nichts schuldig.«

Ich nickte, und sie erklärte mir, wie wichtig es sei, neue Freundschaften zu pflegen und sie in einem vernünftigen Rahmen zu halten. Meine einzige Verantwortung bestehe darin, mich um mich selbst zu kümmern.

Aber ich konnte nicht anders, ich war neugierig. Nachdem ich auf dem Parkplatz ins Auto gestiegen war, schrieb ich ihm zurück. Jesse schlug das Captain Hiram's vor, er würde mich abholen. Zu Hause duschte ich und durchwühlte dann die Hausapotheke, bis ich eine knallgrüne Flasche Aloe-Vera-Gel und eine Tube Gurke-Melonen-Lotion zutage gefördert hatte. Ich war rot von der Sonne. Noch immer hatte ich das Gefühl, für Jesse gut aussehen zu müssen, vielleicht wollte ich aber auch, dass Ivy gut für ihn aussah. Ich schminkte mir die Augen wie sie, mit stark getuschten Wimpern und blauem Eyeliner.

Die Hupe ertönte, und ich schnappte mir meine Handtasche. Jesse machte mir die Beifahrertür von innen auf, und ich stieg ein. Der Geruch nach Zedernholz und Sonnencreme brachte die Erinnerung an unsere lange Autofahrt zurück, meine Traurigkeit, all die pickeligen Hühnerkadaver am Rand des Highways, die endlosen Gitarrenriffs. Er hob seine Baseballkappe an und beugte sich herüber, um mich zu umarmen.

»Hey, Butterblume«, flüsterte er, dann brach er in Tränen aus und legte den Kopf in meinen Schoß, wie er es früher immer getan hatte. Ich erstarrte, blickte aus dem Fenster auf den verdorrten Rasen unserer Nachbarn. Was tat ich hier?

Im Restaurant bekamen wir zwei riesige laminierte Speisekarten in die Hand gedrückt, ich bestellte Krabbenbeine, Jesse einen Burger mit einer Extraportion Pommes. Er drückte seinen Nasenrücken und lehnte sich auf seiner

Seite unserer Sitznische zurück. »Wie ist es dir seit Berlin ergangen?«

Ich schnaubte wie ein Pferd, mit flatternden Lippen. »Super.«

Er imitierte mein Schnauben. »Freut mich zu hören.«

»Ist das neu?«, fragte ich und zeigte auf das selbstgestochene BMX-Tattoo auf seinem Arm.

»Nee, das hatte ich schon immer«, antwortete er lachend und warf mir einen Seitenblick zu.

Ich hantierte mit meiner Gabel herum. Er durchbrach das Schweigen, indem er mir von einem megareichen Kunden erzählte, der so betrunken gewesen war, dass er vergessen hatte, an welchem Liegeplatz er seine Yacht vertäut hatte. Voller Panik hatte er kurzerhand eine neue Yacht gekauft, um seinen Gedächtnisverlust vor seiner Frau zu verschleiern, nach der die ursprüngliche Yacht benannt war. Sie fand es dennoch heraus, denn als sie und ihr Mann das nächste Mal zur Bootsrampe kamen, lag dort die verloren geglaubte *Madeline* vor Anker. Ich konnte Jesse kaum zuhören. Im grünlichen Licht des Restaurants sah ich ihn zum ersten Mal in aller Deutlichkeit vor mir. Der Rauch, der ihn nach Ivys Tod umgeben hatte, hatte sich verflüchtigt, und mir ging auf, dass ich keine Ahnung hatte, wer er war. Wir hatten nur zueinandergefunden, weil wir verzweifelt nach etwas – oder jemandem – gesucht hatten, an dem wir uns festklammern konnten. Es war nicht nur das Tattoo, an das ich mich nicht mehr erinnerte. Es war auch seine krumme Haltung, die Art, wie er die Mundwinkel nach unten zog, seine nervöse Energie, dass er unablässig mit einem Zuckerpäckchen auf den Rand des Tisches klopfte. Hatte ich wirklich mit diesem Menschen zusammengelebt? Hatte ich ihn geliebt?

»Alles okay?«

Ich nickte und entfaltete meine Serviette auf meinem Schoß.

Ob es ihm wohl genauso ging? Sah er mich ebenfalls an und begriff plötzlich, dass all die Wildblumen, die er für mich gepflückt hatte, in Wirklichkeit für Ivy gewesen waren und ich nur eine Fremde war, die eine Zeitlang seine Trauer gelindert hatte?

Das Abendessen zog sich in die Länge. Er sprach vom Hochseefischen und seinem Plan, eine Charterfirma am Meeresarm zu gründen und mit Touristen aufs offene Meer hinauszufahren, damit sie Snook, Rotbarsche und den einen oder anderen Königsfisch angeln konnten. Ich nickte zustimmend. Während er mir von einem Kumpel erzählte, der ihm vielleicht ein geeignetes Boot leihen könnte, überlegte ich, was passieren würde, wenn ich ihm gestand, dass ich lesbisch war, oder ihm die Darkrooms im Berghain beschrieb. Oder von Holidays rein homosexueller WG berichtete. Aber ich wusste, dass es sich nicht lohnte, ihm den Teil von mir zu erläutern, den ich erst kürzlich entdeckt und gleich wieder verloren hatte. Er hatte Gott für sich entdeckt, und davon wollte ich wiederum nichts hören. Wir bezahlten und gingen zum Parkplatz. Die »Wiedergutmachung« hatte er nicht ein einziges Mal erwähnt, doch das war mir egal. Vielleicht reichte dieser Restaurantbesuch schon.

Im Auto kramte er die *Californication*-CD von den Red Hot Chili Peppers hervor.

»O nein, die will ich nie wieder hören!«, flehte ich.

»Aber die Musik bringt einen wirklich zurück, warts ab.«

Er drehte die Lautstärke auf. Der Bass setzte ein, er

fing an mitzusingen. Ich gab mich geschlagen und stimmte mit ein.

An der Tankstelle hielt Jesse an, um Zigaretten zu kaufen, ich wartete im Auto. Es war Freitagabend, und in der Schlange an der Kasse drängten sich hoffnungsfrohe Lottospieler und verspätete Sixpack-Käufer. Ich fummelte an meinem Anschnallgurt herum, überprüfte dann mein Make-up im Rückspiegel. Ivys Eyeliner sah falsch aus an mir, ich wollte nicht mehr in ihre Rolle schlüpfen, nicht für ihn. Also klappte ich das Handschuhfach auf, griff nach einer Burger-King-Serviette und spuckte darauf, um mir den Lidstrich wegzuwischen. Als ich die Klappe gerade wieder schließen wollte, erhaschte ich einen Blick auf ein schimmerndes Kettchen, das ganz hinten im Fach klemmte. Ich zog daran und hielt ein goldenes Armband in der Hand, auf dessen Namensschild in verschnörkelter Kursivschrift stand: *JANE*.

Dank

Als Erstes muss ich Max Pitegoff danken, ohne den alles leer wäre. Außerdem möchte ich meiner Mutter danken, der genialen Kinderbuchautorin Debra Frasier, die sich nie beschwert hat, wenn sie mal wieder die neueste Version bei Staples ausdrucken musste. Ebenso danke ich Alex Scrimgeour, meinem Lektor-Dramaturg und engem Freund.

Auch danke ich all jenen, die mein Manuskript im Frühstadium gelesen haben – Patrick Armstrong, Fredrika Brillembourg, Caroline Busta, Skye Chamberlain, Peter Currie, Kim Everett, Georgia Gray, Natascha Goldenberg, Karl Holmqvist, Rebecca Hornbuckle, Clemens Jahn, Alexa Karolinski, Michael Ladner, Pablo Larios, Lily McMenamy, Theresa Patzschke, Ella Plevin, Billy Rennekamp, dem *Starship Magazine*, Emily Segal, Tobias Spichtig, Margy Stein und Everett Williams. Und Tina Liebscher, die mir das deutsche Rechtssystem erklärt hat.

Außerdem danke ich meiner Agentin Eleanor Birne und dem gesamten Team von PEW Literary, genau wie Francine Toon bei Sceptre, die meine Geschichte und die Zeit, in der sie spielt, wirklich verstanden hat. Ebenso danke ich meiner Lektorin Lee Boudreaux von Doubleday und ihrem Skalpell von einem Druckbleistift.

Von tiefstem Herzen danke ich auch den Mädels, die mich zu der gemacht haben, die ich bin: Claire Anderson, Madeline Brown, Jeffrey Easter, Erica Schaidler, Sam Sencer-Mura und Lucy Voller.

Auch meinem voller Handlungsideen steckenden, wunderbaren Vater James Henkel möchte ich danken – und meiner Familie in all ihren Ausprägungen: Jerry Stein und The Post, Beachcomber Lane, Isabella Bortolozzi, Joe Kay, den Summer Cousins, 12D, der Cooper Union, den Bibliothekarinnen der Villa Rossi, John Snyder, JoAnn Verburg & Jim Moore, David Goldes & Sheryl Mousley, den Hornbuckles & Kramecks, Klara Lidén, Karen und den Roth-Jungs, Peter & Eli Pitegoff & Ann Casady und meiner Liebe, Stefanie Sprinz.

Zu guter Letzt danke ich Mia Goyette: Wir haben nie eine Nacht versäumt.

Zitatnachweise

Sofern hier nicht angegeben, wurden sämtliche Zitate aus Primärwerken von der Übersetzerin ins Deutsche übertragen.

Die Bibelzitate stammen aus der deutschen Einheitsübersetzung.

Die Zitate von Virginia Woolf stammen aus Virginia Woolf, *Ein Zimmer für sich allein*, Anaconda 2020, München, S. 5–6. In der Übersetzung von Christel Kröning.

Roland Barthes wird zitiert aus Roland Barthes, *Die helle Kammer. Bemerkungen zur Photografie*, Surkamp 1985, Frankfurt a.M., S. 36. In der Übersetzung von Dietrich Leube.

Das Zitat von Hannah Höch stammt aus dem Exponat *Catalogus. Ausschnitt eines Katalogtextes von Hannah Höch aus dem Katalog Galerie De Bron, 1929* der Berlinischen Galerie.

Folgende Liedtexte werden zitiert:
»Alabama Song (Whiskey Bar)« von The Doors, *The Doors*, 1976
»Big Yellow Taxi« von Joni Mitchell, *Ladies of the Canyon*, 1970
»Cabaret« von Liza Minnelli, im Film *Cabaret*, 1972
»Capri-Fischer« von Rudi Schuricke, 1945
»Crank That« von Soulja Boy, *Souljaboytellem.com*, 2007
»I feel Love« von Donna Summer, *I Remember Yesterday*, 1977
»Landslide« von Fleetwood Mac, *Life Becoming A Landslide*, 1975
»Otherside« von den Red Hot Chilli Peppers, *Californication*, 1996
»Season of Love« von Jonathan Larson, im Musical *Rent*, 1996

Zitiert wird außerdem das deutschsprachige Intro der TV-Serie *Law & Order: Special Victims Unit*, seit 1999 (auf Deutsch seit 2005)